Jahrbuch für
Psychoanalytische Pädagogik 10

D1723768

Mängelexemplar

**Jahrbuch für Psychoanalytische Pädagogik –
Die Redaktion**
Wilfried Datler, Wien (Schriftleitung)
Christian Büttner, Frankfurt/M.
Annelinde Eggert-Schmid Noerr, Frankfurt/M.
Urte Finger-Trescher, Frankfurt/M
Hans Füchtner, Kassel
Heinz Krebs, Frankfurt/M.
Burkhard Müller, Hildesheim
Luise Winterhager-Schmid, Ludwigsburg

Jahrbuch für Psychoanalytische Pädagogik 10

Mitbegründet von Hans-Georg Trescher (†)

Herausgegeben von
Wilfried Datler, Urte Finger-Trescher
und Christian Büttner
im Auftrag des Frankfurter Arbeitskreises
für Psychoanalytische Pädagogik

Themenschwerpunkt:
»Die frühe Kindheit«
Psychoanalytisch-pädagogische Überlegungen
zu den Entwicklungsprozessen der ersten Lebensjahre

Herausgeber des diesjährigen
Themenschwerpunktes:
Wilfried Datler, Christian Büttner,
Urte Finger-Trescher

Psychosozial-Verlag

Die Deutsche Bibliothek - CIP-Einheitsaufnahme

Jahrbuch für psychoanalytische Pädagogik /
im Auftr. des Frankfurter Arbeitskreises für
Psychoanalytische Pädagogik. Mitbegr. von
Hans-Georg Trescher. - 1. - Giessen : Psychosozial-Verl.,
1989 - (Psychoanalytische Pädagogik)

ISSN 0938-183X

2. Auflage 2006
© 1999 Psychosozial-Verlag
Friedrichstraße 35, 35392 Gießen
e-mail: psychosozial-verlag@t-online.de
Alle Rechte, insbesondere das des auszugsweisen
Abdrucks und das der photomechanischen
Wiedergabe, vorbehalten
Umschlagabbildung: Alessandro Botticelli, Madonna mit Kind
und sechs Engeln (Madonna della Melagrana), Ausschnitt
Umschlaggestaltung nach einem Reihenentwurf
des Ateliers Warminski, Büdingen
Printed in Germany
ISBN 3-89806-010-1
ISBN 978-3-89806-010-3
ISSN 0938-183X

Inhalt

Literaturumschau

Rezensionen

Editorial

Die Entstehung und Verbreitung der Psychoanalyse war auf das Engste damit verbunden, daß es Sigmund Freud gelang, eine „spezifische Methode" zur Behandlung von neurotischen Erkrankungen zu entwickeln. Dies hing auf das Engste damit zusammen, daß in der zweiten Hälfte des 19. Jahrhunderts keine Theorien existierten, in denen fundierte Zusammenhänge zwischen der Eigenart und der Genese von neurotischen Erkrankungen beschrieben wurden und die es deshalb ermöglichten, bestimmte therapeutische Methoden auszuarbeiten, von denen man sich vor dem Hintergrund entsprechender Überlegungen bestimmte therapeutische Erfolge erwarten konnte. Patienten und Patientinnen wurden deshalb „unspezifisch" behandelt, indem ihnen Diäten, Bäder, Massage, Ruhe, frische Luft und Ähnliches in der Hoffnung „verschrieben" wurde, „irgendwie" könnten solche Maßnahmen ja hilfreich sein. Weshalb solche Maßnahmen therapeutisch erfolgreich sein sollten, blieb – wegen des Fehlens einer entsprechenden Theorie – im Dunkeln.

Bekanntlich gelang es hingegen Sigmund Freud, in Anknüpfung an Beiträge von Charcot, Bernheim oder Breuer Schritt für Schritt eine Theorie zu entwickeln, in der Annahmen zur Eigenart, Genese und Behandelbarkeit von neurotischen Erkrankungen miteinander korrespondierten. Diese Theorie war eng auf die therapeutischen Erfahrungen gestützt, die Freud in der Arbeit mit Patientinnen und Patienten sammeln konnte, und erlaubte zugleich die Weiterentwicklung einer theoretisch fundierten und in diesem Sinn „spezifischen Methode" der Psychotherapie.

In diesen psychoanalytischen Überlegungen thematisierte Freud von Beginn an enge Zusammenhänge zwischen bestimmten Erfahrungen, die manche Menschen in verschiedenen Lebensabschnitten machen, und der späteren Ausbildung von neurotischen Symptomen. Freud wachsendes Interesse an der Genese von krankheitswertigen *und* anderen Persönlichkeitsstrukturen hatte allerdings zur Folge, daß Freud zusehends komplexere und allgemein gehaltene Überlegungen zur Frage publizierte, welche Bedeutung frühen Erfahrungen für die weitere Persönlichkeitsentwicklung von Menschen beizumessen sei. Und da er damit – gewollt oder ungewollt – pädagogisch relevante Themen aufgriff, nimmt es nicht wunder, daß gerade diese „entwicklungstheoretischen" bzw. „entwicklungspsychologischen" Arbeiten den Anstoß dafür abgaben, daß sich Psychoanalytiker sowie psychoanalytisch Interessierte zusehends *aus pädagogischer Perspektive* mit Psychoanalyse zu befassen begannen.

Die Auseinandersetzung mit solchen Fragen der psychischen Entwicklung von Menschen zieht sich denn auch wie ein roter Faden durch die Geschichte der Psychoanalytischen Pädagogik. Dabei fällt schnell auf, daß in unterschiedlichen Etappen der Psychoanalytischen Pädagogik unterschiedliche Entwicklungstheorien im Zentrum der Auseinandersetzung standen – man denke etwa daran, daß sich die „Klassiker" der Psychoanalytischen Pädagogik durchwegs auf Entwicklungsmodelle der Trieb- und Ich-Theorie bezogen, während in den psychoanalytisch-pädagogischen Veröffentlichungen der 80er und 90er Jahre Narzißmustheorien sowie objektbeziehungstheoretische Ansätze verstärkt Beachtung fanden. Nur vereinzelt wurden in den letzten Jahren hingegen psychoanalytisch-pädagogische Beiträge zur aktuellen Diskussion um eine Theorie früher Entwicklungsprozesse publiziert, obgleich gerade diese Diskussion seit zumindest einem Jahrzehnt in vielen tiefenpsychologisch orientierten Veröffentlichungen intensiv geführt wird. Dies veranlaßte die Redaktion des Jahrbuchs für Psychoanalytische Pädagogik, den diesjährigen Themenschwerpunkt der „frühen Kindheit" zu widmen. Unter dem Titel *„Die frühe Kindheit. Psychoanalytisch-pädagogische Überlegungen zu den Entwicklungsprozessen der ersten Lebensjahre"* versammelt das Jahrbuch für Psychoanalytische Pädagogik 10 neben einem Einführungsartikel sieben Beiträge, in denen aus psychoanalytisch-pädagogischer Perspektive verschiedene Zugänge zum Verstehen früher Entwicklungsprozesse gesucht, spezifische Möglichkeiten der Förderung von Eltern-Kind-Beziehungen vorgestellt und Überlegungen zur biographischen Bedeutung früher Beziehungserfahrungen diskutiert werden.

Ein weiterer Artikel führt die psychoanalytisch-pädagogische Auseinandersetzung mit dem Thema „Lernen und Lernbehinderung" fort, die im Jahrbuch für Psychoanalytische Pädagogik 9 in der Gestalt eines Literaturumschauartikels dem Problembereich der Lese- und Rechtschreibschwierigkeiten gewidmet war: *Dieter Katzenbach* verbindet psychoanalytische Überlegungen mit Ansätzen aus der Kognitiven Theorie, in denen manche Gedanken von Jean Piaget weitergeführt werden, und stellt unter dem Titel *„Kognition, Angstregulation und die Entwicklung der Abwehrmechanismen"* dar, inwiefern das Nicht-Erreichen bestimmter Stufen der kognitiven Entwicklung psychodynamisch verstanden werden kann.

Die – in pädagogischen Alltagszusammenhängen höchst relevante, dessenungeachtet aber selten explizit thematisierte – Frage nach der Bedeutung von *Geschwisterbeziehungen* steht im Zentrum eines Literaturumschauartikels von *Ulrike Kinast*, die überdies den allgemein gehaltenen Umschauartikel *„Über aktuelle Publikationen zu verschiedenen Fragestellungen Psychoanalytischer Pädagogik"* verfaßt hat. Wie üblich finden sich auf den letzten Seiten des Jahrbuchs für Psychoanalytische Pädagogik ausführlichere Rezensionen.

Daß das Typoskript des Jahrbuchs für Psychoanalytische Pädagogik 10 sorgfältig bearbeitet dem Psychosozial-Verlag übergeben werden konnte, verdankt die Redaktion diesmal Herrn Ing. Klaus Lehner (Wien), dem an dieser Stelle herzlichst gedankt sei.

Die Redaktion

Themenschwerpunkt: Die frühe Kindheit. *Psychoanalytisch-pädagogische Überlegungen zu den Entwicklungsprozessen der ersten Lebensjahre*

Wilfried Datler, Christian Büttner und Urte Finger-Trescher

Psychoanalyse, Pädagogik und die ersten Lebensjahre
Zur Einführung in den Themenschwerpunkt

Es ist nicht zum ersten Mal, daß sich die Redaktion des Jahrbuchs für Psychoanalytische Pädagogik der Pädagogik der ersten Lebensjahre annimmt: Bereits 1993 hatten Wilfried Datler und Kornelia Steinhardt die Aufgabe übernommen, für den 5. Band des Jahrbuchs einen Literaturumschauartikel über „Psychoanalyse, Pädagogik und Säuglingsforschung" zu verfassen und damit zahlreiche jüngere tiefenpsychologische Publikationen vorzustellen, in denen althergebrachte Theorien über die frühe Entwicklung von Kindern einer kritischen Neuinterpretation und – zumindest partiellen – Revision unterzogen wurden. Beide Autoren eröffneten ihre Darstellung mit dem Satz: „Seit einem guten Jahrzehnt beschäftigt sich eine immer größer werdende Gruppe von PsychoanalytikerInnen in beinahe boomartiger Intensität mit Fragen der frühen und frühesten Kindesentwicklung" (Datler und Steinhardt 1993, 176).

Dieser Satz hat nichts an Aktualität eingebüßt: Nach wie vor „boomt" die Auseinandersetzung mit Fragen der Säuglings- und Kleinkindentwicklung; und nach wie vor scheint die Zahl der Psychoanalytiker, die sich dieser Thematik annehmen, zu wachsen. Beides kann der steigenden Zahl an einschlägigen Veröffentlichungen, der Popularität mancher Publikationen, aber auch den vielen Tagungen und Kongressen entnommen werden, die dem Thema der frühen Entwicklung von Kindern aus tiefenpsychologischer Sicht gewidmet sind.

Zur Erinnerung: Ausgelöst und angestoßen wurde dieser Boom dadurch, daß die sogenannte „empirische Säuglingsforschung" zahlreiche Daten über die frühe Entwicklung von Säuglingen und Kleinkindern zusammengetragen hatte, für die sich Psychoanalytiker in den 80er Jahren zunehmend zu interessieren begannen. Zu diesen Psychoanalytikern zählten im deutschsprachigen Raum Autoren wie Jochen Stork (1986) oder Lotte Köhler (1990), die auf Ergebnisse der empirischen Säuglingsforschung aufmerksam machten und gleichsam den Boden für die Bücher von Joseph Lichtenberg (1983) und Daniel Stern (1985) bereiteten, die 1991 und 1992 in deutscher Übersetzung erschienen: Diese Bücher wurden von vielen geradezu enthusiastisch aufgenommen, zogen die breite Rezeption von anderen einschlägigen Veröffentlichungen (wie jenen von Brazelton und Cramer, 1991, oder Dornes, 1993) nach sich und führten dazu, daß in zahlreichen Diskussionen überkommene Vorstellungen über die frühe Entwicklung von Kindern neu überdacht wurden.

Die Folgen dieser Auseinandersetzungen sind – zumindest schlagwortartig und in Grundzügen – hinlänglich bekannt: Differenzierte Vorstellungen über die Art und Weise, in der bereits Säuglinge an ihrer Umgebung interessiert sind und mit ihrer Umgebung in Kontakt treten, haben in die psychoanalytischen Diskussionen der frühen und mittleren 90er Jahren ebenso Eingang gefunden wie Ergebnisse differenzierter Forschungen, in denen untersucht wurde, wie Säuglinge auf verschiedenen Entwicklungsstufen zwischenmenschliche Beziehungen gestalten und dabei sowohl sich selbst als auch andere Personen erleben dürften. Die schlagwortartige Rede vom reizhungrigen, aktiven und kompetenten Säugling hat ebenso Verbreitung erfahren wie die kritische Auseinandersetzung mit den Konzepten der autistischen und symbiotischen Entwicklungsphase oder des primären Narzißmus, wie man sie etwa bei Freud (1914) oder Mahler u.a. (1975) nachlesen kann. Und in Verbindung damit kam es bald auch in populärwissenschaftlichen Darstellungen zur Aufgabe von überkommenen Klischeevorstellungen, in denen vom ausschließlich oral organisierten, a-sozialen Säugling die Rede war, der einzelne Aspekte von Welt zunächst in einer fragmentierten Weise wahrnimmt und erst allmählich in die Lage gerät, Wahrnehmungsleistungen und Wahrnehmungsinhalte miteinander zu verknüpfen (vgl. Datler 1996).

Nun, am Ende der 90er Jahre, stellt sich die Diskussion in zumindest dreierlei Hinsicht etwas anders dar:

(1.) Die zentralen Ergebnisse der jüngeren empirischen Säuglingsforschung haben an Neuigkeitswert verloren. Während in den frühen 90er Jahren viele dieser Ergebnisse wie kleine Sensationen aufgenommen wurden und zahlreiche Diskussionen nach sich zogen, in denen geradezu aufgeregt der Frage nachgegangen wurde, welche althergebrachten psychoanalytischen Theorien nun aufgegeben oder modifiziert werden müssen, ist in einschlägige Auseinandersetzungen ein größeres Maß an Ruhe eingekehrt. Dies scheint zur Folge zu haben, daß in letzter Zeit manche Aspekte einer Theorie der ersten Lebensjahre differenzierter diskutiert werden, als es zu Beginn der 90er Jahre der Fall war. Exemplarisch kann hier etwa auf jene Arbeiten verwiesen werden, die an aktuelle kognitive Theorien im Anschluß an Piaget sowie an jüngere Modelle der Bindungstheorie anknüpfen und von daher differenziertere Zugänge zu einer Theorie der inneren Repräsentanzenwelt von Säuglingen eröffnen (vgl. Dornes 1997; Fonagy 1998). Ein weiteres Beispiel für differenziertere Diskussionen stellen jene Veröffentlichungen dar, in denen die umfassende Argumentation für oder gegen die Annahme einer symbiotischen Entwicklungsphase im Anschluß an Mahler u.a. (1975, 68ff) dem Nachdenken darüber gewichen ist,

— wie Säuglinge in verschiedenen Momenten ihres Lebens die Beziehung zu ihren Eltern empfinden;
— welche Bedeutung dabei dem gelegentlich aufbrechenden Verlangen nach dem Erleben von „symbiotischen Momenten" beizumessen ist;
— und inwiefern die elterliche „Antwort" auf dieses Verlangen Einfluß nimmt darauf, wie sich der Säugling hinkünftig nach symbiotischen Momenten oder Beziehungsstrukturen sehnt (oder aber solche zu meiden versucht) (Pine 1994, Dornes 1997, 163ff).

Und auch jene Studien, in denen Autoren der Frage nachgehen, welche Langzeitfolgen frühe Erfahrungen zeitigen, zeichnen sich durch ein vorsichtig-abwägendes und zugleich zahlreiche Forschungsergebnisse berücksichtigendes Behaupten und Begründen aus (vgl. Lehmkuhl 1994, Göppel 1997, 198, 215ff).

10

(2.) In den Veröffentlichungen der frühen 90er Jahre fand die Rede vom „rekonstruierten und beobachteten Säugling" weite Verbreitung (vgl. Stern 1985, 29). Diese Formulierung brachte zum Ausdruck, daß in den frühen 90er Jahren zwei unterschiedliche methodische Zugänge zu einer Theorie der ersten Lebensjahre fokussiert wurden: Jenem Bild vom Säugling, das aus Kinder-, Jugendlichen- oder Erwachsenenanalysen rekonstruiert wurde, wollte ein zweites Bild gegenübergestellt werden, das den Ergebnissen der experimentell orientierten Säuglingsforschung entsprach.
Diese Rede vom „rekonstruierten und beobachteten Säugling", die sich nach wie vor großer Beliebtheit erfreut (vgl. Burian 1998), stellte freilich schon vor Jahrzehnten eine bloß programmatische Rede dar, die unberücksichtigt ließ, daß viele klassische tiefenpsychologische Beiträge zur Theorie der frühen Entwicklung weder ein experimentell gewonnenes, noch ein bloß klinisch rekonstruiertes Bild vom Säugling vermitteln - man kann in diesem Zusammenhang an die Beiträge von Mahler u.a. (1975) ebenso denken wie an jene von Winnicott (1958, 1965). Dessen ungeachtet ist jedoch festzuhalten: In der Publikationslandschaft der späten 90er Jahre nehmen Veröffentlichungen zu, in denen *ausdrücklich* darauf Wert gelegt wird, daß neben der Methode der klinischen Rekonstruktion und der experimentellen Forschung auch andere methodische Zugänge zur Erforschung der Lebenswelt von Säuglingen beschritten werden. Dabei fällt vor allem auf, daß gezielt durchgeführte Beobachtungen von Säuglingen in ihrer „natürlichen" Lebensumwelt sowie die Interpretation dieser Beobachtungen an Bedeutung gewinnen. Psychoanalytiker und Psychoanalytikerinnen, die in der Tradition der Baby-Beobachtung nach dem Tavistock-Konzept von Esther Bick stehen (vgl. Lazar u.a. 1986; Datler 1996), haben 1997 sogar ein „International Journal of Infant Observation" gegründet, in dem solche Babybeobachtungen regelmäßig publiziert und wissenschaftlich diskutiert werden (Rustin 1997; vgl. auch Reid 1997).

(3.) Schließlich fällt auf, daß in den letzten Jahren verstärkt über psychotherapeutische Konzepte zur Eltern-Kleinkind-Therapie publiziert wird. Während zu Beginn der 90er Jahre Selma Fraibergs (1980) Buch über „Clinical Studies in Infant Mental Health" nur Insidern bekannt war und andere Ausführungen zur Eltern-Kleinkind-Therapie zumeist nur in einzelnen Buchkapiteln oder verstreut erschienenen Zeitschriftenartikeln veröffentlicht wurden (vgl. Stern 1985, Cramer u.a. 1990, Stork 1991, Brazelton und Cramer 1991), liegen nun mehrere Monographien, Sammelbände sowie Überblicksdarstellungen vor, denen entnommen werden kann, wie intensiv zur Zeit zum Thema der Eltern-Kleinkind-Therapie gearbeitet wird (vgl. Eliacheff 1994, Stern 1995, Szejer 1997, Klitzing 1998, Dornes 1999).

Vergegenwärtigt man sich die augenblicklich gegebene „Dichte", in der über frühe Entwicklungsprozesse im Allgemeinen und über Formen der Eltern-Kleinkind-Therapie im Besonderen gearbeitet wird, so fällt zugleich auf, daß eine intensive Auseinandersetzung mit diesen jüngeren Diskussionen um eine Theorie früher Entwicklungsprozesse innerhalb der Erziehungswissenschaft noch kaum stattgefunden hat. Und sieht man von einigen Publikationen wie jenen von Schäfer (1995, 1996), Fröhlich (1996), Göppel (1997, 1998) oder Steinhardt (1998) ab, so findet man in erziehungswissenschaftlichen Veröffentlichungen jüngeren Datums auch kaum Ausführungen, die (ohne von therapeutischen Fragestellungen zu handeln) als eigenständige Beiträge zu diesen Diskussionen anzusehen sind.

Dieser Umstand war ein wesentliches Motiv dafür, der Frage nach der Entwicklung und dem Erleben von Säuglingen und Kleinkindern aus pädagogischer Perspektive im vorliegenden 10. Band des Jahrbuchs Raum zu geben.

Der Themenschwerpunkt *„Die frühe Kindheit. Psychoanalytisch-pädagogische Überlegungen zu den Entwicklungsprozessen der ersten Lebensjahre"* wird mit einem Beitrag von *Rolf Göppel* eröffnet, der sich mit der Frage nach der Bedeutung frühkindlicher Erfahrungen für das spätere Leben auseinandersetzt. Er stellt dabei der traditionellen Auffassung, das spätere Lebensschicksal sei über weite Strecken durch die Erfahrungen der ersten Lebensjahre determiniert, unter anderem Ergebnisse entgegen, die jüngeren Longitudinalstudien entstammen, und stellt dar, inwiefern die Frage „Wie entscheidend ist die frühe Kindheit für das spätere Leben?" heute nur in differenzierter Weise beantwortet werden kann.

Diesem Artikel, der den Themenschwerpunkt eröffnet, folgen zwei Beiträge, in denen spezifische Aspekte der Ausbildung von frühen Strukturen und Entwicklungsprozessen thematisiert werden: Unter dem Titel „Bildung beginnt mit der Geburt" stellt *Gerd E. Schäfer* dar, in welcher Form Kinder bereits in frühester Zeit kognitive, emotionale und leibliche Erfahrungen sammeln und miteinander verbinden; inwiefern das Kind dabei subjektspezifische Strukturen der Wirklichkeitswahrnehmung und –verarbeitung ausbildet; und weshalb diese Prozesse als basale Bildungsprozesse zu begreifen sind. Schäfer stellt sich damit gegen ein Verständnis von Bildung, das sich am schulischen Lernen orientiert, und plädiert dafür, Prozesse der frühen Wirklichkeitswahrnehmung und –verarbeitung auch bildungstheoretisch zu fassen. - *Martin Dornes* hingegen folgt den Leitbegriffen „Spiegelung, Identität und Anerkennung" und arbeitet dabei heraus, inwiefern die Entstehung von Selbst-Bewußtsein in frühen Prozessen der Affektspiegelung verwurzelt ist, in denen Eltern die Lebensäußerungen ihrer Kinder – verbal und non-verbal – „kommentieren" und somit bestimmte Aspekte des kindlichen Selbst „anerkennen". Dabei wird deutlich, in welcher Weise Eltern bereits in früher Zeit auf die basale Ausbildung des kindlichen Selbst- und Identitätsgefühls Einfluß nehmen.

Spezifische Belastungen, die es Eltern kleiner Kinder schwer machen, ihre elterlichen Aufgaben in einer förderlichen Weise wahrzunehmen, werden im Anschluß daran von *Karin Messerer, Isca Salzberger-Wittenberg* und *Gertraud Diem-Wille* behandelt. In den Beiträgen dieser drei Autorinnen werden – unter Bezugnahme auf mehrere Fallbeispiele – verschiedene Arbeitskonzepte dargestellt, die allesamt darauf abzielen, Entwicklungsschwierigkeiten tiefenpsychologisch zu verstehen und Eltern bei der Entwicklung oder Wiedergewinnung elterlicher Kompetenzen so zu unterstützen, daß dies in unmittelbarer Weise auch den betroffenen Babys und Kleinkindern zugute kommt.

In diesem Zusammenhang wirft *Karin Messerer* einen „psychoanalytisch-pädagogischen Blick in die Praxis der Mobilen Frühförderung". Sie beschreibt die Belastungen, denen Eltern mit behinderten Säuglingen ausgesetzt sind, skizziert einen spezifischen Ansatz der „Frühförderung" und stellt dar, welche Anregungen zwei Konzepten der psychoanalytisch-pädagogischen Erziehungsberatung für die Arbeit im Bereich der Frühförderung entnommen werden können.

Eines dieser Konzepte wurde am Tavistock-Center in London entwickelt und kann – gemeinsam mit vergleichbaren Konzepten der Unterstützung von Eltern mit kleinen

Kindern – im Grenzbereich zwischen Psychotherapie und Beratung angesiedelt werden[1]. Zwei Varianten dieses Konzeptes, das in der deutschsprachigen Literatur noch kaum beschrieben wurde[2], stehen im Zentrum der Darstellungen von *Isca Salzberger-Wittenberg* und *Gertraud Diem-Wille*: Der Beitrag von *Isca Salzberger-Wittenberg* enthält drei längere Fallberichte, in denen die fokussierend-deutende Arbeit mit Eltern in einem Setting dargestellt wird, in dem die Säuglinge oder Kleinkinder selbst nicht anwesend sind. *Gertraud Diem-Wille* berichtet hingegen von einer Art von Arbeit, die darauf setzt, daß der Säugling oder das Kleinkind in der Beratungssituation anwesend ist, und zeigt unter anderem, in welcher Weise dies erlaubt, Aspekte der Eltern-Kind-Beziehung im Hier und Jetzt anzusprechen.

Abgeschlossen wird der Themenschwerpunkt mit einem Beitrag von *Ludwig Janus*, der fragt, welche pädagogische Bedeutung jenen Veröffentlichungen der letzten Jahre beizumessen ist, in denen sich Autoren auch mit der Thematik der geburtlichen und vorgeburtlichen Erfahrung von Menschen befassen.

Literatur

Brazelton, T.B., Cramer, B. (1991): Die frühe Bindung. Klett-Cotta: Stuttgart

Burian, W. (Hrsg.) (1998): Der beobachtete und der rekonstruierte Säugling. Vandenhoeck & Ruprecht: Göttingen

Cramer, B. u.a. (1990): Outcome evaluation in brief mother-infant psychotherapy: A preliminary report. In: Infant Mental Health Journal 11, 278-300

Datler, W. (1996): Der neue psychoanalytische Blick auf den Säugling. Einige Bemerkungen über jüngere Annäherungen an eine Theorie der ersten Lebensjahre und deren Konsequenzen für Erziehung und Therapie. - In: Cahiers de Psychologie I: Prägen, Bilden und Heilen. Beiträge zur kindlichen Persönlichkeitsentwicklung, ihrer Störbarkeit und ihrer Heilung. In: Publications du Centre Universitaire de Luxembourg: Luxembourg, 43-78

Datler, W., Steinhardt, K. (1993): Psychoanalyse, Pädagogik und Säuglingsforschung. (Über jüngere Diskussionen zur psychoanalytischen Theorie der frühen Kindesentwicklung und weitere Neuerscheinungen zur Psychoanalytischen Pädagogik.) - In: Jahrbuch für Psychoanalytische Pädagogik. - Grünewald: Mainz, 1993, 175-210

Daws, D. (1999): In: Dater,W., Figdor, H., Gstach, J. (Hrsg.): Die Wiederentdeckung der Freude am Kind. Psychoanalytisch-pädagogische Erziehungsberatung heute. Psychosozial Verlag: Gießen, 143-153

Diem-Wille, G. (1999): Über den Zusammenhang zwischen Trennungsproblemen einer Mutter und Schlafproblemen eines Kleinkindes. Robin - die Falldarstellung einer Eltern-Kleinkind-Beratung. In: Dater,W., Figdor, H., Gstach, J. (Hrsg.) (1999): Die Wiederentdeckung der Freude am Kind. Psychoanalytisch-pädagogische Erziehungsberatung heute. Psychosozial Verlag: Gießen, 90-104

Dornes, M. (1992): Der kompetente Säugling. Fischer: Frankfurt a.M.

Dornes, M. (1997): Die frühe Kindheit. Entwicklungspsychologie der ersten Lebensjahre. Fischer: Frankfurt a.M.

Dornes, M. (1999): Formen der Eltern-Kleinkind-Beratung und –Therapie: Ein Überblick. In: Psychotherapie und Sozialwissenschaft 1, 31-55

Eliacheff, C. (1994): Das Kind, das eine Katze sein wollte. Psychoanalytische Arbeit mit Säuglingen und Kleinkindern. Verlag Antje Kunstmann: München

---

[1] Vgl. dazu Gstach (1996) sowie Lebovoci (1983, 344), der in diesem Zusammenhang von „therapeutischer Beratung" spricht, und Dornes (1999), der eine überblickshafte Darstellung entsprechender Arbeitskonzepte unter dem Titel „Formen der Eltern-Kleinkind-Beratung und -Therapie" publizierte.

[2] Ausnahmen stellen die Veröffentlichungen von Gstach (1996), Daws (1999) und Diem-Wille (1999) dar.

Fonagy, P. (1998): Die Bedeutung der Entwicklung metakognitiver Kontrolle der mentalen Repräsentanzen für die Betreuung und das Wachstum des Kindes. In: Psyche 52, 1998, 349-368

Fraiberg, S. (Hrsg.) (1980): Clinical Studies in Infant Mental Health. The First Year of Life. – Tavistock Publications: London u.a.

Fröhlich, V. (1996): Anmerkungen zur Genese des Ich-Sagens – oder: Wer ist „Fi"? In: Fröhlich, V. und Göppel, R. (Hrsg.): Paradoxien des Ich. Beiträge zu einer subjektorientierten Pädagogik. Königshausen und Neumann: Würzburg, 175-191

Göppel, R. (1997): Ursprünge der seelischen Gesundheit. Edition Bentheim: Würzburg

Göppel, R. (1998): Eltern, Kinder und Konflikte. Kohlhammer: Stuttgart

Gstach, J. (1996): Die innere Welt der Eltern und die Lebenswelt des Säuglings. Über heilpädagogische Frühförderung im Grenzbereich zwischen Psychotherapie und Beratung: Ein Blick in den angelsächsischen Raum. In: Frühförderung interdisziplinär 15, 116-123

Klitzing, K.v. (Hrsg.) (1998): Psychotherapie in der frühen Kindheit. Vandenhoeck & Ruprecht: Göttingen

Köhler, L. (1990): Neue Ergebnisse der Kleinkindforschung. Ihre Bedeutung für die Psychoanalyse. In: Forum der Psychoanalyse 6, 32-51

Lazar, R.A., Lehmann, N., Häußinger, G. (1986): Die psychoanalytische Beobachtung von Babys innerhalb der Familie. In: Stork, J. (Hrsg.): Zur Psychologie und Psychopathologie des Säuglings - neue Ergebnisse in der psychoanalytischen Reflexion. frommann-holzboog: Stuttgart - Bad Cannstatt., 185-211

Lebovici, S. (191983): Der Säugling, die Mutter und der Psychoanalytiker. Klett-Cotta: Stuttgart, 1990

Lehmkuhl, G. (1994): Die Bedeutung psychosozialer Belastungen und der Familienstruktur für die kindliche Entwicklung. In: Lehmkuhl, U. (Hrsg.): Familie und Gesellschaftsstruktur (Beiträge zur Individualpsychologie 20). Reinhardt: München u.a., 1994, 140-149

Lichtenberg, J.D. (1983): Psychoanalyse und Säuglingsforschung. Springer: Berlin u.a., 1991

Mahler, M., Pine, F., Bergman, A. (1975): Die psychische Geburt des Menschen. Symbiose und Individuation. Fischer: Frankfurt a.M., 1980

Pine, F. (1994): The era of separation-individuation. In: Psychoanalytic Inquiry 14, 4-24

Reid, S. (Ed.) (1997): Developments in Infant Observation. The Tavistock Model. Routledge: London and New York

Rustin, M. (1997): What do we see in the Nursery? Infant Observation as „Laboratory Work". In: Infant Observation 1, 93-110

Schäfer, G.E. (1995): Bildungsprozesse im Kindesalter. Selbstbildung, Erfahrung und Lernen in der frühen Kindheit. Juventa: Weinheim und München

Schäfer, G.E. (1996): In: Fröhlich, V. und Göppel, R. (Hrsg.): Paradoxien des Ich. Beiträge zu einer subjektorientierten Pädagogik. Königshausen und Neumann: Würzburg, 192-205

Steinhardt, K. (1998): Überlegungen zur Entwicklung der Beziehung zwischen Eltern und ihrem behinderten Kind aus bindungstheoretischer Perspektive. In: Datler, W. u.a. (Hrsg.): Zur Analyse heilpädagogischer Beziehungsprozesse. Edition SHZ: Luzern, 72-77

Stork, J. (Hrsg.) (1986): Zur Psychologie und Psychopathologie des Säuglings - neue Ergebnisse in der psychoanalytischen Reflexion. frommann-holzboog: Stuttgart - Bad Cannstatt, 185-211

Stork, J. (1991): Wege der Individuation. Verlag Internationale Psychoanalyse: Weinheim

Stern, D. (1985): Die Lebenserfahrung des Säuglings. Klett-Cotta: Stuttgart, 1992

Stern, D. (1995): Die Mutterschaftskonstellation. Eine vergleichende Darstellung verschiedener Formen der Mutter-Kind-Psychotherapie. Klett-Cotta: Stuttgart, 1998

Szejer, M. (1997): Platz für Anne. Die Arbeit einer Psychoanalytikerin mit Neugeborenen. Verlag Antje Kunstmann: München, 1998

Winnicott, D.W. (1958): Von der Kinderheilkunde zur Psychoanalyse. Kindler: München, 1976

Winnicott, D.W. (1965): Reifungsprozesse und fördernde Umwelt. Kindler: München, 1974

Rolf Göppel

Die Bedeutung der frühen Erfahrungen oder:
Wie entscheidend ist die frühe Kindheit für das spätere Leben?

„Der kleine Mensch ist oft mit dem vierten oder fünften Jahr schon fertig und bringt später nur allmählich zum Vorschein, was bereits in ihm steckt" (Freud 1916/1917, 369).

„Es ist die grundlegende Erkenntnis psychoanalytischer Forschung, daß, eine durchschnittliche Konstitution vorausgesetzt, die Ereignisse der ersten fünf Lebensjahre darüber entscheiden, ob aus dem Kind später ein Verbrecher oder ein Heiliger wird, ein Durchschnittsbürger oder ein Spitzenkönner, ein gesunder, angepaßter Mensch oder einer, den Neurose oder Depression zerreißen" (Eissler 1976, 599).

„Das Ausmaß und die Dramatik der psychischen Konflikte der Kindheit – wobei die ersten sechs Lebensjahre eine besondere Rolle spielen – bestimme(n) das Ausmaß der Disposition künftigen neurotischen Leids" (Figdor 1991, 132).

1. Die Macht der frühen Kindheit als *das* zentrale Paradigma
der traditionellen psychoanalytischen Entwicklungspsychologie

Die drei Zitate aus unterschiedlichen Epochen psychoanalytischer Theorieentwicklung variieren in unterschiedlicher Radikalität ein Thema, das durchaus als das zentrale Paradigma der psychoanalytischen Entwicklungspsychologie gelten kann: die weichenstellende, schicksalsprägende Bedeutung der frühen Kindheit. Der zeitliche Rahmen für die maßgeblichen Einflüsse wird von den zitierten Autoren dabei recht ähnlich gesteckt. Allerdings bleibt die Frage nach der spezifischen Art der Erfahrungen, die hier von entscheidender Bedeutung sind, noch weitgehend offen. Hier läßt sich in der Geschichte der Psychoanalyse durchaus eine Reihe recht unterschiedlicher Schwerpunktsetzungen ausmachen: Ist es schon das Trauma der Geburt, das die psychische Grundstruktur deformiert und die Grundlage für die erhöhte seelische Verwundbarkeit ausmacht? Sind es die angeborenen Urphantasien, die imaginären Szenarien, die relativ unabhängig von der realen Außenwelt Angst und Abwehr des Kindes hervorrufen? Ist es der Konflikt zwischen aggressiven und libidinösen Triebenergien, der ebenfalls aus inneren Quellen gespeist wird? Ist es der Mangel an empathisch-spiegelnder Aufmerksamkeit, der das Kind schon in jener frühen Lebensphase zum Aufbau eines „falschen Selbst" zwingt? Ist es das Erlebnis der Urszene, also des elterlichen Geschlechtsverkehrs, das schockartig wirkt? Ist es die orale Befriedigung, die im Mittelpunkt steht, und ist somit die Dauer des Stillens von entscheidender Bedeutung oder ist es das Abstillen, das als Urkränkung und Urfrustration erlebt wird? Ist es der Zeitpunkt und die Art der Sauberkeitserziehung, die maßgeblich den Charakter prägt? Ist es die Erkenntnis der anatomischen Geschlechterdifferenz, die Überzeugung, daß etwas fehlt, bzw. die Furcht, daß etwas weggenommen werden könnte, welche die entscheidenden Weichen stellt? Ist es das sexuelle Begehren gegenüber dem gegengeschlechtlichen Elternteil und das Leiden an der Unmöglichkeit seiner Erfüllung, welches den zentralen Knotenpunkt der seelischen Konflikte der Kindheit ausmacht und die spätere Entwicklung vorzeichnet? Sind es mehr die punktuellen Vorfälle, die die Verarbeitungsfähigkeit des Kindes überfordern und traumatisierend wirken, welche für die weitere Entwicklung entscheidend sind, oder sind es mehr die kontinuierlichen Störungen und Spannungen des Familienklimas? Und wenn man den einen oder anderen Faktor als zentral bedeutsam für die künftige Entwicklung hervorhebt, wie ist dann das Verhältnis zwischen der späteren seelischen Erkrankung und den vorausgegangenen kindlichen Erfahrungen zu denken? Ist es tatsächlich so, daß jeder Neurose im Erwachsenenalter eine infantile Neurose vorausgeht, daß sie gar als die „direkte Fortsetzung jener vielleicht nur schleierhaften, nur andeutungsweise ausgebildeten infantilen Erkrankung" angesehen werden muß (Freud, 1916/17, 378)? Sind sämtliche neurotischen und psychotischen Erkrankungen als Regressionen zu den „Fixierungsstellen" der frühen Kindheit zu begreifen, d.h. zu jenen Stellen der Entwicklung, an denen gewissermaßen ein Webfehler in die psychische Struktur gekommen ist (vgl. Kutter 1977, 200)?

Es ist vielleicht dieser Punkt, an dem die Psychoanalyse den stärksten Einfluß auf das alltägliche Bewußtsein ausgeübt hat. Wie kaum eine andere Theorie in diesem Jahrhundert hat sie unsere kulturelle Wahrnehmung von Kindern und Kindheit geprägt. In diesem Sinne eröffnet der Entwicklungspsychologe Oerter seinen Beitrag „Ist Kindheit Schicksal?" mit den Sätzen: „Die ersten sechs Lebensjahre werden heute im psychologischen Alltagsverständnis als grundlegend formend und entscheidend für das weitere Leben angesehen. ... Diese Meinung wurde vor allem durch die Psychoanalyse verbreitet, die die Wurzeln von psychischen Störungen und Erkrankungen in der frühen Kindheit ansiedelt" (Oerter 1993, 78).

2. Die Bedeutung dieses Paradigmas für die Psychoanalytische Pädagogik

Im Hinblick auf die Psychoanalytische Pädagogik hat diese Vorstellung zu unterschiedlichen Konsequenzen geführt. Zunächst natürlich zu einer neuen und besonderen Gewichtung gerade der frühkindlichen Erziehung. Zumeist wurde eine triebfreundliche, gewährende Erziehung gefordert, die etwa die frühe Sauberkeitserziehung nicht unnötig forciert, die die kindlichen Sexualerkundungen nicht dramatisiert und moralisiert, die sich angstmachender Drohungen enthält. Bisweilen wurden aber auch deutliche Warnungen an Eltern ausgesprochen etwa bezüglich des Umgangs mit Nacktheit in der Familie oder bezüglich der Gefahren, die entstehen können, wenn dem kindlichen Drängen, bei den Eltern zu schlafen, nachgegeben wird. All dies stand in der ersten Blütephase der Psychoanalytischen Pädagogik unter dem Vorzeichen der generellen „Neurosenprophylaxe".

Dieses hohe Ziel wurde später dann weitgehend aufgegeben. Die allgemeinen Erziehungsratschläge entpuppten sich als doch ziemlich zeitgebunden. Bedeutsamer für die jüngere Diskussion sind sicherlich die Konsequenzen, die aus jener Vorstellung für das Verständnis und für den Umgang mit verhaltensgestörten Kindern gezogen wurden. Deren Störungen wurden unter dieser Perspektive nämlich vor allem als Ausdruck fehlgelaufener frühkindlicher Beziehungsprozesse interpretiert. „Reproduktion der frühen Erfahrung" (Leber 1983) heißt ein von Leber herausgegebener Sammelband, und mit diesem Titel ist recht treffend das „Frankfurter Paradigma" zum Verständnis von Verhaltensstörungen auf eine Formel gebracht. An anderer Stelle spricht Leber von einer „sozialen Prägung des Menschen in bestimmten frühen Lebensphasen" und führt dann weiter aus: „In jeder dieser Phasen sind spezielle ‚Wünsche' und ‚Bedürfnisse' besonders wichtig. Wie die Umwelt, d.h. die Gesellschaft durch die Vermittlung der Eltern und Betreuer diesen Wünschen und Bedürfnissen gegenüber eingestellt ist, wie auf sie reagiert wird, ist entscheidend dafür, wie das Kind sich später seiner Mitwelt gegenüber verhält, wie es sein Leben meistert oder scheitert. Die Erfahrungen der ‚Kinderstube' gehen untilgbar ein in sein Erleben und Verhalten. In der Kinderstube wird sozusagen inszeniert, was im späteren Leben mit wechselnden Kulissen und Requisiten gespielt wird. Wer gelernt hat, die ‚Originalszenen' zu erkennen, dem werden sie in der Interaktion transparent" (Leber 1972, 19). In diesem Sinn ist das „Szenische Verstehen", d.h. der Versuch, die „Originalszenen" zu erkennen, die den aktuell konfliktreichen erzieherischen Situationen zugrunde liegen, gewissermaßen zum methodischen Markenzeichen der von Leber geprägten Schule psychoanalytischer Heilpädagogik geworden; und entsprechend entscheidend ist hier der Gedanke der „korrigierenden Erfahrungen", d.h. das bewußte Zulassen von Regression und das Bemühen, früh versäumte Erfahrungen des „Gehaltenwerdens" nachträglich zu vermitteln (vgl. z.B. Clos 1982, Heinemann u.a. 1992).

Auch bei Bittner spielt der Gedanke der prägenden Bedeutung früher Erfahrungen eine wichtige Rolle, wenngleich auch in einer etwas anderen Hinsicht. Seinem Buch „Problemkinder", in dem er von den psychosomatischen Erkrankungen über Depression, Autismus, Sucht, Delinquenz und Hyperaktivität bis hin zu Zwangsneurosen und Phobien die wichtigsten psychischen Störungsbilder des Kindes- und Jugendalters bespricht, legt er folgenden Leitgedanken zugrunde: „Die tragende Hypothese meines Systematisierungsversuchs besagt ..., daß psychische Auffälligkeiten von Kindern und Jugendlichen als Steckenbleiben in den Problemlösungsstrategien bestimmter Entwicklungsstufen verstanden werden sollten: der Stufe der Balintschen Grundstörung, des Winnicottschen Übergangsobjekts, der Stufe forcierter Selbstbehauptung (‚Trotzphase‚) und schließlich der klassischen, von Freud beschriebenen ödipalen Konstellation mit den vorherrschenden Abwehrmechanismen von Selbsttäuschung und Verdrängung." Stets geht es ihm darum, zum Verständnis des Kindes oder Jugendlichen zurückzugehen „auf genau den Punkt, an dem sich ein heute als ‚Störung‚ imponierendes Verhalten als einstmals sinnvoll und logisch folgerichtig zu erkennen gibt" (Bittner 1994, 8). Da Bittner jedoch an anderer Stelle ausdrücklich jenen „Spezifitätswahn", der exakt die ursächlich zugrundeliegenden Konfliktmuster einer jeden seelischen Erkrankung benennen zu können glaubt, ablehnt (vgl. ebd., 121), muß sein Systematisierungsgedanke wohl mehr als ein fruchtbares heuristisches Prinzip verstanden werden denn als eine kausalgenetisch-ätiologische Tatsachenbehauptung. Es geht bei ihm auch weniger darum, vermeintliche „Originalszenen" im jeweiligen Sozialisationsmilieu zu rekonstruieren, sondern mehr darum, die den problematischen Verhaltensweisen zugrundeliegenden typischen Motivstrukturen zu erkennen. Und genau dafür ist nach Bittner die Analogiebildung zu den leitenden Motiven in bestimmten frühen Phasen der Ich-Entwicklung hilfreich. Psychoanalytisch-pädagogisches Verstehen kindlicher Verhaltensstörungen heißt dann für Bittner, das gestörte Verhalten als mißglückten Versuch der Lösung infantiler Grundkonflikte, als problematisches Trostpflaster auf der narzißtischen Wunde, zu begreifen (vgl. ebd., 166).

3. Kritik an diesem psychoanalytischen Paradigma

Das psychoanalytische Paradigma von der, gerade im Hinblick auf die spätere seelische Gesundheit entscheidenden Bedeutung der frühen Kindheit, ist nun allerdings in den letzten Jahren unter massiven Beschuß geraten. Renommierte Entwicklungspsychologen wie etwa Alan Clarke (1976), Jerome Kagan (1984), Eleanor Maccoby (1984), oder Rudolph Schaffer (1992) haben diese Vorstellung in Frage gestellt. Populäre Bücher mit Titeln wie „Kindheit als Schicksal? Die Frage nach den Langzeitfolgen frühkindlicher seelischer Verletzungen" (Hemminger 1982), „Stellt die Frühkindheit die Weichen? Eine Kritik an der Lehre von der schicksalshaften Bedeutung erster Erlebnisse" (Ernst und v. Luckner 1985) oder „Der Mythos vom frühen Trauma. Über Macht und Einfluß der Kindheit" (Nuber 1995) können in gewissem Sinn als Kampfschriften wider jenes psychoanalytische Paradigma gelesen werden. So heißt es beispielsweise in letzterem: „Dem Bild der traumatisierenden Kindheit können wir inzwischen ein neues Bild der Kindheit entgegensetzen, das ein sehr ermutigendes Bild ist: Wir sind in sehr viel geringerem Ausmaß die Opfer unserer Kindheit, als uns jahrzehntelang von Therapeuten und Psycho-Gurus suggeriert wurde. Wir sind nicht dazu verurteilt, unser Leben lang an den uns einst zugefügten Wunden zu leiden. Kinder sind, das zeigt die moderne Entwicklungspsychologie, sehr viel kompetenter und widerstandsfähiger, als gemeinhin angenommen wird. Traumatisierende Erlebnisse haben nicht zwangsläufig eine langfristige negative Wirkung, mitunter können sie sogar einen konstruktiven, kreativen Wert haben" (ebd., 13 f.).

Zentrale Argumente stellen dabei stets die Vorwürfe der pathozentristischen Verengung und der nicht gerechtfertigten retrospektiven Kausalschlüsse dar. Das heißt, der Psychoanalyse wird vorgeworfen, daß sie aufgrund ihrer klinisch-therapeutischen Orientierung eine Aufmerksamkeit überhaupt nur für die problematischen, krisenhaften, in Krankheit und Störung mündenden Entwicklungsverläufe ausgebildet habe, für die sie nun nach plausiblen Erklärungen in den frühen Lebensumständen und Erlebensmustern suche, daß sie aber jene Lebensgeschichten, die trotz ähnlicher früher Belastungen und Probleme unauffällig und subjektiv befriedigend verlaufen, überhaupt nicht in den Blick bekomme. Daß sie somit dazu neigt, eine Zwangsläufigkeit problematischer Langzeitwirkungen zu behaupten, wo in Wirklichkeit nur ein erhöhtes Risiko vorliegt. Weiterhin werden die Verknüpfungen zwischen den belastenden Erfahrungen der frühen Kindheit und den Lebensproblemen im Erwachsenenalter als hochspekulative Konstrukte in Frage gestellt. Jerome Kagan, ein Vertreter der „Elastic Mind Movement", jener Bewegung, die für eine offenere, flexiblere Sicht menschlicher Entwicklung streitet, hat in diesem Sinn ganz grundsätzlich festgestellt: „Alle gängigen Theorien, die einen strukturellen Zusammenhang zwischen der frühen Kindheit und dem Erwachsenenleben postulieren, sind im Grunde Hypothesen über mögliche Geschichtsverläufe. Es sind Sentenzen, die darauf zielen, aus einer Unmenge von Ereignissen eine zusammenhängende Geschichte zu machen" (Kagan 1984, 125). Diese plausiblen Narrative mögen im therapeutischen Rahmen durchaus ihre bedeutsame Funktion haben, als Basis für so weitreichende generelle Behauptungen, wie sie in den eingangs angeführten Zitaten ausgesprochen werden, sind sie freilich prekär.

4. Zur grundsätzlichen Problematik der Rekonstruktion und der Prognose menschlicher Entwicklung aus der Sicht der Psychoanalyse

4.1. Wenn man diese Zitate beim Wort nimmt, die ja allesamt eine weitgehende Determination des menschlichen Lebensschicksals durch die Erfahrung der ersten fünf bis sechs Lebensjahre postulieren, dann sollte bei Kenntnis dieser Erfahrungen eine weitgehende Prognose künftiger Entwicklung möglich sein. Denn dann ist es im Prinzip nur eine Frage entsprechend differenzierter Erfassung der Ereignisgeschichte und entsprechend subtiler Diagnostik der bis dahin erworbenen psychischen Dispositionen, d.h. der Erwartungs-, Wahrnehmungs-, Abwehr- und Anpassungsmuster, um vom Ist-Zustand auf künftig zu erwartende Probleme zu schließen. Allerdings hat sich die Psychoanalyse bisher sehr schwer getan, in diesem Sinne zutreffende Prognosen zu liefern. Und gerade dann, wenn Psychoanalytiker sich mit dieser Absicht auf Projekte direkter beobachtender Kinderforschung eingelassen haben, kamen sie in der Regel dazu, eher das erstaunlich große Maß an Flexibilität, Kompensationsfähigkeit und Indeterminiertheit menschlicher Entwicklung hervorzuheben.

Als ein ehrgeiziger und aufwendiger Versuch, mittels systematischer direkter, psychoanalytisch geschulter Beobachtung die frühe Entwicklungsgeschichte, d.h. die Geschichte der Triebschicksale, der Objektbeziehungen, der Loslösungsprozesse bei einer Gruppe von Kindern zu erforschen und dabei gewissermaßen die frühen Weichenstellungen in Richtung auf gelingende oder mißlingende Individuation zu entschlüsseln, kann das Projekt von Margaret Mahler am Masters Children Center in New York angesehen werden. Bei der Präsentation der Fallbeispiele wird aber immer wieder deutlich, wie sehr die Projektmitarbeiter von den Entwicklungsverläufen der beobachteten Kinder während der ersten Lebensjahre überrascht wurden, wie wenig es ihnen möglich war, auch nur über jenen relativ begrenzten Zeitraum der ersten drei Lebensjahre hinweg zutreffende Entwicklungsprognosen abzugeben. In diesem Sinne schreibt Mahler: „Psychoanalytiker, insbesondere solche, die mit auf Beobachtung beruhender Erforschung der präverbalen Phase beschäftigt sind, waren stets von dem Ehrgeiz beseelt, ja verfolgt, frühe nachweisbare Variablen ... zu finden, die ihnen bei der Vorhersage der späteren Entwicklung behilflich sein könnten, und obwohl wir bereits wußten, daß wir sehr bescheiden sein mußten, brachte uns eine so beschränkte Längsschnittuntersuchung wie die unsere dies nur noch deutlicher zum Bewußtsein. Wir mußten uns immer wieder klar machen, daß die menschliche Entwicklung nicht linear verläuft; sie ist durch Verschiebungen im Erfahrungsbereich charakterisiert (Mahler u.a. 1978, 251).

Erik Erikson, der mit seinem Konzept des „Urvertrauens" einen zentralen Faktor für das Wachstum und die Krisen der gesunden Persönlichkeit auf eine prägnante Formel gebracht hat, verweist in einer Fußnote auf seine Beteiligung an der „Guidance Study", eine der klassischen empirischen Längsschnittstudien, und die dabei gewonnenen Erkenntnisse: „Ich habe an einem longitudinalen Forschungsvorhaben des Instituts für Child Welfare an der University of California teilgenommen ... und habe dabei den größten Respekt für die Elastizität und Erfindungsgabe einzelner Kinder bekommen, die mit Unterstützung einer reichlich spendenden sozialen Gruppe lernten, Kompensationen für ihre traurigen Kindheitserlebnisse zu finden, Erlebnisse, die in unseren klinischen Fallaufzeichnungen jegliche Funktionsstörung durchaus überzeugend erklären könnten" (Erikson 1966, 66).

4.2. An einer Stelle hat sich Freud selbst schon mit diesem Problem und mit der Differenz zwischen retrospektiven und prospektiven Erklärungen auseinandergesetzt. Im Zusammenhang mit einer ausführlichen Fallgeschichte, deren innere Logik und psychische Determiniertheit er scheinbar restlos aufklärt, findet sich folgende eher nachdenkliche Passage: „Solange wir die Entwicklung von ihrem Endergebnis nach rückwärts verfolgen, stellt sich uns ein lückenloser Zusammenhang her, und wir halten unsere Einsicht für vollkommen befriedigend, vielleicht für erschöpfend. Nehmen wir aber den umgekehrten Weg, gehen wir von den durch die Analyse gefundenen Voraussetzungen aus und suchen diese bis zum Resultat zu verfolgen, so kommt uns der Eindruck einer notwendigen und auf keine andere Weise zu bestimmenden Verkettung ganz abhanden. Wir merken sofort, es hätte sich auch etwas anderes ergeben können, und dies andere Ergebnis hätten wir ebensogut verstanden und aufklären können. Die Synthese ist also nicht so befriedigend wie die Analyse; mit anderen Worten, wir wären nicht imstande, aus der Kenntnis der Voraussetzungen die Natur des Ergebnisses vorherzusagen" (Freud, 1920, 296).

Freud hält dies denn auch für eine „betrübliche Erkenntnis" (ebd., 297), denn unter der Annahme eines vollkommenen psychischen Determinismus sollte ja auch die Prognose oder, wie er sagt, die „Synthese" prinzipiell möglich sein. Die Erkenntnis dieses Mangels führt aber bei Freud keineswegs zu einem Zweifel an seinem deterministischen Menschenbild, sondern er führt diese Schwierigkeit ganz einfach auf das praktische Problem zurück, daß die verschiedenen ätiologischen Faktoren bisher nur qualitativ, nicht aber quantitativ, in ihrem „relativen Gewicht" zu bestimmen seien.

Man kann somit berechtigterweise fragen, ob die Rekonstruktion einer Entwicklungs- und Beziehungsgeschichte, wie sie in der psychoanalytischen Therapie erfolgt, die also immer schon unter dem Vorzeichen der Erklärung der Genese aktueller Leidenszustände und zudem unter dem Vorzeichen der jeweils leitenden theoretischen Grundannahmen steht, nicht bestimmte systematische Verzerrungen enthält, ob also nicht die Tendenz besteht, sie gewissermaßen „passend" zur aktuellen Problematik zu (re)konstruieren und dabei jenen Aspekten, die ins jeweilige ätiologische Schema passen, ein besonderes Gewicht zu verleihen und andere, die quer dazu stehen, eher auszublenden. So hat sich denn auch in der jüngeren Diskussion klar herauskristallisiert, daß eine kaum zu überbrückende Differenz zwischen dem „rekonstruierten Kind" und dem „realen Kind" besteht.

Alfred Lorenzer hält es in einem Aufsatz mit dem schlichten Titel „Kindheit" in diesem Sinne für notwendig, „ein ganz allgemeines und folgenreiches Mißverständnis" der Psychoanalyse richtigzustellen, das Mißverständnis nämlich, „Historiographie der infantilen Geschichte" zu sein (Lorenzer 1979, 33 ff.). Dagegen sind seiner Meinung nach alle psychoanalytischen „Aussagen über die infantile Lebensgeschichte, ihre Typik und prozessuale Abfolge ... abgeleitete Schlüsse aus der Erkenntnis der erwachsenen Persönlichkeit hier und heute. Der Infantilität der Erwachsenen in der gegenwärtigen Situation also" (ebd., 33). Lorenzer beklagt, daß die Psychoanalyse sich mit diesem Mißverständnis „selbst um ihren besten Fund gebracht" habe, nämlich erschlossen zu haben, daß in jedem Erwachsenen lebenslang „die Spannung von Sinnlichkeit und Bewußtsein die Basis seiner wunschorientierten Lebenspraxis ist". Die „psychoanalytische Entdeckung der Kindheit" sei in Wirklichkeit genau diese „Erschließung der Spannung der Persönlichkeitsstruktur" (ebd., 35). Nun mag man diese sicherlich existente Spannung von Sinnlichkeit und Bewußtsein in der Erwachsenenpersönlichkeit metaphorisch als „das Infantile" bezeichnen, es ist aber offensichtlich, daß mit dieser Kritik am „infantil-reduktionistischen Selbstmißverständnis" der Anspruch, auf psychoanalytischem Weg Aussagen über das reale Erleben realer Kinder zu gewinnen, eigentlich aufgegeben ist. Denn dafür wäre erst zu klären, ob und gegebenenfalls wie dieser metaphorisch als „das Infantile des Erwachsenen" bezeichnete, archaisch-sinnliche Persönlichkeitsbezirk des Erwachsenen mit jenen Erlebnisformen und Wunschwelten, die das reale Kind in seiner realen Kindheit prägten, zusammenhängt.

In seinem Beitrag: „Bemerkungen zur Lebensgeschichte in psychoanalytischen Therapien" macht Bräutigam klar, daß die lebensgeschichtliche Rückschau „jeweils eine Art von ‚fiction‘, darstelle eine, „kreative Neugestaltung der Begebenheiten, eine neu erschaffene Vergangenheit". „Beim Menschen" stellt er weiter grundsätzlich fest, „gibt es kein psychisches oder psychosomatisches Krankheitsbild, daß sich regelhaft mit bestimmten äußeren Einwirkungen der frühen Kindheit in Verbindung bringen läßt" (Bräutigam 1989, 25).

5. Exemplarische Beispiele longitudinal-prospektiver Entwicklungsforschung zur Bedeutung der frühen Kindheit

Wenn die therapeutische Behandlungssituation somit eine durchaus problematische „Laborsituation" zur Klärung der allgemeinen Frage nach der prägenden Kraft früher Erfahrungen darstellt, welche andere Möglichkeiten bestehen dann, Antworten auf diese Frage zu finden? Natürlich ist die Frage nach dem Einfluß früher Erfahrungen, nach der Wandelbarkeit oder Stabilität von Persönlichkeitsmerkmalen, nach dem Verhältnis von Kontinuität und Wandel in der menschlichen Entwicklung nicht nur ein Thema der Psychoanalyse, sondern auch eines der empirischen Entwicklungspsychologie und der differentiellen Persönlichkeitsforschung. Natürlich gibt es auch eine lange klinisch-psychiatrische Tradition, etwa in der Deprivationsforschung, nach der prognostischen Bedeutung bestimmter Risikofaktoren in der kindlichen Entwicklung zu fragen. Gewissermaßen als Brückenwissenschaft zwischen Entwicklungspsychologie und Kinder- und Jugendpsychiatrie hat sich die „Entwicklungspsychopathologie" (Rutter und Garmezy 1983; Keller 1989; Sroufe 1990; Remschmidt 1992; Kusch und Petermann 1995) herausgebildet, die versucht, normale und abweichende kindliche Entwicklung innerhalb eines einheitlichen theoretischen Bezugsrahmens zu verstehen. Und gerade in diesem Zusammenhang ist in den letzten Jahren dem Phänomen der „Resilienz" besondere Aufmerksamkeit geschenkt worden, d.h. der Tatsache, daß sich in den entsprechenden empirischen Untersuchungen immer wieder auch Kinder finden lassen, die sich trotz sehr schwieriger Lebenshintergründe und Entwicklungsgeschichten erstaunlich positiv entwickeln (vgl. Pines 1981; Rutter 1985; Lösel u.a. 1990; Egeland, Carlsson und Sroufe 1993; Opp, Fingerle und Freytag 1999). Der Entwicklungspsychopathologie geht es durchaus darum, die „Wege und Irrwege in der Kinderentwicklung" (vgl. A. Freud 1968) nachzuzeichnen, aber eben nicht primär durch theoretisch postulierte Entwicklungslinien in einzelnen Entwicklungsbereichen oder durch einzelkasuistische Rekonstruktionen, sondern durch longitudinal-prospektive Studien an größeren Gruppen von Kindern, die über ihre Entwicklung hinweg forschend begleitet werden und wo dann versucht wird, Zusammenhänge zwischen den frühen Entwicklungsbedingungen und Reaktionsmustern einerseits und den späteren Persönlichkeitsfaktoren sowie den diversen Aspekten der Lebensbewältigung und der seelischen Gesundheit andererseits herauszufinden. Bei diesen Längsschnittstudien handelt es sich um aufwendige, langfristig angelegte Projekte. Entsprechend schwierig ist es, deren methodisches Design und deren Ergebnisse hier auf beschränktem Raum in ihrer Gesamtheit angemessen wiederzugeben (vgl. ausführlich dazu Göppel 1997). Ich will mich deshalb auf exemplarisch ausgewählte Beispiele für solche Studien, die aus je unterschiedlichen Forschungstraditionen stammen, beschränken. Als Auswahlkriterium gilt dabei *das longitudinal-prospektive Untersuchungsdesign*, die besondere *Schwerpunktsetzung auf die Entwicklungsbedingungen der frühen Kindheit, der Fokus auf den rein umotionalen Entwicklungsbereich* und die *Fortführung der Studie zumindest bis zum Jugendalter* der Probanden.

5.1 Deprivationsforschung

Sehr eindrucksvoll hat R. Spitz die verheerenden *unmittelbaren* Folgen, die der Entzug mütterlicher Zuwendung für Säuglinge hat, in seinen Büchern und Filmen dokumentiert. Die Bilder von den hospitalisierten Säuglingen des „Findelhauses", die mit einer gefrorenen Starre des Gesichtsausdrucks in ihren Gitterbettchen sitzen und auf Kontaktversuche nur noch mit Weinen und Schreien reagieren, rühren auch heute noch den Betrachter in eindringlicher Weise an. Gerade die Tatsache, daß Spitz hier gewissermaßen „Stadien des Verfalls" zeigte, die Veränderung zunächst unauffälliger, „normaler" Säuglinge hin zu jammervollen Kleinkindern, die mit apathischem Blick ins Leere starren und dabei bisweilen bizarre Bewegungsstereotypien monoton wiederholen, macht das Tragische und Anklagende dieser Bilder aus. Auch wenn sein methodisches Vorgehen ein ganz anderes war als das der traditionellen psychoanalytischen Forschung und auch wenn im Fokus seiner systematischen Beobachtungen ganz andere Aspekte standen als in der bis dahin erfolgten, eher auf das infantile Sexualleben gerichteten episodenhaften psychoanalytischen Kinderforschung, verstand Spitz selbst sich doch sehr klar als in der Tradition Freuds stehend. Das zentrale Anliegen seiner Forschungsbemühungen hat er einmal folgendermaßen formuliert: „Das Ziel meiner Forschung besteht darin, die krankmachenden Faktoren zu isolieren und zu untersuchen, die dafür verantwortlich sind, ob die Entwicklung des Kindes eine günstige oder eine ungünstige Wendung nimmt" (Spitz 1985, 92 f.). Neben den massiven quantitativen Mängeln an mütterlicher Zuwendung durch die Heimsituation hat Spitz dann auch noch versucht, die subtileren „qualitativen Mängel" der mütterlichen Betreuung mit spezifischen psychosomatischen Erkrankungen des Kleinkindalters in Verbindung zu bringen, und er hat in diesem Kontext die berühmt-berüchtigte Rede von den „psychotoxischen Müttern" geprägt. Freilich konnte Spitz über die langfristigen Folgen der von ihm beobachteten frühen Fehlentwicklungen nur spekulieren. Längerfristige katamnestische Untersuchungen zum weiteren Lebensweg der von ihm untersuchten Säuglinge liegen nicht vor. Aber seine Prognosen waren ziemlich düster: Er ging davon aus, daß die „„Disharmonie' in der Entwicklung, die durch die ungünstigen Umweltbedingungen im ersten Lebensjahr des Kindes hervorgerufen wird, einen psychosomatischen Schaden verursacht, der durch normale Maßnahmen nicht wieder gut gemacht werden kann" (ebd., 121).
Eine solche katamnestische Studie von Jugendlichen, die ihre frühe Kindheit unter ähnlich deprivierenden Heimbedingungen verbracht hatten, wurde erst sehr viel später veröffentlicht. Ende der Fünfziger Jahre führte das Zürcher Institut für Psychohygiene im Kindesalter unter der Leitung von Marie Meierhofer und Wilhelm Keller eine große

Hospitalismusstudie durch, in die sämtliche Säuglings- und Kleinkinderheime des Kantons Zürich einbezogen waren. Die dort gegebene Situation erinnerte in vielem an Spitz' „Findelhaus": Trennung von der Mutter; Mangel an sensorischer Stimulation; Mangel an individueller liebevoller Zuwendung; Mangel an Trost und Beruhigung in Situationen von Unbehagen, Schmerz und Kummer; und vor allem kaum Möglichkeiten, stabile Bindungen an erwachsene Pflegepersonen zu knüpfen. Wie bei Spitz wurden auch hier die frühen Entwicklungsverläufe der einzelnen Kinder sorgfältig dokumentiert und die Details der Betreuungssituation in den einzelnen Säuglingsheimen differenziert erfaßt. Und ähnlich wie Spitz haben auch Meierhofer und Keller in ihrem Buch „Frustration im frühen Kindesalter" (1966) die resignativen psychischen Rückzugsprozesse bei den Kindern in dieser Situation beschrieben.

Auch haben sie sich die Frage nach dem weiteren Lebensschicksal dieser Kinder, nach der prognostischen Bedeutung dieser Heimerfahrung gestellt. Sie gehen davon aus, daß die „Lebensgrundstimmung" und die „leitende Einstellung zur Umwelt" im Kleinkindalter in ihrer Tendenz schon weitgehend „fixiert" seien (ebd., 228), und sie sehen es als „sicher" an, „daß ungerichtetes Kontaktsuchen, Verharren im Protest, Kontaktmeiden, stumpfe Abkehr von Welt und Umwelt und mangelnde Fühlung mit der Wirklichkeit in früher Kindheit die Wurzeln bilden können für *spätere Charakterstörungen* im Sinne der Haltlosigkeit, des Überwiegens von aggressiven und asozialen Tendenzen, der schizoiden Absonderung, der Hingabe- und Leistungsunfähigkeit, gemischt mit verschiedenartigen Infantilismen und Primitivismen" (ebd., 229). Freilich schränken sie die Sicherheit einer solchen Prognose, die eher auf allgemeinen klinischen Erfahrungen sowie auf anamnestischer Ursachenforschung bei entsprechenden Problemgruppen beruht, dann sogleich wieder ein: „Bevor nicht eine hinreichend große Anzahl von zufällig ausgewählten Heimkindern in ihrer Entwicklung erfaßt und in Longitudinalstudien bis über die Pubertätsjahre hinaus verfolgt worden, oder eine Zufallsauswahl von solchen Erwachsenen, die ihre frühe Kindheit in Heimen verbracht haben, katamnestisch nachuntersucht worden ist, kann nichts Endgültiges über die Prognose dieser Zustände ausgesagt werden" (ebd., 230). Um in dieser Hinsicht etwas mehr Sicherheit und Klarheit zu gewinnen, hat das Team um Meierhofer in den Jahren 1971 bis1973 eine Nachfolgeuntersuchung mit Kindern aus der ursprünglichen Stichprobe, die nunmehr zumeist das Alter von 14 Jahren erreicht hatten, durchgeführt. Von den 391 Kindern der Ausgangsuntersuchung konnten aus diversen Gründen allerdings nur mehr 137 für diese Nachuntersuchung gewonnen werden. Bei den meisten hatte sich inzwischen die Lebenssituation deutlich verändert. Nur mehr 27 lebten im Heim, die meisten anderen waren nach den ersten Lebensjahren im Säuglingsheim zu den leiblichen Eltern zurückgekehrt oder waren in Pflege- oder Adoptionsfamilien vermittelt worden. Die Untersucher bemühten sich nun, bei diesen Jugendlichen möglichst umfassende Daten über deren bisherigen Entwicklungsweg und über deren aktuelle psychische und psychosoziale Befindlichkeit zusammenzutragen. Im Rahmen der Nachuntersuchung wurden die Akten von Fürsorgeämtern sowie von kinderpsychiatrischen und schulpsychologischen Diensten ausgewertet. Sowohl mit den Eltern (bzw. Ersatzeltern, Heimerziehern) als auch mit den Lehrern des Kindes wurden strukturierte Interviews durchgeführt. Mit den Kindern bzw. Jugendlichen selbst fanden ebenfalls je zwei strukturierte Interviews statt. Neben diversen testpsychologischen Untersuchungen wurde in der jeweiligen Klasse der Probanden ein Soziogramm durchgeführt, und Lehrer und Testleiter mußten auf einen Beurteilungsbogen in Form eines Polaritätenprofils ihren Eindruck von der Persönlichkeit des Betroffenen einschätzen. Auf der Grundlage der Interviews wurde dann die Symptombelastung der Kinder während des letzten halben Jahres mittels der Symptombelastungsskala von Thalmann ermittelt.

Im Prinzip kann über die prägende Bedeutung belastender früher Erfahrungen nur dann etwas ausgesagt werden, wenn während des Aufwachsens eine markante Veränderung der Entwicklungsbedingungen stattgefunden hat. Und genau dies war hier quasi im Sinne eines „natürlichen Experiments" der Fall. Um so erstaunlicher ist es deshalb, daß diese mit so großem Aufwand erhobenen Daten zunächst nicht weiter bearbeitet und keine Ergebnisse publiziert wurden. Erst sehr viel später haben Ernst und v. Luckner diese Datensätze übernommen und 1985 unter dem bereits erwähnten Titel „Stellt die Frühkindheit die Weichen?" eine Auswertung vorgelegt.

Beim Vergleich mit einer unter „normalen" Bedingungen aufgewachsenen Kontrollgruppe ergaben sich auffällige Unterschiede bezüglich der Belastung mit Symptomen psychischer Störungen. Sowohl in der Symptomhäufigkeit als auch in der Symptomverteilung wichen die nachuntersuchten, ehemals deprivierten Heimkinder hier von den Kontrollkindern ab. Sie zeigten deutlich vermehrt ein gehemmt-depressives Syndrom mit Symptomen wie Schlafstörungen, geringer Lebhaftigkeit, gehemmter Aggression, Überangepaßtheit gegenüber Autoritäten, Zurückgezogenheit, deprimierter Stimmungslage, Überempfindlichkeit, Ängstlichkeit und Sprachstörungen. Dagegen waren Symptome aus dem Bereich Assozialität/Delinquenz bei den Nachuntersuchten nicht stärker ausgeprägt als bei der Vergleichsgruppe. Letzteres ist ein Befund, der den prognostischen Vermutungen von Meierhofer und Keller deutlich zuwiderläuft. Ernst und v. Luckner fassen ihre Befunde folgendermaßen zusammen: „Die Nachuntersuchten erscheinen als emotional beeinträchtigt und nicht als verhaltensauffällig. Sie sind nicht ‚Störer', sondern eher passive Jugendliche, die äußerlich wenig auffallen und keinen Anstoß erregen" (Ernst und v. Luckner 1985, 125). Auch wenn der Vergleich von Prävalenzdaten psychischer Störungen immer eine relativ unsichere Sache ist, wagen die Autoren die Einschätzung, daß die Zahl behandlungsbedürftiger „Fälle" unter den Jugendlichen der Nachuntersuchung etwa doppelt so groß sei wie in der Durchschnittsbevölkerung.

Jedoch führen Ernst und v. Luckner diese deutlich höhere Symptombelastung bei den ehemals hospitalisierten Heimkindern nicht primär auf die belastenden frühkindlichen Erfahrungen, sondern auf die deutlich höhere psychosoziale Belastung während der Zeit *nach* dem Heim zurück. Sie begründen ihre Interpretation damit, daß die während der frühen Kindheit gesammelten Daten über die Merkmale der frühen Entwicklung und über die Spezifika der jeweiligen Heimsituation nur verschwindend geringe prognostische Bedeutung im Hinblick auf die psychosoziale Befindlichkeit im frühen Jugendalter hatten, während den diversen Merkmalen der späteren Familien- und der aktuellen Lebenssituation hier sehr viel deutlicheres prognostisches Gewicht zukam: Ob die Kinder während der späteren Kindheit schwere Konflikte zwischen den Eltern oder gar deren Scheidung erlebt hatten, ob sie in Stieffamilien lebten, ob sie mit psychosozialen Störungen oder schweren chronischen Krankheiten bei den Eltern oder Stiefeltern konfrontiert waren, ob sie sexueller Verführung ausgesetzt waren oder Mißhandlung und schwere Körperstrafen erlebt hatten, ob das Familienmilieu insgesamt sehr hoch problem- und konfliktbeladen war, all dies schlug sich in der Symptombelastung der Vierzehnjährigen deutlich nieder.

Der Untertitel des Buches von Ernst und v. Luckner lautet: „Eine Kritik an der Lehre von der schicksalshaften Bedeutung erster Erlebnisse"; und dementsprechend fassen sie die folgende Beschreibung ihres Entwicklungsverständnisses als Quintessenz ihrer Auswertungsergebnisse zusammen: „Frühe Erfahrungen hinterlassen nur dann bleibende Spuren, wenn sie *durch spätere gleichartige Erfahrungen immer wieder verstärkt werden.* Das ist die Regel, denn die Situation, in welcher sich ein Kind befindet, hat die Tendenz, konstant zu bleiben - zwischen einem labilen Kind und einer unberechenbaren oder ablehnenden Umgebung treten negative, teufelskreisartige Wechselwirkungen auf. Negative Erfahrungen, welche nicht anhalten, verblassen. Eine gestörte psychische Entwicklung ist nicht Resultat von früher, sondern von kontinuierlicher Erfahrung; frühes soziales Lernen ist nicht wirksamer als späteres soziales Lernen" (Ernst und v. Luckner 1985, 152).

5.2 Risiko- und Resilienzforschung

Die wohl wichtigste und meistzitierte Längsschnittstudie, die speziell unter der Fragestellung nach der Bedeutsamkeit früher Entwicklungsrisiken und nach den Ursprüngen seelischer Verletzlichkeit und seelischer Widerstandskraft konzipiert und ausgewertet wurde, ist die Kauai-Studie von Emmy Werner. 698 Kinder, der komplette Jahrgang, der 1955 auf der zum Hawaii-Archipel gehörigen Insel Kauai zur Welt kam, wurde in diese Untersuchung einbezogen und inzwischen seit 40 Jahren in ihrer Entwicklung begleitet. Schon während der Schwangerschaft wurden die Mütter für die Mitarbeit an dieser Studie gewonnen. So konnten neben den Daten zum soziodemographischen Hintergrund der Familien, in die die Kinder hineingeboren wurden, auch schon die Umstände und eventuellen Komplikationen der Prä-, Peri- und Postnatalzeit sorgfältig dokumentiert werden. Systematische Untersuchungen der gesamten Kohorte fanden dann im Alter von 1, 2, 10, 18, 32 und 40 Jahren statt. Dabei wurden für jeden Teilnehmer umfangreiche Daten bezüglich seiner körperlichen, kognitiven, emotionalen und sozialen Entwicklung zusammengetragen. Die Einschätzung der Temperamentsmerkmale des Kindes durch die Mutter, die beobachteten Muster der Eltern-Kind-Interaktion, die Einschätzung der familiären Situation und Problembelastung, des erzieherischen Anregungsgehaltes und der emotionalen Unterstützung, all dies wurde festgehalten. Auch für die Zeiträume zwischen den einzelnen Untersuchungen wurde versucht, möglichst sämtliche besonderen Vorkommnisse, alle „stressful life events", die im Leben der einzelnen Teilnehmer auftauchten, zu erfassen. Neben Interviews mit den Eltern bzw. später mit den Probanden selbst dienten hierfür auch die Akten der Schul-, Sozial- und Gesundheitsbehörden, zu denen die Untersucher Zugang hatten, als Informationsquelle.

Etwa einem Drittel der Kinder der Studie wurde im Alter von zwei Jahren ein besonderer Risikostatus zugeschrieben. Die Gründe dafür konnten recht unterschiedlich sein: erhebliche perinatale Komplikationen, deutliche Entwicklungsverzögerungen, ausgesprochene Armutsverhältnisse, Familiensituationen, die durch eine Trennung der Eltern oder durch permanente Konflikte belastet waren, Alkoholmißbrauch oder psychische Krankheit bei einem oder beiden Elternteilen. All die Kinder, deren Entwicklung im Verlauf der ersten beiden Lebensjahre durch vier oder gar mehr solcher „Risikofaktoren" belastet waren, wurden dieser Risikogruppe zugeordnet. Tatsächlich zeigten zwei Drittel dieser „Risikokinder" im Alter von 10 Jahren ausgeprägte Lern- oder Verhaltensprobleme, oder es kam im Jugendalter zu Problemen wie ernsthaften psychischen Krisen, Delinquenz oder ungewollter Schwangerschaft. Etwa ein Drittel jener Risikogruppe wiederum wuchs jedoch nach dem Urteil der Untersucher erstaunlich positiv und problemfrei zu kompetenten, selbstbewußten und verantwortlichen jungen Erwachsenen heran. Werner und Smith charakterisieren sie, die berühmte Freudsche Bestimmung seelischer Gesundheit aufgreifend und erweiternd, als diejenigen, „who loved well, worked well, played well and expected well" (Werner und Smith 1992, 192). Weder in der Kindheit noch im Jugendalter entwickelten sie auffällige Störungen; sie kamen in der Schule und im sozialen Leben zurecht und hatten anspruchsvolle und dennoch realistische Zukunftsvorstellungen und Lebenspläne. Insgesamt lagen ihre schulischen und beruflichen Erfolge sogar leicht über dem Durchschnitt derjenigen Probanden, die ohne besondere Risikobelastung in stabileren Verhältnissen aufwachsen konnten. Soweit sie zum Zeitpunkt der letzten Erhebung bereits eigene Kinder hatten, waren sie durchaus in der Lage, ihren eigenen Kindern eine liebevolle und verläßliche Betreuungssituation zu gewährleisten. Diese Gruppe von 72 Probanden wurde als die Gruppe der „resilient individuals" bezeichnet, und dem Vergleich zwischen ihr und der Gruppe der anderen, verwundbareren Kindern der Risikogruppe gilt das Hauptinteresse der Studie.

Folgende Charakteristika waren für das Entwicklungsmilieu, in dem jene resilienten Kinder aufwuchsen, und für die Persönlichkeitsstruktur, die sie entwickelten, typisch: Zunächst hatten schon die Rangfolge der Geburt, der Abstand zum nachfolgenden Geschwister und die Familiengröße insgesamt einen gewissen Einfluß. Bei den resilienten Kindern handelte es sich überzufällig häufig um erstgeborene Kinder. Ihre Chancen, die Belastungen unbeschadet zu überstehen, nahmen ferner dann zu, wenn der Abstand zum nächsten nachfolgenden Geschwister mindestens zwei Jahre betrug und wenn insgesamt nicht mehr als vier Geschwister um die Aufmerksamkeit der Eltern konkurrierten. Längerfristige Trennungen von der primären Betreuungsperson im ersten Lebensjahr dagegen verminderten die psychische Widerstandskraft. All dies weist in die Richtung der von der Psychoanalyse und der Bindungsforschung hervorgehobenen eminenten Bedeutung einer verfügbaren, verläßlichen, liebevollen Bezugsperson in früher Kindheit. Tatsächlich hatte auch die Einschätzung des Ausmaßes der Aufmerksamkeit, die der Säugling im ersten Lebensjahr erfuhr, sowie die Einschätzung der Qualität der frühen Eltern-Kind-Interaktion einen markanten Einfluß auf die Zuordnung zu einer der beiden Gruppen. Jedoch trugen auch im späteren Lebensalter massive Belastungen der Familiensituation durch Arbeitslosigkeit, durch physische oder psychische Erkrankungen bei den Eltern, durch chronische Streitigkeiten zwischen ihnen oder durch Trennungen tendenziell zur Verwundbarkeit bei. Hier erwiesen sich zudem für Jungen und Mädchen unterschiedliche Merkmale des erzieherischen Milieus als besonders relevant: „Widerstandsfähige Jungen kommen aus Haushalten mit klarer Struktur und Regeln, in denen ein männliches Familienmitglied (Vater, Großvater oder älterer Bruder) als Identitfikationsmodell dient. Widerstandsfähige Mädchen kommen aus Haushalten, in denen sich die Betonung von Risikobereitschaft und Unabhängigkeit mit der zuverlässigen Unterstützung einer weiblichen Fürsorgeperson verbindet (Mutter, Großmutter oder ältere Schwester)" (Werner 1997, 197 f.).

Eine bedeutende kompensatorische Rolle spielte für diese Kinder, wie im obigen Zitat schon angedeutet, die Verfügbarkeit weiterer Erwachsener im Haushalt wie etwa Großeltern oder Tanten oder aber auch älterer Geschwister, die sich um das betreffende Kind kümmerten und zu denen eine vertrauensvolle Beziehung bestand. Dies hatte einen positiven Effekt, insbesondere auf die Entwicklung jener Kinder aus hochbelasteten Lebenssituationen. Insgesamt erwies sich die Einbindung der Familien in soziale Netzwerke, in Verwandtschafts- und Nachbarschaftsstrukturen als sehr bedeutsam. Besonders gefährdet waren dagegen Kinder randständiger, isolierter, entwurzelter Familien ohne soziale Unterstützung. Auch die Kontinuitätsbrüche, die mit Arbeitsplatzverlusten der Eltern, Umzügen und Schulwechseln einhergingen, erwiesen sich als nachteilig für die Entwicklung.

Von erheblicher prognostischer Bedeutung waren auch einige früh zu beobachtende Persönlichkeitsmerkmale. So wurden diejenigen Kinder, die später der Gruppe der Resilienten zugeordnet wurden, tendenziell schon als Babys von ihren Müttern als besonders „umgängliche", „anschmiegsame" und „ausgeglichene" Kinder charakterisiert. Sie hatten generell ein hohes Aktivitätsniveau und zeigten nur selten ausgeprägte frühe Verhaltensprobleme wie exzessives Schreien oder massive Schlaf- und Eßstörungen. Sie hatten auch weniger ernsthafte oder chronische Erkrankungen und erschienen insgesamt gesundheitlich robuster. Als Kleinkinder zeigten sie relativ große Sicherheit und Unbefangenheit im Umgang mit anderen Kindern und mit Erwachsenen sowie eine ausgeprägte Tendenz und auch ein besonderes Geschick, Dinge selbst zu tun, Probleme selbst zu lösen. Von den Untersuchern wurden sie als besonders aufgeweckt, fröhlich und selbstbewußt beschrieben.

In der mittleren Kindheit fielen diese Kinder wiederum durch einige besondere Merkmale auf. Typisch für sie war ein Muster im Umgang mit Aufgaben und Problemen, das ein hohes Maß an Selbständigkeit mit der Fähigkeit verband, sich im Bedarfsfall gezielt nach Hilfe umzusehen. Ihr genereller Verhaltensstil war eher reflektierend als impulsiv. Sie waren in der Lage, sich gezielt auf Wichtiges zu konzentrieren, und zeigten bei ihren Vorhaben ein überdurchschnittliches Maß an Ausdauer und Hartnäckigkeit. Obwohl sie sozial gut integriert waren, Freunde hatten und auch bei Erwachsenen beliebt waren, zeigten sie andererseits häufig eine bemerkenswerte Unabhängigkeit. Sie hatten oftmals ausgeprägte Interessen und Hobbys, die ihnen persönlich viel bedeuteten und aus denen sie Befriedigung und Kompetenzgefühl schöpften. Die Interessen und Aktivitäten dieser Kinder folgten häufig nicht engen geschlechtsrollentypischen Vorgaben. Werner spricht generell von einer „healthy androgyne", welche für diese Kinder typisch sei, und beschreibt diese Beobachtung folgendermaßen: „Resiliente Mädchen erscheinen relativ autonom und unabhängig, resiliente Jungen zeigen relativ viel Gefühlsausdruck, soziale Verantwortlichkeit und Fürsorglichkeit. Beide Geschlechter verfügen über flexible Bewältigungsstrategien, die es ihnen erlauben, Schwierigkeiten eher gezielt anzugehen, als in einer rigiden und eng geschlechtstypischen Art und Weise darauf zu reagieren" (Werner 1990, 104). Den wichtigsten und grundlegendsten Persönlichkeitszug dieser Kinder sieht sie jedoch in einem tiefverwurzelten Gefühl, etwas zu taugen und zu können: „Ein Gefühl von Kompetenz und eine Überzeugung, durch das eigene Tun etwas bewirken zu können, scheint das allgemeine Kennzeichen dieser Kinder zu sein" (ebd., 103).

Das spezifische Interesse Werners für jene Entwicklungsverläufe, die trotz vieler Widrigkeiten erstaunlich positiv verliefen, bedeutet nun jedoch keineswegs, daß sie die Bedeutung früher Erfahrungen gering schätzt. Vielmehr betont sie, daß ihre Daten durchaus dafür sprechen, daß es „long term effects", signifikante Einflüsse der Kindheit auf die psychosoziale Befindlichkeit im Erwachsenenalter gibt: „Mehr als die Hälfte der belastenden Lebensereignisse, welche die Wahrscheinlichkeit einer kriminellen Karriere oder einer unwiderruflich zerbrochenen Ehe im Alter von 30 Jahren für die Mitglieder dieser Kohorte signifikant erhöhten, fanden während der frühen oder frühesten Kindheit statt" (Werner 1991, 185). Als solche Risikofaktoren der kindlichen Lebenssituation, die für beide Geschlechter in statistischem Zusammenhang mit der Lebensbewältigung im Erwachsenenalter standen, nennt sie die Tatsache der unehelichen Geburt, die Geburt eines weiteren Geschwisters innerhalb eines Zeitraumes von zwei Jahren, die Abwesenheit des Vaters während der frühen Kindheit, längerfristige Trennungen von der Mutter während des ersten Lebensjahres und eine außerhäusliche Berufstätigkeit der Mutter im ersten Lebensjahr, wenn keine stabile Ersatzbetreuung für das Kind zur Verfügung stand.

5.3 Bindungsforschung

Während die Risiko- und Resilienzforschung bisher nur sehr sporadische Aufmerksamkeit innerhalb der psychoanalytischen Diskussion gefunden hat (vgl. Tress 1985; Lieberz 1988, 1990; Reister 1995; Dornes 1997), ist gerade in den letzten Jahren ein sehr nachdrückliches Interesse für die Bindungsforschung zu beobachten (vgl. Bräutigam 1991; Köhler 1995, 1998; Dornes 1998; Fonagy 1998). Die Bindungstheorie wurde von Bowlby als einem „Dissidenten" der Psychoanalyse in Auseinandersetzung mit und in Abgrenzung zu traditionellen psychoanalytischen Vorstellungen von kindlicher Entwicklung entworfen. Von zentraler Bedeutung für Bowlbys Abwendung von der Psychoanalyse war dabei der Streit um die Bedeutung der „Realfaktoren" im Verhältnis zur Ebene des kindlichen Phantasielebens. Ging er zunächst als Deprivationsforscher von den negativen Wirkungen kurz- oder längerfristiger Mutterentbehrung in früher Kindheit aus, so interessierte er sich später mehr für die subtileren qualitativen Differenzen in den Eltern-Kind-Beziehungen.

Über das von Mary Ainsworth entwickelte Verfahren der „Fremden Situation" als einer standardisierten Methode, die Qualität von Bindungsbeziehungen in früher Kindheit zu beurteilen, fand die Bindungstheorie rasch Anschluß an die empirische entwicklungspsychologische Forschung und hat sich dort als ein eigenständiger, sehr fruchtbarer Forschungszweig etabliert. (Zur Geschichte, zu den Grundlagen, zur aktuellen Forschungslage und zu den möglichen Anwendungen der Bindungstheorie vgl. Spangler und Zimmermann 1995.) Durch das von Main und Goldwyn entwickelte „Adult Attachment Interview" liegt ferner ein analoges Verfahren vor, um die innere Bindungsrepräsentation bei erwachsenen Interviewpartnern zu erheben. Somit ergeben sich sehr spannende Ansätze, intrabiographischen und intergenerationalen Zusammenhängen zwischen früher Bindung und späterer Bindungsrepräsentation nachzuforschen. Einerseits konnte in unterschiedlichen Studien sehr klar nachgewiesen werden, daß die im „Adult Attachment Interview" erhobene Klassifikation der inneren Bindunsrepräsentanz bei den Müttern hohe prognostische Relevanz im Hinblick darauf hatte, welche Bindungsklassifikation sich in der Fremden Situation mit ihren Kindern ergab, welches Maß an vertrauensvoller, harmonischer Beziehung sie also mit ihrem Kind herzustellen in der Lage waren (Main u.a. 1985; Fremmer-Bombik 1987; Fonagy u.a. 1993). Andererseits richtete sich natürlich das Interesse der longitudinalen Forschung darauf, welche Bedeutung dieser frühen Bindungsklassifikation ihrerseits als Prädiktor für diverse Dimensionen der späteren Entwicklung zukommt.

Im Kern geht es der Bindungstheorie dabei durchaus um jenes zentrale psychoanalytische Paradigma von der, im Hinblick auf die spätere seelische Gesundheit entscheidenden, Bedeutung der frühen Kindheit. Dabei schreibt sie der Qualität der Bindungsbeziehungen, die sich im Laufe der ersten Lebensjahre durch die realen Interaktionserfahrungen mit den wichtigsten Bezugspersonen herausbilden, eine zentrale Rolle zu. Auf der Grundlage dieser konkreten Interaktionserfahrungen formen sich nämlich nach dieser Perspektive innere „Arbeitsmodelle", grundlegende Erwartungen bezüglich der Verläßlichkeit der Welt, bezüglich der angemessenen Form, eigene negative Gefühle zum Ausdruck zu bringen, bezüglich der Verfügbarkeit von Hilfe in Streßsituationen und bezüglich der eigenen Einschätzung, entsprechender Zuwendung überhaupt wert zu sein. Diese inneren „Arbeitsmodelle", diese Einschätzungen und Erwartungen, haben dann ihrerseits wiederum weitreichende Bedeutung für das sich entwickelnde Selbstkonzept und für den Umgang mit sozialen Situationen in anderen Kontexten.

Grossmann u.a. haben im Hinblick auf diese Diskussion und mit ausdrücklichem Hinweis auf Autoren wie Hemminger (1982) und Ernst und v. Luckner (1985), welche ja die Meinung vertreten haben, daß die Bedeutung der frühkindlichen Erfahrungen, ohne über gesicherte empirische Evidenz zu verfügen, unter der Dominanz psychoanalytischer Sichtweisen völlig überschätzt worden sei, bemerkt: „Natürlich sind Behauptungen in Abwesenheit von deutlicher Evidenz nicht sehr überzeugend, aber genausowenig die Verleugnung solcher Einflüsse, für die es ja doch eine Fülle von Hinweisen im Zusammenhang mit sozial-emotionalen Fehlentwicklungen gibt. Es ist wissenschaftstheoretisch nicht haltbar, daß die Abwesenheit von Evidenz als Evidenz für die Abwesenheit des Phänomens genommen wird. Eine solche Äquivalenz würde schlechte Forschung ermutigen, denn die Abwesenheit von Evidenz ist am ehesten durch die Wahl irrelevanter Variablen oder unangemessener Methoden zu erreichen" (Grossmann u.a. 1989, 36).

Die Bindungsforscher sind in der Tradition von Bowlby und Ainsworth gewissermaßen angetreten, bessere empirische Evidenz für die Zusammenhänge zwischen frühkindlichen Erfahrungen und späteren Entwicklungsprozessen zutage zu fördern, als sie bisher verfügbar war. Dabei geht es ihnen nicht um die gesamte Bandbreite der entwicklungspsychologisch relevanten Themen, sondern zentral darum, „die Funktionsweise der frühen Vertrauensbeziehung zu entschlüsseln" (Grossmann und Grossmann 1986, 301) und auf dieser Grundlage „die Ontogenese emotionaler Integrität und Kohärenz" (Grossmann u.a. 1989) zu verstehen.

In der Tat konnten die Bindungsforscher in ihren longitudinal-prospektiven Studien nachweisen, daß die mit 12 bzw. mit 18 Monaten in der „Fremden Situation" erhobene Beurteilung der Bindungsbeziehung des Kindes mit seinen primären Bezugspersonen von höherer prognostischer Relevanz für die Entwicklung ist als sämtliche Parameter, die sich isoliert nur auf frühe Persönlichkeitsmerkmale des Kindes oder auf soziodemographische Parameter der Familiensituation beziehen. So erwies sich die Eltern-Kind-Beziehung der ehemals als „sicher gebunden" klassifizierten Kinder auch im Alter von sechs Jahren als harmonischer und vertrauensvoller als die Eltern-Kind-Beziehung der als „unsicher gebundenen" klassifizierten Kinder. Die Gespräche zwischen Eltern und Kindern waren hier flüssiger und wechselseitiger, und in projektiven Tests zeigten diese Kinder weniger Ängstlichkeit und Abwehr bezüglich trennungsrelevanter Themen (Main u.a. 1985). Im Kindergarten, also in einem sozialen Kontext außerhalb der Familie, erwiesen sich die „sicher gebundenen" Kinder als selbständiger und in ihren Aktivitäten unabhängiger von der Anleitung und Hilfestellung der Erzieherinnen. Sie spielten phantasievoller, planvoller und ausgeglichener als die Kinder mit ehemals unsicherer Bindungsklassifikation. Besonders beim Umgang mit Konflikten zeigten sie mehr Empathie und deutlich größere soziale Kompetenz. Sie unterstellten ihren Altersgenossen in uneindeutigen Situationen tendenziell eher freundliche als feindliche Absichten, sie hatten weniger Verhaltensprobleme und waren beliebter bei anderen Kindern (vgl. Sroufe, Fox und Pancake 1983; Erikson, Sroufe und Egeland 1985; Süss 1987; Grossmann und Grossmann 1991; Zimmermann u.a. 1995). Bei Beobachtungen, Gesprächen und Tests, die durchgeführt wurden, als die Kinder das Alter von 10 Jahren erreicht hatten, konnten wiederum signifikante Unterschiede zwischen den ehemals als „sicher" und den ehemals als „unsicher gebunden" eingeschätzten Kindern festgestellt werden. Erstere wurden tendenziell als aktiver, initiativer, selbständiger und kooperativer beurteilt. Sie kamen besser mit komplexen Gruppensituationen in einem Ferienlager zurecht und bildeten intensivere Freundschaftsbeziehungen (Sroufe 1989; Sroufe u.a. 1993). In den Gesprächen zeigte sich weiter, daß sie einen offeneren Zugang zu ihren Gefühlen hatten, daß sie ihre Eltern in emotional belastenden Situationen als zugewandter und hilfreicher wahrnahmen und häufiger angaben, sich bei Kummer, Angst oder Ärger tatsächlich mit der Bitte um Unterstützung an sie wenden zu können (Scheuerer-Englisch 1989).

Natürlich war man sehr gespannt auf die Zusammenhänge, die sich ergeben würden, wenn die erste Kohorte aus den Längsschnittstudien der Bindungsforscher, bei der in der frühen Kindheit die Fremde Situation durchgeführt worden war, in das Alter kommen würde, in dem eine Durchführung des „Adult Attachment Interview" möglich ist. Bei den Jugendlichen der Bielefelder Längsschnittstudie wurde im Alter von 16 Jahren eine entsprechende Untersuchung durchgeführt. Es konnte (sicherlich zur Enttäuschung der Bindungsforscher) jedoch kein signifikanter Zusammenhang zwischen der Bindungsrepräsentation der Jugendlichen und der Bindungsqualität, die sich 15 Jahre zuvor bei der Durchführung der Fremden Situation ergeben hatte, nachgewiesen werden. Vielmehr schlugen sich in den Bindungsrepräsentationen der Sechzehnjährigen sehr viel klarer die Risikofaktoren, die „belastenden Lebensereignisse" aus der jüngeren Vergangenheit nieder. D.h., daß Jugendliche mit unsicherer Bindungsrepräsentation im „Adult-Attachment-Interview" vermehrt in den vorausgegangenen Jahren die Trennung der Eltern oder aber schwerwiegende psychische oder physische Erkrankung der Eltern miterlebt hatten. Was sich empirisch nachweisen ließ, war lediglich, daß eine signifikante Übereinstimmung zwischen der Bindungsrepräsentation bei den Müttern und bei ihren jugendlichen Kindern bestand, daß die Jugendlichen mit sicherer Bindungsrepräsentation dichtere und intensivere Freundschaftsbeziehungen hatten und daß das Ausmaß, in dem die Jugendlichen während der mittleren Kindheit ihre Eltern als hilfreich und unterstützend erlebt hatten, eine prognostische Bedeutung für ihre Bindungsrepräsentation hatte (vgl. Zimmermann 1995).

Zimmermann selbst stellt bei der Präsentation dieser Ergebnisse die Frage, ob diese Ergebnisse als eine Falsifikation der Bindungstheorie gedeutet werden müssen, da ein direkter Zusammenhang zwischen der frühkindlichen Bindungsklassifikation und der Bindungsrepräsentation im Jugendalter nicht habe nachgewiesen werden können (ebd. 215). Er bemüht sich dann jedoch deutlich zu machen, daß die Bindungstheorie nie eine frühkindliche Prägungslehre vertreten, sondern lediglich eine Zunahme der Stabilität von einmal eingespielten Bindungsmustern mit wachsendem Alter postuliert habe. Diese habe auch Bowlby nicht als schlechthin resistent gegenüber tiefgreifenden Veränderungen im Beziehungsgefüge betrachtet. Daß Jugendliche, die in ihrer Familie aktuell von Trennungskonflikten betroffen sind, (ganz unabhängig von ihrer frühkindlichen Situation) keinen abgeklärten, gelassenen Umgang mit Interviewfragen haben, die sich, wie beim Adult Attachment Interview, auf die persönliche Beziehungsgeschichte und die grundsätzliche Bewertung der lebensgeschichtlichen Bedeutung von engen, vertrauensvollen Bindungen beziehen, ist nicht weiter verwunderlich.

6. Fazit

Dennoch weist dieser Befund, ähnlich wie die Befunde von Ernst und v. Luckner sowie von Werner und Smith auf die Offenheit von Entwicklungsprozessen sowohl im positiven wie auch im negativen Verständnis hin: Weder ist eine hochbelastete Kindheit „Schicksal" in dem Sinn, daß sie psychisches Elend im Erwachsenenalter zwangsläufig determiniert, noch ist eine glückliche Kindheit Garantie dafür, lebenslang unbeschwert auf der Sonnenseite seelischer Befindlichkeit zu wandeln. Die Erfahrungen der frühen Kindheit stellen in diesem Sinn eher eine „Mitgift", ein Ausgangskapital bzw. eine Hypothek dar, mit der auf dem weiteren Lebensweg zurechtzukommen ist. Freilich existiert, um in diesem Bild zu bleiben, auf dem Gebiet der psychischen Entwicklung meist eine ähnliche Ungerechtigkeit wie auf dem ökonomischen, wo oftmals das Motto gilt, „wer hat, dem wird gegeben" und umgekehrt. D.h. belastende Lebensumstände haben eine außerordentliche Tendenz zu persistieren. Kinder, die in ungünstige Verhältnisse hineingeboren werden, sind oft auch im späteren Kindes- und Jugendalter mit größeren Risiken konfrontiert und es ist kaum möglich, bei der Analyse einer menschlichen Lebensgeschichte dann im Detail auseinanderzudividieren, welches relative Gewicht den einzelnen Belastungsfaktoren aus unterschiedlichen Lebensabschnitten zukommt.

Das Verhältnis zwischen individuell-rekonstruktiver idiographischer und empirisch-längsschnittlicher, nomothetischer Forschung hat Martin Dornes kürzlich recht treffend zusammengefaßt: „Das, was ein Mensch aus seiner Kindheit macht, die Interpretationen, die er ihr angedeihen läßt, die Wirkungen und vor allem die Bewertung und Einschätzung der Ereignisse und ihrer Folgen, ihre Wahrnehmung oder Nichtwahrnehmung, sind sehr individuelle und sehr komplexe Verarbeitungsweisen, die mit nomothetischen, großflächig arbeitenden Programmen der Untersuchung nie zu erhellen sein werden. Hier kann nur die Untersuchung des Einzelfalles wirklich Aufklärung bringen. Was wir mit großflächigen Untersuchungen herausfinden können, sind statistische/probabilistische Zusammenhänge, z.B. zwischen Kindheitsbelastung und Neurosenrisiko; was wir nicht (oder nur sehr begrenzt) herausfinden können ist, was die Kindheitsbelastung für dieses oder jenes Subjekt bedeutet, wie das Subjekt die mütterliche Psychopathologie oder die Abwesenheit des Vaters oder den Ehestreit erlebt hat und heute bewertet. Wir können allerdings herausfinden, daß dies relevante Faktoren für seelische Gesundheit oder Krankheit sind, und insofern können nomothetische Forschungsergebnisse und Forschungsmethoden durchaus zu kausalen Theorien über die Bedingungen von Gesundheit und Krankheit beitragen" (Dornes 1997, 135).

In diesem Sinn hat die Deprivations-, Risiko-, Resilienz- und Bindungsforschung inzwischen tatsächlich zahlreiche, für seelische Gesundheit und Krankheit relevante Faktoren herausgefunden (vgl. die Zusammenfassungen bei Tress 1985; Rutter 1993; Petzold 1993; Egle, Hoffmann und Steffens 1997; Werner 1997). Der größte Konsens besteht wohl darin, daß unter den protektiven Faktoren in der Umwelt einer zuverlässig verfügbaren positiven Bezugsperson in der frühen Kindheit ein zentraler Stellenwert zukommt und daß bezüglich der protektiven Merkmale in der Persönlichkeit des Kindes die Aspekten der Selbstachtung und der Selbstwirksamkeit von besonderer Bedeutung sind.

Interessant ist freilich auch, daß in Bezug auf viele jener eingangs genannten Faktoren, die in der Geschichte der psychoanalytischen Entwicklungslehre von unterschiedlichen Autoren als zentral bedeutsam postuliert wurden, *kein* Einfluß auf die psychische Entwicklung nachgewiesen werden konnte. Bezüglich der Frage, auf welche Dimensionen der menschlichen Entwicklung die Erfahrungen der frühen Kindheit einen besonders großen Einfluß haben, läßt sich konstatieren, daß Erikson mit seiner Lehre vom „Urvertrauen" intuitiv durchaus etwas sehr bedeutsames getroffen hat. Selbst ein Vertreter der „Elastic Mind Movement" wie Jerome Kagan räumt in diesem Sinne ein: „... eine der bleibenden psychischen Strukturen, die vermutlich in der frühesten Kindheit geprägt werden, ist das Gefühl emotionaler Sicherheit – ein Begriff, der nahe bei Vertrauen, Zugehörigkeit und Liebe liegt" (Kagan 1981, 29).

Trotz zahlreicher und aufwendiger empirischer Studien bleibt dennoch im Hinblick auf die zentrale und grundlegende Frage nach dem Stellenwert der frühen Kindheit für das menschliche Lebensschicksal ein breites Spektrum von Einschätzungen möglich. Während die psychoanalytischen und bindungstheoretisch orientierten Studien darum bemüht sind, hier bedeutsame Zusammenhänge aufzuweisen und bei der Darstellung und Auslegung ihrer empirischen Ergebnisse vor allem jene Aspekte, die auf Kontinuität, auf fortdauernde Wirkungen früher Erfahrungen verweisen, in den Vordergrund zu rücken, stellen andere Autoren, denen es mehr darum zu tun ist, den Einfluß späterer Lebenserfahrungen, die Elastizität der kindlichen Psyche und die Flexibilität der Entwicklungsprozesse zu betonen, eher diese Aspekte in den Vordergrund. Dabei können beide Seiten mit gewissem Recht sagen: „Seht doch, soviel Kontinuität/Kohärenz/Zusammenhang" bzw. „Seht doch, soviel Diskontinuität/Indeterminiertheit/Unvorhersehbarkeit in der menschlichen Entwicklung". Denn natürlich lassen sich stets beide Aspekte aufweisen, und es hat wohl bei dieser Kontinuitäts-Diskontinuitäts-Debatte ebensowenig Sinn wie bei der Anlage-Umwelt-Debatte, darauf zu hoffen daß es hier jemals eine definitive, gar quantitative Klärung geben könnte, wie nun das Verhältnis zwischen beiden Aspekten exakt zu bestimmen sei; und zwar allein schon deshalb nicht, weil dieses Verhältnis von Individuum zu Individuum vermutlich sehr unterschiedlich ausfallen dürfte. Es mag wohl Entwicklungsverläufe geben, die sehr stark im Banne bestimmter belastender früher Erfahrungen stehen, aber ebenso natürlich solche, bei denen spätere Umstände, Ereignisse, Beziehungen, markante Wendungen in der Entwicklungsgeschichte bewirkt haben und die frühen Probleme eher verblassen ließen. Mit Sicherheit zurückweisen lassen sich aufgrund der vorliegenden Befunde lediglich jene Extrempositionen, die entweder die Erfahrungen der ersten Lebensjahre als eine grundsätzlich mehr oder weniger vernachlässigbare Größe für die spätere Persönlichkeit betrachten, oder aber jene, welche die spätere Erwachsenenpersönlichkeit mehr oder weniger definitiv durch die Erfahrungen der ersten Lebensjahre determiniert sehen.

Zwar finden sich in der Tradition der Psychoanalyse und der Psychoanalytischen Pädagogik bisweilen – wie etwa in den vorangestellten Zitaten – Formulierungen, die in Richtung einer solchen Determination durch die frühen Erfahrungen gehen, sie werden jedoch auch dort von den Autoren nicht wörtlich ernst genommen. Denn, würde man sie wörtlich ernst nehmen, dann liefen sie auf einen Fatalismus hinaus, der letztlich sowohl pädagogische als auch therapeutische Anstrengungen nach den ersten fünf bis sechs Lebensjahren mehr oder weniger sinnlos machen würde. Auch in der Psychoanalytischen Pädagogik besteht wohl kaum die Gefahr, daß die Probleme und Belastungen, die aus der gegenwärtigen Lebenssituation eines Kindes oder Jugendlichen stammen, zugunsten einer Fokussierung auf die Konfliktgeschichte der frühen Kindheit einfach übergangen würden. Diese aktuellen Probleme drängen sich im pädagogischen Alltag ohnehin unweigerlich in den Vordergrund. Die Reflexion darauf, ob bestimmte Verweigerungs- und Fluchttendenzen, die ein Kind zeigt, ob bestimmte Konfliktmuster, die ein Jugendlicher immer wieder produziert, ob bestimmte Ängste, die kaum in Relation zum aktuellen Anlaß stehen, ob bestimmte Szenen, die unbewußt inszeniert werden, im Zusammenhang mit frühkindlichen Erfahrungen und Konflikten stehen, dient ja stets einem vertieften Verständnis des *aktuellen* Umgangs des Betroffenen mit der *aktuellen* Situation und will dafür sinnvolle Handlungsperspektiven eröffnen.

Literatur

Bittner, G. (1994): Problemkinder. Zur Psychoanalyse kindlicher und jugendlicher Verhaltensauffälligkeiten. Vandenhoeck & Ruprecht: Göttingen

Bräutigam, W. (1989): Bemerkungen zur Lebensgeschichte in psychoanalytischen Therapien. In: Blankenburg, W. (Hrsg.): Biographie und Krankheit. Enke: Stuttgart, 24-28

Bräutigam, W. (1991): Bindung und Sexualität in der psychoanalytischen Theorie und in der Praxis. In: Psychotherapie, Psychosomatik und medizinische Psychologie 41., 295-305

Clarke, A.M., Clarke, A.D. (1976): Early experience: myth and evidence. Open Books: London

Clos, R. (1982) Delinquenz – ein Zeichen von Hoffnung? Fachbuchhandlung für Psychologie: Frankfurt a.M.

Dornes, M. (1997): Risiko- und Schutzfaktoren für die Neurosenentstehung. In: Forum Psychoanalyse 13, 119-138

Dornes, M. (1998): Bindungstheorie und Psychoanalyse. In: Psyche 52, 299-348

Egeland, B., Carlsson, E., Sroufe, L.A. (1993): Resilience as process. In: Development and Psychopathology, Vol. 5, 517-528

Egle, U., Hoffmann, S., Steffens, M. (1997): Pathogene und protektive Entwicklungsfaktoren in Kindheit und Jugend als Prädispositionen für psychische Störungen im Erwachsenenalter. Gegenwärtiger Stand der Forschung. In: Egle, U., Hoffmann, S., Joraschky, P. (Hrsg.): Sexueller Mißbrauch, Mißhandlung, Vernachlässigung. Erkennung und Behandlung psychischer und psychosomatischer Folgen früher Traumatisierungen. Schattauer: Stuttgart, New York, 3-20

Eissler, K.R. (1976): The fall of man. In: The Psychoanalytic Study of the Child 30, 589-646

Erickson, M.F., Sroufe, L.A., Egeland, B. (1985): The relationship between quality of attachment and behavior problems in preschool in a high-risk sample. In: Bretherton, I., Waters, E. (Eds.): Growing points in attachment theory and research. Monographs of the Society for Research in Child Development, Vol. 50, 147-166

Erikson, E.H. (1966): Identität und Lebenszyklus. Suhrkamp: Frankfurt a.M., 1981

Ernst, C., Luckner, N. v. (1985): Stellt die frühe Kindheit die Weichen? Eine Kritik an der Lehre von der schicksalshaften Bedeutung erster Erlebnisse. Enke: Stuttgart

Figdor, H. (1991): Kinder aus geschiedenen Ehen: zwischen Trauma und Hoffnung. Grünewald: Mainz

Fonagy, P. u.a. (1993): Measuring the ghost in the nursery: An empirical study of the relation between parents' mental represantation of childhood experiences and their infants' security of attachment. In: Journal of the American Psychoanalytic Association 41, 957-989

Fonagy, P.: Die Bedeutung der Entwicklung metakognitiver Kontrolle der mentalen Repräsentanzen für die Betreuung und die Entwicklung des Säuglings. In: Psyche 52, 349-368

Fremmer-Bombik, E. (1987): Beobachtung zur Beziehungsqualität im zweiten Lebensjahr und ihre Bedeutung im Lichte mütterlicher Kindheitserinnerungen. Dissertation Universität Regensburg

Freud, A. (1968): Wege und Irrwege in der Kinderentwicklung. Klett: Stuttgart 1988 (4., unveränd. Aufl.)

Freud, S. (1916/17): Vorlesungen zur Einführung in die Psychoanalyse. In: G.W. XI, Fischer: Frankfurt a.M.

Freud, S. (1920): Über die Psychogenese eines Falles von weiblicher Homosexualität. In: G.W. XII, 269-302

Göppel, R. (1997): Ursprünge der seelischen Gesundheit. Risiko- und Schutzfaktoren in der kindlichen Entwicklung. edition bentheim: Würzburg

Grossmann, K.E., Fremmer-Bombik, E., Friedl, A. u.a.: (1989): Die Ontogenese emotionaler Integrität und Kohärenz. In: Roth, E. (Hrsg.): Denken und Fühlen. Aspekte kognitiv-emotionaler Wechselwirkung. Springer Verlag: Berlin, 36-55

Grossmann, K.E., Grossmann, K. (1986): Phylogenetische und ontogenetische Aspekte der Entwicklung der Eltern-Kind-Bindung und der kindlichen Sachkompetenz. In: Zeitschrift für Entwicklungspsychologie und Pädagogische Psychologie 18, 287-315

Grossmann, K.E., Grossmann, K. (1991a): Ist Kindheit doch Schicksal? In: Psychologie heute, 18. Jg., Heft 8, 21-27

Grossmann, K.E., Grossmann, K. (1991b): Attachment quality as an organizer of emotional and behavioral responses in a longitudinal perspective. In: Parkes, C.M., Stevenson-Hinde, J., Marris, P. (Eds.): Attachment accross the life cycle. Tavistock/Routledge: London, 93-114

Heinemann, E., Rauchfleisch, U., Grüttner, T. (1992): Gewalttätige Kinder. Psychoanalyse und Pädagogik in Schule, Heim und Therapie. Fischer: Frankfurt a.M.

Hemminger, H. (1982): Kindheit als Schicksal? Die Frage nach den Langzeitwirkungen frühkindlicher seelischer Verletzungen. Rowohlt: Reinbek bei Hamburg

Kagan, J. (1981): Elternliebe ist keine Lebensversicherung. In: Redaktion der Zeitschrift Psychologie heute (Hrsg.): Kindheit ist nicht kinderleicht. Beltz: Weinheim, 29-37

Kagan, J. (1984): Die Natur des Kindes. Piper: München, Zürich

Keller, H. (1989): Entwicklungspsychopathologie: Das Entstehen von Verhaltensauffälligkeiten in der frühesten Kindheit. In: Keller, H. (Hrsg.): Handbuch der Kleinkindforschung. Springer Verlag: Berlin, 529-544

Köhler, L. (1995): Bindungsforschung und Bindungstheorie aus der Sicht der Psychoanalyse. In: Spangler, G., Zimmermann, P. (Hrsg.): Die Bindungstheorie. Grundlagen, Forschung und Anwendung. Klett: Stuttgart, 67-85

Köhler, L. (1998): Anwendungen der Bindungstheorie in der psychoanalytischen Praxis. Einschränkende Vorbehalte, Nutzen, Fallbeispiele. In: Psyche 52, 369-397

Kusch, M., Petermann, F. (1995): Konzepte und Ergebnisse der Entwicklungspsychopathologie. In: Petermann, F. (Hrsg.): Lehrbuch der klinischen Kinderpsychologie. Modelle psychischer Störungen im Kindes- und Jugendalter. Hofgrefe: Göttingen, Bern, Toronto, 53-93

Kutter, P. (1977): Psychoanalytische Aspekte psychiatrischer Krankheitsbilder. In: Loch, W. (Hrsg.): Die Krankheitslehre der Psychoanalyse. S. Hirzel Verlag: Stuttgart, 173-260

Leber, A. (1972): Psychoanalytische Reflexion - ein Weg zur Selbstbestimmung in Pädagogik und Sozialarbeit. In: Leber, A., Reiser, H. (Hrsg.): Sozialpädagogik, Psychoanalyse und Sozialkritik. Perspektiven sozialer Berufe. 2. Aufl., Luchterhand: Neuwied, Darmstadt, 1975

Leber, A. (Hrsg.) (1983): Reproduktion der frühen Erfahrung. Psychoanalytisches Verständnis alltäglicher und nicht alltäglicher Lebenssituationen. Fachbuchhandlung für Psychologie - Verlagsabteilung: Frankfurt

Lieberz, K. (1988): Was schützt vor der Neurose? - Ergebnisse einer Vergleichsuntersuchung an hochrisikobelasteten Neurotikern und Gesunden. In: Zeitschrift für psychosomatische Medizin 34, 338-350

Lieberz, K. (1990): Gesundheitliche Entwicklung von „High-Risk"-Kindern. In: Büttner, Chr., Ende, A. (Hrsg): Trennungen: kindliche Rettungsversuche bei Vernachlässigungen, Scheidung und Tod. In: Jahrbuch der Kindheit, Bd. 7. Beltz: Weinheim, 85-94

Lorenzer, A. (1979): Kindheit. In: Kindheit 1, 29-36

Lösel, F., Bliesener, T., Köferl, P. (1990): Psychische Gesundheit trotz Risikobelastung in der Kindheit: Untersuchungen zur „Invulnerabilität". In: Seiffge-Krenke, I. (Hrsg.): Jahrbuch der Medizinischen Psychologie, Bd. 4, Krankheitsverarbeitung von Kindern und Jugendlichen. Springer Verlag: Berlin, 103-123

Maccoby, E.E. (1984): Socialization and development change. In: Child Development 55, 317-328

Mahler, M.S., Pine, F., Bergman, A. (1978): Die psychische Geburt des Menschen. Symbiose und Individuation. Fischer: Frankfurt a.M.

Main, M., Kaplan, N., Cassidy, J. (1985): Security in infancy, childhood and adulthood: A move to the level of representation. In: Bretherton, I., Waters, E. (Eds.): Growing points in attachment theory and research. Monographs of the Society for Research in Child Development 50, 66-106

Meierhofer, M., Keller, W. (1966): Frustration im frühen Kindesalter. Ergebnisse von Entwicklungsstudien in Säuglings- und Kleinkinderheimen. Huber: Bern, Stuttgart

Nuber, U. (1995): Der Mythos vom frühen Trauma. Über Macht und Einfluß der Kindheit. Fischer: Frankfurt a.M.

Oerter, R. (1993): Ist Kindheit Schicksal? Kindheit und ihr Gewicht im Lebenslauf. In: Deutsches Jugendinstitut (Hrsg.): Was für Kinder. Aufwachsen in Deutschland. Ein Handbuch. Kösel: Hamburg

Opp, G., Fingerle, M., Freytag, A. (1999)(Hrsg.): Was Kinder stärkt – Erziehung zwischen Risiko und Resilienz. Ernst Reinhardt Verlag: München

Petzold, H., Goffin, J.J., Oudhof, J. (1993): Protektive Faktoren und Prozesse - die 'positive' Perspektive der longitudinalen 'klinischen Entwicklungspsychologie' und ihre Umsetzung in der Praxis der Integrativen Therapie". In: Petzold, H. (Hrsg.): Frühe Schädigungen - späte Folgen? Psychotherapie und Babyforschung Bd. 1: Die Herausforderung der Längsschnittforschung. Junfermann Verlag Paderborn

Pines, M. (1981): Trotz alledem ... Die Psychologie der „unverwundbaren" Kinder. In: Redaktion der Zeitschrift Psychologie heute (Hrsg.): Kindheit ist nicht kinderleicht. 2. Aufl., 146-153

Reister, G. (1995): Schutz vor psychogener Erkrankung. Vandenhoeck & Ruprecht: Göttingen

Remschmidt, H. (1992): Die Bedeutung der Entwicklungspsychopathologie für das Verständnis psychischer Störungen und Erkrankungen im Kindes- und Jugendalter. In: Zeitschrift für klinische Psychologie, Psychopathologie und Psychotherapie 40, 1-19

Rutter, M. (1985): Resilience in the face of adversity: Protective factors and resistance to psychiatric disorder. In: British Journal of Psychiatry 147, 598-611

Rutter, M. (1993): Wege von der Kindheit zum Erwachsenen. In: Petzold, H. (Hrsg.): Frühe Schädigungen - späte Folgen? Psychotherapie und Babyforschung Bd. 1: Die Herausforderung der Längsschnittforschung. Junfermann Verlag Paderborn, 23-66

Rutter, N., Garmezy, N. (1983): Developmental psychopathology. In: Hetherington, E.M. (Ed.): Socialization, personality, and social development. Handbook of child psychology, Bd. IV. Plenum: New York.

Schaffer, R. (1992): Early experience and the parent-child relationship: Genetic and environmental interactions as developmental determinants. In: Tizard, B., Varma, V. (Eds.): Vulnerability and resilience in human development. A Festschrift for Ann and Alan Clarke. Jessica Kingsley Publishers: London, 39-56

Scheuerer-Englisch, H. (1989): Das Bild der Vertrauensbeziehung bei zehnjährigen Kindern und ihren Eltern: Bindungsbeziehungen in längsschnittlicher und aktueller Sicht. Dissertation Universität Regensburg

Spangler, G., Zimmermann, P. (1995) (Hrsg.): Die Bindungstheorie. Grundlagen, Forschung und Anwendung. Klett: Stuttgart

Spitz, R.A. (1969): Vom Säugling zum Kleinkind. Naturgeschichte der Mutter-Kind-Beziehung. Klett: Stuttgart, 2. Aufl.

Spitz, R.A. (1985): Hospitalismus I. In: Bittner, G., Harms, E. (Hrsg.): Erziehung in früher Kindheit. Überarb. Neuausg., Piper: München, 89-116

Spitz, R.A. (1985): Hospitalismus II. In: Bittner, G., Harms, E. (Hrsg.): Erziehung in früher Kindheit. Überarb. Neuausg., Piper: München, 117-122

Sroufe, L.A. (1989b): Relationships and relationship disturbances. In: Sameroff, A.J., Emde, R.N.: Relationship disturbances in early childhood: A developmental approach. Basic Books: New York, 97-124

Sroufe, L.A. (1990): Considering normal and abnormal together: The essence of developmental psychopathology. In: Development and Psychopathology 2, 335-347

Sroufe, L.A., Carlson, E., Shulman, (1993): Individuals in relationships: Development from infancy through adolescence. In: Funder, D.C., Parke, R.D., Tomlinson-Keasey, C., Widaman, K. (Eds.): Studying lives through time: Personality and development. American Psychological Association: Washington, 315-342

Sroufe, L.A., Fox, N.E., Pancake, V.R. (1983): Attachment and dependency in developmental perspective. In: Child Development 54, 1615-1627

Süß, G. (1987): Auswirkungen frühkindlicher Bindungserfahrungen auf die Kompetenz im Kindergarten. Dissertation Universität Regensburg

Tress, W. (1986): Das Rätsel der seelischen Gesundheit. Traumatische Kindheit und früher Schutz gegen psychogene Störungen. Vandenhoeck & Ruprecht: Göttingen

Ulich, M. (1988): Risiko- und Schutzfaktoren in der Entwicklung von Kindern und Jugendlichen. In: Zeitschrift für Entwicklungspsychologie und Pädagogische Psychologie 20, 146-166

Werner, E.E. (1990a): Protective factors and individual resilience. In: Meisel, S., Shonkoff, J. (Eds.): Handbook of Early Intervention. Cambridge University Press: Cambridge, 97-116

Werner, E.E. (1991): High-risk children in young adulthood: A longitudinal study from birth to 32 years. In: Chess, S., Thomas, A.T. (Eds.): Annual progress in child psychiatry and child development. Brunner/Mazel: New York, 180-193

Werner, E.E., Smith, R.S. (1992): Overcoming the odds: High risk children from birth to adulthood. Cornell University Press: Ithaca, London

Werner, E.E. (1997): Gefährdete Kindheit in der Moderne: Protektive Faktoren. In: Vierteljahresschrift für Heilpädagogik und ihre Nachbargebiete 66, 192-203

Zimmermann, P., Spangler, G., Schieche, M., Becker-Stoll, F. (1995): Bindung im Lebenslauf: Determinanten, Kontinuität, Konsequenzen und künftige Perspektiven. In: Spangler, G., Zimmermann, P. (Hrsg.): Die Bindungstheorie. Grundlagen, Forschung und Anwendung. Klett: Stuttgart, 311-334

Zimmermann, P. (1995): Bindungsbeziehungen von der frühen Kindheit bis zum Jugendalter und ihre Bedeutung für den Umgang mit Freundschaftsbeziehungen. In Spangler, G., Zimmermann, P. (Hrsg.): Die Bindungstheorie. Grundlagen, Forschung und Anwendung. Klett: Stuttgart, 203-231

Gerd E. Schäfer

Bildung beginnt mit der Geburt

1. Wann beginnt Bildung?

Unsere Bildungsvorstellungen sind traditionell auf den schulischen Rahmen ausgerichtet. Vor-schulische Bildungsprozesse werden allenfalls ausnahmsweise mit diesem Begriff umschrieben; man spricht lieber von Sozialisation, Enkulturation oder Lernen. Dadurch soll das Kind bildungs*fähig* werden, denn klassische Kriterien der Bildung, wie selbstreflexives oder verantwortliches, kritisches Handeln lassen es nicht zu, daß den kleineren Kindern *Bildung* zuteil wird. Darum kümmert man sich erst nach seinem Schuleintritt.

Aber können wir annehmen, daß Bildung irgendwann einmal einsetzt, irgendwann zwischen dem sechsten oder zwölften oder fünfzehnten Lebensjahr und dies vor allem dann, wenn man geeignete „Bildungsanstalten" besucht? Was war dann vorher? Wann beginnt eigentlich Bildung? Gibt es gute Gründe, irgendwo im Laufe des kindlichen Entwicklungsweges einen Einschnitt zu machen und zu sagen, hier erst könne Bildung beginnen? Böten die Herausbildung des logischen Denkens oder der Eintritt in die Schule zureichende Kriterien für einen solchen Einschnitt? Ohne dies an dieser Stelle diskutieren zu können, glaube ich nicht, daß sich ausreichende, einsichtige Gründe für eine solche zeitliche Terminierung des Bildungsprozesses finden lassen. Auch eine historische Diskussionslinie, die in Fröbel oder Montessori ihre prominentesten Vertreter hat, spricht gegen eine solche Eingrenzung. Ich schlage deshalb vor, Bildung mit der Geburt beginnen zu lassen. Wenn ich dies tue, sollte ich wenigstens andeutungsweise klären, was ich hier unter Bildung verstehe.

2. Was hier unter Bildung verstanden werden soll

Man kann nicht gebildet werden, bilden muß man sich selbst. Dies tut man, indem man Wirklichkeit erfährt, die etwas bedeutet.

Die Bedeutung einer Sache für das Kind kann nun nicht einfach in der Sache selbst liegen oder die gleiche sein, wie für uns Erwachsene. Das ist z.B. das Problem, wenn wir uns mit Kindern im Vorschulalter um Friedenserziehung oder Umweltschutz bemühen. Für uns Erwachsene liegt der Sinn im Frieden oder in der geschonten Umwelt. Es fragt sich jedoch, welchen Sinn ein solches Thema für das Kind macht. Hat Frieden oder Umweltschutz eine begreifbare Bedeutung im Rahmen dessen, was das Kind in seinem Alltag als bedeutsam erfährt?

Nehmen wir ein „wildes" Tier, einen Hund, einen Tiger oder einen Wolf. Wir wissen, daß diese Tiere für Kinder vielerlei bedeuten können: Sie mögen Objekte unerträglicher Angst sein; Totemtiere, in deren Schutz sich Kinder stellen; symbolisch aufgeladene Wesen, die seine Träume und Phantasien bevölkern; Märchenfiguren, die gezähmt oder verwandelt werden können und vieles andere mehr. Was bedeuten dem Fünfjährigen dagegen der Hund in der Ökologie des Hauswesens, der Artenschutz oder die biohygienische Funktion des Wolfsrudels?

Wenn es beim Kind um Sinn geht, dann steht ein subjektiver Sinn voran. Erst wenn das Kind einen solchen erfahren hat, dann wird es auch bereit sein, sich den objektiven Sinndimensionen zuzuwenden. Erst wenn Kinder eine Beziehung zu Tieren oder Pflanzen entwickelt haben, die sie gesehen, erlebt, vielleicht sogar gehegt und gepflegt haben, können wir davon ausgehen, daß es ihnen auch wichtig wird, Tiere und Pflanzen in ihrer Vielfalt zu erhalten.

Damit habe ich nun – ohne die Begriffe im einzelnen zu definieren – eine *Unterscheidung gegenüber Sozialisations-, Enkulturations- und Lernprozessen getroffen*. Kleine Kinder können und müssen eine Menge lernen, um in ihrem sozialen und kulturellen Umfeld zurecht zu kommen. Beim Thema frühkindlicher Bildung stelle ich aber darüberhinaus die Frage, was *im* Kind oder außerhalb seiner selbst eigentlich geschieht oder geschehen müßte, damit Dinge *für* Kinder bedeutsam werden und Kinder *sich selbst* als bedeutsam erleben können.
Um dieser Frage näherzutreten, möchte ich einige Forschungsergebnisse zusammentragen.

3. Pädagogische Folgerungen aus dem Bild der Kinderforschung vom aktiven Säugling [1]

Die Kinderforschung der letzten zwei Jahrzehnte hat das Bild eines aktiven, sich aus eigener Initiative und mit eigenen Mitteln bildenden Kindes herausgearbeitet. Diese Aussage ist inzwischen zu einem Gemeinplatz geworden. Ihre pädagogischen Konsequenzen jedoch können keinesfalls als geklärt angesehen werden. Vier Aspekte möchte ich hervorheben:

3.1 Das sich selbst entwickelnde kleine Kind

Neugeborene sind mit einigen Kompetenzen ausgestattet, mit denen sie erste Kontakte zu der Um- und Mitwelt aufnehmen können, die sich ihnen präsentiert. Sich selbst entwickeln heißt nun aber nicht, durch entsprechende Umweltreize dazu passende innere Programme abzurufen. Vielmehr differenzieren sich mit den ersten Lebenserfahrungen die Ausgangsstrukturen der Weltwahrnehmung und -verarbeitung. Daraus entwickeln sich Formen des Welt- und des Selbstverständnisses als weitere Grundlage des kindlichen Bildungsprozesses. In einem Kreisprozeß, der von der Summe vergangener Erfahrungen ausgeht, werden diese in der Begegnung mit neuen Ausschnitten von Wirklichkeit weiter verändert und ergeben nun ihrerseits die Ausgangsbasis für die folgenden Erfahrungen. Dabei benutzt das Kind die Mittel, die ihm seine Umwelt vorgibt, wie ein Bastler passende Materialien im Sinn seiner Vorhaben umwandelt. Selbstbildung erfolgt im Rahmen der Möglichkeiten, die dem Kind von außen zugetragen werden, wie auch im Rahmen der Wahrnehmungs- und Verarbeitungsmuster, die durch vorausgegangene Erfahrungen geschaffen wurden. Es gibt also nichts, was man in das Kind „hineinfüllen" oder was dieses einfach übernehmen könnte.

---

[1] Die folgenden Überlegungen geben die Kurzfassung eines Gedankenganges wieder, der in meiner Arbeit „Sinnliche Erfahrung bei Kindern" ausführlicher dargestellt und erläutert wird (Schäfer 1998).

3.2 Der kompetente Säugling

Voraussetzung für den sich selbst entwickelnden Säugling ist der „kompetente Säugling" (Dornes 1993). Den hat uns die moderne Säuglingsforschung beschrieben. Gemeint ist, daß der Säugling mit einer Vielzahl von Möglichkeiten und Kompetenzen das Licht der Welt erblickt. Sie erlauben ihm – in einer Umgebung, die sich ausreichend auf ihn einstellt –, von Anfang an Beziehungen einzugehen. Solche Kompetenzen finden sich vor allem im Bereich von Wahrnehmungs- und Bewegungsmustern. Um nur einige Andeutungen zu geben: Kinder sehen Farben ähnlich wie Erwachsene, auch wenn das farbliche Unterscheidungsvermögen weiter verfeinert werden kann. Sie können eine große Vielfalt an Formen, Konturen, Linien, Mustern voneinander unterscheiden. Ihr Hörvermögen reagiert bereits auf feinste stimmliche Unterschiede – wie auf den zwischen stimmlosem -p- und stimmhaftem -b-. Auch wenn die Motorik bei Säuglingen beschränkt erscheint, gibt es doch motorische Handlungsmuster, die sich durch konkrete Handlungserfahrungen sehr rasch erweitern und ausdifferenzieren (vgl. hierzu z.B. Gardner 1993, 64). Solche Wahrnehmungs- und Handlungsschemata versetzen den Säugling in die Lage, seine Aufmerksamkeit auf seine Umwelt zu richten, sie ihr zu entziehen, durch Zu- oder Abwendung den Kontakt zu ihr zu regulieren und mit ihr in Austausch zu treten. Der Säugling sondert sich also nicht hinter einer dicken Reizschutzbarriere ab, sondern steuert von sich aus seine Begegnungen mit der Umgebung. Er braucht aber einen Schutz vor zu vielen und zu heftigen Reizen insofern, als das Maß seiner Verarbeitungskompetenzen nicht überschritten werden sollte. Die pflegende Umwelt wird, so gut sie das kann, ihre Angebote so einrichten, daß der Säugling seine Aktivitätsmöglichkeiten nutzen kann, ohne überfordert zu sein.

3.3 Der wählende Säugling

Auch wenn Erfahrungen nur im Rahmen gegebener Bedingungen gemacht werden, ist das Kind diesen Bedingungen nicht einfach ausgeliefert, sondern „entscheidet" über sein Tun nach Maßgabe seiner Welt- und Selbstdeutungen. Selbstverständlich meint entscheiden dabei keinen rational abwägenden Prozeß, sondern ein Wählen entlang Empfindungen und Eindrücken, die einem Kind überschaubar sind. Dabei spielen seine Gefühle ein besondere Rolle. Sie markieren nämlich jede seiner Erfahrungen im Lebensalltag so, daß ein Kind „weiß", ob es ein Ereignis in dieser oder ähnlicher Weise noch einmal erleben will oder nicht. Dementsprechend werden es seine Gefühle veranlassen, sich einem neuen Ereignis zu- oder abzuwenden, je nachdem, welche Erfahrungen es dabei erwartet. Noch bevor also rationale und logische Erwägungen an Entscheidungen beteiligt werden (können), helfen Gefühlsmuster, Ereignisse einzuordnen und zu strukturieren: Sie bilden einen Leitfaden, an dem das Kind seinen Umgang mit der Welt strukturiert.

3.4 Der kommunikative Säugling

Es reicht jedoch noch nicht aus, das Kind aktiv handelnd und seine Fähigkeiten einsetzend in einen Austausch mit der Umwelt zu verstricken. Dies alleine könnte gegebenenfalls auch bedeuten, daß Kinder das aktiv tun, was andere für es ausgewählt haben, oder, daß es das *tun* darf oder soll, was ihm andere zugedacht haben. Damit würde es zwar handeln, doch das Zentrum dieses Handelns würde ihm nicht zugestanden, nämlich das Tun aus einem eigenen Wollen heraus. Ein Kind tut etwas, nicht nur, um jemandem zu Gefallen zu sein, nicht nur, um sich aktiv zu beteiligen, sondern weil irgend etwas in ihm dies tun will. Gemeint ist natürlich kein bewußter Wille, sondern eher eine innere Konstellation im Kind, die etwas herbeiwünscht oder etwas anderes ablehnt. Dieses Wollen verweist auf eine Bedeutung, die ein Tun für das Kind hat. In diesem Sinne ist der Säugling bereits ein Bedeutung suchendes Individuum.

Bedeutungen muß man aber auch finden können. Du muß also eine Verbindung zwischen einem Subjekt geben, das Bedeutungen sucht, und Wirklichkeitsausschnitten, die sich bedeutungshaft präsentieren, deren Bedeutungen man auch finden kann. Es findet also eine Art Hin und Her zwischen dem suchenden kindlichen Subjekt und einer Wirklichkeit statt, die Bedeutung signalisiert. Dieses bedeutende Hin und Her zwischen dem Subjekt und einem Stück Welt nennen wir üblicherweise Kommunikation. Kommunikation ist nicht nur an Sprache gebunden. Es gibt viele Formen auch nichtsprachlicher Verständigung.

Dies gilt insbesondere für das Neugeborene in seinem Austausch mit der Mutter oder den Personen, die die Mutterfunktion einnehmen. Dem Kind begegnet die Welt in Form der Mutter, und in der Art und Weise, wie diese die Welt präsentiert, bietet sie dem Kind einen Deutungsrahmen für seine Welterfahrung. So gesehen besteht die wichtigste Aufgabe der Mutter nicht darin, die Bedürfnisse des Kindes zu befriedigen, sondern – z.B. über den Umgang mit seinen Bedürfnissen – ein bedeutsames Bild von der Welt zu spiegeln: Beispielsweise bietet ein rigider Vierstunden-Fütterungsrhythmus dem Säugling eine andere Grundlage für sein erstes Bild von der Welt als die gemeinsame Suche von Mutter und Kind nach einem Rhythmus, der für beide verträglich ist.

3.5 Zusammenfassung

Fasse ich zusammen, dann verlangt das Bild vom aktiven, seine eigene Entwicklung mitformenden und mitbestimmenden Kind nicht nur, daß es erlebend, denkend und handelnd an den Umgang mit Teilen der Wirklichkeit herangeführt wird, sondern darüber hinaus, daß es als ein Wesen anerkannt wird, das seine Welt bedeutsam wahrnimmt, das selbst in diesem Rahmen darüber mitbestimmt, wie es mit dieser Welt umgeht. Dies wiederum nötigt dazu, anzuerkennen, daß bereits der Säugling in einen intensiven Kommunikationsprozeß mit seiner Umwelt verstrickt ist. Die Säuglingsforschung der letzten Jahrzehnte hat – vornehmlich durch die Möglichkeiten der Videotechnik vorangetrieben – die nichtsprachliche Kommunikation zwischen dem Kind und seiner Mutter sichtbar gemacht. Ich halte es für die wichtigste Aufgabe der frühen Kinderpflege, die Basis für einen sinnvoll erlebten, konstruktiven Dialog des Kindes mit seiner Umwelt zu legen. Konstruktiv meint dabei, daß das Kind die Erfahrungen aus diesem Dialog als brauchbare und subjektiv befriedigende Bausteine für sein Selbstwerden in dem Ausschnitt einer Umwelt erleben kann, in den es hineingeboren ist. Doch damit ist erst ein Rahmen skizziert, in den kindliches Tätigsein eingebettet ist. In einem zweiten Schritt wäre nun genauer über die Art und Weise zu sprechen, wie sich das aktive Kleinkind mit seiner Umwelt auseinandersetzt.

4. Frühe Bildungsprozesse

Da es über die soziale Seite der Bildung in der frühen Kindheit eine breite Diskussion gibt (z.B. im Zusammenhang mit dem Situationsansatz und seinen Nachfolgeprojekten), beschränke ich mich im Folgenden auf die Prozesse, die dem Kind den Zugang zur sachlich-geistigen Welt für seine Selbst-Bildung öffnen.

4.1 Bildung der sinnlichen Wahrnehmung [2]

Zunächst ist es allein die Wahrnehmung und Deutung der konkreten Lebenserfahrungen, die den Ausgangspunkt für das kindliche Wachstum bildet. Man kann einem ein- bis zweijährigen Kind die Welt noch nicht erklären. Vielmehr erklärt sich das Kind die Welt, indem es wahrnimmt, wie sich ihm die Welt präsentiert. Man wird also den kindlichen Wahrnehmungsprozessen Aufmerksamkeit schenken müssen.

Zur Wahrnehmung gibt es nun eine reiche Forschungsliteratur aus Kognitionsforschung, Neurobiologie und verwandten Forschungszweigen, deren Grundtenor sich etwa so zusammenfassen läßt: Wahrnehmen ist ein breit angelegter, innerer Verarbeitungsprozeß, an dem die Sinnesorgane, der Körper, Gefühle, Denken und Erinnerung beteiligt sind. Es gibt kein Wahrnehmen als einfaches Abbilden der Außenwelt. Wahrnehmen ist Wählen, handelndes Strukturieren, Bewerten, Erinnern und sachliches Denken in einem. Deshalb muß man es bereits als eine Form der inneren Verarbeitung, als eine Form des Denkens ansehen (wenn man Denken nicht nur auf rationales Denken beschränkt).

Dieser innere Prozeß der Wahrnehmungsverarbeitung scheint, nach den Zeugnissen der Neurobiologie, so angelegt zu sein, daß er nicht unbedingt auf präzise Informationen über die wahrgenommene Wirklichkeit angewiesen ist. Vielmehr sind Lebenssituationen vielfältig und vieldeutig. Darauf scheint die Verarbeitung unseres Gehirns eingestellt zu sein: Es filtert sich die Informationen, die es braucht, aus verzweigten Bedeutungszusammenhängen heraus. So werden Unklarheiten in den konkreten Wahrnehmungserfahrungen z.B. dadurch präzisiert, daß Wahrnehmung in der Alltagswirklichkeit vielsinnlich erfolgt: Es werden eben nicht nur visuelle, sondern auch akustische, körperliche, atmosphärische oder gefühlsmäßige Informationen gleichzeitig aufgenommen und verarbeitet, so daß sie sich gegenseitig verbessern können. Dadurch werden die benötigten Informationen verläßlicher. Andererseits strukturieren Erinnerungen aus vorausgegangenen Erfahrungen die augenblicklichen mit und ergänzen möglicherweise Lücken, manchmal zum Vorteil, manchmal allerdings auch zum Nachteil der aktuellen Wahrnehmung (eine Erinnerung kann z.B. die aktuellen möglichen Informationen überlagern oder einschränken).

Schließlich wissen wir aus Untersuchungen über frühe Sinneserfahrungen (vornehmlich der visuellen und der taktilen), daß die frühe Entwicklung von Wahrnehmungsfähigkeiten auch auf äußere Anregung angewiesen ist. Ohne solche frühe Differenzierung von Wahrnehmungserfahrungen bleibt Wahrnehmung ungenau im Hinblick auf die spezifisch gegebenen Umweltbedingungen. Wahrnehmen muß – im Feinbereich – in einem gewissen Maß gelernt werden. Hohe Differenzierungen von Wahrnehmungserfahrungen – z.B. in künstlerischen Arbeitsbereichen – verlangen sogar eine lebenslange differenzierende Übung und Ausbildung.

---

[2] Stellvertretend für die zahllos möglichen Einzelverweise auf einschlägige Literatur möchte ich hier nur die zusammenfassenden Werke von Schmidt (1990), Stern (1992) und Roth (1994) nennen.

Wir müssen dem Wahrnehmen also mindestens ebensoviel Aufmerksamkeit schenken, wie dem Nach-Denken. Ein erster Schluß aus solchen Überlegungen: Kinder brauchen vielfältige und vielverzweigte Erfahrungsmöglichkeiten. Ein isoliertes Üben von Einzelfunktionen reißt diese nicht nur aus dem Zusammenhang des netzförmigen Verarbeitungsgeschehens, sondern fördert auch nicht das komplexe Zusammenspiel, das notwendig ist, damit ein Mensch aus seinen vielschichtigen Alltagsbedingungen das herauslesen kann, was er zur Wahrnehmung und Deutung seines Welt- und Selbstbezugs benötigt.

4.2 Bildung der Leiberfahrung

4.2.1 Anfänge der somatosensorischen Entwicklung und Körpererfahrung

Die Entwicklung somatosensorischer Reaktionen beim Fötus ist in der 14. bis 15. Schwangerschaftswoche abgeschlossen. Zunächst sind es die Berührungsempfindungen der Haut, dann die des Gleichgewichtssinnes und die der propriozeptiven (die Körperbefindlichkeit betreffenden) Wahrnehmung, die sich ausbilden.

Man kann vermuten, daß die Bedeutungen eines Sinnesempfindens für die Entwicklung des Subjekts umso größer ist, je eher sich diese Sinnesfähigkeiten in der Ontogenese herausbilden. So gesehen scheinen Berührung, Raumlage und die Wahrnehmung der eigenen Körperorgane eine Ausgangsbasis für die Entwicklung der weiteren Sinneserfahrungen zu bilden (Gottfried 1990, 350 f.). Vermutlich können deshalb spätere Entwicklungen anderer Sinnesbereiche von Strukturierungen durch die vorausgegangenen somatosensorischen Basiserfahrungen profitieren (Greenough 1990, 113). Dies würde die zahlreichen – aber unspezifischen – Befunde bestätigen, daß sich die Förderung des somatosensorischen Bereichs günstig auf die gesamte frühe Entwicklung auswirkt (Diamond 1990, Gottfried 1990, Montague 1971). Insbesondere die Integration der verschiedenen Sinnesbereiche dürfte auf der Basis von Körpererfahrungen vorangetrieben werden (Greenough 1990).

Somatosensorische Empfindungen bilden die Grundlage einer Sprache des Leibes. Sie strukturiert die grundlegenden primären Erfahrungen vor der Geburt und in der ersten Zeit nach der Geburt des Kindes. Auf drei weitere Facetten einer Sprache des Leibes möchte ich aufmerksam machen.

4.2.2 Gedanken über eine Sprache des Leibes

a) Aktionsdinge und Aktionswelten:
Kinder leben in einer Handlungswelt (Werner 1959). Die Dinge, die sie dabei erfahren, sind keine „Dinge an sich", sondern „Dinge-in-einem-Handlungszusammenhang", „Aktionsdinge". Subjekte und Objekte sind in „Gesamtverhaltungsweisen" miteinander verbunden (Werner 1959, 38). „Wahrnehmungen existieren daher nur so weit, soweit sie Bestandteil eines vitalen Aktionszusammenhanges sind, in dem Gegenständliches und Zuständliches in einer untrennbaren komplexen Einheit bestehen" und mit Gefühlen verbunden sind (Werner 1959, 38, 41).
Ein Bauklötzchen, zum Schlagen benutzt, mag als Hau-Ding, ein Wägelchen als Fahr-Ding oder Brmm-Brmm bezeichnet werden.
Später, wenn Kinder beginnen, die Wohnung zu verlassen, um sich fernere Umwelten anzueignen, zeigt es sich, daß diese Verbindung von Körperbewegung und emotionaler Bedeutung für die Wahrnehmung der Umwelt fortbesteht. Je nach Alter, Aktionsradius

und subjektivem Interesse bekommen „gleiche" Umwelten verschiedene Bedeutungen und werden auch unterschiedlich wahrgenommen. Was für den Erwachsenen ein Kaufhaus mit seinen angehäuften Warenangeboten ist,
— zeigt sich für den Touristen unter Umständen als ein interessantes Feld, das ihm erlaubt, die Menschen eines Landes im Spiegel ihrer Konsumgewohnheiten zu erfassen;
— stellt für den Schulanfänger ein abenteuerliches Ziel dar, das er nur mit einer Kette öffentlicher Verkehrsmittel erreichen kann;
— und gibt für das Vorschulkind eine Gelegenheit zum Untersuchen von öffentlichen Gebäuden, zum Verstecken, zu motorischen Abenteuern in Fahrstuhl und auf Roll treppen ab.
Die Umwelten „verändern" sich, je nach dem Standpunkt, von dem aus sie gesehen werden (Muchow und Muchow 1935).

b) Basic-Level-Kategorien:
Die neuere kognitionspsychologische Forschung faßt diese Aktionsdinge und Handlungswelten als eigene „Denk-Handlungs-Strukturen" zusammen. Lakoff spricht von „Basic-Level-Categories". Handlungs- und körperbezogene Verarbeitungsstrukturen bilden eine Zwischenstufe zwischen rein sensorischen Schemata und begrifflich-abstrakten Strukturierungen. Vornehmlich repräsentieren sie die handlungsbezogenen Umgangsmöglichkeiten mit einem Ding der äußeren Welt. Sie beruhen auf alltäglichem Handeln mit einem Gegenstand oder einer Person und enthalten ein praktisches Wissen. Vermutlich deshalb sind es auch Bereiche, die von Kindern als erste erlernt werden (vgl. Lakoff 1988, 132 ff.).
Auch Erwachsene kennen diese Denkform. Wir setzen ein Möbelstück aus dem Möbelmarkt zusammen, ohne die Gebrauchsanweisung zu lesen, weil wir empfinden, wie die Teile zusammengehören. Das Rückwärtsparken gelingt umso leichter, je mehr wir in der Lage sind, das Auto als eine Erweiterung unseres Körpers zu erfahren und nicht als ein fremdes Objekt, das soundso lang oder breit ist. Ohne eine Vielzahl solcher verinnerlichter Ding- und Handlungsschemata, die gleichsam automatisch funktionieren, würde unser Alltag zu einer unendlichen Kette von Einzelüberlegungen und -entscheidungen werden: Wir kämen wohl kaum mehr zum Handeln.

c) Empfindungsobjekte:
Tiefenpsychologische Forschung – vornehmlich zum frühkindlichen Autismus (Tustin 1989) – hat darüberhinaus darauf aufmerksam gemacht, daß es in der frühen Erfahrung so etwas wie Empfindungsobjekte gibt. Als solche sind Wahrnehmungs-Eindrücke von Gegenständen zu verstehen, die vornehmlich über den Körper – und hier über den Tastsinn – erfahren werden .[3] Das Objekt existiert für das Kind nicht außerhalb des Körpers, sondern als die Spur eines konkreten Eindrucks in Haut und Muskeln. Für den Beob-

---

[3] Dazu ein klinisches Beispiel: "Zu Anfang der Behandlung brachte David, ein zehnjähriges Kind, zu jeder Sitzung ein Spielzeugauto mit. Dieses Auto umklammerte er in der hohlen Hand so fest, daß es in der Haut tiefe Eindrücke hinterließ, wenn er es herausnahm. Im Verlauf der Arbeit wurde klar, daß David dem Spielzeugauto magische Eigenschaften zusprach, die ihn vor Gefahr schützen sollten. Insofern ähnelte es einem Talisman oder Amulett. Der Unterschied zwischen Davids Auto und einem Talisman bestand jedoch darin, daß es ihm zu einem harten zusätzlichen Körperteil zu werden schien, wenn er es fest in der hohlen Hand zusammenpreßt hielt. Selbst wenn er es auf den Tisch stellte, blieb die tief eingeprägte Empfindung, so daß das Auto gewissermaßen auch dann noch ein Teil seines Körpers war, der ihm Sicherheit bieten sollte" (Tustin 1989, 127).

achter ist das Objekt etwas Getrenntes, für das Kind ein Wahrnehmungseindruck an und in seinem eigenen Körper. Empfindungsobjekte bilden den Beginn einer Entwicklungslinie in der Beziehung zu den Objekten der Um- und Mitwelt. Aus ihnen entstehen körperliche „Vorstellungsbilder", jedoch weniger visuelle Vorstellungen als die Präsenz einer Struktur, die blind weiß, wie sich etwas anfühlt oder zusammenfügt. Greenspan (1996, 16) sieht in ihnen „the basic unit of intelligence".

4.3 Bildung der Gefühle

4.3.1 Zweierlei Gefühle

Um die Bedeutung der Emotionen für das „Denken der Wirklichkeitserfahrungen" auszuloten, scheint es sinnvoll zu sein, mit Damasio (1994, 183 ff.) zwischen primären und sekundären Gefühlen zu unterscheiden.
Unter primären Gefühlen sind Gefühle zu verstehen, wie sie durch unsere biologische Ausstattung mitgegeben sind. Sie werden durch bestimmte Reiz- bzw. Schlüsselmerkmale in der Welt – also durch eine Beziehungserfahrung – im Körper ausgelöst und lassen eine präorganisierte Reaktion ablaufen, z.B. Kampf oder Flucht. Auch ein Säugling reagiert reflexartig mit einer Schreckreaktion, wenn er körperlich nicht sicher gehalten wird und zu fallen droht.

Zumindest für den Menschen nimmt Damasio jedoch eine weitere Entwicklungsstufe der Gefühle an: eine Umgestaltung emotionaler Reaktionsmöglichkeiten über Erfahrung und Bewußtsein (= sekundäre Gefühle). Man gewinnt damit „eine *Flexibilität der Reaktionsfähigkeit, die auf der besonderen Geschichte ihrer Interaktionen mit der Umwelt beruht*" (Damasio 1994, 186).

4.3.2 Gefühle müssen gebildet werden

Diese Unterteilung in primäre und sekundäre Gefühle unterstellt also eine mögliche Entwicklung der Gefühle: Primäre Gefühle sind noch nicht in eine differenzierte, psychische Organisation eingebettet und in ihrer Äußerungsform roh und „erbarmungslos" (Winnicott 1973).
Sie werden in sekundäre Gefühle verwandelt, indem sie durch die Beziehungserfahrungen, die ein Kind – zu Personen zunächst, später auch zu Dingen – erlebt, modifiziert werden. Ohne ausreichende und zureichende Beziehungserfahrungen aus zwischenmenschlichen und sachlichen Beziehungen bleiben die Gefühle aber grob und unentwickelt.
Indem Gefühle die bisherigen Beziehungserfahrungen des Kindes in den augenblicklichen Umgang mit Dingen oder Menschen einbringen, können die neuen Situationen und Gegebenheiten im Licht der alten Erfahrungen emotional differenziert bewertet werden (Damasio 1994; Goleman 1995; Greenspan 1996; Stemme 1997). Wenn Gefühle grob und ungebildet bleiben, taugen sie mit fortschreitendem Alter immer weniger dazu, in den zunehmend komplexer werdenden und vom Verstand nicht überschaubaren Situationen eine solche hilfreiche Orientierung zu bieten. Sie stören dann nur noch und müssen beherrscht, d.h. ferngehalten werden. Eine Grundbildung der Gefühle muß daher bevorzugtes Anliegen aller Früherziehung – ob in der Familie oder in Institutionen – sein. Sie setzt ein ausreichendes Maß an geeigneten Beziehungserfahrungen voraus.

Kinder denken in Bildern. Wahrnehmungen rufen Bilder hervor. Bilder fügen sich zu Geschichten. Wahrgenommenes und Imagination greifen ineinander. Das ist keine Willkür, sondern folgerichtig: Im Denken des Kindes geht es noch nicht um den Gegenstand als unabhängiges Objekt, sondern um die Sache in ihrer Beziehung zum Kind. Deshalb ist die Wahrnehmung des Kindes doppelbödig: Es sieht die Wirklichkeit ein wenig so, wie sie ist, und es sieht sie ein wenig so, wie sie ihm bedeutungsvoll erscheinen will. Es nimmt sie also nicht nur als etwas Außenstehendes wahr, sondern auch als etwas, das Gefühle, Gedanken, Vorstellungen in ihm anstößt, die über die Wahrnehmung selbst hinausgehen. Diese Doppelbödigkeit artikuliert sich in seinen Phantasien: Sie sind Wahrnehmungen der Wirklichkeit und Ausdruck der persönlichen Bedeutung dieser Wahrnehmung zugleich.

Trennen wir die Phantasien von den Wahrnehmungen der Wirklichkeit, weil wir glauben, eine objektive Weltsicht der Kinder anbahnen und unterstützen zu müssen, dann nehmen wir den Dingen ihre persönlichen Bedeutungshintergründe. Doch Kinder müssen die Wirklichkeit erst einmal in ihrer subjektiven Bedeutsamkeit erfahren, bevor sie – von dieser subjektiven Dimension teilweise absehend – die Bedeutung der Wirklichkeit als Wirklichkeit erfassen können und wollen. Wirklichkeit ist zunächst nicht als solche für das Kind wichtig, sondern als ein Element, das in einer engen Beziehung zu seinem subjektiven Leben und Erleben steht.

Kinder suchen daher Gelegenheit, ihre Welt- und Selbsterfahrungen mit ihren eigenen Phantasien zu verbinden, sie in erlebbare Szenen zu betten, sie in persönlichen Träumen auszuweiten und mit diesen Erfahrungen zu spielen. Spielen, Phantasieren und Gestalten sind die Prozesse, in denen dieses Potential der persönlichen Bedeutungen der Dinge ausgebreitet, ausprobiert und ausgearbeitet wird. Legt man Kinder frühzeitig auf ein sogenanntes realistisches Bild von der Wirklichkeit fest, versagt man ihnen, ihren persönlichen Sinn mit dieser Wirklichkeit zu verknüpfen, von dem aus sie dann zu einer Ordnung der Dinge vordringen könnten. So wie die Zeichnungen kleiner Kinder kein Abbild der Wirklichkeit, sondern Protokoll einer persönlichen Erfahrung mit einem Stück Realität sind, so zeugen kindliche Wahrnehmungen der Wirklichkeit von einem subjektiven Erfahrungsprozeß, der sich u.a. in den imaginativen und phantasievollen Anreicherungen ihrer Wirklichkeitsvorstellungen ausdrückt.

Deshalb brauchen Kinder aber auch eine umgebende häusliche, urbane und natürliche Wirklichkeit, die ihren Phantasien und Vorstellungen Nahrung gibt. Das scheint mir der tiefere Sinn einer kinderfreundlichen Umwelt zu sein. Phantasie, die aus der lebendigen Erfahrung von Wirklichkeit hervorgeht, bereichert Wirklichkeitserfahrung. Wo Imagination und Phantasie nicht an Wirklichkeitserfahrungen anknüpfen können, laufen sie Gefahr, zur Ersatz- und Fluchtwelt zu werden.

Ich breche hier mit der Darstellung von Forschungsergebnissen, die für die frühkindliche Bildung bedeutsam sind, ab, um einige Folgerungen daraus für mein Verständnis von frühkindlicher Bildung zu ziehen.

5. Die Bildungsdiskussion vom Kopf auf die Füße stellen

Anders als in den 70er Jahren, als es um frühe Intelligenzentwicklung, um frühes Lesenlernen oder frühe Mathematik ging, legt die hier vertretene Sichtweise nahe, daß die frühen Jahre unsere Bildung viel grundlegender bestimmen, als es durch solche Einzelfunktionen wiedergegeben werden kann. Es geht um die Breite (bezüglich der äußeren Vielfalt) und die Tiefe (bezüglich der Verankerung in subjektiven Verarbeitungsweisen) der kindlichen Erfahrungsmuster, wie sie in einem bestimmten kulturellen Umfeld möglich werden. Es geht darum, die Leitlinien zu strukturieren, welche Erfahrungsmöglichkeiten überhaupt zugelassen, welche in besonderer Weise unterstützt und welche im soziokulturellen Umfeld vernachlässigt werden.

Einige mir wichtig erscheinende Dimensionen dieser Erfahrungs-Bildung habe ich aufgezeigt. Dabei wurden Denkformen betont, die nicht mit dem rationalen Denken und Urteilen gleichgesetzt und die auch nicht einfach in rationales Denken umgewandelt oder von diesem ersetzt werden können. Im wesentlichen ging es mir um basale Wirklichkeitswahrnehmung. Darüber hinaus versuchte ich zu zeigen, daß

— solche Wahrnehmungserfahrungen bereits ein Denken enthalten und
— daß man diesem Denken der eigenen Wahrnehmungserfahrungen breiten Raum gewähren sollte.

Es dürfte deutlich geworden sein, daß damit mehr gemeint ist, als ein Anschaulichmachen oder ein selbsttätiges Handeln. Man kann dieses Denken, welches ich abgekürzt als ein „ästhetisches Denken", als die andere Seite des rationalen Denkens bezeichne, vernachlässigen oder ihm breiten Raum zur Entfaltung gewähren. Je weniger seine Anteile in das rationale Denken eingehen, desto abstrakter und losgelöster von Wirklichkeit wird dieses. Das ist für manche Problem*lösungen* wichtig. Aber um Probleme zu *finden,* die man lösen kann und möchte, muß man sie erst einmal wahrnehmen. Kreatives, problemlösendes Denken wurzelt in einer intensiven und breit angelegten sowie durch intelligente Fragen angeleiteten Wahrnehmung.

In der frühen Kindheit, in der die Kinder sich und ihre Umwelt entdecken, spielt daher dieses intensivierte Wahrnehmungsverständnis eine zentrale Rolle.

Wenn man so zu begreifen versucht, daß in der frühen Kindheit nicht nur bestimmte Funktionen der Förderung bedürfen, sondern die Grundlagen für ein aufmerksames, produktiv-problemlösendes Verhältnis von Kind und Wirklichkeit gelegt werden, dann kann man nicht mehr verstehen, daß sich die öffentliche Bildungsdiskussion in Deutschland nahezu ausschließlich mit den späten Formen der Bildung in den Gymnasien, den Hochschulen oder der berufsbezogenen Bildung beschäftigt;

dann muß man es bedenklich finden, daß der Bildungsbereich vor der Schule dem Druck der knappen Kassen schrankenlos ausgeliefert wird;

dann fragt man sich, wie eine frühpädagogische Qualitätsdiskussion ohne eine Bildungsdiskussion auskommen kann.

Wenn Bildung mit der Geburt beginnt, dann muß auch die Bildungsdiskussion mit der frühesten Kindheit beginnen, dann muß sie vom Kopf auf die Füße gestellt werden.

Literatur:

Barnard, R.N., Brazelton, T.B. (Eds) (1990): Touch: The Foundation of Experience. Int. Univ. Press: Madison, Connecticut

Damasio, A.R. (1994): Descartes' Irrtum. Fühlen, Denken und das menschliche Gehirn. List: München

Diamond, M.C. (1990): Evidence for Tactile Stimulation Improving CNS Function. In: Barnard, R.N., Brazelton, T.B. 1990, 73-96

Dornes, M. (1993): Der kompetente Säugling. Die präverbale Entwicklung des Menschen. Fischer: Frankfurt a. M.

Gardner, H. (1993). Der ungeschulte Kopf. Wie Kinder denken. Klett-Cotta: Stuttgart

Greenough, W.T. (1990): Brain Storage of Information from Cutaneous and Other Modalities in Development and Adulthood. In: Barnard, R.N., Brazelton, T.B. 1990, 97-128

Greenspan, S.I. (1996): The Growth of the Mind. Merloyd Lawrence: Reading, Menlo Park, New York et al.

Goleman, D. (1995): Emotionale Intelligenz. Hanser: München, Wien

Gottfried, A.W. (1990): Touch as an Organizer of Development and Learning. In: Barnard, R.N., Brazelton, T.B. 1990, 349-361

Hentig, H. v. (1996): Bildung. Hanser: München, Wien

Lakoff, G. (1988): Cognitive Semantics. In: Eco, U. et al. (Eds): Meaning and Mental Representation. Bloomington, 119-154

Montague, A. (1971): Touching. Columbia University Press: New York

Muchow, M., Muchow, H.H. (1935): Der Lebensraum des Großstadtkindes. Nachdruck: Bensheim, 1978

Roth, G. (1994): Das Gehirn und seine Wirklichkeit. Suhrkamp: Frankfurt a.M.

Schäfer, G.E. (1998): Sinnliche Erfahrung bei Kindern. Expertise zum 10. Kinder– und Jugendbericht. Im Druck

Schmidt, S.J. (Hrsg.) (1990): Gedächtnis. Probleme und Perspektiven der interdisziplinären Gedächtnisforschung. Suhrkamp: Frankfurt a.M.

Stemme, F. (1997): Die Entdeckung der emotionalen Intelligenz. Goldmann: München

Stern, D.N. (1992): Die Lebenserfahrung des Säuglings. Klett-Cotta: Stuttgart

Tustin, F. (1989): Autistische Zustände bei Kindern. Klett-Cotta: Stuttgart

Werner, H. (1959): Einführung in die Entwicklungspsychologie. Barth: München, 4. Auflage

Winnicott, D.W. (1973): Vom Spiel zur Kreativität. Klett-Cotta: Stuttgart

Martin Dornes

Spiegelung – Identität – Anerkennung:
Überlegungen zu kommunikativen und strukturbildenden Prozessen der frühkindlichen Entwicklung

Einleitung

Der folgende Essay gliedert sich in drei Teile. Im ersten gebe ich eine Überblick über Studien zum Verhalten kleiner Kinder vor dem Spiegel. In ihnen wird üblicherweise versucht, die Frage zu klären, ab wann sich Kinder vor dem Spiegel selbst erkennen (Überblicke bei Lewis/Brooks-Gunn 1979; Brooks-Gunn/Lewis 1984; Anderson 1984). Dieses Selbsterkennen wird in der Regel als Indikator für ein Bewußtsein der eigenen Person betrachtet und zwar in dem Sinne, daß Kinder nun nicht nur unmittelbare Empfindungen oder Wahrnehmungen von sich *haben*, sondern sich dieser Empfindungen, Wahrnehmungen und ihrer Person als Ganzer auch *bewußt* werden. Das Selbsterkennen im Spiegel wird also als Indikator für ein reflexives Ich- Bewußtsein bzw. für ein Bewußtsein der eigenen personalen Identität betrachtet.

Im zweiten Teil des Aufsatzes wende ich mich dem Thema der Affektspiegelung zu. Dabei steht dann weniger die Frage im Vordergrund, ab wann sich Kinder im Spiegel erkennen, als vielmehr *der Prozeß des Spiegelns* (Überblick bei Pines 1985 und Haubl 1991, 278 ff.). Darunter versteht man die mimischen, vokalen und gestischen elterlichen Antworten, mit denen diese auf die kommunikativen und sonstigen Äußerungen ihrer kleinen Kinder reagieren. Der sprichwörtliche „Glanz im Auge der Mutter" (Kohut 1971, 141), den das Kind für die Entwicklung eines gesunden Selbstwertgefühls braucht, ist ein anderer als der Glanz reflektierender Oberflächen. Nach einem schönen Ausdruck von Papousek et al. (1986, 61) handelt es sich beim menschlichen Gesicht um einen „biologischen Spiegel". Damit ist gemeint, daß das menschliche Gesicht, dem ja auch Worte entströmen, die Äußerungen des Säuglings aufnimmt und beantwortet – aber eben anders als ein unbelebter Spiegel. Das Gesicht und die Stimme imitieren, modifizieren und modulieren die kindlichen Lebensäußerungen, nehmen dazu also gewissermaßen Stellung und sind somit eine affekthaltige Form der Kommunikation, die den Säugling darüber informiert, wie andere ihn wahrnehmen.

Es ist ein grundlegendes Postulat sowohl des symbolischen Interaktionismus als auch der psychoanalytischen Objektbeziehungstheorie, daß sich der Mensch erst über die Reaktionen anderer Menschen auf ihn (er)kennen lernt und daß er auf diesem Weg ein basales Identitätsgefühl erwirbt, ein „Selbstbild", das etwas anderes ist als das Bild, das er im Spiegel von sich selbst erblicken kann (siehe dazu ausführlich z.B. Bohleber 1992). In vorläufiger Vereinfachung könnte man sagen, daß die Frage nach der Fähigkeit, sich im Spiegel zu erkennen, ein kognitives Problem behandelt, wohingegen die Frage, was ein Kind über sich entdeckt und lernt, wenn es in das Gesicht eines anderen blickt, auf das Gebiet der Affekte führt. Solche hat der Spiegel nicht. Insofern ist er unbestechlich, unbarmherzig, objektiv – eben ein Spiegel, wie es einem bekannten Diktum Freuds (1912) zufolge der Psychoanalytiker sein sollte aber nie war, Freud selber am wenigsten (Cremerius 1981; Thomä 1981). Ich werde aber beide skizzierten Aspekte – die Reaktion des Kindes auf sein Spiegelbild und die auf das menschliche Gesicht – zusammenführen. Es wird sich herausstellen, daß beides eng miteinander verwoben ist, denn Kognition und Affekt lassen sich nicht voneinander trennen: Zum einen ist auch der Anblick des eigenen Bildes im Spiegel von Affekten begleitet, zum anderen führt der Erwerb von Selbstbewußtheit zu neuen, vorher nicht gekannten Gefühlen, z.b. dem der Scham, der Empathie und der Schuld (Bischof-Köhler 1989; Lewis et al. 1989).

Im dritten Teil mache ich schließlich einige Bemerkungen zum Problem der Anerkennung in der zwischenmenschlichen Interaktion und zur identitätsbildenden Funktion dieser Anerkennung. – Zunächst wende ich mich jedoch der Frage zu, ab wann sich Kinder im Spiegel erkennen.

1. Spiegelung, Spiegelbild und die Fähigkeit zu Empathie

1.1 Das Kind vor dem Spiegel

Schon Neugeborene interessieren sich sowohl für das menschliche Gesicht als auch für das eigene Spiegelbild. Legt man sie seitlich vor einen Spiegel, so wenden sie den Kopf und betrachten ihr Gesicht. Vermutlich wissen sie noch nicht, daß sie dabei *ihr* Gesicht sehen. Auch andere Gesichter betrachten sie interessiert. Wir wissen nicht, ob sich der Säugling von seinem eigenen Gesicht oder von dem der Mutter angeblickt fühlt. Was sieht er, wenn seine Eltern ihn anblicken? Sieht er zwei schwarzweiße, sich kreisförmig bewegende Kugeln (die Augen), sich seitlich verziehende und öffnende Linien (die Lippen), blitzende helle Flächen (die Zähne), und hört er Geräusche (die Stimme) – oder *fühlt* er sich angeblickt und angesprochen? Ist er mit diesen Erscheinungen irgendwie „gemeint" oder sind sie einfach nur interessante Reizereignisse in der Welt? Obwohl diese Frage schwer zu beantworten ist, gibt es zumindest einige Indizien dafür, daß er sich ab dem Alter von zwei bis drei Monaten angeblickt und angesprochen fühlt.[1]

In den ersten Lebensmonaten ist die Reaktion von Säuglingen auf ihr Spiegelbild vergleichsweise undramatisch. Sie zeigen zwar ein gewisses Interesse, beobachten z.B. aufmerksam die Bewegungen im Spiegelbild (ab drei Monate), lächeln es gelegentlich auch an, aber viel mehr nicht. Zwischen drei und fünf Monaten nehmen sie einen Unterschied zwischen ihrem Anblick und dem eines Gleichaltrigen wahr (siehe Bahrick/Watson 1985; Bahrick 1995; Rochat/Morgan 1995; Bahrick et al. 1996). Zeigt man ihnen ein Video von sich selbst und zeitgleich daneben die Videoaufnahme eines Gleichaltrigen, so bevorzugen sie eine der beiden Vorführungen, meistens die des Gleichaltrigen. Dies läßt den Schluß zu, daß sie einen Unterschied bemerken, sonst würden sie beide Vorführungen etwa gleich lang ansehen. Man muß diese Unterscheidungsfähigkeit jedoch noch nicht als Indiz für Selbsterkennen betrachten, denn die Tatsache,

---

[1] Ein Beleg für diese Vermutung soll genügen. Haith et al. 1977 (ref. nach Gomille 1988, 257 f.) zeigte Kinder im Alter von vier, sieben und neun Wochen vermittels eines Spiegels das Gesicht ihrer Mutter, das sich zunächst ausdruckslos verhielt, dann bewegte und schließlich mit dem Kind sprach. Im Unterschied zu den jüngeren Kindern fixierten die neun Wochen alten bevorzugt die Augenpartie, wobei sich das Interesse für die Augen noch einmal erhöhte, wenn die Mutter mit ihnen sprach. Aus dem Befund, daß sie beim Sprechen nicht etwa den sich bewegenden Mund, sondern verstärkt die Augen fixierten, kann man ableiten, daß sie sich angesprochen fühlen, denn auch Erwachsene, die sich angesprochen fühlen, blicken in die Augen des Sprechers und nicht auf seinen Mund. Lewis/Brooks (1978, 161) und Murray/Trevarthen (1985) sind ebenfalls der Auffassung, daß der Säugling ab zwei bis drei Monaten unterscheiden kann, ob er das Zielobjekt sprachlicher Äußerungen seiner Mutter ist oder nicht.

daß der Säugling von zwei Darbietungen eine bevorzugt, bedeutet nicht unbedingt, daß er sie auch schon als „Selbst" bzw. „Nicht-Selbst" identifizieren kann, zumindest nicht in einem explizit-bewußten Sinn. Es könnte auch sein, daß er die Aufnahme mit dem Gleichaltrigen einfach interessanter findet, weil sie für ihn unvertrauter ist und deshalb mehr Neugier weckt.

Zwischen fünf und zwölf Monaten tritt etwas Neues ein. Die bisher vergleichsweise neutralen Kinder begrüßen nun freudig ihr Spiegelbild. Sie zeigen das sogenannte „PlaymateVerhalten" – von Lacan (1949) als „jubilatorische Geschäftigkeit" bezeichnet -, d.h. sie erwecken den Eindruck, als würden sie einen Spielkameraden begrüßen: Sie lächeln das Spiegelbild vermehrt an, berühren oder küssen es, vokalisieren mit ihm oder suchen *hinter* dem Spiegel nach dem Gefährten. Diese freudige Reaktion, die sich in Einzelfällen und in diskreterer Ausprägung gelegentlich auch schon im ersten Halbjahr findet, bleibt bis zum 24. Monat erhalten (Brooks-Gunn/Lewis 1984, 222), wird aber nach dem zwölften Monat von anderen Verhaltensweisen überlagert bzw. ergänzt.

Die interessanteste davon ist die vom 13. Monat an eintretende Ernüchterung vor dem Spiegel. Die Kinder zeigen zwar noch immer Playmate-Verhalten, aber nun erstmals auch Zeichen von Rückzug. Sie vermeiden es, das Spiegelbild anzusehen, verbergen ihr Gesicht, laufen weg oder fangen an zu quengeln. Diese für das zweite Lebensjahr charakteristischen Verhaltensweisen treten, je nach Untersuchung, bei 20 bis 100% aller Kinder auf (Anderson 1984), sind also recht verbreitet. Ab dem 15. Monat zeigen die Kinder außerdem noch eine gewisse Verlegenheit vor dem Spiegel. Sie blicken schüchtern und mit gesenkten Augen hinein oder mit einer Mischung aus Scheu und Bewunderung. Manche erröten, schneiden Grimassen oder machen Clownerien vor dem Spiegel. Keines sucht mehr dahinter (Zazzo 1982 berichtet von Ausnahmen).

Ab dem 18. Monat – in Einzelfällen auch früher – tritt eine entscheidende Wende ein. Reibt man den Kindern unauffällig einen geruchlosen roten Farbfleck auf Nase oder Wange und setzt sie dann vor den Spiegel, so greifen sie sich nun an die eigene Nase, während sie vor diesem Zeitpunkt entweder nicht reagierten oder *dem Spiegelbild* an die Nase griffen. Das Sich-selbst-an-die-Nase-Greifen wird allgemein als sicheres Anzeichen für Selbsterkennen im Spiegel angesehen, weil das Kind damit zu erkennen gibt, daß es die Information aus dem Spiegel als Auskunft über die eigene Person betrachtet: Es sieht *im Spiegel* ein Gesicht mit einem roten Fleck und greift sich daraufhin an *die eigene* Nase. Es erkennt also, daß das, was es im Spiegel sieht, die eigene Person ist. Damit bekundet es Selbstbewußtheit, denn es zeigt, daß es sich jetzt aus einer Außenperspektive, gewissemaßen mit den Augen eines Beobachters sehen kann. Dieser von Amsterdam (1972) bei Kindern und Gallup (1970) bei Schimpansen erstmals eingesetzte Rouge-Test gilt als Wasserscheide im Erkennen von Selbstbewußtheit. Etwa zwei Drittel aller Kinder „bestehen" diesen Test zwischen 18 und 21 Monaten. Von zwei Jahren an findet man zusätzlich noch den Ausruf des eigenen Namens und/oder die Verwendung des Personalpromomens „ich" beim Anblick des Spiegelbildes. In diesem Alter, manchmal etwas früher, erkennen sich Kinder auch auf Photos wieder (Anderson 1984). Von vier Jahren an merken sie, daß man sie – im wörtlichen und übertragenen Sinn – „angeschmiert" hat und sagen zum Erwachsenen mit Hinweis auf den roten Fleck: „Das hast du gemacht" (Spiker/Ricks (1984).

1.2 Spiegelbild und Empathie

Die Fähigkeit, sich im Spiegel zu erkennen, führt zu einer Reihe von affektiven Folgeerscheinungen. Eine der wichtigsten besteht darin, daß Kinder *nach* deren Erwerb zur Empathie fähig werden. Bischof-Köhler (1988; 1989; 1994) hat gezeigt, daß nur Kinder, die sich im Spiegel erkennen, zu Einfühlung und entsprechenden prosozialen Handlungen in der Lage sind. In einer Reihe einfallsreicher Experimente konfrontierte sie 18 Monate alte Kinder u.a. mit folgender Situation: Eine Kinderbetreuerin „spielt" mit einem Teddy, dem dabei der (vorher entsprechend präparierte) Arm abfällt. Sie fängt daraufhin an, betrübt zu jammern. Drei unterschiedliche Reaktionsweisen wurden beobachtet. Es gab a) *unbeteiligte* Kinder, die sich schnell von der Situation der Spielpartnerin ablösten und mit neutralem oder fröhlichem Gesichtsausdruck weiterspielten; b) *ratlose* Kinder, die sich nicht aus der Situation lösen konnten, aber dennoch einen eher abwartenden als anteilnehmenden Eindruck machten und nichts taten, um die Lage der Spielpartnerin zu verändern; c) *empathische* Kinder, die Anteilnahme zeigten, selbst halfen und/oder ihre Mutter herbeiholten. „Ausschließlich Kinder, die sich (im Spiegel; M.D.) erkannten, reagierten empathisch" (Bischof-Köhler 1994, 360). Allerdings reagierten nicht alle, die sich erkannten, auch empathisch. Unter den Selbsterkennern gab es auch einige nicht-empathische (ebd., 369) was auf situative und/ oder sozialisatorische Einflüsse zurück-zuführen sein könnte.

Diese Studien belegen einen engen Zusammenhang zwischen der kognitiven Fähigkeit, sich im Spiegel zu erkennen, und der affektiven Fähigkeit zur Empathie. Andere Autoren bringen die Fähigkeit zu Empathie stärker mit Beziehungserfahrungen im ersten Lebensjahr in Verbindung. Fremmer-Bombik/Grossmann (1991) haben z.b. festgestellt, daß schon einjährige Kinder dann empathisch reagieren, wenn sie *sicher* an ihre Eltern gebunden sind, wohingegen *unsicher* gebundene Kinder seltener empathisch reagieren. Sicher gebundene Kinder haben während des ersten Lebensjahres häufiger die Erfahrung gemacht, daß sie bei Kummer und Schmerz von ihren Eltern getröstet wurden, wohingegen unsicher gebundene diesbezüglich eher mit (milder) elterlicher Zurückweisung oder inkonsistenten Reaktionen konfrontiert waren. Es ist unmittelbar einleuchtend, daß solche Erfahrungen auch einen Einfluß auf die spätere Empathiefähigkeit der Kinder haben werden.[2] Ich wende mich nun dem zweiten Themenstrang zu. Hierbei geht es nicht mehr um das Verhalten und Fühlen vor dem Spiegel, sondern um Spiegelungsprozesse in der *zwischenmenschlichen* Interaktion.

2. Affektspiegelung und Identitätsbildung

2.1 Affektspiegelung im menschlichen Gesicht

Es ist ein grundlegender Unterschied, ob man in einen Spiegel blickt oder in ein menschliches Gesicht. Die Prozesse und Fähigkeiten, die es dem Säugling ermöglichen, den Affektausdruck im Gesicht seiner Eltern, z.B. den Ärger, entweder als deren Ärger über *sich* oder über *ihn* oder als noch etwas anderes, nämlich als *Widerspiegelung seines eigenen Ärgers* zu verstehen, sind andere als die, welche es ihm mit ca. eineinhalb Jahren ermöglichen, das Bild im Spiegel als sein eigenes zu erkennen. In den Spiegelexpe-

---

[2] Die Qualität der Bindung (sicher versus unsicher) wird mit Hilfe eines bestimmten Verfahrens, der sogenannten Fremden-Situation, festgestellt. Diese kann hier nicht beschrieben werden. Eine begründete Aussage der Bindungstheorie ist, daß die Qualität der Eltern-Kind-Bindung mit einem Jahr u.a. von der Beziehungsqualität während des ersten Lebensjahres abhängt (siehe zu diesem ganzen Themenkomplex ausführlich z.B. Dornes 1998, mit weiterer Literatur).

rimenten wurde geklärt, ab wann Kinder Anzeichen dafür zeigen, daß sie sich vor dem Spiegel erkennen. Der Spiegel hat aber keine Eigenschaften, die diese Fähigkeit irgendwie befördern würden. Er dient in den geschilderten Untersuchungen ausschließlich dazu, etwas festzustellen, ohne daß damit gesagt würde, er würde zu dem, was mit seiner Hilfe festgestellt wird, auch etwas beitragen. Niemand behauptet, daß der Spiegel die Entstehung des Selbsterkennens fördert. In der Terminologie von Spitz (1959) ausgedrückt ist der Spiegel zwar ein Indikator, nicht aber ein Organisator von Selbstbewußtheit. Insofern waren die Analysen des ersten Teils dieses Artikels eher formaler Natur. Nun soll eine inhaltliche Ergänzung geliefert werden.

Ausgangspunkt meiner Überlegungen ist die Frage von Winnicott (1967, 129): „Was erblickt das Kind, das der Mutter ins Gesicht schaut?" Winnicotts Antwort lautet: Es sieht sich selbst, denn die Art, wie die Mutter schaut, hängt davon ab, was sie selbst erblickt (ebd.). Diese Aussage scheint zunächst etwas dunkel zu sein. Die einfachste Antwort auf die Frage, was der Säugling sieht, wenn er ins Gesicht seiner Mutter blickt, lautet natürlich: ihr Gesicht. Das ist sicher auch richtig, aber ungenügend. Es ist bekannt, daß in Situationen, in denen Mutter und Säugling miteinander umgehen, die Mutter oft den Gesichtsausdruck ihres Säuglings imitiert. Blickt er freudig, so tut sie es auch. Ihr Gesichtsausdruck ist also eine Art Antwort oder Spiegelung seines Ausdrucks, und deshalb sieht der Säugling nicht nur das mütterliche Gesicht, sondern in ihm auch eine „Reflexion" seines eigenen Zustandes. Was heißt das genauer?

Es läuft darauf hinaus, zu behaupten und zu belegen, daß sich das Kind an seinen „Objektivationen", Externalisierungen, d.h. letzlich den Reaktionen der Außenwelt auf sich erkennt. Im Grunde ist das ein altes Thema, welches schon im symbolischen Interaktionismus von Mead und Cooley präsent war, aber heute erst in seiner vollen entwicklungspsychologischen Tragweite erkannt wird. Man kann davon ausgehen, daß das, was ein Säugling fühlt, ihm nicht unmittelbar zugänglich ist, sondern erst über die Antworten anderer auf seine Ausdrücke bewußt wird. Erst dadurch werden die eigenen Empfindungen über die „Wahrnehmungsschwelle" gehoben. Eine solche Verdeutlichungsfunktion können auch unbelebte Objekte haben. Wenn ein Säugling etwa „mit Schwung" auf ein Mobile einschlägt, so wird es sich „mit Schwung" bewegen. Die Reaktion des Objektes ist eine Objektivierung, d.h. eine externe, an einem äußeren Objekt stattfindende „Darstellung" des kindlichen Selbstzustandes der „Schwunghaftigkeit", den es jetzt am Objekt beobachten kann und der ihm u.a. dadurch erst (deutlicher) zu Bewußtsein kommt. Zunächst mag es von den Bewegungen des Objekts nur fasziniert sein und diese gar nicht auf sich beziehen. Aber schon bald bemerkt es einen Zusammenhang zwischen seinen Handlungen und den Reaktionen des Objekts und versteht diese *auch* als Spiegelungen seines Zustandes.

Besser geeignet für solche externen Darstellungen sind menschliche Objekte. Dazu folgendes Beispiel (nach Rochat 1995, 66 f.):

Eine Mutter interagiert mit ihrem zwei Monate alten Säugling, der gerade kurz gelächelt hat. Mit hoher Stimme und im Babytalk sagt sie zu ihm: „... Hi baby ... hi my baby ... are you happy to see me? ... Are you going to give me a smile? .... Are you? .... Are you going to give a smile to mommy? ...." Das Baby beginnt wegzuschauen. Die Mutter sagt jetzt: „... look here baby ... what's happening my baby? .... Are you sad? ... Are you unhappy? ... Aren't you going to give a smile to mom? .... Come on, give a smile to mom ..." etc.

Die Mutter spiegelt hier nicht nur, sondern sie beeinflußt auch den Affektzustand in die gewünschte Richtung. Deshalb spricht man von einer „deep reflection" (Rochat, ebd.) im Unterschied zur „surface reflection" des unbelebten Spiegels.[3] Der Unterschied zwischen dem Spiegel und dem Spiegeln besteht darin, daß im Spiegel immer nur das Gleiche, beim Spiegeln aber auch etwas anderes „reflektiert" wird. Der Spiegel zeigt Identisches, das Spiegeln *auch* Differenz (Muller 1985, 233). Die Mutter *elaboriert* ein Thema, welches das Kind vorgeschlagen hat. Das kann kein Spiegel und auch kein anderes unbelebtes Objekt. Sie kommentiert und fungiert als affektiver Verstärker der kindlichen Regungen. Ihre Stellungnahmen versorgen den Säugling „mit einer Tiefenspiegelung der Dynamik seiner eigenen Gefühle und letzlich seiner selbst als fühlendes und mit Absichten begabtes Wesen. Es wird deutlich, daß ... Selbstbewußtheit in erster Linie soziale Ursprünge hat und im Prozeß der Tiefenspiegelung entsteht, der durch den reziproken und schöpferischen sozialen Spiegel bereitgestellt wird" (Rochat 1995, 67). In der Tiefenspiegelung wird der Säugling also nicht nur informiert über etwas, das er hat, sondern er wird auch angeregt, etwas Neues zu entwickeln oder etwas Vorhandenes weiter zu entwickeln. Er lernt, das Angebot der Mutter aufzunehmen, zu modifizieren, zu beantworten – oder zu verwerfen.[4]

2.2. Spiegelungsprozesse und das wahre Selbst

Hier kommt die Kreativität des Säuglings (Cramer 1995; Lebovici 1995) und die der Mutter ins Spiel. Der Säugling kann so oder so antworten. Im obigen Beispiel kann er der Mutter das gewünschte Lächeln schenken oder nicht, er kann kurz lächeln oder traurig blicken, sich ihr nach einer Weile wieder zuwenden oder weiter wegblicken. Die Mutter kann das akzeptieren oder nicht, sie kann das Lächeln zum Thema machen oder das Wegblicken oder die (vermeintliche) Traurigkeit. Indem sie selektiv auf seine Äußerungen (oder Nicht-Äußerungen) eingeht, schafft sich jede Mutter *ihr* Kind, und das Kind lernt sich nicht nur kennen, wie es ist, sondern vor allem, wie es von seiner Mutter gesehen wird. Mit der Zeit sieht es sich dann mit den Augen seiner Mutter *ohne zu wissen*, daß es ihre Augen sind, mit denen es sich schließlich betrachtet.
Wenn die Mutter oder der Vater z.B. auf sein Genitalspiel mit Mißbilligung reagieren, so wird das Kind diese Mißbilligung als externe Darstellung *seines* Affekts wahrnehmen. Wenn die Mißbilligung immer zusammen mit der sexuellen Erregung auftaucht, hält sie das Kind schließlich für *seine* Mißbilligung, aber urspünglich war es die der Eltern. So lernt es, *seine* sexuelle Empfindung auf eine bestimmte Weise zu erleben, nämlich im Medium der elterlichen Reaktionen darauf. Die Psychoanalyse spricht hier von unbewußten Identifizierungen und würde sagen, das Kind habe sich unbewußt mit der elterlichen Mißbilligung identifiziert. Unbewußt deshalb, weil es nicht (mehr) merkt, daß seine Mißbilligung, die jetzt Teil seines Repräsentanzensystems geworden ist (seiner Selbstre-

---

[3] Wir sehen hier, daß auch die akademische Entwicklungspsychologie mit Metaphern arbeitet - und nicht mit schlechten!
[4] Eine ausführlichere Darstellung von Affektspiegelungsprozessen und ihrer Bedeutung für die psychische Strukturbildung findet der Leser bei Gergely/Watson (1996). Ich habe diese brillante Theorie andernorts ausführlich kommentiert (s. Dornes 2000, Kap. 5). Eine Frage, die sich in Ansehung des unaufhaltsamen Vordringens von Fernsehen und Computer geradezu aufdrängt, besagt: Was passiert eigentlich mit der Identitätsbildung, wenn menschliche Spiegelung, welche die Identitätserfahrung erschafft und aufrechterhält (zwar noch nicht im Säuglingsalter aber später) zunehmend von medialer Spiegelung abgelöst wird? Interessante Gedanken dazu finden sich z.B. bei Küchenhoff (1998).

präsentanz bzw. seines Selbstgefühls), ursprünglich die der Eltern war. Wir sehen hier, wie auch der Vorgang der unbewußten Identifizierung auf seine Urspünge in den Prozessen der Affektspiegelung zurückverfolgt werden kann.

Dabei erfolgt zugleich eine Bewußtwerdung und eine Unbewußtwerdung. Durch die Reaktion der Eltern wird dem Säugling seine Äußerung erst bewußt, aber zugleich wird diese Äußerung konnotiert und getränkt von der elterlichen Einstellung dazu. Sie wird dem Säugling überhaupt nur bewußt in dieser konnotierten Form, die er dann – und darin besteht der Prozeß der Unbewußtwerdung – für *seine* ursprüngliche Form hält in Verkennung der Beeinflussungsprozesse, die mit der Reaktion der Eltern darauf *unausweichlich* stattgefunden haben.

Die Suche nach dem wahren Selbst, also dem unkontaminierten, originären Selbstausdruck scheint, wenn diese Ausführungen zutreffen, vergeblich. Winnicott (1960) hatte die Ursprünge des wahren Selbst in der „spontanen Geste" gesehen. Aber diese Geste wird den obigen Überlegungen zufolge nur bewußt, sofern sie von den Eltern kommentiert wird, und wenn sie kommentiert wird, wird sie zugleich verändert. Dann ist sie aber nicht mehr die spontane Geste des Säuglings allein, sondern schon im Moment, in dem er sie bemerkt, eine Ko-Konstruktion von Säugling und Mutter/Vater, gefärbt von deren Einstellungen dazu. Es ist schwer zu sagen, ob man diesen Beeinflussungsprozeß als Entfremdungsprozeß betrachten soll, in dem ein ursprünglich spontaner Selbstausdruck verbogen wird, oder ob man ihn nicht besser als An- oder Bereicherungsprozeß betrachten sollte, der nur im mißlingenden Fall – d.h. bei übermäßig starker „Kommentierung" – zu Entfremdungsgefühlen und/oder Symptombildungen führt. In der Idee eines wahren Selbst artikuliert sich die Utopie eines nicht entfremdeten, unbeeinflußten Urzustandes, den es nie, oder nur für Momente, gibt. Er kann, wie alle guten Utopien, nicht positiv beschrieben werden. Das wahre Selbst ist deshalb weniger eine psychologische oder anthropologische Realität, als vielmehr eine regulative Idee. Auf die Frage, was das wahre Selbst ausmacht, gibt es deshalb keine theoretisch befriedigende Antwort, sondern nur eine praktische: Leidet das Individuum unter dem Gefühl innerer Entfremdung oder unter Symptomen, so dürfen wir annehmen, daß seine „ursprünglichen" Lebensäußerungen zu stark modifiziert wurden und der Prozeß der Affektspiegelung deshalb mißlungen ist. Wie läßt sich dies vermeiden? Kurz gesagt: Durch Anerkennung der Bedürfnisse des Säuglings. Das ist leichter gesagt als getan und ein weites Feld. Ich möchte mich nun diesem Anerkennungsproblem zuwenden.

3. Anerkennung, Intersubjektivität und Reziprozität

3.1 Interaktion und Anerkennung: Primäre Intersubjektivität

Der Mensch ist das (vielleicht) einzige Lebewesen, das nicht nur die Befriedigung seiner Bedürfnisse anstrebt, sondern außerdem noch deren Anerkennung. Dieser Kampf um oder die Suche nach Anerkennung spielt sich in der Interaktion ab. Wenn Mutter und Säugling miteinander kommunizieren, einander anlächeln, mit- oder nacheinander vokalisieren, so befinden sie sich in einem kommunikativen Austausch, den wir als dialogische Spielinteraktion ohne Spielzeug bezeichnen können. Eine „just for fun"-Theorie des Spiels greift aber zu kurz. Zwar tauschen beide interessante Reizereignisse aus, aber das ist m.E. nur ein Aspekt ihrer Interaktion. Der Säugling will nämlich im Spiel nicht nur seinen Spaß haben und sucht nicht nur interessante Reizereignisse, sondern er will, daß seine Mutter seinen Spaß sieht und diesen Zustand/Affekt erkennt und anerkennt. Das klingt trivial, ist aber von enormer anthropologischer Bedeutung. Auch Primaten spielen, aber ich vermute, daß sich ihr Spiel auf den Austausch und die Produktion interessanter Stimulation beschränkt (s.a. Gomille 1988, 270 ff.; Breuer 1991). Dabei wird ein Spielbedürfnis befriedigt, aber keines nach Anerkennung von Gefühlszuständen. Der Säugling ist damit nicht zufrieden. Er will nicht einfach nur spielen oder mit der Mutter kommunizieren, sondern er will, daß sie sein Spiel- und Kommunikationsbedürfnis sieht und ‚sagt': „Ja, ich sehe, daß du spielen und dich mit mir unterhalten willst, und ich akzeptiere die Art und Weise, in der du dieses Bedürfnis zum Ausdruck bringst."

Dieses Bedürfnis nach Anerkennung von Bedürfnissen existiert vermutlich nicht nur in der Spielinteraktion, sondern in jeder interpersonellen Situation, z.B. auch in der Fütterungsinteraktion. Am Lebensanfang mag es genügen, das Bedürfnis nach Nahrung zu stillen, aber nach einer gewissen Zeit kommt es nicht mehr nur auf das Geben von Nahrung an, sondern auch darauf, *wie* sie gegeben wird. Kohut (1977, 80) hat das sehr schön als „empathisch moduliertes Geben von Nahrung" bezeichnet. Beim Menschen muß eben nicht nur der Hunger befriedigt werden, sondern zugleich muß die Art und Weise, wie er sich artikuliert, als *legitim* anerkannt werden. Der Säugling fragt gewissermaßen (im Spiel und in der Fütterung): „Ist es richtig und kannst du akzeptieren, daß ich als der und der existiere und meine Bedürfnisse auf diese oder jene Art zum Ausdruck bringe?" Empirische Unterstützung erhält diese Hypothese durch Untersuchungen von Juan Miguel Hoffmann (1993). Er hat Kinder zwischen vier und zwölf Monaten beobachtet, wie sie das erste Mal feste Nahrung mit dem Löffel erhalten. Dabei spielt das Essen selbst eine eher untergeordnete Rolle. Im Vordergrund stehen die Versuche des Kindes, den Löffel in seinen Besitz zu bringen und damit nach eigenem Willen zu spielen und zu experimentieren – oft zum Verdruß seiner Eltern. Deren Reaktion, d.h. ihre Fähigkeit zu Toleranz und Akzeptierung des Bedürfnisses, ist von erheblicher Bedeutung für die weitere Entwicklung. Elterliche Responsivität, so die Hypothese, begünstigen die Entfaltung und Aufrechterhaltung spontaner Initiativen des Kindes und führen zu weniger Aversion, Konflikthaftigkeit und „Kampf" in der Beziehung. Elterliche Restriktivität eher zum Gegenteil. Erste Überprüfungen dieser Hypothese durch Nachuntersuchungen in bestimmten Folgezeiträumen weisen in eine bestätigende Richtung (Hoffmann et al. 1998).[5] Hoffmann hat also das Bedürfnis nach Anerkennung nicht in der Spielinteraktion entdeckt, sondern bei der Fütterung, die üblicherweise eher mit Trieberfahrungen in Verbindung gebracht wird als mit dem Bedürfnis nach Anerkennung. Dieses scheint sich aber überall zu zeigen, wenn der Blick dafür erst einmal gestärkt ist.

Im Grunde ist das Anerkennungsthema so alt wie die Menschheit. In den sogenannten primitiven Gesellschaften waren Ritus und Tanz die Medien, in denen es ausgedrückt wurde, und in der Bibel heißt es, daß der Mensch nicht vom Brot allein lebt. Das ist eine tiefe Weisheit. Ob man das, was über das Brot, d.h. die Befriedigung vitaler Bedürfnisse hinausgeht, transzendental-theologisch als „Wort des Herrn", spirituell als „Suche nach Sinn" oder psychologisch-intersubjektivitätstheoretisch als „Anerkennung der Person" formuliert, will mir an dieser Stelle nicht so wichtig erscheinen, solange klar ist, daß es diesen „Überschuß" gibt. Vermutlich rühren viele, wenn nicht die meisten neurotischen Probleme, die es heute gibt, nicht von frustrierten Triebwünschen, sondern von fru-

---

[5] Dies klingt vielleicht trivial, aber der Autor hat einen enormen methodischen Aufwand betrieben, um so komplexe Konstrukte wie spontane Initiative, Aversion, Konflikthaftigkeit etc. zu operationalisieren.

strierten Anerkennungsbedürfnissen her. Balint, Winnicott und Kohut haben das erkannt. Balint (1968) in seinem Konzept der primären Liebe, das besagt, daß der Säugling als Person geliebt und nicht nur als Organismus befriedigt werden will; Winnicott (1960) mit seiner Unterscheidung von Ich- und Es-Bedürfnissen, wobei die Es-Bedürfnisse die Triebbedürfnisse und die Ich-Bedürfnisse u.a. die nach Anerkennung sind; Kohut (1971) in seiner Konzeption des Größenselbst, das empathische Spiegelung, d.h. Anerkennung und Validierung in seinem So-Sein sucht. Diese Autoren[6] haben das anthropologische Mißverständnis Freuds korrigiert, daß der Mensch in seiner Bedürfnisstruktur ähnlich ist wie ein Tier (auch wenn Triebe etwas anderes sind als Instinkte). Für Freud war die Sinnfrage eine Angelegenheit „frustrierter Libido". Wer sexuell unbefriedigt ist, stellt Fragen nach Sinn oder Anerkennung. Das ist sicher falsch bzw. einseitig, auch wenn dieser Irrtum aus den Zeitumständen und dem intellektuellen Milieu seiner Zeit heraus verständlich ist.

Ich habe zwei Ideen, warum sich Freud in diesem Punkt getäuscht hat und warum wir heute über ein klareres Bewußtsein der Anerkennungsproblematik verfügen:

1. Freud war viel zu sehr Atheist (er hat sich selbst einmal als „gottlosen Juden" bezeichnet) und viel zu sehr Darwinist, um eine „Sonderstellung des Menschen", die zu seiner Zeit immer einen theologischen Beigeschmack hatte, zu akzeptieren. Er verfolgte das umgekehrte Programm: die Sonderstellung als eine Illusion zu entlarven, der Menschen anhängen, um sich über die schmutzigen, körperlichen, triebhaften, tierischen Seiten ihrer Existenz hinwegzutrösten.

2. denke ich, daß das Anerkennungsproblem zu Freuds Zeiten gar nicht klar erkennbar war und/oder sich als Triebproblem maskierte. Eine Analogie soll diesen Gedanken verdeutlichen: Unsere Eltern und die Generation vor ihnen hatten, so heißt es, weniger narzißtische Probleme, d.h. weniger Anerkennungsprobleme. Ich weiß nicht, ob das stimmt und ob diese These epidemiologisch abgesichert werden kann. Meine Meinung ist, daß sie ähnliche narzißtische Probleme hatten wie wir, aber diese traten als solche nicht in Erscheinung (siehe auch Reiche 1991). Sie wurden zugedeckt oder überwuchert von den Problemen der materiellen Reproduktion. Das Lebensmotto unserer Eltern war, salopp gesprochen: „Hast du was, bist du was." In anderen Worten: Sie versuchten, das Problem der Anerkennung über die Akkumulation von Vermögen und Reichtum, d.h. über die Befriedigung materieller Bedürfnisse zu lösen. Das funktioniert eine Weile, und solange materielle Knappheit vorherrscht, ist diese Strategie auch vernünftig, und die Hoffnung, als materiell befriedigter Mensch zugleich vollständig befriedigt zu sein, ist verständlich. Viele von uns, die wir in Mitteleuropa leben, „haben" als ihre Erben heute aber schon fast alles (inklusive Triebbefriedigung), und deshalb ist uns klarer, daß wir damit nicht schon etwas „sind". Deshalb kommt uns das Anerkennungsproblem klarer zu Bewußtsein. Paradox formuliert: Weil viele von uns auf der materiellen und Triebebene befriedigt sind, haben wir das Anerkennungsproblem. Weil wir uns nicht mehr so sehr mit der Frage der materiellen Reproduktion, des Überlebens oder der Triebbefriedigung beschäftigen müssen, tritt die Frage der Anerkennung der Person deutlicher hervor. Die grundlegende These dieses Abschnitts läßt sich in einem Satz zusammenfassen: Brecht hat unrecht, wenn er eine seiner Figuren sagen läßt: „Erst kommt das Fressen, dann die Moral." Der Säugling stellt vielmehr (nach einiger Zeit) schon beim Fressen die Moralfrage. Er fragt zugleich mit der Nahrungsaufnahme: „Ist es richtig und erkennst du

---

[6] Vermutlich auch schon Ferénczi, dessen Schriften ich aber zu wenig kenne.

an, daß ich so fresse, wie ich es tue?" Wenn er sehr ausgehungert ist, tritt dieser Aspekt der Anerkennung in den Hintergrund. Aber er ist immer da, und heute, in den Zeiten und Gegenden materiellen Überflusses deutlicher denn je.

3.2 Interaktion und Verständigung: Sekundäre Intersubjektivität

Bisher wurden, so könnte man sagen, einfache aber wichtige Formen des Sympathieaustauschs zwischen Mutter und Kind behandelt. Sie sind auch in jeder Interaktion zwischen Erwachsenen enthalten. Aber Erwachsene kommunizieren nicht nur miteinander, sondern auch miteinander *über etwas drittes*. Auf einer gemeinsamen Wanderung kann einer z.b. den Abendhimmel anschauen und sagen: „Welch ein wunderbarer Himmel."; dann blickt er zu seinem Partner, um zu sehen, ob auch dieser den Himmel ansieht, und fordert ihn, falls nötig, auf, das zu tun: *„Sieh,* welch ein schöner Himmel." Beide teilen dann den mentalen Zustand der Betrachtung des Himmels und die Freude, die sie dabei haben. Ab wann entsteht ein solches Bedürfnis beim Säugling? Ich will nun zeigen, daß sich mit ca. neun Monaten das im vorigen Abschnitt skizzierte Bedürfnis nach Anerkennung von Bedürfnissen weiterentwickelt zu einem Bedüfnis nach Teilung von emotionalen und kognitiven Zuständen *in Bezug auf die Welt*.

Trevarthen (1979; 1980; 1993; Trevarthen/Hubley 1978) hat diesen Entwicklungsschritt die Entstehung sekundärer Intersubjektivität genannt.[7] Ihr geht ein Zustand primärer Intersubjektivität voraus, den es schon ab dem Alter von zwei bis drei Monaten gibt. Diese Unterscheidung ist aus folgendem Grund wichtig: Manche Forscher haben bestritten, daß der Säugling schon früh ein kompetenter Interaktionspartner ist. Sie behaupten, der *Eindruck* von Interaktionskompetenz entstehe dadurch, daß sich die Mutter geschickt in Bewegungen oder mimische Äußerungen des Säuglings „einfädelt" und sich an sie anpaßt. Der Anschein, daß beide sich in einem *reziproken* Austausch, z.B. von Blicken befinden, ist eine Täuschung, weil die Reziprozität und das Zusammenpassen der Äußerungen von Säugling und Mutter allein auf die mütterlichen Anpassungsleistungen und ihre Sensitivität zurückzuführen sind, nicht aber auf Fähigkeiten des Säuglings. Das haben Trevarthen (u.a., s. Gomille 1988, 259 ff.; Tronick/Weinberg 1997, mit weiterer Literatur) widerlegt und gezeigt, daß die Interaktion von Säugling und Mutter schon mit zwei bis drei Monaten reziprok in dem Sinne ist, daß das Zusammenpassen und die Abgestimmtheit verschiedener Interaktionskomponenten (Mimik, Vokalisierungen, Gesten, Blicke) *auch* auf aktive Anpassungs- und Koordinationsleistungen des Säuglings in bezug auf die Angebote seiner Mutter zurückzuführen sind und nicht nur auf die Anpassung der Mutter an den Säugling. Die frühen Formen von Interaktion und Kommunikation sind also *wirklich* reziprok und erscheinen nicht bloß so. Dieses Phänomen nennt Trevarthen primäre Intersubjektivität. In den Zuständen primärer Intersubjektivität finden auch die im vorigen Abschnitten skizzierten Formen des Spieldialogs ohne Spielzeug statt, in denen es darum geht, daß die Mutter die Art und Weise, in der sich die kommunikativen und anderen Bedürfnisse des Kindes artikulieren, anerkennt.[8]

---

[7] Siehe auch Stern (1985, Kap. 6), der die Phänomene geteilter emotionaler und kognitiver Zustände unter dem Titel „gemeinsame Ausrichtung der Aufmerksamkeit" (inter-attentionality), „intentionale Gemeinsamkeit" (inter-intentionality) und „Gemeinsamkeit affektiver Zustände" (inter-affectivity) behandelt und die empirischen Evidenzen für die Existenz solcher Zustände auflistet. Die neueste entwicklungspsychologische Literatur zum Thema Intersubjektivität findet der Leser bei Braten (1998).
[8] Andere Autoren sprechen von einem Bedürfnis „to form dyadic states of consciousness" (siehe Tronick/Weinberg 1997; Tronick 1998).

Mit neun Monaten erweitert sich jedoch der Interaktions- und Aufmerksamkeitsradius. Säugling und Mutter verständigen sich nun nicht mehr nur miteinander über sich selbst, d.h. sie tauschen nicht mehr nur miteinander Affekte und kommunikative Gesten aus, sondern ihre Kommunikation bezieht sich jetzt auf etwas drittes (wie bei Erwachsenen, die nicht mehr nur verliebt miteinander „turteln", sondern *über den Abendhimmel* miteinander turteln). Breuer (1991) spricht in diesem Zusammenhang von erweiterter dialogischer Spielinteraktion (im Unterschied zur einfachen dialogischen Spielinteraktion); Trevarthen von sekundärer Intersubjektivität. Was ist damit gemeint?

Ein Beispiel soll den Unterschied illustrieren. Ab dem Alter von neun Monaten zeigen Kinder in zwei verschiedenen Weisen auf einen Gegenstand: proto*imperativ* und proto*deklarativ* (für Details siehe Franco 1997). Das sogenannte protoimperative Zeigen beinhaltet nur die Aufforderung, den gezeigten Gegenstand herbeizubringen. Es will sagen: „Bring mir den Gegenstand, auf den ich zeige." Auch dies ist eine Kommunikation über die Welt, aber das gleichzeitig entstehende sogenannte protodeklarative Zeigen unterscheidet sich davon in einem zentralen Punkt: Es dient keinem anderen erkennbaren Zweck als dem, die Aufmerksamkeit der Mutter auf den Gegenstand zu lenken. Nicht ihr Verhalten sondern ihr mentaler Zustand soll beeinflußt werden. Sie soll den Gegenstand nicht herbeibringen, sondern ihn ebenfalls *ansehen*. Das Kind überprüft, ob sie das tut, indem es – nachdem es auf den Gegenstand gezeigt hat – mehrfach zwischen diesem und der Mutter hin und her blickt und seine Zeigehandlung unter Umständen noch mit auffordernden Knurrlauten begleitet. Schließlich freut es sich, wenn es feststellt, daß die Mutter nun ebenfalls den Gegendstand *betrachtet.* Trevarthen/Hubley (1978), Stern (1985, Kap. 6), Baron-Cohen (1991) und andere haben daraus geschlußfolgert, daß das Kind damit ein Bedürfnis bekundet, mentale Zustände in Bezug auf etwas Drittes (hier: den Zustand der Aufmerksamkeit; des Blickens auf ein Objekt) mit anderen zu teilen. In dieser sekundären Intersubjektivität geht es nicht mehr nur – wie bei der primären Intersubjektivität – um den reziproken *Austausch* averbaler Verhalteneseisen und Affekte im Spiel und deren *Anerkennung,* sondern darüber hinaus um die Wahrnehmung, Validierung und das Gemeinsam-Haben-Wollen von mentalen und emotionalen Zuständen *als Ziel* der Interaktion. Nun soll nicht mehr nur ein Bedürfnis (sei es ein Spielbedürfnis oder das des Hungers) in seinem So-Sein anerkannt werden, sondern ein neues Bedürfnis ist auf den Plan getreten: Das nach kommunikativer *Verständigung über die Welt* (einschließlich der Innenwelt). Das Kind appelliert an die Betreuungsperson als würde es sagen: „Schau her, was ich da interessantes sehe. Sieh auch hin, damit wir es gemeinsam sehen können. Das Kind ‚erzählt' der Betreuungsperson in nonverbaler Form', welchen außerhalb der beiden Interaktionsteilnehmer liegenden Sachverhalt es gerade erlebt und die Betreuungsperson nimmt am Erzählten Anteil, indem sie den mitgeteilten Sachverhalt – daß da ein interessantes Ding ist, das das Kind wahrnimmt – miterlebt" (Breuer 1991, 55). Vermutlich kann die Verweigerung einer solchen Verständigung über die Welt, die zugleich eine Verweigerung der Teilung mentaler Zustände ist, wenn sie chronisch auftritt, ebenso gravierende Auswirkungen auf die weitere psychische Entwicklung haben, wie die Nicht-Befriedigung von Triebbedürfnissen oder die Nicht-Anerkennung der Art und Weise, in der sich Bedürfnisse artikulieren.

3.3. Reziproke Anerkennung

Die bisherigen Überlegungen können noch einen Schritt weitergetrieben werden. Bisher wurde nur die Frage gestellt (und bejaht), ob es beim Säugling ein Bedürfnis nach (intersubjektiver) *Anerkennung* von Bedürfnissen gibt und ein darüber hinausgehendes nach *Teilung* (Gemeinsam-Haben-Wollen) mentaler Zustände.

Die nächste Frage lautet: Will der Säugling nur anerkannt *werden* oder will und kann er auch die Mutter als getrennte Person in eigenen Rechten anerkennen? Im Grunde ist das die Frage nach der Liebe des Säuglings zu seiner Mutter oder, intersubjektivitätstheoretisch gesprochen, das Problem der *wechselseitigen,* reziproken Anerkennung, das in den Sozialphilosophien von Hegel und Habermas, aber auch im symbolischen Interaktionismus, in der Psychoanalyse und der Existenzphilosophie eine bedeutende Rolle spielt (s. Benjamin 1988; 1993; 1998; Honneth 1992; Ziegler 1992; Dunn 1995; Schild 1999; Warsitz 1999).

Bei der Behandlung dieses Themas ergeben sich folgende Fragen:

1. Erkennt der Säugling die Mutter an, und wenn ja, ab wann?
2. Ist der Wunsch nach Anerkennung oder die Fähigkeit zur Anerkennung Bestandteil der natürlichen Ausstattung des Säuglings, so daß er die Mutter freiwillig und von Anfang an erkennt; oder muß der Säugling zu dieser Anerkennung gezwungen oder sonstwie „überredet" werden, wie die Triebtheorie postuliert, in der die Anerkennung der Unabhängigkeit des Objekts aus der „reifen" Akzeptierung des Realitätsprinzips und der Einsicht in die Unvermeidlichkeit des (Trieb-)Verzichts resultiert?[9]
3. Eine andere Option wäre, daß die Liebe des Säuglings zur Mutter, d.h. ihrer Anerkennung als unabhängige Person zwar nicht von Anfang an vorhanden und somit kein primärer Bestandteil seiner Natur ist, aber doch eine sich im Laufe der geglückten Entwicklung einstellende, unerzwungene Antwort auf die Liebe seiner Mutter. Das Anerkanntwerden des Säuglings durch die Mutter wäre eine notwendige Voraussetzung für seine Fähigkeiten zu ihrer Anerkennung und ersteres würde letzterem ontogenetisch vorausgehen.

Ich neige zu Letzerem und habe andernorts (Dornes 1993, Kap.7; 1997, Kap.4) ausführlicher begründet warum. Ich komme deshalb mit folgender Zusammenfassung zum Schluß: Auf die Frage, ob der Säugling nicht nur anerkannt werden will, sondern auch anerkennen will, ergibt sich als Antwort, daß diese Fähigkeit wahrscheinlich eine Entwicklungserrungenschaft darstellt und nicht von Anfang an vorhanden ist. Zwar *erkennt* der Säugling in einem wahrnehmungspsychologischen Sinne die Welt sehr früh als von sich selbst unabhängig, aber um sie als solche auch emotional *anerkennen* zu können – d.h. vor allem: um dieses Wissen auch in Beziehungen zu lebendigen Personen zwanglos und ohne allzuviel Anstrengung praktizieren/anwenden zu können – muß er vorher in seinem Bedürfnis nach „Anerkannt-*Werden*-Wollen", bestätigt worden sein.

Literatur

Amsterdam, B. (1972): Mirror self-image reactions before age two. In: Developmental Psychobiology 5, 297-305

Anderson, J. (1984): The development of self-recognition: A review. In: Developmental Psychobiology 17, 35-49

Balint, M. (1968): Therapeutische Aspekte der Regression. Reinbek bei Hamburg: Rowohlt 1973

Bahrick, L. (1995): Intermodal origins of self-perception. In: Rochat, P. (Hrsg.): The Self in Infancy. Theory and Research. Elsevier: Amsterdam u.a., 349-373

Bahrick, L. und J. Watson (1985): Detection of intermodal proprioceptive-visual contingency as a potential basis of self-perception in infancy. In: Developmental Psychology 21, 963-973

---

[9] Interessante Versuche zur Integration von Trieb- und Intersubjektivitätstheorie findet der Leser bei Busch (1996) und Honneth (1999), einen lacanianisch inspirierten Ansatz bei Warsitz (1999).

Bahrick, L., L. Moss und C. Fadil (1996): Development of visual self-recognition in infancy. In: Ecological Psychology 8, 189-208

Baron-Cohen, S. (1991): Precursors to a theory of mind: Cognitive mechanisms in mindreading. In: Cahiers de Psychologie Cognitive 13, 513-552

Benjamin, J. (1988): Die Fesseln der Liebe. Psychoanalyse, Feminismus und das Problem der Macht. Stroemfeld/Roter Stern: Basel und Frankfurt/M

Benjamin, J. (1993): Ein Entwurf zur Intersubjektivität: Anerkennung und Zerstörung. In: Benjamin, J. (1993): Phantasie und Geschlecht. Psychoanalytische Studien über Idealisierung, Anerkennung und Differenz. Fischer: Frankfurt/M, 39-58

Benjamin, J. (1998): Der Schatten des Anderen. Intersubjektivität – Gender – Psychoanalyse. Stroemfeld: Frankfurt/M, 1999

Bischof-Köhler, D. (1988): Über den Zusammenhang von Empathie und der Fähigkeit, sich im Spiegel zu erkennen. In: Schweizerische Zeitschrift für Psychologie 47, 147-159

Bischof-Köhler, D. (1989): Spiegelbild und Empathie. Die Anfänge der sozialen Kognition. Huber: Bern u.a.

Bischof-Köhler, D. (1994): Selbstobjektivierung und fremdbezogene Emotionen. Identifikation des eigenen Spiegelbildes, Empathie und prosoziales Verhalten im 2. Lebensjahr. In: Zeitschrift für Psychologie 202, 349-377

Bohleber, W. (1992): Identität und Selbst. Die Bedeutung der neueren Entwicklungsforschung für die psychoanalytische Theorie des Selbst. In: Psyche 46, 336-365

Braten, S. (1998): (Hrsg.): Intersubjective Communication and Emotion in Early Ontogeny. Cambridge Univ. Press: Cambridge

Breuer, K.-H. (1991): Dialogartige Interaktion in der vorsprachlichen Entwicklung. Unveröffentlichtes Manuskript

Brooks-Gunn, J., Lewis, M. (1984): The development of early visual self-recognition. In: Developmental Review 4, 215-239

Busch, H.-J. (1996): Vaterlose Gesellschaft, Trieb, Subjekt. Zu Jessica Benjamins Kritik zentraler psychoanalytisch-sozialpsychologischer Kategorien. In: Psyche 50, 881-901

Cramer, B. (1995): Infant creativity. In: Infant Mental Health Journal 16, 21-27

Cremerius, J. (1981): Freud bei der Arbeit über die Schulter geschaut. Seine Technik im Spiegel von Schülern und Patienten. In: Cremerius, J.: Vom Handwerk des Psychoanalytikers: Das Werkzeug der psychoanalytischen Technik, Band 2. frommann-holzboog: Stuttgart-Bad Cannstatt, 1984, 326-363

Dornes, M. (1993): Der kompetente Säugling. Die präverbale Entwicklung des Menschen. Fischer: Frankfurt/M (9. Aufl. 1998)

Dornes, M. (1997): Die frühe Kindheit. Entwicklungspsychologie der ersten Lebensjahre. Frankfurt/M (Fischer) (3. Aufl. 1999)

Dornes, M. (1998): Bindungstheorie und Psychoanalyse. In: Psyche 52, 299-348

Dornes, M. (2000): Die emotionale Welt des Kindes. Fischer: Frankfurt/M

Dunn, J. (1995): Intersubjectivity in psychoanalyis: A critical review. In: International Journal of Psycho-Analysis 76, 723-738

Franco, F. (1997): The development of meaning in infancy: Early communication and social understanding. In: Hala, S. (Hrsg.): The Development of Social Cognition. Psychology Press: Hove, 95-160

Fremmer-Bombik, E., Grossmann, K. (1991): Frühe Formen empathischen Verhaltens. In: Zeitschrift für Entwicklungspsychologie und pädagogische Psychologie 23, 299-317

Freud, S. (1912): Ratschläge für den Arzt bei der psychoanalytischen Behandlung. In: GW 8, 376-387

Gallup, G. (1970): Chimpanzees: Self-recognition. In: Science 167, 86-87

Gergely, G., Watson, J. (1996): The social biofeedback theory of parental affect-mirroring: The development of emotional self-awareness and self-control in infancy. In: International Journal of Psycho-Analysis 77, 1181-1212

Gomille, C. (1988): Wahrnehmung, Emotionalität und Kommunikation in den ersten Lebensmonaten. Dissertation im Fachbereich Gesellschaftswissenschaften der Universität Frankfurt/M

Haith, M., Bergman T., Moore, M. (1977): Eye contact and face scanning in early infancy. In: Science 198, 853-855

Haubl, R. (1991): Unter lauter Spiegelbildern. Zur Kulturgeschichte des Spiegels. 2 Bände. Nexus: Frankfurt/M

Hoffmann, J. (1993): From initiative to experience: A contribution to the understanding of integration. Vortrag auf der 3. IPV-Tagung zu Fragen der psychoanalytischen Forschung am 12./13. März 1993 in London. Unveröffentlichtes Manuskript

Hoffmann, J., Popbla, L., Duhalde C. (1998): Early stages of initiative and environmental response. In: Infant Mental Health Journal 19, 355-377

Honneth, A. (1992): Kampf um Anerkennung. Zur moralischen Grammatik sozialer Konflikte. Suhrkamp: Frankfurt/M

Honneth, A. (1999): Objektbeziehungstheorie und postmoderne Identität: Über das vermeintliche Veralten der Psychoanalyse. In: Ostendorf, U., Peters, H. (Hrsg.): Vom Werden des Subjekts. Herbsttagung der Deutschen Psychoanalytischen Vereinigung in Wiesbaden vom 18. 21. November 1998. Eigenverlag: Frankfurt/M, 71-92

Kohut, H. (1971): Narzißmus. Eine Theorie der psychoanalytischen Behandlung narzißtischer Persönlichkeitsstörungen. Suhrkamp: Frankfurt/M, 1973

Kohut, H. (1977): Die Heilung des Selbst. Suhrkamp: Frankfurt/M, 1979

Küchenhoff, J. (1998): Öffentlichkeit und Körpererfahrung. In: Schmidt, G., Strauß, B. (Hrsg.): Sexualität und Spätmoderne. Über den kulturellen Wandel der Sexualität. Enke: Stuttgart, 39-54

Lacan, J. (1949): Das Spiegelstadium als Bildner der Ichfunktion, wie sie uns in der psychoanalytischen Erfahrung erscheint. In: Lacan, J. (1986): Schriften I. Quadriga: Weinheim und Berlin, 61-70

Lebovici, S. (1995): Creativity and the infant's competence. In: Infant Mental Health Journal 16, 10-15

Lewis, M., Brooks J. (1978): Auf der Suche nach den Ursprüngen des Selbst. In: Montada, L.: (Hrsg.): Brennpunkte der Entwicklungspsychologie. Kohlhammer: Stuttgart u.a., 1979, 157-172

Lewis, M., Brooks-Gunn, J. (1979): Social Cognition and the Acquisition of Self. Plenum Press: New York und London

Lewis, M., Sullivan, M., Stanger, C., Weiss M. (1989): Self development and self-conscious emotions. In: Child Development 60, 146-156

Muller, J. (1985): Lacan's mirror stage. In: Psychoanalytic Inquiry 5, 233-252

Murray, L., Trevarthen, C. (1985): Emotional regulation of interactions between two-month-olds and their mothers. In: Field, T., Fox, N. (Hrsg.): Social Perception in Infants. Ablex: Norwood, NJ, 177-197

Papousek, H., Papousek M., Giese R. (1986): Neue wissenschaftliche Ansätze zum Verständnis der Mutter-Kind-Beziehung. In: Stork, J. (Hrsg.): Zur Psychologie und Psychopathologie des Säuglings. Neue Ergebnisse in der psychoanalytischen Reflexion. frommann-holzboog: Stuttgart-Bad Cannstatt, 53-71

Pines, M. (1985): Mirroring and child development. In: Psychoanalytic Inquiry 5, 211-231

Reiche, R. (1991): Haben frühe Störungen zugenommen? In: Psyche 45, 1045-1066

Rochat, P. (1995): Early objectivation of the self. In: Rochat, P. (Hrsg.): The Self in Infancy. Theory and Research. Elsevier: Amsterdam u.a., 53-71

Rochat, P., Morgan, R. (1995): The function and determinants of early self-exploration. In: Rochat, P. (Hrsg.): The Self in Infancy.Theory and Research. Elsevier: Amsterdam u.a., 395-415

Schild, W. (1999) (Hrsg.): Anerkennung. Bouvier: Bonn

Spiker, D., Ricks, M. (1984): Visual self-recognition in autistic children: Developmental relationships. In: Child Development 55, 214-225

Spitz, R. (1959): Eine genetische Feldtheorie der Ichbildung. Fischer: Frankfurt/M, 1972

Stern, D. (1985): Die Lebenserfahrung des Säuglings. Klett-Cotta: Stuttgart, 1992

Thomä, H. (1981): Die Aktivität des Psychoanalytikers als Determinante des therapeutischen Prozesses. In: Thomä, H. (1981): Schriften zur Praxis der Psychoanalyse: Vom spiegelnden zum aktiven Psychoanalytiker. Suhrkamp: Frankfurt/M, 21-93

Trevarthen, C. (1979): Communication and cooperation in early infancy: A description of primary intersubjectivity. In: Bullowa, M. (Hrsg.): Before Speech: The Beginning of Interpersonal Communication. Cambridge Univ. Press: New York u.a., 321-347

Trevarthen, C. (1980): The foundations of intersubjectivity. In: Olson D. (Hrsg.): The Social Foundations of Language and Thought. Essays in Honour of Jerome Bruner. Norton: New York und London, 316-342

Trevarthen, C. (1993): The self is born in intersubjectivity: The psychology of an infant communicating. In: Neisser U. (Hrsg.): The Perceived Self. Ecological and Interpersonal Sources of Self-Knowledge. Cambridge Univ. Press: Cambridge, 121-173

Trevarthen, C., Hubley P. (1978): Secondary intersubjectivity: Confidence, confiding, and acts of meaning in the first year of life. In: Lock A. (Hrsg.): Action, Gesture, and Symbol. The Emergence of Language. Academic Press: London u.a., 183-229

Tronick, E. (1998): Dyadically expanded states of consciousness and the process of therapeutic change. In: Infant Mental Health Journal 19, 290-299

Tronick, E., Weinberg K. (1997): Depressed mothers and infants: Failure to form dyadic states of consciousness. In: Murray, L., Cooper, P. (Hrsg.): Postpartum Depression and Child Development. Guilford Press: New York und London, 54-81

Warsitz, R.-P. (1999): Anerkennung als Problem der Psychoanalyse. In: Schild, W. (Hrsg.): Anerkennung. Bouvier: Bonn

Winnicott, D.W. (1960): Ich-Verzerrung in Form des wahren und des falschen Selbst. In: Winnicott, D.W.: Reifungsprozesse und fördernde Umwelt. Kindler: München, 1974, 182-199

Winnicott, D.W. (1967): Die Spiegelfunktion von Mutter und Familie in der kindlichen Entwicklung. In: Winnicott, D.W.: Vom Spiel zur Kreativität. Klett: Stuttgart, 1973, 128-135

Zazzo, R. (1982): The person: Objective approaches. In: Hartup, W. (Hrsg.): Review of Child Development Research, Vol. 6. Univ. of Chicago Press: Chicago, 247-290

Ziegler W. (1992): Anerkennung und Nicht-Anerkennung. Studien zur Struktur zwischenmenschlicher Beziehungen aus symbolisch-interaktionistischer, existenzphilosophischer und dialogischer Sicht. Bouvier: Bonn

Karin Messerer

Ein psychoanalytisch-pädagogischer Blick in die Praxis der Mobilen Frühförderung: Ausschnitte aus der Geschichte von Natalie und ihrer Familie

Herr und Frau A., beide ca. 30 Jahre alt, haben bereits zwei Kinder – die zweijährige Theresa und den siebenjährigen Oliver – und wünschen sich noch ein drittes. Die Familie lebt in ländlicher Umgebung im Haus der Großeltern väterlicherseits; Herr A. ist in der nächst größeren Stadt berufstätig, Frau A. ist gelernte Köchin und seit der Geburt Theresas in Mutterschaftskarenz. Natalie, das dritte Kind der Familie, kommt im Dezember 1997 in einem Krankenhaus zur Welt; Schwangerschaft und Geburt sind problemlos – „wie im Bilderbuch" – verlaufen. Ein paar Stunden nach der Geburt erfährt Familie A. allerdings, daß Natalie geistig behindert ist: Sie hat das Down Syndrom. Nach einem kurzen Gespräch über die Art der Behinderung informiert die Ärztin die Eltern auch über die Notwendigkeit einer Herzoperation. Sie empfiehlt ihnen, Kontakt mit einer von öffentlicher Hand finanzierten Institution aufzunehmen, die „Mobile Frühförderung" im ländlichen Raum anbietet. Nach einigen Wochen und nachdem die örtliche Kinderärztin die Familie nochmals dazu aufgefordert hat, meldet sich Frau A. bei dieser Frühförderstelle.

Ich möchte an dieser Stelle mit dem Erzählen der Geschichte von Familie A. vorerst innehalten, um das Angebot der „Mobilen Frühförderung" vorzustellen. Dies soll allerdings über die Art und Weise hinausgehen, in der Eltern bei einem Erstgespräch mit der Frühförderstelle informiert werden. Mit dieser Vorstellung soll vielmehr ein erster Einblick in theoretische und methodische Diskussionsansätze im Bereich der Frühförderung gegeben werden.

Frühförderung ist eine Form der Begleitung von Familien mit behinderten, entwicklungsverzögerten oder -auffälligen Kleinkindern. Die Zahl der Institutionen, die Frühförderung anbieten, ist seit den 60er Jahren erheblich gewachsen, wenn auch noch immer nicht in allen Regionen von einer ausreichenden flächendeckenden Versorgung die Rede sein kann. Die Fachliteratur zum Thema „Frühförderung" hat sich ebenso beständig erweitert; die Diskussion über Problemstellungen, Konzepte und Methoden der Frühförderung ist in Monographien, Sammelbänden und Einzelbeiträgen in einschlägigen Fachzeitschriften dokumentiert[1]. Während es in der Frage der Zielgruppe einen gemeinsamen Nenner zu geben scheint (behinderte bzw. entwicklungsauffällige Kinder und deren Familien, meist von der Geburt an bis zum Kindergarten- bzw. Schulalter), so lassen sich grundsätzliche Differenzen darüber feststellen, was denn überhaupt von den jeweiligen Autorinnen bzw. Institutionen und Frühförderinnen[2] unter dem Begriff „Frühförderung" verstanden wird. Diese Differenzen kommen nicht zuletzt durch eine

---

[1] Dies gilt natürlich nicht nur für den deutschsprachigen Raum, wie im Abschlußbericht des HELIOS II Aktionsprogrammes der Europäischen Union (herausgegeben von Peterander 1996) nachgelesen werden kann, mit dem ein Beitrag zur Reflexion der Frühförderung geleistet wird und Anregungen für Weiterentwicklungen auf europäischer Ebene gegeben werden (vgl. auch Peterander & Speck 1996).

[2] Ich werde in dieser Arbeit wenn möglich weibliche Formen bemühen, auch wenn Personen sowohl weiblichen als auch männlichen Geschlechts gemeint sein können, aus Gründen der leichteren Lesbarkeit, aber auch und vor allem deshalb, um dem Umstand gerecht zu werden, daß im Bereich der Frühförderung fast ausschließlich Frauen tätig sind.

Reihe unterschiedlicher Bezeichnungen – wie „Interdisziplinäre Frühförderung", „Früherziehung", „Heilpädagogische Entwicklungsförderung", „Mobile Hausfrühförderung" etc. (vgl. Postmann 1993, 28ff) – zum Ausdruck, die jeweils mit bestimmten Konsequenzen für die praktische Arbeit verbunden sind.

Wenn im Folgenden von „Frühförderung" die Rede sein wird, ist damit die sogenannte „Mobile Hausfrühförderung" gemeint, die in den Kontext einer interdisziplinären und überinstitutionellen Zusammenarbeit eingebettet ist: „Mobil" bedeutet in diesem Zusammenhang, daß die Betreuung in der konkreten und gewohnten Lebensumwelt des Kindes und seiner Familie stattfindet. Üblicherweise besucht eine Frühförderin die ihr übertragene Familie einmal in der Woche. Zu ihren Aufgabengebieten gehört sowohl die spielerische Förderung des Kindes[3] als auch die Unterstützung, Beratung und Begleitung seiner Eltern bzw. Familie, wobei auch die Situation der Geschwister des behinderten Kindes zu beachten ist, und häufig- je nach Bedarf und weil „Pädagogik" allein oft nicht genügt (vgl. Rödler 1997) – eine Zusammenarbeit mit anderen Personen aus dem Lebensumfeld oder der medizinisch-therapeutischen Versorgung der Familie. Mobile Frühförderung, wie sie hier verstanden wird, läßt sich daher mit den Begriffen „kindzentrierter Betreuungsbereich", „familienzentrierter Betreuungsbereich" und „Umfeldarbeit" charakterisieren. Dementsprechend ist für die Arbeit in der Praxis der Frühförderung „Fachwissen"[4] aus unterschiedlichen Bereichen notwendig (z.B. medizinisch-therapeutisches, psychologisches, sozialarbeiterisches, pädagogisches, beraterisches, psychotherapeutisches Fachwissen). Die Ausbildungswege der einzelnen Frühförderinnen sind sehr unterschiedlich: z.T. haben die in Österreich tätigen Mitarbeiterinnen eine spezielle Frühförderausbildung absolviert, z.T. sind sie Sonderkindergärtnerinnen, Sonder- und Heilpädagoginnen, Ergotherapeutinnen, Musiktherapeutinnen etc., die über diverse Zusatzausbildungen verfügen und sich im Rahmen praxisbegleitender Seminare weiteres entsprechendes Fachwissen aneignen. Da es einer einzelnen Person aber nicht möglich ist, über so umfassende Kompetenzen zu verfügen, um alle die jeweilige Familie betreffenden Fragen und Betreuungsbereiche abzudecken, ist eine interdisziplinäre Kooperation nötig. Unterstützung in ihrer Tätigkeit sollte eine Frühförderin auch im Rahmen von Teambesprechungen und Supervision finden.

Die in deutschsprachigen Publikationen vorfindbaren Darstellungen und Diskussionen zum Thema „Frühförderung" spiegeln wohl die differenten Sichtweisen dieses Arbeitsbereiches wider, da in einschlägigen Veröffentlichungen explizit wie implizit auf sehr unterschiedliche theoretische Positionen Bezug genommen wird bzw. die theoretische Fundierung überhaupt als mangelhaft bezeichnet werden kann (vgl. Sheehan u.a. 1996). Werden die im Bereich der Frühförderung Tätigen um eine Einschätzung des theoretischen Hintergrundes ihrer Arbeit, um Angaben ihrer Methoden und Konzepte gebeten, so läßt sich ebenfalls eine blühende Vielfalt feststellen (vgl. Peterander & Speck 1994).

---

[3] Die Konzepte und Methoden, die mit dem Ziel der Entwicklungsförderung des Kindes im Rahmen der Frühförderung zum Einsatz kommen, sind sehr vielfältig und unterschiedlich, wobei bislang keine überzeugenden methoden- und behandlungsspezifischen Effektivitätsnachweise vorliegen (vgl. Leyendecker 1998, 7). Allerdings wird immer wieder betont, daß Frühförderung als Spielförderung effektiver und kindgemäßer ist als ein Training nach Förderprogrammen (vgl. etwa Klein 1996).

[4] Unter „Fachwissen" verstehe ich hier theoretisches Wissen, praktisch-methodische Kompetenzen sowie entsprechendes Reflexionsvermögen.

Tiefenpsychologischen Aspekten oder Konzepten scheint sowohl im Bereich der theoretischen Diskussion als auch in der Frühförderpraxis – zumindest im deutschsprachigen Raum – bloß eine Randstellung zuzukommen.[5] Umgekehrt kommt z.b. in Fröhlichs Buch „Psychoanalyse und Behindertenpädagogik" (1994), in dem er sich eine umfassende Darstellung der Begegnungen und Auseinandersetzungen dieser beiden „Disziplinen" zum Vorhaben macht, Frühförderung nur implizit vor. Allerdings finden sich bei der Durchsicht der in den letzten Jahren erschienenen Publikationen doch vereinzelt Arbeiten, die sich dem Arbeitsfeld der Frühförderung aus tiefenpsychologischer bzw. psychoanalytisch-pädagogischer Perspektive zuwenden: So versucht z.b. Jonas (1989; 1990) den sonder- und heilpädagogischen Diskurs zur Frühförderung durch den feministischen Diskurs zu erweitern, indem sie das subjektive Erleben und die psychosoziale Situation von Müttern behinderter Kinder in den Mittelpunkt ihrer Überlegungen stellt; in dem Sammelband „Grundlagen der Psychoanalytischen Pädagogik" stellt Maass (1993) die Frühförderung und -beratung mit behinderten Kindern und ihren Eltern als Arbeitsfeld psychoanalytisch-pädagogischer Praxis vor; 1996 berichtet Gstach in der „Zeitschrift für interdisziplinäre Frühförderung" über tiefenpsychologische Konzepte der heilpädagogischen Frühförderung aus dem angelsächsischen Raum, die im Grenzbereich zwischen Psychotherapie und Beratung angesiedelt sind; und Schnoor (1997) beschäftigt sich in ihrer Arbeit mit den Interaktionserfahrungen zwischen Mutter und Kind, die sie als „frühe Dialoge" bzw. Sozialisationsprozesse bezeichnet, und fordert die Mitarbeiterinnen der Frühförderung, die einen Einblick in diese Prozesse bekommen, dazu auf, sensibel für Dialogstörungen zu sein, mit den Müttern bzw. Eltern deren Ursachen herauszuarbeiten und sie soweit wie möglich zu beheben.

Wenn auch eine umfassende Aufarbeitung dieses Arbeitsgebietes in dem vorliegenden Aufsatz nicht geleistet werden kann, so soll doch zumindest ein Impuls gesetzt werden, um die Diskussion psychoanalytisch-pädagogischer Ansätze im Bereich der Frühförderung weiter voranzutreiben.

Im Folgenden werde ich daher unter Bezugnahme auf einzelne Facetten aus der weiteren Geschichte der Familie A. der Frage nachgehen, *welche Phänomene denn überhaupt in den Blick geraten (können), wenn man das Arbeitsfeld der Frühförderung und im besonderen die Beziehung zwischen Eltern und ihrem behinderten Kind aus psychoanalytisch-pädagogischer Perspektive betrachtet.* Da im Rahmen psychoanalytisch-pädagogischer Vorstellungen Eltern-Kind-Interaktionen als bedeutende Faktoren für die weitere Entwicklung des Kindes angesehen werden, möchte ich in dieser Arbeit zunächst den Focus auf das Erleben der Eltern nach der Geburt eines behinderten Kindes richten und im zweiten Schritt dessen Einfluß auf die Ausgestaltung der Eltern-Kind-Beziehung und die Entwicklung des Kindes beschreiben.

Anschließend werde ich versuchen, einen *Einblick in die psychoanalytisch-pädagogische Beratung und Begleitung von Eltern behinderter Kinder* zu geben. Dabei werde ich einzelne bedeutsame Aspekte aus bestimmten Beratungsmodellen herausgreifen und anhand der Arbeit mit Natalies Mutter zu illustrieren versuchen, inwiefern diese Konzepte in der Frühförderung hilfreich sein können.

---

[5] Vereinzelt lassen sich allerdings auch Konzepte mit explizit tiefenpsychologischer Orientierung finden – z.B. das Konzept der „Mobilen Frühförderung" in Wien (vgl. Datler u.a. 1997).

1. Welche Phänomene im Kontext der Eltern-Kind-Beziehung geraten in den Blick, wenn die Praxis der Frühförderung aus psychoanalytisch-pädagogischer Perspektive betrachtet wird? – Eine exemplarische Auswahl:

Im Zentrum meiner Überlegungen steht nun das Erleben der Eltern im Zusammenhang mit der Tatsache, ein behindertes Kind zu haben, und die Frage, inwiefern diese innere Welt der Eltern Einfluß auf die Interaktionen mit ihrem Kind und dadurch auch auf die Entwicklung des Kindes haben kann. Bei den in diesem Kapitel beschriebenen einzelnen Phänomenen kann es sich naturgemäß nur um eine exemplarische Auswahl aus der Komplexität der Frühförderpraxis handeln. Die Auswahl dieser Facetten habe ich aufgrund der Erfahrungen in meiner eigenen praktischen Tätigkeit als Teamleiterin einer Frühförderstelle mit ländlichem Einzugsgebiet getroffen. Es handelt sich dabei um Aspekte, welchen Frühförderinnen in ihrer Arbeit immer wieder begegnen und die sich nicht zuletzt in Fall- und Teambesprechungen sowie in Supervisionen als zentrale Punkte der Frühförderung und Familienbegleitung herausgestellt haben: das Verstehen des Zusammenhangs zwischen den Einstellungen und dem Erleben der Eltern und der Entwicklung des behinderten oder entwicklungsauffälligen Kindes.

Richten wir zunächst den Blick wieder auf die Geschichte der Familie A. und erinnern wir uns:

Nach der nochmaligen Aufforderung der Kinderärztin nimmt Frau A. schließlich Kontakt mit der nächst gelegenen Frühförderstelle auf (Natalie ist mittlerweile fast drei Monate alt und hat die Herzoperation gut überstanden); nach einem Informationsgespräch über das Angebot stellt Frau A. ein Ansuchen um Bewilligung der „Mobilen Frühförderung" an das zuständige Referat der Landesregierung[6]. Nachdem die formellen Schritte erledigt sind, kann ein Termin für ein Erstgespräch in der Familie ausgemacht werden. Bei dieser ersten Frühfördereinheit lernt die Frühförderin nur Natalie und ihre Mutter kennen. Herr A. ist beruflich außer Haus, die beiden Geschwister sind ebenfalls nicht daheim, damit sie – wie Frau A. meint – in Ruhe reden können. Im Laufe dieses Gesprächs erzählt Frau A. bald von ihren Gefühlen nach der Geburt von Natalie: „Gleich als ich Natalie zum ersten Mal gesehen habe, habe ich spontan gedacht: ‚Die ist mongoloid. Das Kind ist mongoloid!' Ich hab das am Aussehen erkannt, weil es im Nachbarort ein mongoloides Mädchen gibt. Ich hab das auch zu den Hebammen gesagt, aber die haben nur ausweichend geantwortet. Sie haben mir das Kind dann auch gleich wieder weggenommen und mir gesagt, ich solle mich ausrasten, der Arzt werde dann schon kommen. Erst als Natalie weg war, ist mir aufgefallen, daß mir niemand zur Geburt gratuliert hat. Dann habe ich nur noch geheult und an nichts anderes denken können als: ‚Das Kind ist mongoloid.' Als mein Mann gekommen ist, habe ich es ihm erzählt. Er hat es erst nicht glauben wollen und hat gemeint, daß ich mir das nur einbilde. Dann ist aber der Arzt wieder gekommen und hat gesagt, er würde gerne mit uns gemeinsam sprechen, denn er muß uns eine traurige Mitteilung machen. Er hat erklärt, daß Natalie behindert ist und das Down-Syndrom hat und hat uns darüber informiert, mit welchen Auffälligkeiten zu rechnen ist und daß Natalie auch einen Herzfehler hat, der operiert werden muß. Ich hab von diesen Informationen überhaupt nichts mitbekommen, nur das eine: Ich habe mich nicht

---

[6] Die Organisation und Finanzierung der Frühförderung fällt in Österreich in den Kompetenzbereich der einzelnen Bundesländer; die Voraussetzungen der jeweiligen Bundesländer hinsichtlich finanzieller Bestimmungen, aber auch bezüglich der Anstellungsbedingungen und Vorbildung der jeweils tätigen Frühförderinnen sind unterschiedlich. Im vorliegenden Fall etwa wird die Früförderung zwar größtenteils von der Landesregierung finanziert, von den Eltern wird aber auch ein Kostenbeitrag eingehoben.

geirrt, das Kind ist behindert. Ich war dann total verzweifelt und wollte Natalie gar nicht sehen. Mein Mann war damals stärker als ich. Er hat mich dazu gebracht, mit ihm gemeinsam zu Natalie zu gehen. Wie ich sie in dem kleinen Bett liegen gesehen habe, hat sie mir so leid getan: Sie hat so klein und verletzlich ausgeschaut, wie die anderen Babys auch, und ich habe mir nicht vorstellen können, was aus ihr werden wird. Und ich hab so gehofft, daß das doch alles nicht wahr ist."

Ausgehend von der Erzählung von Frau A. möchte ich Überlegungen dazu anstellen, was es für Eltern bedeuten kann, ein behindertes Kind zu bekommen. Frau A. berichtet von Gefühlen des Schockiertseins, des Nichtwahrhabenwollens, der Verzweiflung. Ich werde auf diese und andere Gefühle, die von Eltern nach der Geburt eines behinderten Kindes empfunden werden, etwas später näher zu sprechen kommen. Vorerst möchte ich aber der Frage nachgehen, weshalb es denn in so einer Situation überhaupt zu solch heftigen Gefühlen, zu einem Schock kommen kann. Machen wir dazu zuerst einen Schritt zurück in die Zeit der Schwangerschaft:

1.1 Schwangerschaft und die Angst vor Behinderung

Wenn sich ein Mann und eine Frau ein Baby wünschen, dann bilden sie bestimmte Phantasien aus, wie das Baby sein wird, und stellen sich ihr Leben mit dem Baby oft auf Jahre hinaus vor. Soferne es sich dabei nicht um zu starre Erwartungshaltungen handelt, hilft ihnen das dabei, in ihre Elternrolle hineinzuwachsen. In solchen Phantasien kommen üblicherweise Vorstellungen von behinderten Kindern kaum vor[7]. Allerdings hört man von werdenden Eltern oftmals die Phrase: „Wenn alles gut geht..., dann werden wir z.B. noch am selben Tag vom Krankenhaus nach Hause kommen." Oder: „....dann wird mein momentanes Arbeitszimmer später das Kinderzimmer etc." Mit dieser Phrase – „If all goes well..." (vgl. Sinason 1993, 16) – wird einerseits die Hoffnung ausgedrückt, daß eben alles gut geht, andererseits verbirgt sich darin der Gedanke an die Möglichkeit einer Schädigung oder Behinderung. Es scheint häufig ein Tabu zu sein, an die Möglichkeit der Behinderung eines Babys zu denken oder gar darüber zu sprechen – eine Art „magisches Denken" scheint manchmal dahinterzustecken: Das Sprechen über dieses Thema ist bedrückend, diese Stimmung könnte sich auf das Ungeborene negativ aus-wirken.

Obwohl es eine Reihe von Faktoren gibt, die eine möglichst sichere und geschützte Schwangerschaft und Geburt begünstigen, kann man sich über das „Ergebnis" nie wirklich sicher sein; tagtäglich werden behinderte Kinder von Eltern geboren, die nicht zu einer der Risikogruppen gehören, also im besten Alter sind, gesund sind etc., die also – so wie Herr und Frau A. – nicht mit der Möglichkeit einer Behinderung gerechnet haben und mit der Geburt des Kindes davon überrascht werden.

Wie Eltern und ihre Familien mit dieser Tatsache umgehen, ist jeweils unterschiedlich und steht in Zusammenhang mit vielen Faktoren (z.B. individuellen psychischen Strukturen von Mutter und Vater, familiären und außerfamiliären Ressourcen etc.). Die Reaktion der Eltern auf die Geburt eines behinderten Kindes hängt zu einem Gutteil auch davon ab, welche Erwartungen die Eltern an die Geburt des Babys geknüpft haben, wel-

---

[7] Allerdings können auch bewußt oder unbewußt übergroße Ängste vorkommen, daß sich das Kind nicht gut entwickelt und behindert sein könnte, Ängste, die bei manchen werdenden Müttern in keinem Verhältnis zu den Untersuchungsbefunden stehen (vgl. Statham u.a. 1997).

che Bedeutung dem Baby in der Vorstellung der Mutter und des Vaters jeweils zugeschrieben wird. Das Motiv des Kinderwunsches kann – bewußt oder unbewußt – etwa damit zusammenhängen, das Bild einer kompletten Familie zu erfüllen, den Zusammenbruch einer Partnerschaft zu retten, Gefühle des Nichtgenügens abzuwehren, Ängste bezüglich Sterilität oder Frigidität zu beruhigen und vieles mehr. Wenn es sich herausstellt, daß das Neugeborene behindert ist, so scheint das entscheidende Element nicht die Tatsache der Behinderung allein zu sein, sondern die Art und Weise der elterlichen Reaktion hängt im wesentlichen davon ab, welche Rollen diese Erwartungen und Phantasien im Erleben der Eltern spielen bzw. welche Funktion ihnen bei der Aufrechterhaltung des psychischen Gleichgewichts der Eltern zukommt (vgl. Kew 1975, 35ff).

Trotz dieser großen Bandbreite an bewußten und vor allem unbewußten Erlebensweisen und entsprechenden beobachtbaren Reaktionen gibt es ein ähnliches „Muster" in der Art, wie von Eltern – vor allem von Müttern – die erste Zeit beschrieben wird, nachdem sie erfahren haben, daß sie ein behindertes Kind bekommen haben. Ich betone die Mütter in diesem Zusammenhang vor allem deshalb, weil einerseits in der Fachliteratur hauptsächlich das Erleben der Mütter behinderter Kinder beschrieben ist und andererseits die Väter auch in der Frühförderpraxis – aus verschiedensten Gründen, vor allem wahrscheinlich wegen traditioneller Rollenaufteilungen – immer wieder aus dem Blickfeld geraten. Wenn ich sonst eher von den Eltern allgemein spreche, dann soll damit nicht diese Tatsache verschleiert werden, sondern der Versuch unternommen werden, die Väter in den Frühförderkontext hereinzuholen.

Was sind es nun für bewußte und unbewußte Gefühle, Vorstellungen und Phantasien, die Eltern eines behinderten Kindes erleben? Im Folgenden werde ich einige dieser Phänomene anhand von Ausschnitten aus der Geschichte der Familie A. beschreiben.

1.2 Das Erleben der Eltern nach der Geburt eines Kindes mit Behinderung

Idealtypischer Weise ist die Geburt eines Kindes ein freudiges Ereignis – für die Eltern wie auch für deren Verwandte und Freunde: Es gibt Glückwünsche, Blumen und Geschenke. Auch wenn die Geburt eines Kindes oft eine psychische Krise der Eltern auslöst (aufgrund der damit einhergehenden Veränderungen und der Unsicherheiten in der neuen Rolle[8]), so unterstützt die Freude und der Stolz über das Kind die Eltern in der Bewältigung dieser Krise (vgl. Gerlicher 1991).

Die Bewältigung dieser Krise ist umso schwieriger, je weniger das Neugeborene den Erwartungen der Eltern entspricht. Die Krise, die viele Eltern bei der Geburt eines Kindes mit einer Behinderung erschüttert, wird ausgelöst durch das Erleben des Verlustes des phantasierten, erwarteten Kindes. Die Eltern fühlen sich, z.B. so wie Frau A., im Krankenhaus oft alleingelassen, das Personal verhält sich zurückhaltend und ausweichend, die üblichen Gratulationen bleiben aus. Ebenso wird das Aussenden von Geburtsanzeigen häufig zu einem unlösbaren Problem.

Neben *Niedergeschlagenheit* und *Verzweiflung* erleben die Eltern häufig auch *Schamgefühle* – Scham z.B. darüber, daß das „Produkt", das Baby, weder den eigenen noch den Erwartungen der Umwelt entspricht. Dies kann für die Eltern eine erhebliche

---

[8] Wie Stern u.a.(1998) treffend beschreiben, bedeutet die Geburt eines Babys auch die „Geburt einer Mutter" – und eines Vaters, möchte ich hinzufügen.

narzißtische Kränkung darstellen, Phantasien der eigenen Unzulänglichkeit können sich breitmachen, eventuell verbunden mit der Angst, dadurch an eigener (auch sexueller) Attraktivität einzubüßen. Scham ist ein Gefühl, über das selten gesprochen wird. Frau A. erzählt zwar später im Rückblick auf die ersten Monate nach der Geburt von entsprechenden Gefühlen, ohne aber das Wort „Scham" dabei zu verwenden:

> „Am Anfang wollte ich mit Natalie gar nicht spazieren gehen, weil ich nicht wollte, daß mich dauernd wer darauf anspricht oder sie anschauen will. ... Als sie 4 Monate alt war, hätte ich am liebsten gesagt, sie ist erst wenige Wochen alt, weil sie in der Entwicklung nicht weiter war."

Als Resultat von Gefühlen der Scham treten auch *Schuldgefühle* auf: Schuldgefühle können aufgrund der Phantasie entstehen, durch eigenes Erbgut oder unrechtes Verhalten während der Schwangerschaft die Behinderung verursacht zu haben. Diese Phantasien können zu bewußten oder unbewußten Anklagen und Schuldzuweisungen führen und somit zu einer Beeinträchtigung der Partnerschaft. Manchmal werden dazu auch sogenannte „Ammenmärchen" bemüht (z.B. hört man immer wieder die Vermutung, ein Kind sei mit einer Behinderung geboren worden, weil es in alkoholisiertem Zustand gezeugt worden wäre). Als Versuch der Abwehr von Schuldgefühlen ist wohl auch das Festhalten an oft irrationalen Zusammenhängen zu verstehen, um überhaupt irgendeine Erklärung für das oft Unerklärliche zu finden. Eine Familie hat etwa den Umstand, daß die Region, in der sie lebt, bekannt für ihre keltisch-mythische Tradition ist, in das Erklärungsmuster für die Ursache der Behinderung ihres Sohnes einbezogen.

> Frau A. hingegen vertritt eine Zeit lang die Ansicht, das Down Syndrom komme nur bei Kindern mit ungerader Stellung in der Geschwisterreihe vor, also bei ersten, dritten, fünften usw. Kindern. Was sie nicht dazusagt, ist, daß die „Schuld" demnach bei ihr liegen müßte, da Natalie schon ihr drittes Kind ist, aber nur das zweite Kind von Herrn A.

In der ersten Frühförderstunde erzählt Frau A. auch von ihren *Zweifeln* an ihrer Fähigkeit, mit Natalie richtig umgehen zu können, und auch von der *Angst vor der Zukunft*:

> „Ich habe in einem Buch über Down Syndrom gelesen, was alles auf uns und Natalie zukommen kann. Sie ist, wie es heißt, ein Kind mit besonderen Bedürfnissen und sie braucht aufgrund ihres Herzfehlers besondere medizinische Betreuung und Medikamente. Ich habe Angst, etwas falsch zu machen, etwas Wichtiges zu übersehen. Außerdem mache ich mir große Sorgen um ihre Zukunft: Wie wird sie sich entwickeln? Wird sie gehen und sprechen lernen? Wird sie je selbständig leben können? Auch über ihre Geschwister mache ich mir Gedanken: Werden sie von anderen Kindern ausgelacht werden, weil sie eine behinderte Schwester haben?"

Die Vorstellung der Zukunft mit dem Kind und der Zukunft des Kindes überhaupt und die Phantasie der lebenslangen Elternschaft mit einem Kind, das vielleicht nie selbständig leben wird können, macht Angst. *Angst* haben viele Eltern auch davor, vom Partner oder anderen Bezugspersonen *im Stich gelassen zu werden*. Tatsächlich kommt es immer wieder vor, daß ein Elternteil sich in dieser Zeit sehr zurückzieht, sich mit seinen Gefühlen und Ängsten abschottet und den anderen in dieser krisenhaften Zeit und mit der Organisation von Therapien oder Krankenhausaufenthalten alleine läßt.

Natalies Vater z.B. betreibt im Nebenerwerb eine Landwirtschaft und intensiviert im Laufe ihres ersten Lebensjahres seine damit verbundenen Tätigkeiten: Er vergrößert seine Schafherde und beginnt mit einer Hasenzucht und verlängert damit die Zeit seiner täglichen Abwesenheit von zu Hause noch mehr. Frau A. erhält zwar Unterstützung von ihren Eltern, besonders von ihrem Vater, der sich sehr viel mit Theresa beschäftigt, sie klagt aber dennoch darüber, daß ihr Mann sich so wenig um alle die Kinder betreffenden Angelegenheiten kümmert und überhaupt kaum Zeit mit der Familie verbringt.

Wut und aggressive Gefühle, die ebenfalls von vielen betroffenen Eltern erlebt werden, finden ihr Ziel z.B. beim Partner, der nicht genügend Unterstützung bietet. Sie kann auch gegen die Gesellschaft überhaupt gerichtet sein, die zuwenig Unterstützung und Verständnis für behinderte Menschen übrig hat, oder sie kann sich in Auflehnung gegenüber Ärztinnen äußern, die nicht rechtzeitig gewarnt, aufgeklärt oder eingegriffen haben.

Frau A. macht z.B. ihrer Frauenärztin den Vorwurf, daß sie ihr keine Fruchtwasseruntersuchung empfohlen hat: Auch wenn keine Gründe dafür vorlagen, daß sie zu einer Risikogruppe zu zählen gewesen wäre, so hätte sie sie ihrer Ansicht nach dennoch über die Möglichkeit einer Behinderung informieren sollen.

Die Aggressionen können auch gegen das Kind selbst gerichtet sein, weil es einem mit seinem Sosein „dies" antut; und diese Affekte können sich auch in mehr oder weniger bewußten Todeswünschen gegen das Kind äußern: „Es wäre ja besser für das Kind, wenn es sterben könnte!" Das Erleben solch starker aggressiver Gefühle ist für Eltern in hohem Maße ängstigend, weshalb eine große Tendenz besteht, sie vom bewußten Erleben fernzuhalten und bestimmte Abwehr- und Sicherungsaktivitäten auszubilden, um ihre Unterdrückung und Verdrängung zu gewährleisten. Um z.B. die Todeswünsche und die Angst abzuwehren, die Tötungsphantasien könnten gegenüber dem Kind in reale Handlungen umgesetzt werden, kann es sein, daß dem Kind in besonders ängstlicher und schonender Weise begegnet wird. Ein innerpsychischer Teufelskreis beginnt: Die aggressiven Gefühle, die dem Kind entgegengebracht werden, finden dadurch noch weniger Ausdrucksmöglichkeiten und werden umso bedrohlicher. Die überbehütenden Verhaltensweisen werden weiter intensiviert, um die Aggressionen, Enttäuschungen, Kränkungen und damit verbundene Schuldgefühle vom bewußten Erleben fernzuhalten (vgl. Kew 1975, 38ff; Gerlicher 1991, 268).

Die beschriebenen Gefühle, Ängste, Phantasien etc. haben Konsequenzen für die Partnerschaft der Eltern, für die familiären Beziehungen und für Beziehungen im sozialen Umfeld. Aus der Komplexität dieser Lebenswelt möchte ich die Beziehung zwischen der Mutter und dem behinderten Kind herausgreifen und beschreiben, welchen Einfluß die Gefühle, Ängste, Phantasien etc. in diesem Kontext haben können, die das „Resultat" des Verlusterlebens, des Verlusts des phantasierten Kindes und der damit verbundenen Erwartungen sind.[9]

---

[9] Die Mütter behinderter Kinder sind von dem Verlusterleben in mehrfacher Weise betroffen (vgl. Jonas 1990, 98): Neben dem Verlust des „idealen" Kindes erleben sie auch den Verlust an autonomer Identität als Frau, an mütterlicher Identität, an Identifikationsmöglichkeiten mit dem Kind und den Verlust an autonomer Lebensplanung oder sozialer Integration.

In der Beziehung zwischen einer Mutter und ihrem behinderten Kind geht es also um Abschiednehmen von der Idealvorstellung eines gesunden Kindes und der erwarteten Mutterrolle und die Trauer über diesen Verlust. In der Fachliteratur ist immer wieder von einem in mehreren Phasen verlaufenden Trauerprozeß die Rede (z.B. bei Jonas 1990; Bogyi 1996; 1998; Studener 1998). Wie der Verlauf dieser Phasen konkret aussehen kann, mit welchen auf den ersten Blick oft unverständlichen Reaktionen die Frühförderin, die die Mutter in dieser Zeit begleitet, konfrontiert werden kann, möchte ich nun anhand der Geschichte Natalies und ihrer Mutter beschreiben.

1.3 Der Trauerprozeß

Oftmals tritt nach dem anfänglichen Schock ein starkes Abwehrverhalten auf, das die Gestalt eines *„Nicht-wahrhaben-Wollens"* bzw. *„Ungeschehenmachen-Wollens"* der *Realität* annimmt. Dieses Abwehrverhalten hat eine gewisse Schutzfunktion für die Aufrechterhaltung des psychischen Gleichgewichts der Mutter, treibt sie aber oft von einem Arzt zum anderen, von einer Institution bzw. Therapie zur anderen[10]:

> Natalies kleine Odyssee, die bald nach der Geburt mit einem Transfer in ein weit entferntes Krankenhaus beginnt, das angeblich speziell für Herzoperationen bei Kleinkindern ausgerüstet ist, führt sie und ihre Mutter nach der Operation zu regelmäßigen Entwicklungskontrollen in ein Ambulatorium für Entwicklungsdiagnostik, in die Praxis einer Physiotherapeutin und zur Frühförderstelle. Desweiteren erkundigt sich Frau A. bei verschiedenen Ärztinnen über neue, moderne Heilverfahren bei Down Syndrom. Nach und nach, als sich trotz der vielen Bemühungen keine besonderen Entwicklungsfortschritte zeigen, beginnt Frau A. abwechselnd die Kompetenzen der Physiotherapeutin oder der Frühförderin in Frage zu stellen, zumal diese in ihren Tätigkeiten von konträren Ansätzen ausgehen und ihre eigenen Methoden für die jeweils zielführenderen halten.

In einer nächsten Phase wird allmählich die *Behinderung des Kindes in kognitiver Weise zur Kenntnis genommen*. Die defizitäre Sichtweise der Eltern, anderer Bezugspersonen und auch vieler Fachleute führt dazu, daß das Kind nur in seiner Unzulänglichkeit wahrgenommen wird und Therapien und Übungsprogramme seine alltägliche Lebenswelt ersetzen. Die Partnerschafts- bzw. Familienbeziehungen können nun durch die Konzentration auf das Kind beeinträchtigt sein, ebenso die Autonomie des behinderten Kindes durch Überbehütung und Überstrukturierung.

> Frau A. werden von der Physiotherapeutin Übungen für Natalie gezeigt, die sie aber aus Zeitgründen oft nicht mit ihr machen kann. Trotz ihres schlechten Gewissens, trotz ihrer Schuldgefühle will sie auch von der Frühförderin immer wieder Übungen gezeigt bekommen. Oliver, der älteste der Geschwister, wird immer wieder dazu herangezogen, mit Natalie zu turnen und zu spielen, damit ihre Entwicklung beschleunigt werden kann. Die zweijährige Theresa wird zu der Zeit häufig bei den Großeltern oder anderen Verwandten untergebracht.

Zunehmend wird die *Behinderung* (der „kindzentrierte" Verlust) nun auch – zumindest partiell – *emotional akzeptiert*, die medizinischen und therapeutischen Möglichkeiten werden realistischer eingeschätzt. In dieser Phase ergibt sich häufig ein Ambivalenz-

---

[10] Eltern werden in diesem Agieren von Fachleuten oft mißverstanden, die wiederum ihrerseits auf dieser Ebene Konflikte miteinander austragen.

konflikt der Mütter zwischen der Fürsorge für das behinderte Kind und autonomer Lebensplanung. Die Auseinandersetzung mit dem „identitätszentrierten" und „sozialzentrierten" Verlusterleben findet statt. Manche Mütter finden die Kapazität, nach neuen Wegen und Handlungsmöglichkeiten zu suchen, andere verbleiben in eingefahrenen Bahnen und sind einer extremen Dauerbelastung ausgesetzt. Häufig treten nun massive soziale Probleme auf; Reaktionen der Umwelt werden oft als sehr verletzend erlebt und können zu einem neuerlichen Rückzug führen.

Auf Initiative einer ebenfalls in der Frühförderung betreuten Familie wird ein Treffen von Eltern mit behinderten Kindern organisiert. Seither – Natalie ist damals gerade acht Monate alt geworden und Frau A. hat bis dahin den Kontakt mit anderen Betroffenen abgelehnt – steht Frau A. in regelmäßiger Verbindung mit zwei anderen Müttern aus diesem Kreis. Die drei Frauen treffen einander gemeinsam mit ihren Familien, aber auch alleine, um sich zu unterhalten, Informationen auszutauschen oder miteinander etwas zu unternehmen. Ein weiterer, noch viel schwierigerer Schritt besteht darin, Natalie zu den wöchentlichen örtlichen Spielgruppentreffen mitzunehmen, die Frau A. mit Theresa bis zu deren Kindergarteneintritt besucht. Nach anfänglichen Unsicherheiten beginnt sie sich aber bei den Vorbereitungen und der Organisation dieser Spielgruppe zu engagieren, teilweise allerdings deshalb, um sich – wie sie selbst sagt – „ihr Recht an der Teilnahme an dieser Gruppe zu erarbeiten."

Im günstigen Fall gelingt der Mutter eine *schrittweise psychische Integration des Verlusterlebens*, eine Neuorientierung, in gewissen Aspekten eine neue Sicht ihres Lebens. Nach Jonas (vgl. 1990, 131) kann der Prozeß des Trauerns um das, was mit dem behinderten Kind verlorenging, nicht als dauerhaft abgeschlossen gelten, sondern er ist lebensbegleitend und wiederholt sich immer wieder: Die Mutter wird in jeder neuen Lebensphase des Kindes in immer neuer Form mit der Tatsache der Behinderung konfrontiert und erlebt somit immer wieder einen neuerlichen Verlust (z.B. intensiviert in Situationen, in welchen Aspekte des Verlusterlebens besonders spürbar werden – wenn erhoffte Fortschritte nicht eintreten oder sogar „Rückschläge" zu bemerken sind, beim Kindergarten- oder Schuleintritt etc.).

Auch in der Geschichte Natalies und ihrer Mutter gibt es immer wieder Enttäuschungen, vor allem dann, wenn Natalie mit anderen Kindern ihres Alters verglichen wird (z.B. weil ihre Sprachentwicklung stark verzögert ist). Der Kindergarteneintritt mit fast vier Jahren ist ein besonders einschneidendes Ereignis: Die Integration in den Heimatkindergarten kann zwar sehr gut vorbereitet werden, die Kindergärtnerin hat Erfahrung mit integrativen Gruppen, sie kennt Natalie bereits, da sie gerne mitkommt, wenn die Mutter Theresa vom Kindergarten abholt. Sowohl Natalie als auch Frau A. haben bereits eine Vertrauensbeziehung zu ihr hergestellt und es gibt auch Gespräche zwischen der Kindergärtnerin und der Frühförderin. Aus organisatorischen Gründen ändern sich diese positiven Rahmenbedingungen allerdings zum Zeitpunkt des tatsächlichen Kindergarteneintritts von Natalie: Die Kindergärtnerin übersiedelt in eine andere Stadt, ihre Nachfolgerin hat keinerlei Erfahrungen mit behinderten Kindern, sie ist nicht erbaut darüber, nun in einer integrativen Gruppe zu arbeiten und Natalies Kindergartenbesuchszeiten werden daher vorübergehend gekürzt. Ihrer Mutter wird damit erneut ihre besondere Situation vor Augen geführt: etwas, das für andere selbstverständlich ist, gelingt ihrer Tochter nur erschwert.

Welche Bedeutung kann nun das Erleben der Eltern bzw. der Mutter, die Krise nach der Geburt und der Trauerprozeß für die Eltern-Kind- bzw. Mutter-Kind-Beziehung und die Entwicklung des behinderten Kindes haben?

1.4 Der Einfluß des Erlebens der Behinderung auf die Eltern-Kind- bzw. Mutter-Kind-Beziehung

Die Folgen der familiären Krise nach der Geburt eines behinderten Kindes für die familiären Beziehungen lassen sich in manchen Facetten mit jenen vergleichen, die eine mütterliche postnatale Depression auf die frühe Mutter-Kind-Beziehung hat: In verschiedenen Forschungsarbeiten wurde der Frage nachgegangen, inwiefern bzw. welche Art von Auswirkungen der postnatalen Depression der Mutter sich ausmachen lassen in bezug auf die Interaktionen und die Bindung zwischen Mutter und Kind und die kognitive Entwicklung des Kindes in den ersten fünf Lebensjahren (vgl. z.B. Murray 1992; Murray, Fiori-Cowley u.a. 1996; Murray, Hipwell u.a. 1996). In diesen Langzeitstudien wurde ein Zusammenhang zwischen Problemen in der frühen Mutter-Kind-Beziehung und einem geringeren Potential der kognitiven Fähigkeiten des Kindes festgestellt.[11] Übertragen auf die Situation eines behinderten Kindes könnte dies bedeuten, daß die psychische Krise, die im Erleben der Mutter durch seine Geburt ausgelöst wird, und die mütterlichen Reaktionen auf diese Krise das vorhandene Potential seiner Entwicklungschancen beeinträchtigen können.

Dieser Zusammenhang wird auch in einzelnen entwicklungspsychologischen Überlegungen diskutiert, wenn z.B. die Bindung zwischen Eltern bzw. Mutter und behindertem Kind beleuchtet wird (vgl. z.B. Steinhardt 1998), wenn Vorstellungen zu mangelhaftem „holding" und „containment" in der Beziehung zwischen Mutter und behindertem Kind erörtert werden (vgl. z.B. Briggs 1992; 1997) oder wenn die Frage nach der Art des Selbsterlebens des behinderten Kindes gestellt wird (vgl. z.B. Kopf 1997). Es würde zu weit führen, diese entwicklungspsychologischen Überlegungen hier eingehender darzustellen, in den folgenden Fallausschnitten lassen sich allerdings einzelne Aspekte davon ausmachen.

Werfen wir also wieder einen Blick in die Geschichte der Frühförderung Natalies: Anhand zweier kurzer Ausschnitte möchte ich illustrieren, wie das mütterliche Erleben der Behinderung zu mangelnder „Feinfühligkeit" führen, dadurch die Mutter-Kind-Beziehung beeinträchtigt und somit die Entwicklung des Kindes gefährdet werden kann. „Feinfühligkeit" bedeutet im bindungstheoretischen Kontext, daß es der Bezugsperson gelingt, die Verhaltensweisen des Babys wahrzunehmen, seine Äußerungen treffend zu interpretieren und darauf prompt und angemessen zu reagieren (vgl. Steinhardt 1998, 74).

---

[11] Allerdings – und das ist eine weitere conclusio dieser Studie – müssen diese Probleme nicht unbedingt mit der postnatalen Depression der Mutter zusammenhängen, sondern die Erfahrungen der Mutter rund um die Geburt und die Art der Beziehung zu ihrer eigenen Mutter haben z.B. auch einen Einfluß auf die frühen Mutter-Kind-Interaktionen; ebenso ist die kognitive Entwicklung des Kindes in einem komplexeren Zusammenhang zu sehen.

Ausschnitt 1:

Frau A. ist in Natalies ersten Lebensmonaten der Meinung, daß Natalie – im Vergleich zu ihren Geschwistern im Babyalter – gar nicht merken würde, wenn sie nicht bei ihr selbst, sondern in der Obhut einer anderen Person ist. Frau A. führt diesen Umstand darauf zurück, daß Natalie aufgrund der mit der Diagnose Down Syndrom verbundenen geistigen Behinderung noch weniger als „normale" Babys in der Lage ist zu bemerken, bei wem sie gerade sei, wer sie versorge oder sich mit ihr beschäftige. Natalie bleibt tatsächlich relativ problemlos bei mehr oder weniger nahen Bezugspersonen und wird auch bei einem viertägigen Krankenhausaufenthalt mit ca. 10 Monaten von den Kinderkrankenschwestern als recht „brav" und wenig anstrengend, also nicht besonders weinerlich, beschrieben. Bei genauerer Beobachtung läßt sich aber feststellen, daß sich Natalie in diesen Situationen sehr von der Umgebung zurückzieht und kaum Kontakt mit anderen aufnimmt. Als „brav" erscheint sie deshalb, weil sie dann sehr viel schläft oder scheinbar bedürfnislos in ihrem Bettchen liegt. Nach dem erwähnten Krankenhausaufenthalt fällt Frau A. allerdings auf, daß es Natalie, die noch dazu in diesem Alter eher zart und schwach wirkt, zunehmend schwer fällt, Nahrung zu sich zu nehmen bzw. bei sich zu behalten. Essenssituationen werden für eine Zeit lang zu einer Art von Kampfszenen, die manchmal beinahe den ganzen Tag über dauern.

Ausschnitt 2:

Die Frühförderin bringt immer wieder Spiel- bzw. Fördermaterial in die Frühförderstunden bei Familie A. mit. Sie bietet Natalie diese Dinge mit der Absicht an, ihr die Möglichkeit zu geben, Erfahrungen mit unterschiedlichen Materialien zu machen, damit experimentieren und sie in dem ihr eigenen Tempo ausprobieren zu können. In den Frühförderstunden rund um Natalies ersten Geburtstag wiederholt sich folgende Szene immer wieder: Natalies Art ist es zu dieser Zeit, neu angebotene Spielmaterialien erst zu ignorieren, dann eingehend zu betrachten und schließlich zu betasten und mit Mund und Zunge zu befühlen. Frau A. greift allerdings spätestens zu diesem Zeitpunkt ein: Sie nimmt Natalie das Spielzeug aus dem Mund und bemüht sich, sie zur „richtigen" Betätigung des Spielzeugs zu bewegen. Natalie leistet manchmal Widerstand, indem sie die Spieluhr oder den Softball etc. wieder in den Mund zu nehmen versucht; meistens verweigert sie daraufhin aber jede weitere Aktivität. Die Mutter versucht daraufhin jeweils, Natalie zum Weiterspielen anzuregen, und ist immer wieder enttäuscht, wenn ihr dies nicht gelingt.

Diese kurzen Ausschnitte zeigen einmal mehr, wie die Tatsache der Behinderung, die tiefgreifende Verunsicherung und die daran geknüpften Phantasien die Beziehungsgestaltung bestimmen können. Dies kann dazu führen, daß die vom Kind geäußerten Wünsche und Bedürfnisse nicht wahrgenommen oder nicht entsprechend verstanden werden können: Im ersten Ausschnitt scheint die Mutter ihre eigene Bedeutung für das Wohlbefinden Natalies zu unterschätzen und ihr „Bravsein" bei anderen Personen nicht als Rückzug, sondern als Zufriedenheit mit der Situation zu verstehen. Im zweiten Ausschnitt ist es der Mutter anscheinend nicht möglich, Natalies Art zu akzeptieren, sich Dinge anzueignen und kennenzulernen. Durch ihr Eingreifen, das wohl durch den Druck der möglichst umfassenden Förderung des behinderten Kindes ausgelöst wird, bewirkt sie nicht wie beabsichtigt, daß Natalie rascher lernt, mit dem Spielzeug „richtig" umzugehen, also einen Lernschritt zu machen; sie provoziert damit vielmehr, daß Natalie – zumindest für eine Zeit lang – die Beschäftigung mit dem Spielzeug überhaupt verweigert.[12] Das Wissen um die Diagnose, um die Behinderung, scheint demnach die

---

[12] Ein ähnliches „Muster" beschreibt auch Bernhofer (1998) in einem Ausschnitt aus einer „Spielstunde" mit einer Mutter und ihrem einjährigen Sohn, anhand dessen sie Zusammenhänge zwischen der Ausgestaltung von Interaktionen und der Entwicklung der Wahrnehmungsfähigkeiten des Kindes herstellt.

Wahrnehmung des Kindes entsprechend zu kanalisieren, so daß „...gewisse eigenständige Äußerungen des Kindes wenig Chance haben, verstanden zu werden und sich weiterzuentwickeln, vielmehr unter das Ettiket „typisch geistigbehindert" subsumiert werden" (Niedecken 1989, 45). Wie in den beiden Beispielen von Frau A. und Natalie deutlich wird, kann die Mutter-Kind-Beziehung und auch die Entwicklung eines behinderten Kindes dadurch zumindest vorübergehend beeinträchtigt werden: Die Selbst- und Objektrepräsentanzen des behinderten Kindes, die im Verlauf dieser durch die Tatsache seiner Behinderung gefärbten interaktionellen Erfahrungen entstehen, können dermaßen getrübt sein, daß es weiters zur Ausbildung von Auffälligkeiten und Symptomen kommen kann (wie etwa der beschriebenen Nahrungsverweigerung oder der Vermeidung von Beschäftigung mit angebotenem Spielzeug), was sich wiederum hemmend auf die Entwicklung des Kindes auswirken kann.

Bei der Beschreibung der beiden Ausschnitte aus der Frühförderungspraxis habe ich die jeweiligen Interventionen der Frühförderin vorerst beiseite gelassen. Es stellt sich aber die Frage, welche Art von Hilfsmaßnahmen in diesem Kontext überhaupt von der Frühförderin geleistet werden sollen bzw. können. Es scheint naheliegend zu sein, daß jene Formen der Unterstützung angeboten werden sollen, „die es den Eltern ermöglichen, ihre Sichtweisen und Haltungen, ihre traumatisierenden Erfahrungen in der Konfrontation mit ihrem behinderten Kind differenziert zu reflektieren, damit es für sie möglich wird, einen ‚veränderten Blick' auf ihr Kind richten zu können" (Steinhardt 1998, 76).[13]

Wie können solche Formen der Unterstützung nun konkreter beschrieben werden?

2. Einige Überlegungen, wie tiefenpsychologische bzw. psychoanalytisch-pädagogische Ansätze der Elternberatung in der Tätigkeit der Frühförderinnen hilfreich sein können

Bevor ich die vorhin beschriebenen Fallausschnitte nochmals aufgreife und einige Interventionen der Frühförderin beschreiben werde, möchte ich einige allgemeine Überlegungen zur Elternarbeit in der Frühförderung vorausschicken.

Große Übereinstimmung vieler Frühförderkonzepte besteht hinsichtlich der Grundannahme, daß die förderliche Entwicklung eines Kindes zu einem Gutteil von psychosozialen Bedingungen abhängig ist, von der Interaktion mit Bezugspersonen, weshalb der familienbezogenen, begleitenden Unterstützung eine wichtige Bedeutung zukommt (vgl. z.B. Leyendecker 1998; Schlack 1994).[14] Ein Blick in die Geschichte der Frühförderung im deutschsprachigen Raum macht auf unterschiedliche Tendenzen in diesem Bereich aufmerksam: Es läßt sich ein deutlicher Wandel der Frühförderkonzepte be-

---

[13] Von vielen Frühförderstellen werden zusätzlich auch Elterngruppen, separate Stammtische für Mütter und Väter, Spielgruppen mit Gesprächsmöglichkeiten für die teilnehmenden Eltern oder Familienfeste organisiert. Die Wichtigkeit dieser Angebote darf keinesfalls unterschätzt werden, zumal sie oft sogar besonders effektiv im Sinne der von Müttern oder Vätern erlebten Unterstützung sein dürften.

[14] Diese Einsicht hat auch dazu geführt, daß einige Institutionen, die Frühförderung anbieten, im Titel den Zusatz „Familienbegleitung" führen und in Österreich z.B. die Organisationsstelle für bundesweite Zusammenarbeit und für die Errichtung von Weiterbildungsinstituten den Titel „Österreichischer Dachverband für Interdisziplinäre Frühförderung und Familienbegleitung" trägt.

obachten, der sich vor allem dadurch auszeichnet, daß zu Beginn der Frühförderung Eltern und Frühförderinnen in einem Experten-Laien-Verhältnis zueinander standen, in den frühen 70er Jahren die Eltern in die eher funktionsorientierte Frühförderung ihres Kindes als verlängerter Arm der Expertinnen einbezogen waren, und dieses Ko-Therapeuten-Modell zu Beginn der 80er Jahre von einem partnerschaftlichen Kooperationsmodell abgelöst wurde, in dem den Eltern selbst auch Unterstützung angeboten wird (vgl. z.B. Speck 1995, 1996; Postmann 1993). In der Frage nach der Art und Weise dieser Elternarbeit bzw. -beratung wird man – so stellen Peterander und Speck (1994) in ihrer Untersuchung fest – neben der konzeptionellen Vielfalt auch auf terminologische Unklarheiten aufmerksam. In vielen Konzepten der Frühförderung finden sich bestimmte Begriffe und Prinzipien (z.b. Partnerschaftlichkeit, Ganzheitlichkeit, Interdisziplinarität etc.), die anscheinend (oder zumindest scheinbar) allgemeine Zustimmung finden dürften, aber oftmals weder hinlänglich erklärt noch explizit in einem bestimmten Theoriekontext eingebettet sind bzw. vor dem Hintergrund eines theoretischen Rahmens reflektiert werden.[15]

Im Feld psychoanalytisch-pädagogischer Theoriebildung wurden und werden Ansätze und Modelle zur Elternberatung erarbeitet, deren Zielgruppe zwar meist nicht explizit Eltern behinderter Kinder sind, deren methodische Entwürfe aber auch im Rahmen der Frühförderung einbezogen werden können. In diesem Abschnitt finden sich Überlegungen dazu, inwiefern Aspekte bestimmter psychoanalytisch-pädagogischer Konzepte in der Frühfördertätigkeit hilfreich sein können. Ich werde dabei auf das von Figdor (1995) in Wien entwickelte Konzept der „Psychoanalytisch-Pädagogischen Erziehungsberatung", aber auch auf Ausschnitte aus Konzepten zu sprechen kommen, die aus dem englischsprachigen Raum stammen.

Wenden wir uns also wiederum der Frühförderung Natalies und der Beratung ihrer Mutter in diesem Kontext zu: Ich habe zwei Beispiele angeführt, in welchen das Verhalten der Mutter in der Beziehung zu Natalie als von mangelnder „Feinfühligkeit" geprägt beschrieben werden kann. Ich möchte mit diesen Fallausschnitten nun fortsetzen und beschreiben, welche Interventionen die Frühförderin jeweils gesetzt hat.

Fortsetzung von Ausschnitt 1:
Die Frühförderin versucht von Anfang an zweierlei: Sie spricht zum einen immer wieder die Gefühle der Mutter – wie etwa Enttäuschung und Angst – an, Gefühle, die in den Erzählungen der Mutter zwar durchklingen, von ihr aber nicht so benannt werden. Die Frühförderin vermittelt ihr auch Verständnis für ihre schwierige Situation und gibt ihr die Möglichkeit, darüber in den Frühfördereinheiten zu sprechen. Zum anderen unterstützt sie die Mutter bei der „Übersetzung" der oft schwer verständlichen Äußerungen und Signale des Kindes. Sie informiert Frau A. darüber, was Down Syndrom bedeutet, und versucht ihr dabei zu helfen, die Eigenheiten und Besonderheiten Natalies zu entdecken und den Blick „hinter die Behinderung" zu richten, auf das Baby mit seinen spezifischen Bedürfnissen wie sie jedes andere Baby auch hat. Die oben beschriebene Vorstellung von Frau A., Natalie merke aufgrund ihrer geistigen Behinderung gar nicht, ob sie bei ihr oder einer anderen Person sei, ist immer wieder Thema in den Frühfördereinheiten. Die

---

[15] Eine Kritik an der semantischen Verschwommenheit und dem Mangel an konkreten Handlungsanweisungen bezüglich des Prinzips der „Partnerschaftlichkeit" kann bei Pretis (1998) nachgelesen werden. Pretis versucht methodische Möglichkeiten einer Umsetzung partnerschaftlicher Frühförderung zu entwerfen und so den Weg von einem Haltungs- zu einem Handlungsmodell zu beschreiten.

Frühförderin nimmt bei sich zusehends Enttäuschung über die Mutter wahr, die zwar einerseits relativ offen über ihre Situation spricht, der es aber nicht gelingt, sich in Natalie
einzufühlen und ihre Bedürfnisse entsprechend zu erfüllen. Ihre Versuche, die Mutter zum
Nachdenken über die Bedürfnisse des Kindes anzuregen, werden schließlich spärlicher.
Erst in der schwierigen Phase nach dem Krankenhausaufenthalt, in der die Mutter die
Frühförderin explizit um Rat und Unterstützung bittet, gelingt es der Frühförderin, gemeinsam mit der Mutter ein anderes Licht auf die Situation zu werfen: Angeregt durch das
Nachfragen der Frühförderin versuchen sie gemeinsam zu verstehen, warum es Frau A. so
schwer gefallen ist, Natalies Rückzug von der Umgebung, wenn sie bei anderen Personen
gewesen ist, nicht als solchen, sondern als „Bravsein" zu verstehen. In diesen Gesprächen
stellt sich heraus, daß Frau A. in ihrer Mutterrolle aufgrund der Tatsache der Behinderung
ihrer Tochter derart verunsichert ist, daß sie einerseits Angst davor hat, den Bedürfnissen
des Kindes nicht gerecht werden zu können, als Mutter also nicht genügen zu können, andererseits aber auch wünscht, Natalie möge ohne sie zurecht kommen, damit sie sich auch
um die anderen beiden Kinder kümmern kann und auch ein wenig Zeit dafür hat, ihren eigenen Interessen nachzugehen. Die Angst, als Mutter nicht genügen zu können, geht einer-
her mit einer großen narzißtischen Kränkung. Die Angst, die anderen beiden Kinder zu
vernachlässigen, ist begleitet von Schuldgefühlen, ebenso der Wunsch, auch ein wenig
Zeit für sich selber zu haben. Um sich diese für sie so gefährlichen Gefühle und Wünsche
nicht eingestehen zu müssen, ist für Frau A. die Interpretation, Natalie merke ja gar nicht,
bei wem sie gerade sei, so wichtig geworden. Frau A. erlebt in diesen Gesprächen, daß die
Frühförderin sie wegen ihrer Gefühle und Wünsche nicht verurteilt, sondern sie dabei unterstützt, ihre emotionalen Regungen und ihr Verhalten zu verstehen. Erst als es ihr selbst
gelingt, ihre Wünsche und Ängste ohne allzu große Schuldgefühle zu akzeptieren, wird sie
frei dafür, Lösungsmöglichkeiten zu suchen und Natalies Äußerungen genauer zu beobachten. Durch Mitteilungen der Frühförderin über die Entwicklung von Babys im Bezie-
hungskontext und durch die Beschreibungen ihrer Beobachtungen in den Frühförderstunden lernt Frau A. Natalies unterschiedliche Reaktionen auf sie bzw. auf andere Personen
zu erkennen und zu verstehen. Schließlich entspannt sich auch die konfliktuöse Essenssi-
tuation wieder: Frau A. stellt selbst einen Zusammenhang zwischen dem Getrenntsein
während des Krankenhausaufenthaltes und den momentanen Problemen her und bedauert
nun Natalie eher, als sich über sie und die Schwierigkeiten beim Essen zu ärgern. Sie stellt
fest, daß es am ehesten gelingt, Natalie zur Nahrungsaufnahme zu bewegen, wenn sie
selbst sie füttert und mit ihr dabei alleine ist. Nachdem Frau A. dies herausgefunden hat
und mithilfe anderer Familienmitglieder entsprechende Bedingungen dafür schaffen kann,
findet das Füttern in einer entspannten Atmosphäre statt und die Mutter erlebt es als Erleichterung, sich jeweils für einen begrenzten Zeitraum ganz auf Natalie konzentrieren zu
können.

Dieser Ausschnitt aus der Frühförderung, dieser Beratungsprozeß zwischen Frühförderin und Mutter, ist natürlich verkürzt dargestellt. Ich möchte aber nun den Blick auf die
Art und Weise der Unterstützung richten, die die Frühförderin der Mutter anbietet und
mit Hilfe zentraler Aspekte aus tiefenpsychologischen Beratungskonzepten erläutern.
Die „psychoanalytische Aufklärung" von „Geistern" – im Sinne bedenklicher Einstellungen und Verhaltensweisen von Eltern – ist ein bedeutsames Element des von Figdor
entwickelten Konzepts der „Psychoanalytisch-Pädagogischen Erziehungsberatung" (vgl.
Figdor 1995; 1999; Lindorfer & Weiss 1994; Kraushofer 1995). Diese „Geister" erfüllen, wie ich es auch im Fall von Frau A. versucht habe darzustellen, wichtige Abwehr-
funktion für die Betroffenen und das Aufgeben dieser „Geister" würde ihr seelisches
Gleichgewicht gefährden: Als „Geist" von Frau A. kann in diesem Beispiel die An-

nahme identifiziert werden, für Natalie habe es keine Bedeutung, bei wem sie gerade sei, da sie keinen Unterschied zwischen ihrer Mutter und anderen Betreuungspersonen wahrnehme. Diese Haltung scheint für Frau A. die Funktion zu haben, narzißtische Kränkungen oder Schuldgefühle vom bewußten Erleben fernzuhalten. Eine Art der Beratung, die allein auf Einsicht ausgerichtet ist, eine Vermittlung von Über-Ich-Botschaften, kann deshalb nicht genügen, sie würde eher Widerstand provozieren und kann auch dazu führen, daß ein Teil des Eltern- bzw. Mutter-Kind-Konfliktes in der Beratungssituation der Frühförderin reinszeniert wird. In diesem Zusammenhang läßt sich vielleicht auch die Reaktion der Frühförderin verstehen, die Enttäuschung über die mangelnde Einfühlsamkeit der Mutter verspürt und schließlich dazu tendiert, sich im Kontakt mit der Mutter etwas zurückzuziehen; denn um Enttäuschung und Rückzug scheint es ja auch im Erleben bzw. Verhalten Natalies zu gehen. Erst als es der Frühförderin (nicht zuletzt durch Reflexion im Rahmen von Teambesprechungen und Supervision) gelingt, sich wieder in die psychische Situation der Mutter einzufühlen und zu versuchen, ihre Ängste, Wünsche, Phantasien etc. zu verstehen, und auch die Mutter von sich aus das Bedürfnis nach einem Gespräch darüber äußert, kann die Frühförderin damit beginnen, die pädagogisch bedenkliche Haltung der Mutter zu thematisieren, ohne dabei die Abwehrneigung der Mutter zu intensivieren. Der methodische Schritt dazu ist die „psychoanalytisch-pädagogische Aufklärung" als Instrument der „Entmachtung dieser pädagogischen Irrtümer". Es geht dabei nicht nur um Information und lediglich irgendeinen Wissenszuwachs, sondern um die Entwicklung einer besonderen Art des Wissens und Verständ-nisses, die einen neuen Blick auf die jeweilige Situation ermöglicht. Die „psychoanalytisch-pädagogische Aufklärung" hat insofern auch emanzipierende Funktion, weil sie vom Festhalten an Erziehungsideologien befreien kann und somit ein Gefühl des Selbstgestaltenkönnens, des Findens neuer Lösungswege für Konfliktsituationen ermöglicht.

Einzelne Aspekte der Haltung, die der Mutter von der Frühförderin entgegengebracht wird, kann im Sinne von „holding" und „containing" verstanden werden, die zentrale Elemente von tiefenpsychologische Beratungsmodellen darstellen, die dem englischsprachigen Raum entstammen: etwa der „Brief Crisis Intervention", der „Developmental Guidance" (vgl. z.B. Fraiberg 1980) oder des „Under Fives Counselling" (vgl. z.B. Miller 1992; Daws 1999; Diem-Wille 1999): Die Frühförderin schenkt der Mutter in ihrer schwierigen Situation Aufmerksamkeit, hört ihr in einfühlsamer Weise zu, nimmt die schrecklichen Gefühle, Ängste und Phantasien auf, versucht sie bei sich zu verstehen und vermittelt dieses Verstehen der Mutter. Die Mutter erlebt, daß die Frühförderin diese für sie so gefährlichen Gefühle aushalten und darüber reflektieren kann und übernimmt ein Stück weit ihre Art des Nachdenkens.

Ein starker Einfluß bestimmter pädagogischer „Geister" auf das Erleben und Verhalten von Frau A. läßt sich auch bei näherer Betrachtung des zweiten Ausschnittes feststellen, in dem das ungeduldige Verhalten der Mutter beschrieben wird, das es Natalie erschwert, in dem ihr eigenen Tempo neue Erfahrungen zu machen und neues Spielzeug kennenzulernen. Wie sich dieses Verhalten der Mutter aus der Perspektive der Psychoanalytisch-Pädagogischer Erziehungsberatung verstehen läßt und wie die Frühförderin auf der Basis dieses Verstehens unterstützend und beratend eingreifen kann, soll anhand der nun folgenden Fortsetzung dieser zweiten Fallsequenz illustriert werden.

Fortsetzung von Ausschnitt 2:

Wenn die Frühförderin Natalie neues Material anbietet, versucht sie immer wieder, sich selbst zurückzunehmen, und beschreibt im Beisein von Frau A. Natalies Umgang mit diesem neuen Spielzeug. Ihre Intention dabei ist, Frau A. ebenfalls zum Beobachten ihrer Tochter anzuregen, und dazu, ihre Art des Aneignens wahrzunehmen. Da die Mutter in diesen Situationen nicht in der Lage zu sein scheint, das Verhalten der Frühförderin zu übernehmen, schlägt ihr die Frühförderin einmal folgenden Versuch vor: Sie wollen sich beide einfach nur hinsetzten und Natalie eine Zeit lang beobachten, ohne aktiv in ihr Spiel einzugreifen. Frau A. stimmt diesem Vorschlag zögernd zu und meint, daß Natalie wahrscheinlich nicht viel tun werde, wenn ihr niemand zeigt, was sie tun kann oder soll. Die Frühförderin stellt eine kleine Sortierbox mit einer runden und einer eckigen Öffnung neben Natalie auf den Boden und legt zwei Würfeln und zwei Kugeln dazu. Sie selbst und Frau A. setzen sich mit etwas Abstand von Natalie ebenfalls auf den Boden und beobachten sie.

Natalie liegt zuerst auf dem Bauch, dreht sich dann aber von dem Spielzeug weg auf die Seite und spielt mit ihren eigenen Händen und Füßen. Nach einer Weile dreht sie sich wieder auf den Bauch und greift nach einer der Kugeln. Sie führt die Kugel zum Mund, tastet sie mit den Lippen ab und leckt mit der Zunge daran. Schließlich läßt sie die Kugel wieder fallen und nimmt einen Würfel. Diese Szene wiederholt sich einige Male. Einmal rollt eine von ihr fallengelassene Kugel in die Richtung ihrer Mutter und diese. läßt die Kugel wieder zu ihrer Tochter rollen. Natalie schaut überrascht von der Kugel zu ihrer Mutter, lächelt und versucht, die Kugel zu Frau A. zurück zu rollen. Frau A. greift dieses Spiel auf und die beiden rollen eine Zeit lang die Kugel zwischen ihnen hin und her. Natalie quietscht immer wieder freudig, wenn Frau A. die Kugel zu ihr rollt, und auch Frau A. findet sichtlich Vergnügen an diesem Spiel. Nach ein paar Minuten allerdings nimmt Frau A. die Kugel und wirft sie durch die runde Öffnung in die Sortierbox. Natalie schaut ihr überrascht dabei zu, nimmt dann aber die zweite Kugel und rollt diese zu ihrer Mutter. Frau A. nimmt auch diese Kugel und wirft sie in die Box. Natalie nimmt nun einen der Würfel in die Hand, führt ihn zum Mund und betastet ihn wieder mit den Lippen. Ihre Mutter beachtet sie jetzt nicht mehr, es wirkt so, als sei für sie das gemeinsame Spiel nun beendet.

Frau A. wendet sich seufzend an die Frühförderin und meint, daß Natalie nicht verstanden habe, was sie mit den Kugeln und Würfeln machen solle. Die Frühförderin schlägt der Mutter vor, gemeinsam den Verlauf dieser kurzen Sequenz zu rekapitulieren, und fragt Frau A., wie es ihr dabei ergangen ist. In diesem Gespräch wird Frau A.s Ungeduld deutlich: Natalie brauche für jeden Entwicklungsschritt so lange und sei noch dazu nicht bereit, Anregungen aufzugreifen. Die Frühförderin bestätigt die langsame Entwicklung Natalies und drückt ihr Verständnis dafür aus, wie traurig, enttäuscht und manchmal auch ärgerlich die Mutter, die sich doch so bemüht, deshalb oft sein muß. Sie schildert aber auch ihre Beobachtungen von der Szene und vor allem den Eindruck der Harmonie, der Übereinstimmung und geteilten Freude in dem Spiel zwischen Mutter und Kind. Frau A. stimmt dem zu, findet aber, daß Natalie damit nichts dazu gelernt habe. In dieser und auch in den anschließenden Frühfördereinheiten wird nun immer wieder die Angst der Mutter, Natalie würde sich nicht weiter entwickeln, wenn sie nicht entsprechend direktiv gelenkt werden würde, zum Thema gemacht. Für Frau A. scheint es eine große Erleichterung zu sein, über diese Gefühle reden und ihren großen Schmerz zum Ausdruck bringen zu können, ohne dafür bewertet oder kritisiert zu werden. Es gelingt schließlich – zumindest vorübergehend –, ihre Scham- und Schuldgefühle, als Mutter dieses Kindes zu versagen, etwas zu entlasten. Dadurch wird es ihr auch möglich, Natalie einen größeren Freiraum beim Erforschen von Neuem zu gewähren, ihre Spielangebote aufzugreifen und sie beim Spielen auch zu beobachten, ohne ständig den Druck zu verspüren, eingreifen und fördern zu müssen, und auch kleine Entwicklungsschritte als solche anzuerkennen.

Ein „Geist", der in diesem Beispiel zentrale Funktion zu haben scheint, ist die Idee der Mutter, Natalie, das behinderte Kind, würde ohne direktive Lenkung und Förderung im Spiel, ohne „mütterlichen Unterricht", wie Spielzeug (noch dazu offensichtliches Lernspielzeug wie die Sortierbox in der oben beschriebenen Szene[16]) „richtig" zu gebrauchen sei, keinen Entwicklungsfortschritt machen. Spiel hat für sie demnach bloß Übungscharakter; weitere Funktionen wie etwa die Möglichkeit des In-Kontakt-Miteinander-Seins oder des Ausdrucks inneren Erlebens haben in ihrer Vorstellung keinen Platz. Als dieser „Geist" einmal identifiziert war, konnte auch seine Funktion im Rahmen des Abwehrgeschehens ausgemacht werden: Enttäuschung und Ärger darüber, ein behindertes Kind zu haben, Scham- und Schuldgefühle deshalb und der Umstand, es auch nach einem Jahr noch nicht geschafft zu haben, damit fertig zu werden, sowie die große Angst, als Mutter zu versagen, können mit dieser Haltung abgewehrt werden. In der Folge zeigte sich auch, wie bedrohlich diese Gefühle, Ängste, Phantasien etc. sein können und welch hartnäckige Abwehraktivitäten eingesetzt werden können, um sie vom bewußten Erleben fern zu halten: Auch wenn es in der im ersten Ausschnitt beschriebenen Situation möglich war, die „Geister" zu entmachten, so bedeutete das noch nicht, daß auch die mit ihnen verbundenen bedrohlichen Gefühle ein für allemal beseitigt werden konnten. Die „psychoanalytisch-pädagogische Aufklärung" in diesem Kontext hat zum einen allgemeine Informationen über die Bedingungen für die Entwicklung von Kindern zum Inhalt (etwa über die Wichtigkeit, sich als Urheber eigener Handlungen erleben zu können), zum anderen auch über den zirkulierenden Prozeß der Trauer: Der mit Trauer verbundene Gefühlskomplex kann nicht als an einem Punkt abgeschlossen betrachtet werden, sondern wird lebensbegleitend und zirkulierend immer wieder durchlebt. Die Trauer kann sich dabei aber im Laufe des Lebens hinsichtlich ihrer Ausdrucksform und Intensität verändern; durch das Zulassen der zirkulierenden Trauer wird Wandlung und Entwicklung möglich (vgl. Jonas 131 ff).

Ein Vorschlag der Frühförderin in diesem Fallausschnitt war die Anregung zum gemeinsamen Beobachten des Kindes beim Spielen. Eine ähnliche Art der teilnehmenden Beobachtung steht im Zentrum einer besonderen Methode der Intervention bei Müttern von Kindern mit Entwicklungsproblemen, die „Watching, Waiting and Wondering" genannt wird (vgl. Johnson u.a. 1980, Wesner u.a. 1982 oder Muir 1992): Die Mutter wird gebeten, sich mit ihrem Kind auf den Boden zu begeben, auf dem Spielsachen verteilt sind; sie soll auf die Initiativen des Kindes eingehen, ohne selbst aktiv einzugreifen. Diese Spielsequenz dauert ca. 30 Minuten, der Rest der Zeit wird als Feedback genutzt. Die Mutter kann über ihre Beobachtungen und Erfahrungen sprechen, darüber, was sie gedacht und gefühlt hat. In diesem Zusammenhang werden auch Verknüpfungen mit ihren vergangenen Erfahrungen mit ihrer eigenen Mutter bzw. ihrem Vater hergestellt. Diese Interventionsmethode basiert auf der These, daß Beziehungsmuster – und somit auch Beziehungskonflikte – intergenerationell wiederholt werden, in der Interaktion zwischen Mutter und Kind ihren Ausdruck finden und in ursächlichem Zusammenhang mit der verzögerten Entwicklung des Kindes stehen. Die Therapeutin bietet einen sicheren Rahmen („holding" und „containing"), in dem die Mutter diese Gefühle und Erinnerungen zulassen kann, die durch die spontane und nicht geleitete Aktivität des Kindes hervorgerufen werden. Vielleicht wäre es auch in der Beratungsbeziehung mit Frau A. hilfreich gewesen, einen Zusammenhang zu ihren eigenen kindlichen Erlebnissen mit ihren Eltern herzustellen. Auf jeden Fall wäre es dazu aber nötig gewesen zu überlegen,

---

[16] Das Verhalten der Mutter scheint geradezu durch den Aufforderungscharakter des Lernspielzeuges provoziert zu werden; in gewisser Weise also auch durch die Frühförderin, die diese Sortierbox in die Familie mitgebracht hat.

ob Frau A. mit ihrer psychischen Struktur und ihrer momentanen psychischen Verfassung in der Lage dazu ist, Gewinn daraus zu ziehen. Denn nach Fraiberg (1980) ist solch eine Art von Arbeit nur angezeigt, wenn den Eltern aufgrund ihrer Ich-Stärke zugemutet werden kann, sich mit inneren Konflikten auseinanderzusetzen und Zusammenhänge zwischen Vergangenheit und Gegenwärtigem herzustellen.

3. Schlußbemerkung

Gerade wenn es um das Verstehen der inneren Erlebenswelt der Eltern behinderter Kinder und der Ausgestaltung von Eltern-Kind-Beziehungen geht, können psychoanalytisch-pädagogische Modellvorstellungen sehr hilfreich sein. Der psychoanalytisch-pädagogische Blick in die Frühförderpraxis zeigt weiters, daß der beratenden Unterstützung der Eltern behinderter Kinder großes Augenmerk geschenkt werden muß. Verschiedene Aspekte der einzelnen kurz beschriebenen und anhand von Fallausschnitten illustrierten tiefenpsychologischen Interventions- und Beratungsansätze können dafür in hilfreicher Weise genutzt werden. Allerdings scheint es notwendig zu sein – unter anderem deshalb, um sich nicht in die Gefahr zu begeben, beliebig eklektisch zu sein -, weiter daran zu arbeiten, konkrete methodische Schritte für die Arbeit in diesem Praxisfeld und den damit verbundenen Settings zu entwerfen und theoretisch zu argumentieren, ohne dabei die individuellen Bedürfnisse der beteiligten Personen bzw. Familien außer Acht zu lassen.

Literatur:

Bogyi, G. (1996): Trauerarbeit mit Eltern eines behinderten Kindes. Ein zentrales Anliegen der Interdisziplinären Mobilen Frühförderung. In: Moritz, M. u.a. (Hrsg.): Beiträge zu Theorie und Praxis sozialer Dienste. Festschrift der Wiener Sozialdienste. Selbstverlag: Wien, 93-98

Bogyi, G. (1998): Trauerarbeit – ein unverzichtbarer Aspekt heilpädagogischer Beziehungsgestaltung? In: Datler, W. u.a. 1988, 113-132

Bernhofer, R. (1998): Spielräume der Wahrnehmung. In: Zeitschrift f. Individualpsychologie 23, 13-22

Briggs, S. (1992): Patterns of Containment: Relationships of Mothers and Infants Where Infants Are At Potential Risk. Tavistock Clinic Paper No. 133

Briggs, S. (1997): Growth and Risk in Infancy. Jessica Kingsley: London

Datler, W., Bansch, U. & Messerer, K. (1997): Mobile Frühförderung der Wiener Sozialdienste. In: Datler, W. u.a. (Hrsg.): Institutionen und Arbeitsfelder der Sonder- und Heilpädagogik, Band I. Wien.

Datler, W., Gerber, G., Kappus, H., Steinhardt, K., Strachota, A. & Studener, R. (Hrsg.) (1998): Zur Analyse heilpädagogischer Beziehungsprozesse. Edition SZH: Luzern

Datler, W., Figdor, H. & Gstach, J. (Hrsg.) (1999): Die Wiederentdeckung der Freude am Kind. Psychoanalytisch-pädagogische Erziehungsberatung heute. Psychosozial-Verlag: Gießen

Daws, D. (1999): Beratung bei Schlafproblemen von Kindern. In: Datler, W. u.a. 1999, 143-153

Diem-Wille, G. (1999): Über den Zusammenhang zwischen Trennungsproblemen einer Mutter und Schlafproblemen eines Kleinkinds. Robin – eine Falldarstellung einer Eltern-Kleinkind-Beratung. In: Datler, W. u.a. 1999, 90-104

Figdor, H. (1995): Psychoanalytisch-Pädagogische Erziehungsberatung. Die Renaissance einer „klassischen Idee". In: Sigmund Freud House Bulletin, Vol. 19/2/B, 21-87

Fraiberg, S. (Hrsg.) (1980): Clinical Studies in Infant Mental Health. The First Year of Life. Tavistock Publications Ltd.: London

Fröhlich, V. (1994): Psychoanalyse und Behindertenpädagogik. Königshausen & Neumann: Würzburg

Gerlicher, K.(1991): Zur Psychodynamik in Familien mit einem behinderten Kind. In: Praxis der Kinderpsychologie und Kinderpsychiatrie 40, 265-272

Gstach, J. (1996): Die innere Welt der Eltern und die Lebenswelt des Säuglings. Über heilpädagogische Frühförderung im Grenzbereich zwischen Psychotherapie und Beratung: Ein Blick in den angelsächsischen Raum. In: Frühförderung interdisziplinär 15, 116-123.

Johnson F.K., Dowling, J. & Wesner, D. (1980): Notes on Infant Psychotherapy. In: Infant Mental Health Journal (1), 19-33

Jonas, M. (1989): Trauer und Autonomie bei Müttern behinderter Kinder. In: Geistige Behinderung (4), 285-293

Jonas, M. (1990): Trauer und Autonomie bei Müttern schwerstbehinderter Kinder. Ein feministischer Beitrag. Grünewald: Mainz

Kew, S. (1975): Handicap and Family Crisis. A Study of the Siblings of Handicapped Children. Pitman Publishing: London

Klein, G. (1996): Frühförderung als Spielförderung oder Training nach Förderprogrammen? In: Zeitschrift f. Heilpädagogik (Heft 9), 373-380.

Kopf, E. (1997): Förderung der Selbstentwicklung von erwachsenen Menschen mit geistiger Behinderung. Eine Erörterung unter besonderer Berücksichtigung der entwicklungspsychologischen Konzeption von Daniel Stern. Diplomarbeit an der Universität Wien

Kraushofer, T. (1995): Psychoanalytisch-pädagogische Erziehungsberatung. In: Sozial- pädagogische Impulse 3.

Leyendecker, Ch. (1998): „Je früher, desto besser?!" Konzepte früher Förderung im Spannungsfeld zwischen Behandlungsakteuren und dem Kind als Akteur seiner Entwicklung. In: Frühförderung interdisziplinär 17, 3-10

Lindorfer, M. & Weiss, T. (1994): Aspekte der psychoanalytisch-pädagogischen Erziehungsberatung. In: Störfaktor 2, 63-71

Maass, D. (1993): Psychoanalytische Pädagogik in der Frühförderung und Frühberatung mit behinderten Kindern und ihren Eltern. In: Muck, M., Trescher, H.-G. 1993, 305-320

Miller, L. (1992): The Relation of Infant Observation to Clinical Practice in an Under Fives Counselling Service. In: Journal of Child Psychotherapy 18, 19-32

Muck, M., Trescher, H.-G. (Hrsg.) (1993): Grundlagen der Psychoanalytischen Pädagogik. Grünewald: Mainz

Muir, E. (1992): Watching, Waiting and Wondering. Applying Psychoanalytic Principals to Mother-Infant Intervention. In: Infant Mental Health Journal   33, 543-561

Murray, L. (1992): The Impact of Postnatal Depression on Infant Development. In: Journal of Child Psychology and Psychiatry 33, 543-561

Murray, L., Fiori-Cowley, A. u.a. (1996): The Impact of Postnatal Depression and Associated Adversity on Early Mother-Infant Interactions and Later Infant Outcome. In: Child Development 67, 2512-2526

Murray, L., Hipwell, A. u.a. (1996): The Cognitive Development of 5-Year-Old Children of Postnatally Depressed Mothers. In: Journal of Child Psychology and Psychiatry 37, 927-935

Niedecken, D. (1989): Namenlos. Geistig Behinderte verstehen. Ein Buch für Psychologen und Eltern. Piper: München

Peterander, F. (1996) (Hrsg.): HELIOS II Final Report, Thematic Group 1: Early Intervention. Information, Orientation and Guidance of Families. Druck-Service Schwarz GmbH: München

Peterander, F., Speck, O. (1994): Abschlußbericht zum Forschungsprojekt „Elternbildung im System der Frühförderung". Universität München

Peterander, F. & Speck, O. (Hrsg.) (1996): Frühförderung in Europa. Reinhardt: München, Basel

Postmann, T. (1993): Heilpädagogische Frühförderung entwicklungsauffälliger Kinder. Eine Bestandsaufnahme mit besonderem Augenmerk auf die Aus- und Weiterbildung im deutschsprachigen Raum. Eine vergleichende Studie. Haag & Herchen: Frankfurt a.M.

Pretis, M. (1998): Das Konzept der „Partnerschaftlichkeit" in der Frühförderung. Vom Haltungs- zum Handlungsmodell. In: Frühförderung interdisziplinär 17, 11-17

Rödler, I. (1997): „Pädagogik" allein genügt nicht. Plädoyer für ein weiteres Verständnis von Frühförderung. In: Frühförderung interdisziplinär 16, 82-87

Schnoor, H.C. (1997): Die sozialisierende Funktion früher Dialoge zwischen Mutter und Kind. In: Frühförderung interdisziplinär 16, 66-74

Sheehan, R., Snyder, S., Sheehan, H.C. (1996): Frühförderung zu Beginn des 21. Jahrhunderts: Was ist zu erwarten? In: Peterander, F., Speck, O. (Hrsg.), 158-171

Sinason, V. (1993): Understanding Your Handicapped Child. Rosendale Press: London

Speck, O. (1995): Wandel der Konzepte in der Frühförderung. In: Frühförderung interdisziplinär 14, 116-130.

Statham, H., Green, J.M., Kafetsios, K. (1997): Who Worries that Something Might Be Wrong With the Baby? A Prospective Study of 1072 Pregnant Women. Birth 24, 223-233

Steinhardt, K. (1998): Überlegungen zur Entwicklung der Beziehung zwischen Eltern und ihrem behinderten Kind aus bindungstheoretischer Perspektive. In: Datler, W. 1998, 72-77

Stern D.N., Buschweiler-Stern, N. & Freeland, A. (1998): The Birth of a Mother. How the Motherhood Experience Changes you Forever. BasicBooks: New York

Studener, R. (1998): Über die Bedeutung von Trauerprozessen für die Eltern behinderter Kinder und damit verbundene Konsequenzen für heilpädagogisches Arbeiten. In: Datler, W. u.a. 1998, 156-160

Weiß, H. (1993): Kontinuität und Wandel in der Frühförderung. Zu Erfahrungen und Perspektiven der „frühen Hilfen" In:. Frühförderung interdisziplinär 12, 21-36.

Wesner, D., Dowling, J. & Johnson, F. (1982): What is Maternal-Infant Intervention? The Role of Infant Psychotherapy. In: Psychiatry 45, 307-315

Isca Salzberger-Wittenberg

Kurztherapeutische Arbeit mit Eltern von Kleinkindern[1]

1. Über einige Belastungen, denen werdende oder junge Eltern ausgesetzt sind, und das Konzept der kurztherapeutischen Arbeit

Als vor einigen Jahren die Tavistock Clinic für Eltern mit Kindern unter fünf Jahren das Angebot von Kurzberatungen einrichtete, war ich an einer Teilnahme an diesem Vorhaben sehr interessiert. Ich begrüßte vor allem die Möglichkeit, Eltern während der Schwangerschaft und während des ersten Lebensjahres ihres Babys zu sehen. Frühere Erfahrungen mit Kurztherapien hatten mich davon überzeugt, daß an krisenhaften Übergangspunkten im Leben eines Menschen schon wenige Gespräche hilfreich sein können. Die neue Situation erzeugt oft eine innere Unruhe und kann den einzelnen sehr stark dazu drängen, Ängste wiederzubeleben, die er früher nicht verarbeiten konnte. Wenn es Klienten möglich ist, über ihren Ärger und ihre Ängste zu sprechen, dann können diese Klienten ein Verständnis für die Natur ihrer Probleme erlangen, wenn ihnen beim Sprechen jemand zuhört, der imstande ist, psychischen Schmerz mitzutragen und ihnen Hilfen beim Nachdenken über ihre tiefgehenden Gefühle zu geben. In manchen Fällen kann das zu der Erkenntnis führen, daß weitergehende Hilfe nötig ist. Oft genügt jedoch die gewonnene Einsicht und die Erfahrung, verstanden worden zu sein, damit Klienten ihr Leben in höherem Ausmaß schöpferisch gestalten und in einigen Fällen sogar eine Blockade in ihrer Entwicklung rückgängig machen können. Dieses letztgenannte Ereignis tritt jedoch nur dann ein, wenn das Problem auf einen bestimmten Persönlichkeitsbereich begrenzt und durch kurz zuvor erfahrene Belastungen zum Vorschein gekommen ist.

Ein Baby zu haben, ist ein ebenso beunruhigendes wie auch sehr aufregend schönes Ereignis. Insbesondere frischgebackene Eltern machen große Lebensveränderungen durch. Bis zu diesem Zeitpunkt lebten sie in Zweisamkeit, aber nun müssen sie für eine dritte Person Platz machen. Dieses neue Mitglied im Leben des Paares verändert die Natur ihrer Beziehung grundlegend, denn es verlangt den Eltern ab, nicht nur füreinander als Partner zu sorgen, sondern auch für das Baby, das sie gemeinsam geschaffen haben. Oft hat eine Mutter Angst davor, daß das Kind ihrem Körper etwas antun könnte, oder sie macht sich Sorgen, ob sie ihrem Kind eine Umgebung anbieten kann, die für das Wohlergehen des Babys gut genug ist. In den letzten Monaten der Schwangerschaft können der Umstand, daß sie ein bereits recht großes und schweres Baby in sich trägt, die Ängste vor der Geburt und die zu erwartenden Verpflichtungen schwer auf ihr lasten. Nach

[1] Dieser Beitrag erschien in englischer Originalfassung unter dem Titel „Brief therapeutic work with parents of infants" in dem Buch von Szur, R. und Miller, Sh. (Ed.): Extending Horizons. Psychoanalytic Psychotherapy with Children, Adolescents and Families. London u.a.: Karnac Books, 1991, 83-105. Die vorliegende Übersetzung stammt von Johannes Gstach und Wilfried Datler, die der Autorin dafür danken, daß sie eine erste Fassung des deutschsprachigen Manuskripts aufmerksam gelesen und mit hilfreichen Kommentaren versehen hat. – Von Isca Salzberger Wittenberg liegen in deutscher Übersetzung überdies zwei Bücher sowie ein Artikel vor, die von psychoanalytischen Aspekten der Sozialarbeit sowie von der emotionalen Bedeutung des Lehrens und Lernens handeln (Salzberger-Wittenberg 1970, 1993, 1997).

der Geburt des Babys müssen das Erstaunen und die Freude darüber, ein lebendiges Baby zur Welt gebracht zu haben, mit der Realität in Einklang gebracht werden, von nun an auf ein physisch und emotional forderndes kleines Wesen achten zu müssen. Für ein verletzliches junges Kind zu sorgen, beansprucht die Eltern zum einen körperlich; zum andern stellen die erschreckenden Äußerungen des Kindes, in denen es seine Hilflosigkeit, seine Angst, auseinanderzufallen, und sein Ringen um Überleben zum Ausdruck bringt, eine harte Prüfung der elterlichen Fähigkeiten dar, sich von so extremen und ursprünglichen Ängsten berühren zu lassen, sie zu tolerieren und ihnen mit einfühlsamem Verstehen zu begegnen. Jeder Elternteil wird dabei mit seinen Beziehungen, in denen er zu seinem eigenen Vater, seiner Mutter und seinen Geschwistern steht, sowie mit seinen eigenen infantilen Ängsten konfrontiert. Die internalisierten Erfahrungen, die sie selbst als Baby und Kind machten, als sie auf die Fürsorge ihrer Eltern angewiesen waren, wird in tiefgehender Weise die Art beeinflussen, in der sie nun das neue Baby wahrnehmen, sein Verhalten deuten und mit ihm umgehen.

Während die Mutter wahrscheinlich den Großteil der Fürsorge übernimmt, ist auch der Vater aufgerufen, eine neue Rolle einzunehmen, die darin besteht, bei der Pflege zu helfen und seine Frau mit seinem Verständnis zu unterstützen, um auf diese Weise auch die Mutter zu umsorgen [„parenting the mother"]. Gleichzeitig muß er sich sowohl mit der Eifersucht auseinandersetzen, welche die Nähe und Vertrautheit zwischen der stillenden Mutter und ihrem Kind bei ihm weckt, als auch mit dem Neid auf die mütterliche Fähigkeit, das Kind füttern zu können. Obgleich all diese äußerlichen und innerlichen Umwälzungen zeitweise dazu führen, daß die Eltern verzweifeln, können sie die Eltern zugleich dabei unterstützen, emotional zu wachsen und mit einem Elternteil (oder auch beiden) tief zufrieden zu sein. Wenn die Last indessen zu groß wird und die Ängste bis zur Unerträglichkeit anwachsen, kann ein momentaner oder gar länger dauernder Zusammenbruch die Folge sein. Als Alternative dazu können Muster der Abwehr, die im Umgang mit angstvollen Gefühlen bereits in der Vergangenheit alles andere denn hilfreich waren, zum Schaden der Eltern-Kind-Beziehung wiederum verstärkt auftreten.

Das Studium von Kindern, das die detaillierte Beobachtung der Kinder in ihrer eigenen Familie innerhalb eines Zeitraums von etwa zwei Jahren miteinschließt, hat uns das vielschichtige Wechselspiel zwischen den mentalen Zuständen von Kind, Mutter und Vater deutlich gemacht. Man lernt dabei zunächst die aller tiefsten Ängste [„most primitive anxieties"] und deren Abwehr kennen, beobachtet, wie Anpassungen und Fehlanpassungen entstehen, und sieht das Entstehen einer Persönlichkeit. Die mütterliche und väterliche Beziehung zum Kind spielt sowohl bei der Grundlegung des emotionalen Wachstums des Kindes, als auch beim Aufbau der Persönlichkeit und bei der Ausbildung jener spezifischen Verletzlichkeiten eine vitale Rolle, denen ein Mensch ein Leben lang unterworfen sein kann.

Aber auch die Eigenheiten und Fähigkeiten, die ein Kind mitbringt, sind bedeutsam. So kann ein liebevolles und auf Liebe reagierendes Baby helfen, seine Mutter von depressiven Zuständen zu befreien, während ein schwer zu befriedigendes Baby das mütterliche Vertrauen in ihre Fähigkeit erschüttern kann, für ihr Kind sorgen zu können – was oft zu einem Teufelskreis führt, wenn in der Folge das Kind das Verhalten der Mutter und die Mutter das Verhalten des Kindes als quälend oder verfolgend erlebt.

Die Beobachtung von Kleinkindern hilft einem auch, die eigenen emotionalen Antworten auf die Triade von Baby, Mutter und Vater zu beobachten. Wir müssen uns über die

Stärke und die Natur solcher Gefühle klar werden, die in uns hervorgerufen werden, damit wir uns in Eltern und Kleinkinder einfühlen können und damit wir in unserer professionellen Arbeit nicht von Vorurteilen und verurteilenden Tendenzen behindert werden.

Im folgenden seien einige der Hauptgefahren genannt:

1. Überidentifikation mit dem Baby. Es gibt die Neigung, sich mit dem kindlichen Wunsch zu identifizieren, nie frustriert zu werden und eine perfekte Mutter zu haben. Diese Haltung führt dazu, daß man Gefühle der Unzufriedenheit verspürt, wenn die Mutter bei ihrem Füttern zunächst ungeschickt ist oder wenn sie das Kind auf das Füttern warten läßt, wobei von ihr erwartet wird, daß sie sofortige Erleichterung ermöglicht, ständig verfügbar und unbegrenzt geduldig ist sowie nie Müdigkeit und eigene Bedürfnisse verspürt. Dabei wird vorausgesetzt, daß der gesamte Kummer des Kindes durch eine unangemessene Bemutterung verursacht ist und deshalb vermieden werden könnte.

2. Neid auf das Baby ist meist weniger offensichtlich, aber möglicherweise bis zu einem gewissen Grad immer präsent. Wir alle haben den infantilen Wunsch, umsorgt, gefüttert, herumgetragen, ausschließlich geliebt zu werden und Aufmerksamkeit zu erhalten; wir können deshalb auf das Baby neidisch werden, wobei wir dann oft nur die Befriedigungsmöglichkeiten und weniger die Kümmernisse bemerken, die Teil des Kindseins sind. Dies erweckt manchmal den Eindruck, daß ein Baby zu sehr verwöhnt wird – daß es beispielsweise von der Mutter zu lange gefüttert wird oder daß es ihm nicht gestattet werden sollte, an der Brust einzuschlafen.

3. Rivalität mit der Mutter hat ihre Wurzeln in der kindlichen Rivalität mit der eigenen Mutter und dem Wunsch, eigene Babys zu haben. Diese Rivalität zeigt sich in einer urteilenden Haltung gegenüber der Art, wie Mutter und Vater mit dem Kind umgehen, und in unbegründeten Zweifeln über die elterlichen Fähigkeiten, gute Versorger zu sein. Wir tendieren dann zu stark dazu, in einem Übermaß kritisch zu sein, und fühlen uns veranlaßt, einzuschreiten und das Kind retten zu wollen (was nur selten notwendig ist). Wir können uns gedrängt fühlen, eher Anweisungen zu geben als unterstützend zu sein und zu verstehen, wie schwierig es ist, ein Baby tagtäglich vierundzwanzig Stunden lang zu versorgen.

Es ist notwendig, sich solcher Haltungen bewußt zu sein, wenn wir uns darum bemühen, Eltern zu helfen. Für diese Aufgabe gibt es eine Reihe von Settings. Mein eigener Zugang gründet sich auf Einsichten, die in der psychoanalytischen Arbeit gewonnen wurden. Ich versuche, mit den elterlichen Gefühlen, ihren unbewußten Phantasien und der Natur ihrer Ängste, die ihre Fähigkeit stören, für das Baby in einer Art zu sorgen, die ihr eher erwachsenes Selbst anstrebt, in Verbindung zu kommen und sie zu verstehen. Diese Arbeit ist intensiv und emotional herausfordernd. Sie fordert dem Klienten das Wahrnehmen von tiefliegenden Gefühlen und die Fähigkeit ab, über diese immer von neuem nachzudenken. Der Therapeut benötigt die Erfahrung der fortlaufenden psychoanalytischen Arbeit, damit es ihm möglich ist, die Natur der zugrundeliegenden Angst rasch zu erkennen, und damit er die Überzeugung teilen kann, daß es nötig ist, dieser Angst gemeinsam mit dem Klienten vollständig und unbeugsam ins Auge zu sehen. In manchen Fällen kann es vorkommen, daß wir abzuwägen haben, ob sich das Baby in physischer Gefahr befindet, doch öfter steht seine emotionale Entwicklung auf dem Spiel. Ich bin überzeugt, daß wir dem Baby dann am besten helfen, wenn wir den infantilen Anteilen von Mutter und Vater Verständnis entgegenbringen. Außerdem dienen wir ihnen als Modell dafür, über infantile Gefühle nachzudenken und sie zu ertragen.

Die folgenden Beispiele werden einige Belastungen verdeutlichen, die Eltern erfahren, und illustrieren, welche Form der Arbeit ich entwickelte. Selbstverständlich habe ich die Namen verändert und keine persönlichen Daten öffentlich gemacht, die irgendjemanden anderen als die Klienten in die Lage versetzen könnten, die vorgestellten Personen zu identifizieren.

2. Vom Knabenalter zur Vaterschaft

2.1 Die ersten beiden Gespräche

Herr A. wurde von seinem Arzt überwiesen, da er vor kurzem an schweren Panikattakken gelitten hatte. Er erzählte mir, daß er einen Monat zuvor, als er zu einer langen Reise aufgebrochen war, Atemschwierigkeiten bekam und Schmerzen quer über die Brust fühlte. Er sei erschrocken gewesen und war sich sicher, daß er sehr krank wäre, weshalb er nach Hause fuhr. Einige Tage später schaffte er es, in den Zug zu steigen, doch war es für ihn schrecklich, von seiner Frau getrennt zu sein. Umfangreiche körperliche Untersuchungen hatten keine Abnormalitäten ergeben.
Als ich ihn fragte, ob irgendetwas Spezielles um das Datum des Ausbruchs des Symptoms herum geschehen wäre, antwortete er, daß er dabei war, die Wohnung zu renovieren und sie für die Ankunft ihres ersten Babys, die in etwa zwei Monaten fällig war, herzurichten. Er fuhr fort zu erzählen, daß ihm gesagt worden sei, daß er in Kürze wahrscheinlich die Position des ausscheidenden Abteilungsleiters seiner Firma erhalten werde. Er fügte hinzu, er sei kein emotionaler Typ und mache sich in der Regel auch nicht viele Sorgen.
Als ich ihn ermutigte, von seiner Familie zu erzählen, schilderte er mir zuerst, daß seine Mutter aus der Stadt weggezogen war und seither unglücklich sei; sie beklagte sich öfter am Telephon und erzählte, wie schlecht es ihr ging. Herr A. meinte, daß er den Eltern hätte raten sollen, London nicht zu verlassen. Als ich sagte, daß er sich für das Unglück der Mutter verantwortlich zu fühlen scheine, so, als ob es an ihm läge, Entscheidungen darüber zu treffen, wo Mutter und Vater leben sollten, rief er aus: „Sagten Sie, mein Vater sei tot? Er lebt."
Als ich mich wunderte, wie es ihm möglich war, sich zu verhören, antwortete er, daß sein Vater vor etwa achtzehn Monaten eine schwere Herzattacke hatte. Ich wies auf die Ähnlichkeit zwischen den Symptomen einer Herzattacke und dem hin, was Herr A. auf der Bahnstation erlebt hatte. Herr A. erklärte freudig, daß es seinem Vater nun viel besser gehe und daß er selbst gesünder sei, seit er Entspannungskurse besuche.
Ich wies darauf hin, daß dies zweifellos hilfreich sei, doch scheine es ihm lieber zu sein, sich damit zu beruhigen, als herauszufinden, aus welchem Grund er so starke Spannungen empfindet. Ich sagte, es scheine, daß er gerade an zwei Fronten dabei sei, mehr Verantwortung zu übernehmen, nämlich sowohl zu Hause als auch in der Arbeit; möglicherweise fühle sich das so an, als ob er in die Fußstapfen seines Vaters steige, zumal er ja auch in der Arbeit die Stelle seines Chefs übernehme.

Herr A. erzählte mir nun, daß das Baby nicht geplant war; seine Frau wollte es, doch er war sich überhaupt nicht sicher, ob er momentan dazu bereit sei. Er hatte gedacht, daß sie noch einige Jahre warten könnten, bis ihre Wohnung renoviert wäre. Beiläufig streifte er das Faktum, daß seine Frau ein schweres Nierenproblem gehabt hatte, wobei er mir versicherte, daß es da sicher nichts gebe, worüber man sich Sorgen machen müßte, und kehrte sogleich zur Erzählung über seine Arbeit zurück.

Ich hob hervor, daß es für ihn leichter zu sein scheine, über seine Arbeit zu reden, so, als ob er vor der sehr besorgniserregenden Situation mit seiner Frau, über die nachzudenken vielleicht zu erschreckend sei, davonlaufe. Ich fügte hinzu, daß er plötzlich mit einer großen Menge von Sorgen und mit viel Verantwortung konfrontiert zu sein scheine: seine Frau sei bei schlechter Gesundheit und erwarte ein Baby, sein Vater leide an einer lebensbedrohlichen Krankheit, seine Mutter sei unglücklich.

Er sagte: „Naja, ich habe all das auf die leichte Schulter genommen und habe eigentlich nicht darüber nachgedacht. Ich bin immer überrascht, wenn meine Frau oder meine Mutter die Fassung verlieren und sich aufregen." Ich sagte, daß er solche erschreckenden Gedanken anscheinend wegzuschieben versuche, daß sie ihn jedoch später einholen, so, wie sie es bei der Bahnstation taten. Ich äußerte den Gedanken, daß er all die Forderungen der bedürftigen Angehörigen in sich selbst verspüre, so als würden diese seinen Körper attackieren. Möglicherweise empfinde er es auch als leichter, selbst derjenige zu sein, der krank sei, als jemand, der sich um andere zu kümmern habe.

Herr A. kehrte nun zum Thema seiner alternden Eltern zurück und erwähnte seine Kindheitserinnerungen an eine kranke und bedürftige Großmutter, die bei ihnen gelebt hatte. Er war ein Einzelkind und hing sehr an seiner Mutter. Sein Vater, so erläuterte er, konnte Gefühle nicht ausdrücken, doch war er mit seinen Händen beim Herrichten und Reparieren von Dingen im Haus geschickt. Er wünschte sich, er könnte seinen Vater über das Herrichten der Wohnung und das Einrichten der Küche um Rat fragen.

Ich sagte, daß er sich vielleicht auch gewünscht hätte, von seinem Vater zu lernen, wie man das Oberhaupt der Familie sein könne, wie man sich um Frau und Kind kümmere und wie man ein erwachsener Mann sei; auch sagte ich, daß er so spreche, als ob es zu spät wäre, das nun zu tun. Mit den Tränen kämpfend rief er aus: „Naja, mein Vater könnte jeden Moment sterben."

Als ich eine Bemerkung über seinen Kummer machte, begann er zu weinen und sagte, daß er seinem Vater niemals nahe war. Ich sagte, daß er dies tief zu bedauern scheine und sich zugleich vielleicht wünsche, seinem Vater, bevor es zu spät sei, zu sagen, daß er seine Fähigkeiten, kreativ zu sein und Dinge wieder instandzusetzen, bewundere. Der Kopf von Herrn A. war gebeugt, er nickte und weinte. Er sagte, daß er dieses Wochenende seine Eltern besuchen werde und daß er mit seinem Vater sprechen möchte.

Er sagte, daß dieses Gespräch für ihn sehr hilfreich gewesen sei. Ich fragte ihn, ob er alleine wiederkommen wolle oder ob er seine Frau mitbringen möchte, und wir kamen überein, daß er diese Sache mit ihr besprechen werde.

Zum zweiten Gespräch kamen beide zusammen. Bei dieser Sitzung wurde deutlich, daß Frau A. besorgt war wegen des psychischen Zustands ihres Mannes und wegen seiner Unfähigkeit, sie zu unterstützen. Während Angst und Depression offensichtlich schwer auf ihr lastete, neigte sie ebenfalls dazu, ihre Sorgen über die Zukunft zu verdrängen. Beide kümmerten sich deutlich umeinander, doch waren sie so besorgt darüber, einander zu beunruhigen, daß sie unfähig waren, ihre Wut, ihre Klagen und ihre Sorgen auszusprechen. Dieser Kommunikationsmangel hatte zu einer eher unproduktiven und unbefriedigenden Beziehung geführt.

2.2 Das dritte und vierte Gespräch

Die beiden schilderten, daß im Brustbereich von Herrn A. die Symptome wieder auftauchten, als sie am Wochenende ausgegangen waren, um sich zu amüsieren. Er dachte, dies komme daher, weil er sich beim Ausgehen darüber schuldig fühlte, daß die Reparaturarbeiten in der Wohnung noch immer nicht vollendet waren. Ich sagte, daß er spürte, daß er vor einer Aufgabe geflüchtet war, die wichtig war. Ich fügte hinzu, daß ich dabei nicht nur an die Wohnung dachte, sondern auch den vernachlässigten Zustand ihrer Ehe, der für beide deprimierend und beunruhigend sei und der es ihnen verunmögliche, ihr Leben gemeinsam zu genießen und sich auf das Baby zu freuen.

Frau A. weinte, als sie mir erzählte, wie hilflos sie sich fühle angesichts der Panikattakken und Depressionen ihres Mannes. Sie fühle sich auch sehr verletzt darüber, daß in seinem Leben nichts, was sie tat, der Mühe wert zu sein schien; er freue sich nicht einmal auf das Baby.

Herr A. sagte, er habe gedacht, daß sich ihre Ehe mehr in konventionellen Bahnen bewegen würde, „wo ich das Geld verdiene und du alles andere tust". Dies veranlaßte Frau A. zu der Antwort: „Deine Mutter machte immer *alles* für dich." Er stimmte zu, daß er verwöhnt worden sei: „Es war großartig, Mutter machte absolut alles, ich hatte mich wegen nichts zu sorgen – es war so, als hätte man zuhause ein Hotelzimmer." Ich erklärte, daß ihm dies nun vielleicht in Verbindung damit, daß er sich über den Zustand seines Heimes Sorgen mache, Schuldgefühle bereite. Ich sei mir nicht sicher, ob das Herrichten der Wohnung nicht deshalb solch eine fürchterliche Bürde für ihn darstelle, weil er dies in seiner Vorstellung so erlebe, als müsse er die Mutter wieder herstellen, die aufgrund der Art, wie er sie benutzt hatte, in einem erschöpften, verwirrten Zustand geraten sei.

Daraufhin brach Herr A. in Tränen aus und rief, als er die Fassung wieder gewonnen hatte: „Wo war ich denn, warum habe ich niemals so etwas vorher gespürt? – Oh, hätte ich nur! Was habe ich mit meinem Leben bis jetzt gemacht, warum habe ich alles als selbstverständlich hingenommen? Jetzt ist es so schwer, dagegen etwas zu tun!"

Frau A. streichelte die Hand ihres Mannes und sagte: „Weißt du, es gab auch glückliche Zeiten!" Daraufhin wendete er sich voll Ärger zu ihr und rief aus: „Tu das nicht, es ist gut zu weinen und so zu fühlen, ich habe es bis jetzt niemals getan!"

Am Ende ihres Gesprächs sprach Frau A. über ihre Schwierigkeit, auseinanderzuhalten, wann sie ihren Mann um Hilfe bittet und wann sie ihn tatsächlich zu sehr in kontrollierender Weise zu bedrängen drohe.

Aufgrund der nahe bevorstehenden Geburt des Babys sah ich das Paar nur noch ein Mal, wobei es beiden möglich zu sein schien, ein bißchen offener miteinander zu kommunizieren. Trotzdem war ich so besorgt, daß ich einige Zeit nach der Geburt des Babys mit ihnen in Verbindung trat. Die Mutter berichtete, daß sie viel besser zurechtkämen, als sie erwartet hatten. Sie dachte, daß sie gerne irgendwann in der Zukunft mit mir wieder in Kontakt treten wollten.

Trotz der Versuche von Herrn A., vor emotionalen Problemen davonzulaufen, hatte er auch den deutlichen Wunsch, diese zu ergründen. Unter anderen Umständen hätte er der Empfehlung des Arztes nicht zugestimmt, Rat zu suchen, und er wäre auch für meine Interventionen nicht so empfänglich gewesen. Ich konnte nicht anders, als Mitleid darüber zu empfinden, daß er so plötzlich mit mannigfachen neuen Verantwortlichkeiten konfrontiert wurde und damit in eine Situation geriet, auf die er nur schlecht vorbereitet war. Da er in seiner Beziehung zu seiner Mutter und zu seiner Frau gleichsam ein Duby geblieben war, da er sich nicht mit der Rivalität auseinandergesetzt hatte, die er seinem Vater gegenüber empfand, und da er deshalb nicht gelernt hatte, sich mit dessen erwachsenen männlichen Kapazitäten zu identifizieren, blieb er ein Gefangener seines Gefühls, von Empfindungen der Schuld und der Unfähigkeit, die Situation bereinigen zu können, verfolgt zu werden. Das Schicksal hatte ihn nun gezwungen, zwischen den körperlichen Zeichen und dem mentalen Zusammenbruch oder der Konfrontation mit der Realität zu wählen, die sich dadurch auszeichnete, daß er seine Mutter und seine Frau ausnützte und seinen Vater verunglimpfte. Verantwortung zu übernehmen empfand er als eine erdrückende Aufgabe, die für ihn nicht nur bedeutete, die gegenwärtige äußere Situation in Ordnung zu bringen, sondern all die Nachlässigkeiten der Vergangenheit wiedergutzumachen. Die Klarstellung, die Benennung der wirklichen Quelle seiner Ängste gestatteten es Herrn A., mit seinen Gefühlen schmerzvoll in Berührung zu kommen. Dies verschaffte aber auch Erleichterung. Denn aus dem, was zunächst eine Bedrohung seines Lebens zu sein schien, wurde das Erkennen seiner Gier, seiner infantilen Gefühle der Undankbarkeit und seines Mißbrauchs seiner Objekte. Dies verringerte auch die unbewußte Last der Schuld, die er eine lange Zeit über mit sich herumgetragen hatte, und gestattete ihm, darüber nachzudenken, daß er in der Gegenwart Wege der Wiedergutmachung beschreiten konnte, ohne dabei allmächtig sein zu müssen.

Man kann überlegen, ob ich diesen jungen Mann zu abrupt konfrontierte; aber ich denke, es war wichtig, rasch zu der Wurzel seiner Verfolgungsängste zu kommen, um ihm unerträglichen Druck zu nehmen. Dies ist in den Kurztherapien besonders wichtig. Ich wurde durch meine Gegenübertragung dorthin geführt, wobei ich auch bemerkt hatte, daß es in diesem Mann eine beeindruckende Entschlossenheit gab, mit diesen Gefühlen in Kontakt kommen zu wollen und vor der schmerzvollen Wahrheit nicht zurückzuschrecken. Die Tatsache, daß ich ihn als jemanden behandelte, der imstande ist, anders als seine Frau und seine Mutter Schwierigkeiten ins Auge zu sehen, ermöglichte es ihm, all seine Kräfte zusammenzunehmen und seine männlichen Fähigkeiten zu entfalten. Ich denke, es ist bemerkenswert, daß im ersten Gespräch das Thema der Wertschätzung seines Vaters aufzutauchen begann, während in den späteren Sitzungen die Beziehung zur Mutter in das Zentrum der Aufmerksamkeit rückte. Er fühlte sich dazu veranlaßt, die Beziehung zu beiden Eltern neu zu betrachten und zu verbessern, als er selbst in die Elternschaft eintrat.

Normalerweise trete ich mit Klienten, welche die Beratungseinrichtung aufgesucht haben, nicht weiter in Verbindung. Die Tatsache, daß ich es in diesem Fall tat, ist ein Hinweis auf das Ausmaß an Sorge über die körperliche und geistige Gesundheit, welche die Familie mit sich trug und die auf mich projiziert worden war.

3. Ungelöste Trauer: Raum schaffen für ein neues Baby

Der praktische Arzt schrieb wie folgt:

„Ich wäre dankbar, wenn Sie dieser Familie einen Termin anbieten könnten. Betty und Mike, beide Anfang zwanzig, sind seit einigen Jahren beisammen und schienen nach der Geburt ihres ersten Babys, Ricky, sehr gut zurecht zu kommen. Ricky jedoch hatte eine schwere Krankheit, die eine viele Monate dauernde stationäre Behandlung erforderte, bei der er im Alter von 17 Monaten starb. Betty war zu diesem Zeitpunkt mit Christine hochschwanger, die sechs Wochen nach Rickys Tod geboren wurde. Anfangs schienen sie sowohl mit dem Kummer als auch mit der Ankunft des neuen Babys gut zurechtzukommen, aber es wurde offensichtlich, daß die Spannung übergroß wurde und keiner von ihnen mehr damit fertig wird. Eines der Hauptprobleme besteht darin, daß Mike, der dazu neigt, ziemlich zugeknöpft zu sein, sehr zerstörerisch wurde, was Betty kürzlich veranlaßte, kurz ihr Heim zu verlassen. Sie selbst ist wegen der Geschehnisse rund um Rickys Tod und wegen Mikes schlechtem Verhalten sehr wütend. Ich fürchte, sie haben große Schwierigkeiten damit, all diese belastenden Gefühle innerhalb ihrer Beziehung auszuhalten und zu verarbeiten. Außerdem bin ich beunruhigt, wie dies das neue Baby beeinflussen könnte, das nun sieben Monate alt ist. Sie sind mit der Bitte nach professioneller Hilfe zu mir gekommen. Ich hoffe, daß es Ihnen möglich ist, etwas für sie zu tun."

3.1 Das erste Gespräch

Ich sah das Paar einige Tage später, kurz vor Weihnachten. Sie kamen eine halbe Stunde zu spät. Er war blond und hatte ein rundes, weiches Baby-Gesicht, trug zwei Ohrringe in seinem linken Ohr und schaute sehr niedergeschlagen aus. Sie war dunkelhaarig und hübsch, hatte dunkle Ringe unter den Augen und einen verärgerten, zurückgezogenen Gesichtsausdruck. Sie setzten sich an die gegenüberliegenden Seiten des Raumes.
Ich sagte, ich hätte von ihrem Arzt gehört, sie hätten seit dem Tod ihres älteren Kindes Schwierigkeiten in ihrer Beziehung. Sie versicherten beide nachdrücklich, daß dies nichts mit Rickys Tod zu tun habe. Sie hatten viele Male vorher gestritten, und Betty hatte Mike zweimal verlassen. Sie fügten jedoch hinzu, daß sie in letzter Zeit „über lauter dumme Kleinigkeiten" stritten. Ich äußerte den Eindruck, daß sie deswegen bedrückt zu sein scheinen, aber die Tatsache, daß sie zusammen gekommen seien, weise darauf hin, daß sie beide daran interessiert seien, etwas für ihre Beziehung zu tun.
Ich fragte, warum sie zu spät gekommen waren, und erfuhr, daß sie einen Zwist auf dem Weg zur Klinik hatten. Betty war wütend darüber, daß Mike auf die andere Straßenseite gegangen war. Sie hatte dies als Zeichen dafür genommen, daß er nicht kommen wollte, und das, nachdem er ihr letzte Nacht gesagt hatte, daß er keinen Ärger machen wolle. Mike sagte bestimmt, daß es für ihn niemals in Frage stand, den Termin an der Klinik nicht einzuhalten. Ich sagte, daß sie mir zeigten, wie leicht sie einander gegenwärtig mißverstanden, und ich wies auf Bettys Zweifel an Mike hin. Mike sagte, daß er manchmal gewalttätig werde und sie schlage. Darauf hin befragt, was ihn so wütend mache, antwortete er, daß Betty nicht auf ihn hören oder ihn verstehen wolle. Betty sagte: „Aber wenn ich dich frage, was los ist, sitzt du nur da und antwortest nicht." Ich sagte, sie würden mir mitteilen, daß die Kommunikation zwischen ihnen zusammengebrochen sei und daß sich jeder von ihnen offensichtlich verletzt und vom anderen zurückgestoßen fühle.
Betty sagte, daß Mike zu Ricky wundervoll war. Als ich gerne wissen wollte, ob Ricky das Verbindende zwischen ihnen beiden gewesen sei, das nun zerbrochen sei, verneinten

das beide. Betty sagte, daß sie Mike verlassen hatte, als sie mit Ricky sechs Monate schwanger war; aber sie kamen wieder zusammen, da sie, wenn sie einander nahe waren, eine wundervolle Beziehung hatten. Nun jedoch war es schlimmer denn je zuvor. Ich konnte spüren, daß große Wut im Raum stand, und wagte deshalb zu sagen, daß sie aufeinander vielleicht wütend seien, weil sie nicht fähig waren, Ricky am Leben zu erhalten. Von diesem Moment an stand Ricky im Zentrum unseres Gesprächs. Mike sagte, daß er sehr wütend auf das Spital sei, und er sprach von mehreren Beispielen, wo Fehler gemacht worden waren. Er fügte hinzu, daß Ricky ein wundervolles Kind gewesen sei, ein außerordentlicher Junge, und daß er so stolz auf ihn war. Christine, oo Betty, sei nicht, aber Ricky war etwas Besonderes. Sie fragte, ob ich gerne Fotografien sehen wollte. Sie holte ein Bild von Ricky hervor, das einen bezaubernden, lächelnden, kleinen, blonden, blauäugigen Jungen zeigte, der in seinem Kinderbett krabbelte. Christine war dunkelhaarig, ein dickes und eher puddingartiges Baby mit einem ernsten Ausdruck. Ich wies auf Rickys freundliches Lächeln hin und Mike sagte, daß er so die ganze Zeit war, immer gut aufgelegt und voller Spaß trotz all dessen, was er zu erleiden hatte.

Bei dieser Schilderung von Ricky wurde Mike sehr lebendig, während Betty wenig Emotionen zeigte. Ich sprach über Mikes Stolz auf seinen Sohn und fragte dann nach seiner Krankheit. Sie sagten, daß er nach der Geburt gesund zu sein schien, doch als sie vorhatten, das Spital zu verlassen, informierte sie der Arzt darüber, daß Ricky eine aplastische Anämie[2] habe und alle sechs Wochen eine Bluttransfusion brauche. Er war einige Monate lang ganz in Ordnung, dann ging es ihm nicht mehr so gut, aber er erholte sich jedesmal nach den Transfusionen. Während seines zweiten Jahres begann er mit seiner Krankheit zu kämpfen, doch dachten sie die meiste Zeit über immer noch, er wäre in Ordnung. Als er fünfzehn Monate alt war, sagten ihnen ein Spezialist, daß sie darauf vorbereitet sein müßten, daß Ricky wahrscheinlich nicht mehr länger als zwei oder drei Monate zu leben hätte. Es wurde eine Chemotherapie mit ihm gemacht – und dann folgten Beschreibungen der Fehler, von denen beide dachten, daß sie von den Krankenschwestern und Ärzten begangen worden waren.

Ich fragte, ob sie dem Spital die Schuld an Rickys Tod geben würden. Mike antwortete: „Ich kann nicht anders, als zu zweifeln. Nachdem sie Ricky in einen anderen Raum verlegten, ging es mit ihm nur abwärts und sechs Tage später gab er auf." Betty sagte: „Die ganze Zeit über war ich schwanger. Das neue Baby sollte das Knochenmark für Ricky liefern, aber er wartete nicht darauf."

Ich fragte, ob sie enttäuscht und vielleicht wütend auf Ricky seien, weil er den Kampf aufgab, während sie alles versuchten, um ihn am Leben zu erhalten. Mike stimmte zu und sagte: „Warum mußte er, nachdem er so schwer gekämpft hatte, gerade dann sterben." Ich sagte, daß sie sich völlig hilflos gefühlt haben müssen und den Eindruck hatten, jemand müsse für diese Tragödie verantwortlich sein.

Betty sagte, daß diese Krankheit für vererbbar gehalten wird. Wenn dem so ist, wäre das von ihrer Seite gekommen, aber tatsächlich wären alle Männer ihrer Familie in Ordnung – Ricky hatte eine seltene Erkrankung. Ich sagte, daß Gefühle der Wut und Schuld in ihre Beziehung eingedrungen zu sein scheinen, die es ihnen erschwerten, miteinander zu reden.

---

[2] Nach Pschyrembel (1977, 47) ist unter einer „aplastischen Anämie" eine primäre Knochenmarksschädigung zu verstehen, die entweder isoliert Teile der Blutbildung oder alle Blutbildungsstränge betreffen kann (Anm.d.Übers.).

„Zuerst", so Betty, „waren wir unzertrennlich – wir trafen in dem Spital ziemlich viele Alleinerziehende und getrennte Paare; einige verließen ihre Partner wegen der Krankheit – *wir* wurden als ideales Paar angesehen." Der Arzt im Spital fürchtete, daß Betty das neue Baby ablehnen könnte, und ersuchte Mike, nach Mutter und Baby zu sehen; doch Betty hatte das Baby lieb und es war Mike, der an Christine nicht interessiert war.

Ich sagte, Mike hätte vielleicht das Gefühl gehabt, seinem Sohn untreu zu werden, wenn er das neue Baby liebte. Und mich an Betty wendend sagte ich, daß sie einige Genugtuung darin fand, ein gesundes Baby zu haben, dem sie helfen konnte, sich gut zu entwickeln, während Mike beides verloren hatte. Einen Sohn, der so war wie er, und die Nähe zu ihr, weshalb er sich ausgeschlossen und wütend fühle.

Ich fragte Mike nach seiner Arbeit. Er hatte ein Ausbildung zum Spengler begonnen, diese aber nach der Hälfte abgebrochen – er bedauerte das nun. Er hatte einen Job, verlor ihn, und dann wollte er seine ganze Zeit mit Ricky verbringen. Er würde nun gerne wieder arbeiten, Arbeit hatte ihm früher Befriedigung verschafft. Ich sagte, daß er sich hilflos fühle und daß ihn das Fehlen einer Arbeit nun auch daran zweifeln ließe, ob er fähig sei, etwas Konstruktives zu leisten.

Ich beendete das Gespräch, indem ich sagte, ich würde hoffen, daß sie Zeit für gemeinsame Gespräche fänden, so wie sie es heute getan hätten. Sie stimmten eifrig zu, zwei Wochen später, gleich nach Neujahr, wieder zu kommen.

3.2 Das zweite Gespräch

Ich erkannte Betty kaum wieder, denn sie sah mit ihrer frischen Gesichtsfarbe und dem hübschen Make-up um vieles besser aus. Auch Mike wirkte glücklicher.

Sie erzählten mir, daß sie sehr schöne Weihnachten gehabt hätten. Mike sagte, daß er sich viel leichter gefühlt hätte, als er nach dem letzten Gespräch meinen Raum verließ; es war, als ob eine schwere Last von ihm genommen worden sei. Die Dinge zwischen Betty und ihm seien so festgefahren gewesen, aber seit unserem Treffen hätten sie weiter miteinander gesprochen. Wenn er sich verletzt fühlte, ließ er Betty wissen, was ihm das Gefühl des Verletztseins gab oder worüber er wütend war. Betty stimmte zu, daß ihre Beziehung sich sehr verbessert habe. Mike, so dachte sie, sei fürsorglicher gewesen, aber sie war sich seiner noch immer nicht sicher. Mike sagte: „Ich mache das ganze Gespräch, es ist völlig einseitig."

Ich äußerte die Vermutung, daß die Unsicherheit, die Betty Mike gegenüber empfand, auch Mike unsicher mache, ob Betty ihn liebe. Betty sagte, er verlange beständig Beruhigung und Versicherung, und zwar selbst dann, wenn sie den Eindruck habe, daß zwischen ihnen alles gut laufe. Sie gab zu, daß sie zu ihm manchmal patzig sei und ihn „dumm" nenne, aber sie meine es nicht wirklich so.

Mike sagte, daß er die meiste Zeit über nicht zu Betty durchkomme. Ich bemerkte seine Verwundbarkeit in Bezug auf seine Gefühle des Ungeliebtseins und Nichtgewolltseins und erinnerte mich daran, daß sie mir erzählt hatten, Bettys Mutter hätte beim Baby ausgeholfen, weil er mit seiner Familie nicht mehr in Kontakt stand. Es stellte sich heraus, daß er seinen Vater in der Kindheit verlor und sich seitdem seiner Mutter niemals nahe gefühlt hatte: „Sie hörte niemals zu." Ich wies darauf hin, daß er bereits eine Geschichte mit dem Gefühl des Nichtgehörtwerdens habe und daß ihn dies vielleicht sehr sensibel mache für Betty, wenn sie für ihn nicht verfügbar ist. Dem fügte Betty hinzu: „Er möchte, daß ich die meiste Zeit über seine Mutter bin, aber ich habe für das Baby zu sorgen." Ich sagte, daß dies bei Mike dazu führen könnte, sich ausgeschlossen zu fühlen, insbesondere jetzt, wo ihn der Verlust seines Sohnes bereits so verletzt habe. Mike rief aus: „Ich empfinde mich als derartig erfolglos, ohne Arbeit und mit dem gestorbenen Kind." Ich sagte, daß ihn all dies von Bettys Anerkennung besonders abhängig mache. Daraufhin blickte Betty warm zu ihm hinüber, als ob dies für sie eine neue Einsicht sei. Mikes Miene hellte sich sichtlich auf. Er berichtete, daß er sich nach einer Arbeit umgesehen hatte. Ich sagte, daß ein Job für das Gefühl, gebraucht zu werden und nützlich zu sein, ein wichtiger Bestandteil sei. Während Betty den Vorteil hatte, beim Stillen des Babys erfahren zu können, daß sie gebraucht werde, hätte Mike weniger Gelegenheit, sich selbst zu beweisen, daß er gebraucht werde und hilfreich sein könne.

Wir sprachen etwas über Christine. Mike sagte, daß sie ihm nun mehr Freude bereite, obwohl Ricky in ihren Gedanken immer gegenwärtig sei. Er sagte, daß sie nun viele Dinge (wie das Herrichten der Wohnung) gemeinsam unternähmen, während er vorher fast den ganzen Tag vor dem Fernseher verbracht hatte, weshalb Betty und er tatsächlich nicht miteinander sprachen – sie war immer mit dem Baby beschäftigt. Ich sagte, mit Rickys Tod schien für sie alles zu einem Ende gekommen zu sein, nun aber hätten sie das Gefühl, ihr erstes Kind sei immer noch ein Teil von ihnen und sie könnten sich deshalb der Gegenwart, ihrem Heim und in ihrem neuen Baby widmen. Sie sagten, daß Christine ein ganz anderes Baby sei, viel ruhiger als Ricky; aber sie erklärten beide, daß Christine sie diese Tage mit Lächeln belohne: „Sie ist lebendiger geworden, seit wir weniger in Gedanken versunken sind und ihr mehr Aufmerksamkeit und Liebe schenken."

Betty erwähnte, daß sie zu Mike offener sein sollte, da sie sich nun weniger vor ihm ängstige. Ich sagte, daß ich mich an Mikes Äußerung erinnerte, wie er erwähnte, daß er sie zu schlagen pflegte. Mike sagte, daß er das in der letzten Zeit nicht getan habe und daß er sich selbst nicht in einen solchen Zustand gleiten lasse. „Ich habe erkannt, daß es besser ist zu reden als Gefühlen im Handeln einfach freien Lauf zu lassen", fügte er nachdenklich hinzu. Betty sagte, daß er unter dem Einfluß des Trinkens manchmal gewalttätig wurde und daß sie sich immer sorgte, wenn er ins Pub ging; auch wenn er nur ein paar Gläser getrunken hatte, fühlte sie sich angespannt, und er reagierte darauf. Er vermutete, daß das Trinken vor zwei Jahren begonnen hatte. Ich sagte, daß das so klinge, als ob das zu der Zeit geschehen sei, als sie von Rickys Krankheit erfuhren, und daß das Trinken (ähnlich wie das Fernsehen) für ihn ein Davonlaufen von den Sorgen und schmerzvollen Gefühlen war. Als er sagte, daß ihm das Trinken ein Gefühl von größerer Lebendigkeit gab, fügte ich hinzu, daß dies dazu diene, den Todesgefühlen zu entrinnen.

Sie hoben nochmals hervor, wie ungeheuer sich die Dinge zum besseren gewandelt hätten, und betonten, daß sie sich einander wirklich nahe fühlten und sich zum ersten Mal wirklich für Christine interessierten. Ich bemerkte, daß sie zusammen ein großes Ausmaß an Arbeit geleistet zu haben schienen, und daß ich mir überlegte, ob sie sich wünschten, lieber selbst weiterzumachen als unseren Kontakt weiterzuführen. Ich fügte hinzu, daß sie mit mir selbstverständlich wiederum in Kontakt treten könnten, wenn sie zu einem künftigen Zeitpunkt weitere Termine wünschten. Ich hoffte, sie würden das tun, wenn sich ihre Beziehung verschlechterte oder wenn sie über das Baby besorgt wären. Sie stimmten zu, daß sie sehen wollten, wie sie selbst zurechtkämen. Beide schüttelten mir herzlich die Hand; und Mike warf mir einen Blick zu und lächelte, als er den Raum verließ.

3.3 Kommentar

Das war ein sehr bewegendes Treffen. Ich spürte, daß Mike und Betty sich sehr umeinander kümmerten. Es war nur wenig Hilfe nötig, bis sie sehen konnten, wie sie die Wut und Niedergeschlagenheit über den Tod ihres ersten Kindes daran hinderte, sich gegenseitig zu unterstützen. Ich war insbesondere davon beeindruckt, wie empfänglich der Vater für die Chance war, verstanden zu werden. Dies ermöglichte es ihm, mit seiner Frau zu reden, anstatt seine Gefühle weiterhin zurückzuhalten oder seine Verzweiflung und Verletztheit in destruktive Handlungen umzusetzen. Er schien der Hauptträger der Verzweiflung zu sein. Indem Betty ihre Gefühle auf ihn projizierte, konnte sie sich um das neue Baby kümmern; doch indem sie dies tat, verlor sie die Verbindung zu ihren Gefühlen und zu ihrem Ehemann. Christines ziemlich ausdrucksloses Gesicht deutete darauf hin, daß es an einem lebendigen Austausch mit Vater und Mutter fehlte. Indem die ungelösten Gefühle der Trauer über das verstorbene Kind bearbeitet werden konnten, wurde es den Eltern möglich, mit ihren liebevollen Gefühlen, die sie füreinander hegten, in Kontakt zu kommen und diese auch ihrem neuen Baby zugute kommen zu lassen. Ich hätte das Paar über einen längeren Zeitraum hinweg sehen können, entschied aber, daß es wichtiger war, sich nicht in etwas einzumischen, das eine meist innig funktionierende Beziehung zu sein schien.

4. Postnatale Depression

Als Frau D. das Beratungsservice anrief und sagte, daß sie gerne mit jemandem wegen der Schwierigkeiten sprechen wollte, die es bei der Geburt ihres Babys gab, hatte unsere sensible Sekretärin den Eindruck, daß Frau D. schwer deprimiert war. Sie richtete es deshalb so ein, daß mich Frau D. wenige Tage später sah.

4.1 Das erste Gespräch

Frau D., eine angenehm aussehende Frau, vertiefte sich unverzüglich in die fürchterliche Geburtserfahrung mit Debbie. Sie weinte während des gesamten Gesprächs, wobei sie ihre Tränen mit den vielen Taschentüchern trocknete, die sie mitgebracht hatte. Sie hatte nicht erwartet, daß die Geburt schwierig sein würde. Die Wehen seien normal gewesen, aber dann blieb das Baby „stecken". Weder die Epiduralanästhesie noch die normale Anästhesie half, und sie litt stark. Schließlich wurde das Baby mit der Saugglocke herausgeholt: „Es fühlte sich an, als würde ich gefoltert." Als ich bemerkte, daß es nach einer äußerst erschreckenden Erfahrung klang, nickte sie zustimmend. Sie hatte mit vielen Freunden gesprochen, die all das einfach als „eine schwierige Geburt" abtaten und nicht verstanden, wie entsetzlich es war. Sie verlor sehr viel Blut, hatte schwere Quetschungen und wurde stark genäht. Am nächsten Morgen wurde sie gebeten aufzustehen, doch auf dem Weg ins Badezimmer wurde sie ohnmächtig. Alle sagten ihr, daß sie tapfer und stark war, doch empfand Frau D. anders: „Ich hatte die schlimmsten Schmerzen und fühlte mich grauenhaft."
Ich sagte, daß sie sehr geschockt gewesen sein muß und gedacht hatte, daß niemand verstand, wie schrecklich sie sich fühlte. Vielleicht habe sie Angst davor, daß ich sie ebenfalls einfach beruhigen wolle und nicht begreifen würde, was für eine schreckliche Er-

fahrung sie durchgemacht hatte und daß sie sich immer noch grauenhaft fühle. Ich fügte hinzu, daß es so klang, als ob sie gedacht hätte, daß sie sterben würde. Frau D. begann nun noch stärker zu weinen und sagte, daß sie immer noch an den Folgen der Geburt leide. Der Dammschnitt hatte sie nicht nur sehr verwundet, sondern sie innerlich so verletzt, daß sie sich kürzlich einer Laseroperation unterziehen mußte. Sexueller Verkehr war ihr nicht möglich, da dieser zu schmerzvoll sei. Ihr Mann und sie seien sich sehr nahe und sie vermißte die sexuelle Beziehung. Sie sagte, alles sei so furchtbar, seit Debbies Geburt hätten sie in keiner Hinsicht mehr ein normales Leben. Ich bemerkte, daß Debbies Ankunft alles zerrüttet zu haben schien.

Frau D. sagte, daß ihr Mann und seine Familie, bei denen sie wohnten, das Baby anbeteten und nicht verstünden, warum sie Debbie so schwierig fand. Sie selbst konnte das Zusammensein mit ihr kaum aushalten. Sie erlebte das Baby als fordernd und ertrug sein Weinen nicht. Ich sagte, daß sie empfinde, daß *sie* es sei, die Unterstützung benötigte. Sie stimmte zu und sagte, daß sie seit Wochen und Monaten dachte: „Da ist dieses Bündel, und es wird von mir erwartet, daß ich es betreue, füttere und saubermache; aber ich fühle, daß ich es nicht kann. Ich möchte einfach weggehen und nichts tun."

Ich sagte, ich hätte den Eindruck, daß sie das Baby nicht versorgen könne, solange sie das Gefühl habe, daß ihre eigenen Bedürfnisse, insbesondere ihre emotionalen Bedürfnisse, nicht beachtet werden. Ich würde mich auch fragen, wie wütend sie vielleicht auf das Baby sei, dessen Geburt ihr so viele Schmerzen verursacht und die Beziehung zu ihrem Mann zerrüttet habe. Sie antwortete: „Ich weiß, daß es irrational ist, aber ich gebe dem Baby die Schuld für all das und ich traue mich nicht, mit Debbie alleine zu sein."

Ich sagte, das klinge so, als ob sie sich davor fürchte, sie könnte das Baby verletzen. Frau D. weinte einige Minuten. Sie sagte, sie hätte manchmal den Eindruck, daß sie nicht mehr weitermachen könne, aber bis jetzt hätte niemand verstanden, wie sie sich fühle. Alle versuchten, nett zu sein und ihr zu sagen, wie gut sie es machte, aber das hatte nicht geholfen. Ihr Mann war liebenswürdig und wundervoll zu dem Baby. Sie war froh, einen Großteil des Tages außer Haus zu sein, und mochte ihre Arbeit in einer Buchhaltungsfirma. Ein Babysitter kümmerte sich um Debbie, der gut zu ihr war und nur ein anderes Kind zum Aufpassen hatte.

Ich sagte, daß sie zu fühlen scheine, daß dies für das Baby und für sie sicherer sei. Frau D. sagte, daß sie in Gedanken jedesmal, wenn sie nach dem Baby sah, wieder und wieder die Geburtserfahrung durchging. Sie fügte hinzu, es sei gut, mit mir sprechen zu können. Sie wiederholte, daß ihr zuvor niemand so zugehört und begriffen hätte, wie furchtbar alles gewesen war und wie schlecht sie sich fühlte.

Sie fragte, ob sie bald wiederkommen könnte, und wir vereinbarten einen weiteren Termin vier Tage nach diesem ersten. Ich schloß mit dem Gedanken, daß es hilfreich sein könnte, wenn sie versuchte, Zeiten zu finden, in denen sie und das Baby in einem friedlicheren Zustand wären statt in einem Zustand der Aufregung, der sie an die Qualen der Geburt erinnerte.

4.2 Das zweite Gespräch

Frau D. sah etwas fröhlicher aus und sagte, sie sei erleichtert, daß es ihr möglich war zu kommen. Da sei insbesondere eine Sache gewesen, die ich ausgesprochen hatte und die für sie wichtig gewesen war. Jedes Mal, wenn sie über die Geburt nachdachte, erinnere sie sich nun an meine Aussage, daß sie dachte, sie würde sterben. Das fasse eigentlich zusammen, wie sie sich gefühlt hatte, und es sei ein Trost, daß das jemand erkannt habe. Es war ihr möglich, das Baby öfters anzuschauen und weniger Wut zu empfinden, obwohl in ihrem Inneren die Gedanken über die Geburt wieder und wieder abliefen. Sie erzählte mir dann, wie eingeschnappt sie letzte Weihnachten gewesen sei, als fast alle Geschenke, die sie erhielt, für das Baby waren.

Ich sagte, es scheine, daß sie schon vor der Geburt des Babys befürchtet hatte, daß ihr das Baby das wegnehmen würde, was zuvor ihr gehörte. Ich fragte sie zu ihrer Familie und erfuhr, daß sie eine Schwester hatte, die verheiratet war und zwei Kinder hatte. Ich sagte, ich wurde mich fragen, ob sie Debbie mehr wie eine Schwester empfinde und weniger als ihr eigenes Baby – wie ein Baby, das ihr als Nebenbuhler die Aufmerksamkeit der Mutter geraubt hatte. Ich verwies auch auf die Tatsache, daß es nun auf Weihnachten zuging und sie vielleicht den Eindruck hatte, daß ich meinem Kind Geschenke und Aufmerksamkeit gab und meine Zeit ihm schenkte anstatt ihr.

Sie sagte, daß sie dachte, diese Weihnachten könnten etwas besser verlaufen als die letzten. Ich deutete an, daß es ihr vielleicht dann möglich sei, dem Baby mehr von sich selbst zu geben, nachdem ihren Bedürfnissen und ihren schmerzvollen Erfahrungen hier Aufmerksamkeit gewidmet worden war. Sie erzählte mir, daß sie planten, ein eigenes Haus zu kaufen, und hofften, im nächsten Monat zu übersiedeln.

4.3 Das dritte Gespräch

Frau D. berichtete, daß sie zwar immer noch weinte, wenn sie mich traf, zuhause dies aber viel weniger tue. In dieser Sitzung kam vor allem heraus, daß Frau D. in ihrer Arbeit sehr leistungsfähig und erfolgreich gewesen war und daß sie sich selbst als eine „Superfrau" betrachtet hatte. Es wurde deutlich, daß die Geburt das Bild, derartig fähig und beherrscht zu sein, zerstört hatte. Ich sagte, daß sie die Entbindung in einen Zustand zurückgeworfen hatte, in dem sie sich – wie ein kleines Kind – anderen hilflos ausgeliefert fühlte. Sie scheine das Gefühl gehabt zu haben, diese anderen hätten ihr – wie Peiniger – den Schmerz und das Leid absichtlich zugefügt.

4.4 Das vierte Gespräch

Frau D. berichtete, daß sie sich viel besser fühle. Sie waren übersiedelt und sie fühle sich sehr zufrieden damit, in ihrem eigenen Heim und nicht mehr bei den Schwiegereltern zu wohnen. Sie habe nun mehr Raum und Freiheit. Debbie krabbele den Korridor auf und ab.

Ich bemerkte, daß es da ein Gefühl von mehr Raum für sie beide gebe und daß sie und das Baby sich nahe sein könnten, ohne einander zu nahe zu sein. Frau D. sprach von ihrer Liebe zur Gartenarbeit und sie hoffte, daß Debbie es in Zukunft genießen werde, diese Aktivität mit ihr zu teilen. Frau D. klang insgesamt hoffnungsvoller. Ich stimmte dem Wunsch von Frau D. zu, daß das fünfte und letzte Gespräch nach Debbies Geburtstag stattfinden sollte, einem Tag, den sie fürchtete.

4.5 Das fünfte Gespräch

Frau D. begann sogleich zu weinen, doch sagte sie, daß sie das schon seit einiger Zeit nicht mehr getan hätte. Es sei schön, ein eigenes Heim zu haben, die sexuelle Beziehung mit ihrem Mann sei wieder normal und sie erfreue sich an Debbie. Sie erwähnte, daß das Baby sehr unabhängig werde, sich gut entwickle und begonnen habe, die Nacht über durchzuschlafen. Frau D. wirkte stolz, als sie mir erzählte, daß alle Debbie entzückend fänden. Der Babysitter habe festgestellt, daß es Debbie jetzt viel besser zu gehen scheine. Sie war nicht mehr rastlos und gereizt wie zuvor. Frau D. dachte, dies könne daran liegen, daß sie sich besser fühlte und auch mit dem Baby besser umgehe. Ich sagte, daß der Umzug und der Geburtstag wirklich große Ereignisse gewesen wären, die zum Ausdruck brächten, daß sie alle dieses sehr schwierige erste Jahr überlebt hätten. Frau D. habe anscheinend begonnen, ihre Familie zu genießen. Sie sagte, ihr Mann habe an einen weiteren Familienzuwachs gedacht, doch sie habe keine Eile, ein weiteres Baby zu bekommen. Aber es sei schön, Debbie beim Spielen zuzusehen, und sie spiele auch gerne mit ihr. Ich fragte sie nach dem Geburtstag, und Frau D. sagte, daß alles sehr gut gelaufen sei und daß alle ihn genossen hatten. Sie hatten Freunde eingeladen und Frau D. hatte einen großen Geburtstagskuchen gebacken.

Dann begann sie zu weinen, als sie mir erzählte, daß sie durch einen Traum, den sie in der Nacht nach Debbies Geburtstag hatte, fürchterlich erschüttert sei. In dem Traum hatte sie Debbie in dem Gasofen, den sie sich kürzlich angeschafft hatten, sitzen gesehen. Das Baby saß in der Falle und schrie, doch sie, die Mutter, stand nur da, schaute und tat nichts. Frau D. weinte herzzerreißend und sagte, sie sei wegen des Traums immer noch fürchterlich durcheinander – der Traum sei eine einzige Qual gewesen.

Ich sagte, daß das Gefühl des Schrecklichen daher rührte, weil der Traum ihre mörderischen Gefühle dem Baby gegenüber zeige, die es erlaubten, das Baby zu quälen. Ich dächte, daß der Geburtstag noch einmal ihre Wut auf die fürchterliche Geburtserfahrung geweckt hatte. Ich erinnerte sie daran, daß wir darüber gesprochen hatten, daß Debbie von ihr wie eine kleine Schwester erlebt werde. Möglicherweise habe der Geburtstag Kindheitsgefühle geweckt, die dem Baby ihrer Mutter galten, das langsam gekocht werden und niemals aus dem Bauch der Mutter kommen sollte, damit es Frau D. nicht die Aufmerksamkeit ihrer Mutter wegnehme. Vielleicht dachte sie, daß solche versteckten, frühen Gefühle der Grund dafür waren, daß sie mit einer schrecklichen Geburt bestraft wurde, die sie beinahe getötet hätte.

Ich sagte, daß sie sich wegen solch mörderischer Phantasien schrecklich schlecht fühlte, aber auch, daß ihr bei solchen Gedanken das Baby leid tat, das im Ofen gefangen war und dem sie nicht helfen konnte herauszukommen. Auch das mußte sie bei der Geburt hilflos gemacht haben. Ich dächte, daß sie mit ihren Gefühlen während des Tages besser umgehen konnte und daß all diese Gedanken nur noch in einem Traum erschienen.

Da dies unser letztes Treffen sei, könnte sie vielleicht auch ärgerlich auf mich sein und mich als eine Mutter erleben, die sie durch das nächste Baby ersetzt. Frau D. sammelte sich wieder und sagte, daß die Gespräche äußerst wichtig für sie gewesen seien. „Ich weiß nicht, was passiert wäre, wenn ich nicht diese Gelegenheit gehabt hätte, hierher zu kommen und mit Ihnen zu sprechen", sagte sie. „Ich glaube, daß ich das Baby verletzt hätte...", und nach einer Pause fügte sie hinzu, „...oder Selbstmord begangen hätte." Wir sprachen darüber, ob es so gesehen passe, daß wir uns nun zum letzten Mal treffen würden. Nach einigem Überlegen sagte Frau D., sie spüre, daß es so in Ordnung sei. Wir vereinbarten, daß sie mich kontaktieren würde, wenn sie weiterhin besorgt wäre. Ich deutete auch an, daß sie vielleicht auch dann weitere Hilfe haben möchte, wenn sie wiederum schwanger werde. Frau D. bat mich, ihrem neuen Arzt zu schreiben und ihm Bescheid über die Geburt und ihre Depression zu geben. Der Arzt solle wissen, daß sie bei mir war und, falls sie wieder depressiv werden sollte, diese Art von Hilfe haben möchte und nicht in ein psychiatrisches Krankenhaus geschickt oder mit Antidepressiva behandelt werden wolle.

4.6 Kommentar

Wir sehen, daß Frau D. die Geburt ihres Kindes nicht nur als einen Angriff gegen ihren Körper empfand, sondern daß diese Erfahrung auch das omnipotente Bild einer „Superfrau" erschütterte, das sie von sich selbst hatte. Dies führte zu einem Kampf um Leben und Tod zwischen der strengen inneren Stimme, die von ihr Vollkommenheit forderte, und der Wut auf ihr Baby, das sie gezwungen hatte, ihrer Verletzbarkeit und auch ihrer negativen Gefühle, die sie dem Baby entgegenbrachte, gewahr zu werden. Während des Verlaufs des fünften Gesprächs war es für mich schwierig zu entscheiden, ob es zu gefährlich sei, es bei diesen fünf Treffen zu belassen. Doch vertraute ich darauf, daß Frau D. ihre Gefühle weder ausagieren noch aus ihrem Denken ausstoßen werde, sondern weitere Hilfe in Anspruch nehmen würde, falls dies nötig wurde. Unsicherheit über das Erreichte und Sorgen über die Zukunft sind integrale Elemente der Sorge, die auf einem lastet, wenn man in kurzer, fokussierender Weise beratend oder therapeutisch arbeitet. Es ist deshalb von größter Bedeutung, daß Klienten während des Behandlungsverlaufs ein ausreichendes Maß an Vertrauen aufbauen und spüren, daß man wirklich interessiert, besorgt und deshalb auch erreichbar ist, falls man bei Bedarf wiederum kontaktiert wird.

5. Zusammenfassung

Ich hoffe, daß die hier in kurzer Form vorgestellten Beispiele einiges von der Vielfalt der elterlichen Probleme und von der Art der Interaktion vermitteln, die zwischen uns stattfand. Die Kommentare enthalten einige meiner Überlegungen, die ich während der Arbeit mit den Eltern oder danach anstellte.

Die Arbeit mit Eltern von Kleinkindern ist sehr bewegend und lohnend. Es wird einem deutlich, wie empfänglich Eltern dafür sind, sich unzulänglich, hilflos, verfolgt, wütend, niedergeschlagen und schuldig zu fühlen. Gibt es niemanden, der sie entlastet, eskalieren diese Gefühle und Ängste werden rasch überwältigend. Es ist deshalb wichtig, daß ein Therapeut zur Verfügung steht, der von Eltern in unkomplizierter Weise in Anspruch genommen werden kann und bei dem Eltern über ihre Schwierigkeiten sprechen können, ohne nur beruhigt zu werden, einfache Lösungen angeboten zu bekommen oder durch ratgebende Experten infantilisiert zu werden. Ich denke, daß mich die Klienten, die ich sah, als jemanden erlebten, der wirklich daran interessiert ist, ihnen zu helfen und sie so wie ihr Baby zu verstehen; und ich denke, daß sie mich als jemanden erlebten, der ihre erwachsenen Bestrebungen, gute Eltern zu sein, respektierte und ihnen half, die infantilen und zerstörerischen Gefühle zu untersuchen, die mit der Erfüllung ihrer Aufgabe im Widerstreit standen.

Ich begann ohne Gedanken an eine besondere Technik und sah, daß ich bei jedem Fall ein bißchen anders arbeitete. Meine Erfahrung mit der psychoanalytischen Arbeit half mir, zuhören zu können, die Wurzeln der vorhandenen Ängste zu erforschen, psychischen Schmerz auszuhalten und an die emotionale Stärke zu glauben, die aus der Wahrnehmung der Wahrheit erwächst. Ich hatte immer den Eindruck, daß ich sehr wenig tat und ich war erstaunt über die dramatischen Besserungen in der Beziehung zum Baby, die sich oft ergaben. Natürlich bleiben viele Fragen unbeantwortet und es ist unsicher, welchen Grad an längerfristigem Nutzen die Klienten daraus ziehen können. Trotzdem habe ich keine Zweifel daran, daß in vielen Fällen tatsächlich eine dynamische Veränderung vor sich ging. Wenn ich über die Gründe dafür nachdenke, so vermute ich, daß die Klienten in nicht hilfreiche Beziehungen, in einem Zirkel von Sich-verfolgt-Fühlen und Verfolgen verstrickt waren. Die Gespräche mit mir öffneten neue Wege des Austausches zwischen zerstörerischen und liebenden Anteilen in ihnen, zwischen ihrem kindlichen und erwachsenen Selbst, und dies führte zu einem besseren Verständnis zwischen Mann und Frau, zwischen Eltern und Baby. Eine Folge davon war die Wiederherstellung von Hoffnung und das Entstehen eines Wechselspiels von Interaktionen, die Zufriedenheit erzeugten und auch ihr Vertrauen in ihre elterlichen Fähigkeit stärkten, auf ihr Baby achten und ihm in seiner Entwicklung helfen zu können.

Es scheint mir angemessen zu sein, mit den Eltern nur kurz zu arbeiten, da auf diese Weise Abhängigkeit nicht gefördert und die Gefahr vermieden wird, die sich entfaltende Beziehung zwischen den Eltern und ihrem Nachwuchs zu stören. Andererseits kann es wichtig sein, weitergehende Hilfe anzubieten, wenn die Eltern bloß über wenig äußere Unterstützung verfügen oder nur in geringem Maß die Fähigkeit besitzen, Gefühle in sich zu halten und zu verarbeiten [„where the parent has little internal containment"]. Langandauernde Hilfe ist notwendig, wenn destruktive Gefühle gegenüber dem Kleinkind dominieren, was oft dann der Fall ist, wenn die Eltern selbst in ihrer Kindheit vernachlässigt oder mißbraucht wurden. Es gibt eine weitere Gruppe von Eltern, die während der Arbeit, in der es um die Beziehung zu ihrem Baby geht, das Bedürfnis nach der therapeutischen Bearbeitung eines größeren Problembereichs zum Ausdruck bringen und dazu ermutigt werden können, sich an eine geeignete Stelle zu wenden. Die Eltern, mit denen ich nur kurz arbeitete, zeigten große Besorgnis und ängstigten sich vor allem, daß ihre negativen Gefühle überhand nehmen könnten. Während es richtig ist, vorsichtig gegenüber dem zu sein, was von wenigen Gesprächen erwartet werden kann, vermute ich, daß es viele Eltern gibt, die eine solche Gelegenheit nützen können, um die Fähigkeit zu entwickeln, sich selbst in ihrem Bemühen zu verstehen, eine bessere Beziehung zu ihren Babys zu finden und damit eine gesunde Basis für das emotionale Wachstum ihrer Babys zu entwickeln. In einem solchen Prozeß eine Rolle zu spielen, ist ein Privileg und es erfüllt alle, die in diesem Feld arbeiten, mit einem tiefen Gefühl der Freude.

Literatur

Pschyrembel, W. (1977): Klinisches Wörterbuch. de Gruyter: Berlin u.a.
Salzberger-Wittenberg, I. (1970): Die Psychoanalyse in der Sozialarbeit. Klett: Stuttgart
Salzberger-Wittenberg, I. (1993): Die emotionale Bedeutung des Lehrens und Lernens. In: Trescher, H.-G., Büttner, Ch. und Datler, W. (Hrsg.): Jahrbuch für Psychoanalytische Pädagogik 5. Matthias Grünewald: Mainz, 43-53
Salzberger-Wittenberg, I., Henry-Williams, G., Osborne, E. (1997): Die Pädagogik der Gefühle. Emotionale Erfahrungen beim Lernen und Lehren. WUV-Universitätsverlag: Wien

Gertraud Diem-Wille

„Niemand hat mir jemals etwas gesagt ..." Die Falldarstellung einer Eltern-Kleinkind-Therapie aus der Tavistock Clinic[1]

1. Einleitung

Die Beschäftigung mit verschiedenen Konzepten der Eltern-Kleinkind-Therapie scheint heute international zu boomen. Obwohl es noch keine systematische Erklärung dafür gibt, daß Eltern-Kleinkind-Therapien oft zu raschen und spektakulären Erfolgen führen, ist häufig zu beobachten, daß diese Form des therapeutischen Arbeitens Eltern dazu verhelfen kann, ihr Baby besser zu verstehen und ihre Aufgaben hilfreich zu erfüllen. Ziel dieses Beitrag ist es, die wesentlichen Gestaltungselemente und Prinzipien eines bestimmten Konzepts der psychoanayltisch orientierten Eltern-Kleinkind-Therapie zu beschreiben und anhand der Arbeit mit einer Familie zu illustrieren.

Bei der Eltern-Kleinkind-Therapie, die an der Tavistock Clinic in London im Zuge der Einrichtung des „Under Five Counselling Service" entwickelt wurde, handelt es sich um eine Kurztherapie, die auf ein bis fünf Sitzungen begrenzt wird und im Grenzbereich zur psychoanalytisch-pädagogischen Erziehungsberatung angesiedelt werden kann[2]. Wenn es sinnvoll erscheint, können im Anschluß an diese fünf Sitzungen „Follow-up-Sitzungen" vereinbart werden. Wird deutlich, daß ein Elternteil oder das Kind eine längere Behandlung wünschen, so wird an einen Psychotherapeuten überwiesen.

Das Tavistock-Modell[3], wie ich dieses Therapiekonzept hier nennen möchte, baut auf drei bedeutenden Entwicklungen im Bereich der Eltern-Kleinkind-Therapie auf, die von Selma Fraiberg (1980) in Ann Arbor (Michigan), von Daniel Stern und Bertrand Cramer in Genf (1988) sowie von Serge Lebovici in Paris (1990) begründet und publiziert wurden. Für die Arbeitsweise, die dem Tavistock Modell folgt, sind überdies drei psychoanalytische Konzepte von Bedeutung, die ich im folgenden vorstelle.

---

[1] Der Aufsatz baut auf einem Forschungsprojekt auf, das von der Tavistock Clinic Foundation den Projektleiterinnen Dilys Daws, Consultant Child Psychotherapist, und Gertraud Diem-Wille, „Visiting scientist" an der Tavistock Clinic, 1992/1993 gewährt wurde. Ich möchte Dilys Daws herzlich dafür danken, mich mit dieser Therapiemethode vertraut gemacht zu haben. Ihre Kommentare und Gedanken zu dem hier publizierten Fall sind in diesen Aufsatz eingegangen und haben mir ermögllicht, viel über diese Methode zu lernen.

Das Manuskript wurde in einer ersten Fassung im Rahmen des Subsymposiums „Psychotherapie für Kinder und Jugendliche" auf dem 1. Weltkongress für Psychotherapie im Juli 1996 in Wien vorgestellt.
[2] Aus diesem Grund wurde dieses Therapiekonzept andernorts auch als ein Konzept psychoanalytisch-pädagogischer Erziehungsberatung vorgestellt (vgl. Daws 1999, Diem-Wille 1999).
[3] Dieses Tavistock Modell stellt ein gemeinsam geteiltes Grundkonzept dar. Einzelne Therapeutinnen, die diesem Konzept folgen, entwickelten ihren individuellen Stil und ihre individuelle Schwerpunktsetzung (vgl. Miller 1992; Hopkins 1992; Daws 1989, 1999; Salzberger-Wittenberg 1991, in diesem Band; Diem-Wille 1999).

2. Arbeitsweise

2.1 Containment

Den Eltern wird die Möglichkeit gegeben, ihr Problem mit ihrem Säugling oder Kleinkind zu beschreiben. Die Therapeutin ist eine Person, die ihnen mit Anteilnahme zuhört, wobei sie nicht nur auf den Inhalt, sondern auf die Art und Weise achtet, wie das Problem dargestellt wird. Das emotionale Aufnehmen der gesagten und gemeinten, d.h. oft unbewußt zwischen den Zeilen lesbaren Themen, entspricht der von Bion beschriebenen mütterlichen Funktion des Aufnehmens der für das Baby unerträglichen Gefühle (Containment; vgl. Lazar 1993). Häufig mangelt es den zur Beratung kommenden Eltern an einer Möglichkeit, in Geborgenheit über sich und ihre Probleme, Ängste, Hoffnungen und Wünsche nachzudenken, ihr Gefühl des Überfordertseins oder ihrer Unzulänglichkeit jemanden anzuvertrauen. Ein gemeinsames Nachdenken über ihre Probleme, ein genaues Beschreiben ihrer Umgangsweisen mit ihrem Baby eröffnet Eltern oft neue Zugänge zu ihren Problemen und führt häufig dazu, daß sie ihre Gefühle tiefer verstehen können.

2.2 Einbeziehen der Übertragung

Der theoretische Bezugsrahmen der Psychoanalyse, der in Melanie Kleins Objektbeziehungstheorie entwickelt wurde, stellt den theoretischen Hintergrund für die Methode der Eltern-Kleinkind-Therapie der Tavistock Clinic dar. Er eröffnet ein Verständnis der inneren Welt, die aus guten und bösen inneren Objekten besteht, die zueinander in Beziehung stehen. Zugleich gehen wir davon aus, daß wir die Zugänge zum Verstehen der Probleme einer Familie über das Verstehen der Beziehungen finden, die sich zur Therapeutin in therapeutischen Prozessen entwickeln.

Ebenso wie in Langzeit-Therapien teilen wir die Annahme, daß sich in der Interaktion mit der Therapeutin schon vom ersten Kontakt an die Übertragung von Gefühls- und Wahrnehmungsmustern herstellt, die aus früheren Beziehungen stammen. Betty Jospeh (1985) spricht von der „Gesamtheit der Übertragungssituation", die es der Therapeutin ermöglicht, frische Eindrücke von der Qualität der Beziehung, von Verzerrung und Spaltung zu erhalten. Eltern versuchen uns in solche Beziehungsmuster hineinzuziehen, die den Verhaltensweisen ihrer inneren Objekte entsprechen. „Indem der Analytiker den Druck erlebt und aufmerksam verfolgt, der auf ihn ausgeübt wird, damit er Aspekte dieser unbewußten inneren Welt in der unmittelbaren Übertragungsbeziehung auslebt, lernt er seinen Patienten und dessen Geschichte kennen" (Feldman, Spillius 1994, 19).

Es ist wichtig, jene Gefühlsqualitäten, die in die Therapeutin projiziert werden, zu erkennen, aufzunehmen und sie den Eltern in alltagssprachlicher Form zurückzugeben. Besonderes Augenmerk ist dabei der Art und Weise zu schenken, in der Eltern eine Deutung oder einen Kommentar aufnehmen. Häufig werden die Äußerungen der Therapeutin als Ausdruck einer kritischen, elterlichen Sichtweise erlebt, sodaß ihre Worte nicht oder nur in verstümmelter Form aufgenommen werden können. Für die Eltern ist es oft erleichternd zu erleben, wie wir mit Situationen umgehen, in denen die Eltern eine Bemerkung als Kritik oder Zurechtweisung empfunden haben oder in denen es Eltern gar nicht erwarten können, daß ihnen jemand wirklich zuhören will und emotional offen bleibt, ohne die Position von Ärzten oder Säugligsschwestern einzunehmen.

Häufig beginnen Probleme mit einem Baby nach einer schweren Geburt oder Krankheit der Mutter kurz nach der Entbindung. Es ist nicht zulässig, solche Schwierigkeiten oder Krankheiten als Ausdruck unbewußter innerer Konflikte zu verstehen, wir können ihre Erscheinungsformen jedoch daraufhin prüfen, ob sie symbolisch geistige und seelische Vorgänge darstellen.

2.3 Die Projektion unbewußter Konflikte auf das Kind

Ein weitere wichtige Datenquelle liegt in der Deobachtung der Beziehung zwischen Eltern und Kleinkind sowie in der Beobachtung der Beziehung zwischen den Eltern. Eltern zu werden, d.h. Schwangerschaft, Geburt und das Hineinfinden in die neuen, elterlichen Aufgaben stellen eine Zeit des Umbruchs dar. Die Erweiterung der Paarbeziehung zu einer Familie oder die Vergrößerung der Familie stellen alte Verhaltensweisen radikal in Frage. In dieser Umbruchsphase erfolgt bewußt und unbewußt eine stärkere Auseinandersetzung mit den eigenen Eltern. Verdrängte Kränkungen, Erwartungen, Ängste und Hoffnungen werden aktualisiert. Das neue Baby wird zum Träger eigener narzißtischer Wünsche und Vorstellungen.

Für werdende und junge Eltern stellen sich viele Fragen: Gelingt es ihnen, ihr Baby kennenzulernen und zu akzeptieren, daß es schon in der Zeit vor der Geburt eine eigene Persönlichkeit, eigene Vorlieben und Ausdrucksweisen entwickelt? Können sie lernen, ihr Baby zu verstehen, ihm Grenzen zu setzen und Formen der elterlichen Routine zu entwickeln, die auch ihren eigenen Bedürfnissen und Freiräumen Platz läßt? Schaffen es die Eltern, dem Baby, das enorme Ansprüche stellt, nicht nur physischen, sondern auch jenen emotionalen Raum zu geben, der es den Eltern erlaubt, über ihr Baby nachzudenken? Sind sie in der Lage, die rohen und heftigen Gefühle des Babys, Gefühle der Hilflosigkeit und der Angst, auseinanderzufallen, zu verstehen, emotional aufzunehmen und zu beantworten? Wird es ihnen gelingen, dem Wunsch des Babys nach Halt und Liebe nachzukommen?

Diese Fragen verdeutlichen, daß die Mühe, ein kleines Baby zu versorgen, nur vordergründig in der physischen Belastung oder in der Störung der Nachtruhe und dem elterlichen Gefühl des Angebundenseins gründen. Viel gravierender ist die Begegnung mit primitiven Ängsten und Gefühlen, die rudimentär in allen von uns lebendig geblieben sind und in der Begegnung mit einem Baby aktualisiert werden. Um zwei Beispiele zu geben:

— Das „durch Mark und Bein gehende Schreien" eines Babys ist häufig deshalb so schwer zu ertragen, weil es Todesangst und Panik vermittelt sowie die bange Frage aufwirft, ob jemand diese Angst aufnehmen und das Baby beruhigen wird können.
— Der Umstand, daß sich junge Eltern vom Leben in einer Zweierbeziehung auf das Leben in einer Dreierbeziehung umzustellen haben, aktualisiert in den Eltern auch ödipale Rivalitätsgefühle und damit das schmerzliche Erleben, aus der elterlichen genitalen Beziehung ausgeschlossen zu sein und nicht im Mittelpunkt zu stehen. Beide Elternteile entwickeln in dieser Zeit ein verstärktes Bedürfnis, emotional gehalten zu werden, ein Bedürfnis, das sie in günstigen Fällen innerhalb ihrer eigenen Beziehung, mitunter aber auch in ihren Beziehungen zu Großeltern oder Freunden befriedigen können.

Gelingt es Müttern und Vätern nicht, solche Gefühle zu integrieren, so kann es dazu kommen, daß sie solche Gefühle in exzessiver Weise auf das Baby projezieren. Da Babys häufig wie eine Erweiterung des mütterlichen Körpers erlebt werden, kann ein Baby leicht als Repräsentant für die inneren Objekte eines Elternteils dienen. In anderen Worten ausgedrückt: ein inneres Objekt von Mutter oder Vater wird dann auf das Kind projiziert.

Es hat sich gezeigt, daß auf diese Weise die Art, in der ein Kind in den Gefühlen und Vorstellungen von Eltern repräsentiert ist, Einfluß nimmt darauf, wie das reale Kind wahrgenommen und erlebt wird. Der Sohn wird dann vielleicht als herrschsüchtiger, alles zerstörender ödipaler Eindringling erlebt, der der Mutter das Gefühl vermittelt, inkompetent zu sein und unerfüllbare Ansprüche zu stellen. Oft können wir schon in der ersten Therapiestunde beobachten, wie solche unausgesprochenen Gefühle und Erwartungen das elterliche Verhalten beeinflussen und wie ein Kind auf dieses Verhalten dann so reagiert, daß es gerade die unausgesprochenen Ängste der Eltern erfüllt. Es kann dann sehr rasch ein Teufelskreis entstehen, der zu Eskalationen führt. Selma Fraiberg (1980, 164) spricht in diesem Zusammenhang vom „Geist im Kinderzimmer".

Die für die Ausbildung zum Psychotherapeuten wesentliche Lehr- und Lernmethode der psychoanalytisch orientierten Beobachtung eines Babys in der Familie über einen Zeitraum von zwei Jahren (Lazar u.a. 1986, Rustin u.a. 1989b, Reid 1996) vermittelt eine besondere Sensibilität und Grundhaltung, die es gestattet, das beobachtete Verhalten der im Raum befindlichen Familie besser zu verstehen. Die beobachteten Verhaltensweisen stellen eine wichtige Datenquelle dar, die oft im krassen Widerspruch zu den Erzählungen der Eltern steht.

So kann das als unselbständig und immer weinerlich beschriebene Baby, das kaum etwas ißt, in der realen Beobachtungssituation ein gut genährtes, rundes und fröhliches Baby sein, das eine halbe Stunde lang den Raum und das Spielzeug exploriert, es schüttelt, in den Mund nimmt, oft Blickkontakt sucht und lacht. Es wendet sich erst dann ab oder will nur mehr gehalten werden, wenn ihm ein Elternteil etwas wegnimmt oder wenn ein Elternteil ihm gegenüber seine eigenen Ideen durchsetzen will.

Den Eltern solch eine Beobachtung mitzuteilen, kann aufgrund der Unmittelbarkeit des Erlebens eine überraschte Einsicht auf Seiten der Eltern hervorrufen. Meist wird ihnen dann in der Stunde ein ähnlicher Impuls – etwa das Kind mitten im Spiel zu unterbrechen – bewußt. Wir können dann gemeinsam erforschen, welche Gefühle hinter solch einem Verhalten stehen. So kann eine Mutter, die ihr Baby immer wieder im Spielen unterbricht, ununterbrochen die Angst haben, ihr Kind könnte sich verletzen, oder sie kann unbewußt fürchten, daß sich das Kind zu selbständig entwickelt und sie dann alleine läßt, so wie es ihr Vater getan hat. Die Besonderheit der einzelnen Lebensgeschichten zu kennen, ist daher oft notwendig, um die verborgene Bedeutung der Hintergründe der einzelnen Probleme verstehen und den Eltern sichtbar machen zu können.

3. Die Falldarstellung

3.1 Das Forschungsdesign

Während meines Forschungsaufenthaltes an der Tavistock Clinic in London lernte ich zwischen 1991 und 1993 das „Under Five Counselling Service" und damit die hier beschriebene Form der Eltern-Kleinkind-Therapie nach dem Tavistock-Modell kennen. Meine Ausbildung als Psychoanalytikerin ermöglichte es mir, als „visiting scientist" an der klinischen Arbeit teilzunehmen. Die Erfahrungen, die ich machte, bestärkten mich in meiner Überzeugung, daß diese therapeutische Arbeit zugleich eine Form von Elternbildung darstellt, da Eltern lernen, ihre Beziehung zum Kind besser zu verstehen. Je früher die Eltern mit ihrem Kleinkind zur Beratung kommen, desto weniger verfestigt sind die Verzerrungen der Wahrnehmung und Fehlanpassungen. Therapeutische Arbeit im ersten Lebensjahr eines Kindes hilft, Probleme zu einem Zeitpunkt zu erkennen, in dem die durch die Geburt eines Babys veränderte Familiendynamik flexibler und leichter gestaltbar ist und in dem ein Zugang zu tieferliegenden Problemen und unbewältigten Konflikten der Eltern leichter gefunden werden kann.

Dilys Daws und ich wollten die Dynamik der Beziehung zwischen Therapeuten einerseits und Eltern und Kleinkindern andererseits genauer untersuchen. Im Rahmen eines Forschungsprojektes des Tavistock Trusts wollten wir einen Fall genau dokumentieren.

Das Ziel der Studie war es, Schritt für Schritt den therapeutischen Prozeß eines Falles von Eltern-Kleinkind-Therapie zu beschreiben. Dazu wurden mit Zustimmung der Eltern die Therapiesitzungen auf Tonband aufgenommen und transkribiert. Die weitere Bearbeitung des Materials sollte sich auf folgende Punkte beziehen:

1. auf die Verdeutlichung des Charakters dieser kurzen, fokusierenden Therapieform, die sich im Bemühen um ein Verstehen der unbewußten Konflikte einer Familie auf Erfahrungen und Methoden stützt, die der psychoanalytischen Kleinkindbeobachtung im Hier und Jetzt entstammen;
2. auf die Herausarbeitung der Art, in der die Darlegung eines Problems durch die Familie in komplizierter Weise mit der weiteren Bearbeitung des Problems verbunden ist;
3. auf die Dokumentation des sich langsam entwickelnden Verstehensprozesses der beiden Therapeutinnen, die mit der Familie arbeiteten und deren Kommentare ihre – oft unterschiedlichen – Annahmen und Hypothesen über die Familie zum Ausdruck brachten.

Als Fall wurde eine Familie gewählt, die sich mit einem Brief an Dilys Daws gewandt hatte und wegen der Schlafprobleme ihrer sechs Monate alten Tochter Rat suchte. Diese Familie schien Probleme zu haben, die in typischer Weise dann auftreten, wenn sich nach einer Geburt bei der Mutter und dem Baby körperliche Probleme zeigen. Nach fünf Sitzungen hatte die Familie den Eindruck, ein neues Verstehen ihrer Probleme erlangt zu haben, und war viel glücklicher. Wir meinten, daß die Eltern nun viele unbewußte Konflikte, die sie in exzessiver Weise auf ihr Kind projiziert hatten, zurücknehmen konnten, da diese zum Teil bewußt geworden waren. Am Ende der Therapie einigten wir uns darauf, die Familie in einem Zeitabstand von jeweils drei Monaten zu drei Follow-up-Sitzungen einzuladen, zu denen die Familie vereinbarungsgemäß erschienen. Zu allen therapeutischen Sitzungen kamen beide Eltern mit Sophie.

3.2 Der Erstkontakt

Die Mutter nahm Kontakt zu Dilys Daws auf, nachdem sie in der Zeitung „Guardian" eine Rezension des Buches „Through the Night" gelesen hatte, das sich mit Schlafproblemen kleiner Kinder beschäftigt (Daws 1989). In dieser Rezension wurde erwähnt, daß die Lösung von Schlafproblemen – der Meinung der Autorin zufolge – nicht darin bestehe, das Baby weinen zu lassen, sondern vielmehr im Nachdenken darüber, was die Hintergründe dieser Schlafprobleme sein könnten. Am selben Tag schrieb Sophies Mutter einen sieben Seiten langen, eng beschriebenen Brief, in dem sie auf ihre Probleme mit ihrer sechs Monate alten Tochter, auf ihre großen Probleme während der Schwangerschaft und auf die enorm schwierige Geburt einging. Daraus ein kurzer Auszug:

„Seit ihrer Geburt hat Sophie nicht durchgeschlafen und zum jetzigen Zeitpunkt wacht sie mehrere Male auf und ist unruhig ... Zusätzlich zu den Schlafproblemen ißt Sophie schlecht, will sehr oft an die Brust, „wehrt" sich dagegen, wenn ich sie anlege, und verweigert feste Nahrung. Während des Tages fordert sie ununterbrochene Aufmerksamkeit, am liebsten wird sie dauernd herumgetragen ... Sie scheint oft krank zu werden, hat eine Verkühlung nach der anderen. Wenn es keine Verkühlung ist, dann hat sie ein entzündetes Auge oder etwas anderes. Sie ist ein sehr zartes Kind ..."

Der Brief vermittelte den Eindruck einer intelligenten, gebildeten Frau, die so besorgt um ihre Tochter war, daß sie kaum zu klagen aufhören konnte. Das Bild ihres Mannes blieb seltsam vage und unbestimmt. Sie erwähnte ihn nur einmal, als sie schrieb: „Er lebt mit uns."

Die Terminvereinbarung erfolgte durch die Sekretärin, wobei der Familie ein Termin in der folgenden Woche angeboten wurde. Da sich die unbewußten Konflikte in der ersten Therapiestunde langsam entfalten, soll die erste Sitzung ausführlich dargestellt werden.

3.3 Die erste Therapiestunde

Als wir die Familie aus dem Warteraum abholten, um sie ins Zimmer zu begleiten, vermittelte die Mutter in der Art und Weise, wie sie mit Sophie am Arm würdevoll voranschritt, den Eindruck einer Königin mit ihrem Hofstaat. Der Vater folgte ihr mit mehreren Taschen und Babyutensilien beladen, gefolgt von den beiden Therapeutinnen. Die Mutter schien distanziert zu sein. Im Beratungszimmer ließen sich beide auf der Doppelsitzbank nieder, Sophie schlief friedlich im Arm der Mutter. Nach einer Viertelstunde wachte sie auf, schaute herum, wollte zunächst auf Vaters Arm und dann auf den Boden, um die Spielsachen zu erforschen. Beide Therapeutinnen waren von Sophie überrascht, die einen gesundes, pausbäckiges Kind war, das Interesse an seiner Umgebung und an den Spielsachen zeigte. Beide Eltern unterbrachen immer wieder ihr ruhiges Spiel, indem sie ihre Aufmerksamkeit auf sich zogen, so, als ob Sophie permanent in Gefahr wäre. Unseren ersten Eindrücken zufolge, über die wir uns durch Blickkontakt verständigten, schien die elterliche Beschreibung, Sophie sei ein „gefährdetes Baby", eher Mutters subjektive Realität ausdrückte. Ihr Bild von Sophie unterschied sich von der Beobachtung eines gesunden, gut genährten, selbstsicheren Babys. Die objektive Realität schien mit der Wahrnehmung der Mutter nicht übereinzustimmen.[4]

---

[4] Daniel Stern (1991, 179) weist darauf hin, daß „die meisten Eltern ein Bündel ‚positiver Verzerrungen' über ihr Baby entwickeln. Ihr Baby ist für sie das schönste, faszinierenste, tüchtigste und liebenswerteste Baby der Welt ... Emotional erleben sie es als mächtige subjektive Realität." Das Fehlen einer solchen positiven Verzerrung bei jungen Eltern ist ein beunruhigendes, prognostisches Zeichen.

Die ganze schreckliche Geschichte ihres Leidens im Spital, ihrer schlechten Behandlung und ihrer Ängste strömte aus der Mutter heraus, als hätte sich eine Schleuse geöffnet, um all das angestaute Leid herauszulassen.[5] Die Mutter sprach mit einer leidenden, monotonen, gepreßten Stimme detailliert, aber mit wenig Struktur, so daß es schwierig war, ihr zuzuhören. Dieser Art Litanei des Schmerzes und der Klage entnahmen wir ein Leitthema, nämlich: „Niemand sagt mir etwas, niemand hilft mir!" Die Mutter schien sich abgelehnt und abschätzig behandelt gefühlt und niemals die richtige Antworten bekommen zu haben.

In der ersten Viertelstunde war es fast unmöglich, den Redefluß der Mutter zu unterbrechen. Wir fühlten uns überwältigt und hoffnungslos. Wir waren auch verwirrt, weil es uns schwer fiel, die wesentlichen Fragen oder den genauen Hergang der Geburt zu verstehen. Der Vater ergänzte die Erzählung durch Hinweise darauf, welche Fehler der Gynäkologe gemacht hatte. Ein erster emotionaler Kontakt entstand, nachdem die Therapeutin A gesagt hatte: „*Was* wurde nicht gehört?" Mit veränderter Stimme konnte nun die Mutter über ihre Angst sprechen, daß etwas mit Sophie nicht in Ordnung gewesen sei. Sie beschrieb klar die für sie unverständliche frühe Trennung von Sophie nach der Geburt. Sie fand Sophie in der Intensivabteilung und machte sich Sorgen. Niemand hatte ihr erklärt, welche Untersuchungen gemacht wurden. Erst später erfuhr sie, daß in der Geburtsabteilung kein Bett frei gewesen sei. Als die Mutter nun ruhiger über konkrete Vorfälle sprechen konnte, statt allgemein über das skandalöse Verhalten der Ärzte zu klagen, erwähnte sie auch, daß Sophie mit der Milch einer anderen Frau gefüttert worden sei, obwohl sie selbst genug Milch gehabt hatte und sie auch stillen wollte. Als sie das erzählte, reagierten beide Therapeutinnen mit Abscheu und Fassungslosigkeit. Diese emotionale Reaktion wurde von Vater und Mutter mit Erleichterung und Dankbarkeit aufgenommen, da sie im Kontrast zur Reaktion der Ärzte stand, die „niemals einen Fehler zugeben konnten" und die Reaktion der Eltern als übertrieben dargestellt hatten. „Das ist solch eine Mißachtung dessen, was mit Ihnen geschehen ist", lautete der Kommentar der Therapeutin A.

Nachdem sich beide Elternteile verstanden gefühlt hatten, konnte der Vater auf die großen Ängste der Mutter eingehen. Indem wir ihre Situation verstanden und stellvertretend ihre Gefühle ausgedrückt hatten, entstand mehr psychischer Raum, der es dem Vater gestattete, seine Schulter-an-Schulter-Kampfposition aufzugeben und über die Probleme nachzudenken. Er sagte:

„Da war Angst und diese wurde auf verschiedene Dinge gerichtet ... Sie war ängstlich wegen einer Sache und dann wegen einer anderen ... Ich fragte, wovor sie als nächstes Angst haben würde."

Sobald der Vater die Hypochondrie seiner Frau erwähnt hatte, begann Sophie, die mit einem Teddybär gespielt hatte, ein bißchen zu weinen. Die Mutter setzte sich zu Sophie auf den Boden und spielte mit ihr, bis sie sich beruhigte. Der Themenwechsel schien es der Mutter zu ermöglichen, das Besprochene zu verdauen.

In der folgenden Sequenz stand die Beziehung der Eltern zueinander im Mittelpunkt. Der Vater beschrieb, wie er mit den Ängsten der Mutter umgegangen sei und wie er ihre Ängste bis zu Sophies Geburt beruhigen konnte. Durch zwei Kommentare der

---

[5] Es war keine Chance die drei wesentlichen Elemente des Umgangs mit dem Baby zu erheben, wie sie Daws in ihrem Buch beschrieben hat, nämlich: erstens nach der täglichen Routine der Versorgung des Babys, zweitens nach den Erinnerungen an die Schwangerschaft, Geburt und die ersten Wochen danach und drittens nach den Beziehungen der Eltern zueinander und zu ihren eigenen Eltern (Daws 1989, 21).

Therapeutin fühlte sich die Mutter verletzt und kritisiert, eine Bemerkung lautete: „Sie kennen das Muster." und die andere: „Haben sie eine ängstliche Frau geheiratet?" Die Mutter erlebte sich kritisiert und fürchtete, daß der Vater mit der einen Therapeutin eine Koalition gegen sie einnehmen würde. Sie wies die Therapeutin und ihren Mann zurecht, indem sie antwortete, daß ihr Mann ihre Angst nicht neutralisieren könne, sondern nur ärgerlich werde. Sie sagte das mit sanfter Stimme und mit einem entschuldigenden Lächeln. Als wir die Situation mit dem Hinweis deuteten, daß sie es vielleicht schwierig fände, ihren Ärger und ihre Enttäuschung auszudrücken, reagierte sie und gab uns den ersten Hinweis auf einen zentralen unbewußten Konflikt. Sie sagte:

„Ich nehme an, ich habe eine bestimmte Vorstellung, wie eine Familie sein soll ... Meine Familie, meine Eltern sind geschieden. Eigentlich war mein Vater während meiner Kindheit gar nicht anwesend, und ich habe ... (Sie unterbricht sich.) ... Ich möchte unbedingt für meine Kinder einen Vater haben, der da ist ... obwohl meine Familie glücklich war ... Mein Vater war nicht da, wir hatten keine Onkeln und Tanten, beide Großeltern waren tot ... Ich meine, mein Ideal ist eine glückliche Ehe mit mehreren Kindern, Großeltern, Onkeln und Tanten."

Die Art und Weise, in der die Mutter über ihre stark idealisierten Vorstellungen von Familie sprach, und die unklare Beschreibung der Abwesenheit des Vaters vermittelte den Eindruck eines bedrohlichen Geheimnisses, an das man nicht rühren soll. Beide Therapeutinnen vermuteten, daß es hier einen möglichen Zusammenhang zwischen den unklaren Sorgen der Mutter und einem verdrängten Konflikt in der Familie der Mutter gab.

Sophie spielte am Boden mit Plastikbechern und ihrem Teddy, „sprach" mit ihm, indem sie in Babysprache freundliche Laute von sich gab. Beide Eltern behielten sie ununterbrochen im Auge. In dem Moment, in dem sie ihre Hand nach einem Gegenstand ausstreckte und „ah" sagte, sprang ein Elternteil auf, um ihr den Gegenstand in die Hand zu geben. – Sophie erhielt nie die Gelegenheit, eine Distanz selbst zu überwinden und einen Gegenstand alleine zu ergreifen.
Sophie hatte oft Blickkontakt zu den beiden Therapeutinnen, lächelte uns an oder reichte uns einen Gegenstand. Eine Therapeutin äußerte die Vermutung, daß die Mutter meinte, Sophie brauche all ihre Aufmerksamkeit, und erinnerte sie zugleich daran, daß sie auch Ehefrau war und ihr Gatte auch ihre Aufmerksamkeit brauchte. In diesem Moment sprachen alle vier gleichzeitig. Der Vater stimmte zu, und die Mutter erinnerte sich daran, daß er sich darüber beschwert hatte, daß sie ihn im Brief nur in einem Satz erwähnt hatte, den die andere Therapeutin zitierte. Wir stimmten alle in ein freundliches Lachen ein, das uns näher zusammenbrachte. In diesem Moment schienen die Therapeutinnen nicht wie eine kritische Mutter und einer ablehnende Schwiegermutter, sondern vielmehr wie zwei wohlwollende Personen erlebt zu werden, die die eheliche Beziehung, Liebe und Sexualität des Paares, förderten.
Wenn wir den bisherigen Stundenverlauf betrachten, meinen wir einen inneren Konflikt der Mutter verstehen zu können, die sich mit Sophie identifiziert und die ihr vorenthaltene väterliche Zuwendung nachholen will, sich jedoch gleichzeitig überfordert fühlt und ihre eigene Bedürftigkeit in ihrer übertriebenen Sorge um ihren Körper zum Ausdruck bringt.

Danach sprach die Mutter mehr zusammenhängend über ihre Einsamkeit im Spital, die sie empfand, obwohl ihr Gatte sie täglich lange besucht und auch ihre Mutter sie unterstützt hatte. Es wurde klar, daß sie (unbewußt) auf jemand anderen gewartet hatte, eine Deutung, die die Mutter aufnehmen konnte. Später wurde deutlich, daß sie gehofft hatte, ihr verschwundener Väter käme sie besuchen und sei an ihrem Baby interessiert. Im Kontrast zu dieser Einsamkeit stand Sophies Verhalten, das von einer Therapeutin folgendermaßen beschrieben wurde:

„Sophie ist sehr ausgeglichen ... Sie wachte langsam auf ..., schaute sie (die Mutter) zuerst an, wandte sich dann mir zu, weil ich in ihrem Blickfeld saß ... Die Eltern setzten sie auf und dann schaute sie uns beide an ... Sie war in der Lage, wahrzunehmen, wo sie war; sie war interessiert; und die Eltern ließen das zu, indem sie Sophie so mit dem Rücken zu sich hielten, daß sie sehen konnte, wo sie war ... Dann wollte sie zu ihrem Vater. ‚Schauen sie, wie sie spielt, sie schaut sehr glücklich aus.'"

Während der Vater zustimmte, wie glücklich Sophie aussah, meinte die Mutter mit trauriger Stimme: „Ich glaube, sie ist unglücklich ... das hat auch der Sozialarbeiter gesagt: ‚Sie schaut so unglücklich aus, wie sie.'" Diese Äußerung machte uns klar, daß die Mutter ihr Unglücklichsein und die Wut über den abwesenden Vater auf Sophie übertrug, daß sie – im Gegensatz zu den anderen drei Erwachsenen im Raum – Sophie wirklich als unglücklich erlebte. Sophie wurde zur Person, um die sich die Mutter sorgen konnte. Die Mutter konnte einen Hinweis darauf mit ihrer eigenen Erfahrung verknüpfen, daß sie sich schuldig fühlte, depressiv zu sein. Als wir die Möglichkeit ansprachen, daß sie auf Sophie auch ärgerlich sein könnte, wurde aus ihrer Reaktion deutlich, welche Angst sie davor hatte, mit tieferen Gefühlen in Kontakt zu kommen. Sie sagte:

„Ich finde es überhaupt schwer, ärgerlich zu sein ... Meine Mutter fand es auch extrem schwer, ärgerlich zu sein, so, als ob dann die ganze Welt zusammenbrechen würde. Und ich bin wie sie. Mein Mann kann extrem ärgerlich werden."

Diese Sequenz zeigt, wie hilfreich die Gegenwart des Vaters bei der Therapie sein kann, da wir seine Reaktionen nützen konnten, um unterschiedliche Wahrnehmungen über Sophie herauszuarbeiten. Der Deutung, daß die Mutter Sophie die Schuld für ihrer Diabetes gab, die sie während der Schwangerschaft entwickelt hatte, stimmte die Mutter zu und erzählte von ihren Sorgen, die sie sich um ihren Körper machte. Sie war davon überzeugt gewesen, daß sie wegen einer Genitalinfektion unfruchtbar war, die sie sich mit ihren früheren Partner zugezogen hatte; und sie sprach über ihre Angst vor einer Fehlgeburt und über unbestimmte Bauchschmerzen, die im Jänner untersucht werden sollten.
Sophie spielte währenddessen mit Plastikbechern und begann an dieser Stelle unvermittelt zu weinen. Sie könnte Mutters unterdrückte Trauer und Wut aufgenommen und ausgedrückt haben.
Der Vater konnte sein Mitgefühl mit beiden ausdrücken. Er nahm seine Frau in den Arm. Dann hob er Sophie auf und tröstete sie, ließ sie aus dem Fenster schauen, so daß sie sich rasch wieder beruhigte. Sophies Schreien war heftig und klang wie eine Darstellung all der Schmerzen, die die Mutter nicht direkt zu zeigen wagte. Wir waren alle überwältigt von der plötzlichen Reaktion. Beide Therapeutinnen waren im Moment unfähig, ihre Eindrücke in Worte zu fassen. Die Mutter konnte aufnehmen, wie eng Sophie mit ihr

verbunden war und daß sie ihren unterdrückten Gefühlen so viel Sensibilität entgegenbrachte.[6]

3.4 Die zweite Sitzung

In der zweiten Sitzung gab es eine weitere Szene, in der uns Sophie half, die versteckte
Bedeutung der Erzählung der Mutter zu verstehen. Am Beginn erzählte die Mutter, daß
Sophie gestern in der Nacht fünf Mal aufgewacht sei. Danach fuhr die Mutter
optimistischer fort, indem sie berichtete, daß sie begonnen habe, Sophie während des
Tages abzustillen und daß Sophie die feste Nahrung gerne esse, was wir als positiven
Entwicklungsschritt einer Trennung von der Mutter würdigten. Danach verdüsterte sich
das Bild, als die Mutter bemerkte, daß „sie sich Sorgen mache, daß Sophie etwas
Schreckliches passieren werde". Diese Sorgen hingen „wie dunkle Wolken" über ihr. Sie
könne sich nicht an Sophies Entwicklung erfreuen. Ganz im Gegenteil: Sie sehe immer
besorgniserregende Dinge, die ihr wie „autistische Züge" vorkamen, und sie war
überzeugt, daß Sophies Entwicklung verzögert sei. Eine Therapeutin brachte Mutters
Gedanken auf den Punkt. Die Mutter konnte folgen und erleichtert lachen. Und immer
wieder klang das Motiv an: „Mir wurde nicht gesagt, was wirklich geschah. Ich spürte,
daß etwas geschah, ohne darüber Genaueres zu erfahren."
Wir beobachteten eine aktive Sophie, die verschiedene Spielsachen ergreifen konnte und
sie erforschte, bis die Eltern sie daran hinderten. Wenn sich Sophie umzudrehen
versuchte, drehte sie ein Elternteil um oder setze sie auf, um sie an ihre Knie anlehnen zu
lassen. Als eine der Therapeutinnen diese Interaktion beschrieb, waren beide Eltern total
überrascht. Sie hatten noch nie bemerkt, wie sie aktiv eingriffen, und hatten gedacht,
Sophie rufe sie. Es war klar, daß die Sorgen und Ängste der Eltern nichts mit Sophies
Verhalten zu tun hatten, sondern mit ungelösten Konflikten aus dem Leben der Mutter.
Eine Therapeutin beschrieb dies so:

„Es gibt Geheimnisse in ihrer Kindheit ... Ich vermute, daß ihr und ihrer Schwester grundlegende
Dinge nicht erklärt wurden, die sie verstanden und die ihre Befürchtungen vermindert hätten ... Und
ihnen gelang es auch nicht, die Fragen zu stellen ..., sondern sie wurden in Details verstrickt, die
mehr und mehr verwirrend wurden. In ihrer Kindheit, besonders, als ihr Vater die Familie verließ,
bekamen sie vielleicht nur Einzelheiten, nicht aber die ganze Geschichte erklärt, und hatten den
Eindruck, nicht fragen zu dürfen."

Diese Deutung verknüpft die Art und Weise der Erzählung der Mutter mit dem
grundlegenden Muster des mütterlichen Problems. Wir konnten uns kaum ein Bild davon
machen, was wirklich im Spital bei der Geburt geschehen war, obwohl die Erzählung
übervoll mit Details war. Wir fühlten uns verwirrt, hilflos und unfähig, klärende Fragen
zu stellen, als ob die Mutter zu verletzlich sei und nicht gestört werden dürfte. Damit
hatte die Mutter eine Situation geschaffen, in der wir uns so fühlen sollten, wie sie sich
als Kind gefühlt hatte. Indem sie diese Gefühle auf uns projizierte, konnte sie diese mit
uns kommunizieren. Diese Deutung ermöglichte es der Mutter, zusammenhängend über
den Verlust ihres Vaters zu sprechen:

---

[6] Einige Therapeuten weisen auf die Fähigkeit von Kleinkindern hin, unbewußt Gefühle der Eltern
aufzunehmen und auszudrücken, die sich in der Intonation und mimischen und visuellen Signalen
äußern (Lebovici 1988, 1990; Stern 1985).

„Ich wußte nie, lebte tatsächlich aber in der Überzeugung, daß er zurückkommen werde ... Wir wußten nicht, warum (er weg war) oder was geschehen würde und ob meine Mutter ihn sah ... Wir wußten nicht, was geschah ... Ich habe meinen Vater ungefähr fünfmal in meinem Leben gesehen. (Sophie seufzte.) Sie waren verheiratet und wir erwarteten, daß er zu uns heimkommt, damit wir eine Familie sein könnten."

Die Mutter hatte die Geschichte mit flacher Stimme erzählt, so, als ob es die Geschichte einer anderen Person sei. Als plötzlich Sophie in ein herzzerreißendes Weinen ausbrach, so, als ob sie sich von niemandem jemals beruhigen lassen könne, verstanden die Eltern das als einen „kleinen Parameter", der Mutters unterdrückte Gefühle zum Ausdruck brachte. Am Ende der Stunde wirkte die Mutter erschöpft, aber erleichtert.

3.5 Die weiteren Sitzungen

Zwischen der zweiten und dritten Sitzung hatte die Mutter erstmals gewagt, mit ihrer Mutter über den abwesenden Vater zu sprechen. Erst in diesem Gespräch erfuhr sie, daß ihr Vater in all den Jahren mit einer anderen Frau in derselben Stadt gelebt hatte, was vor ihr und ihrer Schwester jedoch als Geheimnis behandelt wurde. Dieses Gespräch war für sie und ihre Mutter befreiend und sie konnte den Schmerz ihrer Mutter und ihr Verlassensein besser verstehen.

In all den Jahren war ihr erzählt worden, daß der Vater als Marineoffizier mit dem Schiff unterwegs sei und bald zurückkommen werde. Sie hatte als Kind bereits eine schreckliche Ahnung, daß irgend etwas grundlegend falsch sei, konnte es aber nicht klar fassen und getraute sich mit niemanden darüber sprechen – nicht einmal mit ihrer Schwester.

Ihre grenzenlosen Ängste schlugen sich in ihren Sorgen um Sophie sowie in hypochondrischen Schmerzen und Magenschmerzen nieder. Sie hatte vermutlich kein klares Bild von einer funktionierenden elterlichen Beziehung; und wahrscheinlich war auch ihre Vorstellung von Geschlechtsverkehr vom Bild funktionierender Körperteile bestimmt. Sie kannte keine stabile elterliche Beziehung, sondern nur die brüchige Fassade der Beziehung ihrer Eltern, für die die ständige Abwesenheit des Vaters eine Bedrohung darstellte.

In der vierten und fünften Stunde gab es ein ausgewogenes Verhältnis zwischen den Themen, die sich mit Sophie beschäftigten (wie sie zu Bett gebracht und abgestillt wurde), und den Themen, die von den Problemen in den Herkunftsfamilien der Eltern handelten. Beide Elternteile begannen ihre Reaktionen auf Sophie zu beobachten und erzählten, welche Mühe es sie kostete, sich zurückzuhalten und Sophie alleine etwas tun zu lassen. Zu ihrer totalen Überraschung freute sich Sophie enorm, Dinge alleine tun zu können. Sophie zeigte große Ausdauer, wenn sie etwas erreichen konnte, bemühte sich, und wenn ihr etwas gelang, drehte sie sich um und strahlte die Eltern an, die sie dann lobten. Sophie schien mehr Raum für eine eigenständige Entwicklung zu haben. Beim Essen durfte Sophie nun auch einen kleinen Löffel halten und versuche sich und die Mutter zu füttern, ein wichtiger Schritt in Richtung Selbständigkeit.

In der geplanten fünften Sitzung überraschten uns die Eltern mit der Mitteilung, daß sie „gute Nachrichten" hätten: sie erwarteten ihr zweites Baby. Sie waren erfreut, daß ihre

Sorge, sie könnte kein weiteres Baby mehr bekommen, unbegründet gewesen waren.

Da die Mutter aber noch unsicher und ängstlich war und unsere Hilfe weiter in Anspruch nehmen wollte, vereinbarten wir drei weitere Sitzungen. Es war wichtig, dafür klare Bedingungen zu verhandeln, da die Verlängerung des Prozesses zum Teil mit der neuen Schwangerschaft zusammenhing, zum anderen Teil aber auf Trennungsängste der Eltern verwies.

Wir sahen sie in einem Abstand von sechs Wochen und konnten beobachten, wie der Vater selbstsicherer und durchsetzungsfreudiger wurde. Er konnte sich, nachdem seine unzureichende Trennung von seinen Eltern bearbeitet wurde, auch von ihnen klarer abgrenzen. Seine Eltern, die Juden waren, lehnten seine Frau nicht zuletzt deshalb ab, weil sei keine Jüdin war, und wollten nur ihn und Sophie sehen. Nun gelang es dem Vater, seinen Eltern klarzumachen, daß sie entweder ihn mit seiner gesamten Familie oder aber niemanden von ihnen sehen könnten. In der Übertragung war eine Therapeutin rasch als ähnlich kritisch und ablehnend wie die väterliche Schwiegermutter erlebt worden.

Die Mutter konnte mit ihren Ängsten bezüglich der Schwangerschaft besser umgehen, so daß sich keine Komplikationen einstellten. Sie konnte an einem Tag pro Woche einer Teilzeitarbeit nachgehen, was ihr Abwechslung und berufliche Bestätigung brachte, ohne sie zu lange von Sophie fernzuhalten. Sie hatte sich nicht vorstellen können, solche Arbeitsbedingungen aushandeln zu können, und war überrascht, wie leicht es ging. Sophie, die bei allen Sitzungen dabei war, begann an ihrem ersten Geburtstag zu gehen, war aktiv und entdeckungsfreudig und wurde jedesmal selbständiger.

Nach der Geburt ihrer zweiten Tochter – sie hatten das Geschlecht des Kindes vor beiden Eltern und beiden Therapeutinnen geheim gehalten – schrieb sie den folgenden Brief, dem sie auch ein Bild des neuen Babys beilegte. Er lautete:

„Liebe Mrs. Daws,
unser Baby ist, wie sie sehen, gekommen. Ich bekam Wehen, ohne dessen gewahr zu sein, kam im Spital schon mit weit geöffnetem Muttermund an, so daß ich ohne Drogen, Medikamente oder Schmerzmittel auskam. So konnte ich verhindern, daß die Geburt eingeleitet werden mußte. Der einzige negative Punkt war, daß man die Plazenta entfernen mußte. Während der ganzen Zeit brauchte ich keine Schmerzmittel und konnte schon ein paar Stunden danach herumgehen.
Sophie ist emotional sehr fragil, aber wir erwarteten es und können es managen.
Danke für die Sitzungen, die sie uns gewährt haben. Ich bin mir sicher, sie haben mir geholfen, während der gesamten Schwangerschaft ruhiger zu sein. Alle Hebammen haben eine Veränderung bei mir bemerkt. Nun beginne ich, wie sie sich vorstellen können, mir Sorgen zu machen, über die Entwicklung des Babys, darüber, wieder schwanger zu werden, usw. Ich bin jedoch, denke ich, viel besser in der Lage, meine Sorgen zu kontrollieren.
Noch einmal vielen Dank für ihre Hilfe."

Schon die Kürze des Briefes zeigt eine enorme Veränderung der Mutter, die sich nun klar ausdrücken kann und deren Ängste nicht mehr in den Beziehungen zu anderen Personen ihrer Umgebung ausgelebt werden mußten. Beide Eltern nützten die Chance, sich während der Therapie mit ihren Eltern auseinanderzusetzen und eine neue Identität als Familie zu entwickeln. Die Trennung war von der Angst begleitet, das Leben als eigenständige Familie alleine nicht schaffen zu können; aber die Art, wie diese Angst bearbeitet wurde, schien für diese Familie eine Art Modell abzugeben, das ihr Orientierung vermitteln konnte und ihr verdeutlichte, daß nach Trennungen auch Positives erhalten bleiben kann. Überdies war es uns in der Abschlußphase gelungen, darüber zu sprechen, daß die

Lebenssituation von Sophies Mutter nun deutlich besser war als die ihrer Mutter und daß Sophies Mutter befürchtete, sich deshalb ihrer Mutter gegenüber (oder, in der Übertragung, auch uns gegenüber) schuldig zu fühlen. Sophies Mutter schien sich nun auch besser vorstellen zu können, daß wir ihr ein zweites Baby gönnen könnten.

4. Zusammenfassung

In der ersten Sitzung vermuteten wir, daß es in der Familie der Mutter ein gut gehütetes Geheimnis gab, das zu einer Verzerrung der Wahrnehmung von Sophie führte. Mehr noch als der erzählte Inhalt wies die Struktur der Erzählung auf etwas Verborgenes hin. Sophies Mutter erzählte viel, hielt aber das Wichtige zurück und vermittelte durch ihr Klagen den Eindruck, daß ihr niemand zuhöre.

Das Verschwinden des Vaters von Sophies Mutter und dessen Bedeutung für Sophies Mutter standen im Mittelpunkt der zweiten Sitzung. Angeregt durch die Therapie konnte die Mutter mit ihrer eigenen Mutter sprechen und so das familiäre Tabu brechen. Durch das Gespräch zwischen Mutter und Großmutter entwickelte sich eine neue Form der Nähe, die es der Mutter ermöglichte, die Hilfsangebote ihrer Mutter leichter anzunehmen. Auch die Großmutter schien erleichtert zu sein, das Geheimnis nicht mehr alleine tragen zu müssen und Verständnis bei ihrer Tochter zu finden.

Das Besprechen der Probleme mit Sophie brachte eine neue Dynamik in die Abgrenzung der Eltern von ihren Herkunftsfamilien. Vor allem der Vater wurde sich bewußt, wie kränkend es für seine Frau war, von der Mutter des Vaters abgelehnt zu werden. Es gelang ihm, sich gegen seine Eltern durchzusetzen. Wie klar beide Elternteile die Grenzen ihrer eigenen, neuen Familie halten konnten, zeigte die Geheimhaltung des Geschlechts des neuen Babys vor den Großeltern und auch vor uns.

Innerhalb der Beziehung zwischen den Eltern schien sich eine neue Balance von Macht und Einfluß herzustellen. Der Vater konnte viel klarer seine Meinung ausdrücken und war durch seine Kommentare sehr hilfreich für das Verstehen der unbewußten Konflikte. Während der Therapie fand er einen interessanteren und besser bezahlten Job und übernahm mehr Verantwortung innerhalb der Familie. Wir nahmen an, daß er vielleicht vor Sophies Geburt mehr die Rolle eines Sohnes innehatte und von seiner Frau bemuttert worden war. Durch die Geburt seiner Tochter schien die alte Rollenverteilung obsolet geworden zu sein.

Eine weitere wichtige Dimension schien in der Lösung unbewußter ödipaler Konflikte bei beiden Elternteilen zu liegen. Die Mutter fühlte sich ihrer Mutter gegenüber unbewußt schuldig, weil sie etwas hatte, nämlich ein Baby, und einen Ehemann, was ihre Mutter nie wirklich gehabt hatte. Besonders deutlich wurde ihre „Selbstbestrafung" durch ihre Überzeugung, kein zweites Kind bekommen zu können: Die Möglichkeit, ein zweites Kind *und* einen Mann haben zu können, schien sie wie einen Triumph über ihre Mutter zu erleben, denn sie sich nicht gestatten konnte.

Vaters erster Schritt zu einer stärkeren Abgrenzung von seiner Mutter war der Wahl seiner Frau, die als Nichtjüdin von seinen Eltern nicht akzeptiert wurde. Sein Vater, so kann ergänzt werden, war ein schwacher Mann und konnte ihm kein Modell eines selbstsicheren Vaters geben, der stark genug war, seine Frau zu unterstützen und sich um das Baby zu kümmern. Gemeinsam entwickelten Vater und Mutter eine Vorstellung über Kindererziehung, die sich von den Vorstellungen ihrer Eltern unterschied.

Eine kurze Eltern-Kleinkind-Therapie kann natürlich keine tiefgreifenden Persönlichkeitsveränderungen bewirken. Es geht viel mehr darum, gemeinsam mit den Eltern die Hintergründe des Problems zu verstehen und damit einen hilfreichen Prozeß in Gang zu setzen. Es ist dabei sehr wichtig, die Selbständigkeit der Eltern zu fördern und etwaige elterliche Wünsche, Rezepte oder Lösungsvorschlägen zu bekommen, in ein gemeinsames Nachdenken überzuführen.

Auf der Ebene der Genübertragung besteht die Gefahr, sich zu sehr mit dem Säugling zu identifizieren und sich ideale Eltern vorzustellen. Eine solche Haltung hindert ein offenes Herangehen an familiäre Probleme. Zudem stehen viele Eltern bereits unter dem hohen Druck, perfekte Eltern sein zu müssen, und haben deshalb Schwierigkeiten, sich ihre ambivalenten Gefühle dem Kind gegenüber einzugestehen.

Gerade das Verstehen der negativen Gefühle den eigenen Eltern gegenüber oder das Gefühl, kritisiert, nicht ernst genommen oder verspottet zu werden (wie es die Mutter von Sophie der Therapeutin A gegenüber hatte), eröffnet einen guten Zugang zu schwer besprechbaren Dimensionen des Problems. In unserem Fall konnten damit die Frage der Ablehnung durch die Schwiegereltern und die einseitige Unterstützung des Vaters deutlich werden. Mutters Tendenz, die Schuld bei allen Schwierigkeit bei sich zu suchen, hatte auch die Wurzel in ihrer Überzeugung, an Verschwinden des Vaters schuld zu sein, so wie viele Kinder geschiedener Eltern die Schuld für die Scheidung bei sich suchen.

Es ist immer wieder überraschend, wie schnell sich Verbesserungen im Befinden der Familie in der Therapie ergeben. Dies scheint mit der besonderen Situation einer Familie nach der Geburt eines Kindes zusammenzuhängen, mit der sensiblen emotionalen Befindlichkeit des Vaters und der Mutter nach der „Geburtskrise", wie Brazelton es nennt. Ich meine, daß durch die Geburt eines Kindes die innere psychische Welt der Eltern aufgewühlt wird, so daß unerledigte oder belastende Konflikte an die Oberfläche kommen, d.h. dem Bewußtsein näher sind. Wenn wir eine andere Metapher heranziehen, so können wir die Geburt eines Babys mit dem geologischen Bild des Entstehen eines Berges vergleichen, einem Prozeß, der tiefe Gesteinsschichten an die Oberfläche bringt. In ähnlicher Weise werden verdrängte emotionale Konflikte mit den eigenen Eltern aufgewühlt und diese Aspekte können, wenn sie unerträglich sind, auf das Baby projiziert werden. Darüber hinaus müssen sich die Eltern mit ihrem Bild des Vater- oder Mutterseins in Relation zu den eigenen Eltern auseinandersetzen – sei es, daß sie ihre Eltern als Vorbild oder daß sie Erinnerungen an ihre Kindheit als abzulehnende Erfahrungen begreifen. Eigene ideale Vorstellungen des Elternseins werden in gewaltsamer Weise mit der Realität konfrontiert. Diese Phänomene bilden ein mächtiges Motiv, Hilfe anzunehmen, um eine Verbesserung zu bewirken.

Das Eindringen eines neuen Babys in die Familie aktiviert auch eigene „Baby-Anteile" in den Eltern – Gefühle von Gier, Neid, Omnipotenz, Hilflosigkeit, die von einer hilfreichen Umwelt aufgenommen und aufgehoben werden sollen (Containment). Vor allem Eltern, deren eigene Eltern gestorben oder weit weg sind, können das Containment der Eltern-Kleinkind-Therapie gut nützen, was oft dramatische Erfolge nach sich zieht. Die Therapeuten übernehmen oft, wie auch bei Sophie, die Rolle einer positiv oder negativ erlebten Großmutter. Ist ersteres der Fall, so erleben sie Therapeuten als wohlwollende Personen, die zuhören und beobachten können, was den jungen Eltern oft hilft, mehr

Vertrauen in ihre eigenen Fähigkeiten zu entwickeln und verdrängte Aspekte ihrer eigenen Kindheit besser zu integrieren. Ist letzteres der Fall, so werden Therapeuten als kritisch und neidisch erlebt, was dann im therapeutischen Prozeß bearbeitet werden kann.

Literatur

Cramer, B., Stern, D.N. (1988): Evaluation of changes in mother-infant brief therapy: A single case study. In: Infant Mental Health Journal 9, 20 15

Cramer, B. et.al (1990): Outcome evaluation in brief mother-infant psychotherapy: A preliminary report. In: Infant Mental Health Journal 11, 278-300

Daws, D. (1989): Through the Night. Helping Parents and sleepless infants. Free Association Books: London

Daws, D. (1999): In: Datler,W., Figdor, H., Gstach, J. (Hrsg.): Die Wiederentdeckung der Freude am Kind. Psychoanalytisch-pädagogische Erziehungsberatung heute. Psychosozial Verlag: Gießen, 143-153

Diem-Wille, G. (1999): Über den Zusammenhang zwischen Trennungsproblemen einer Mutter und Schlafproblemen eines Kleinkindes. Robin – die Falldarstellung einer Eltern-Kleinkind-Beratung. In: Dater,W., Figdor, H., Gstach, J. (Hrsg.) (1999): Die Wiederentdeckung der Freude am Kind. Psychoanalytisch-pädagogische Erziehungsberatung heute. Psychosozial Verlag: Gießen, 90-104

Emde, R. (1988): Introduction: reflections on mothering and on reexperienceing the early relationship experience. In: Infant Mental Health Journal 9, 4-9

Feldman, M., Spillius, E.B.(1994): Allgemeine Einführung in: Betty Joseph: Psychisches Gleichgewicht und psychische Veränderung. Klett-Cotta: Stuttgart

Fraiberg, S. (1980) (Ed.): The First Year of Life: Clinical Studies in Infant Mental Health. Tavistock Publications: London and New York

Hopkins, J. (1992): Infant-parent psychotherapy. In: Journal of Child Psychotherapy 18, 5-7

Lazar, R.A. (1993): „Container – Contained" und die helfende Beziehung. In: Ermann, M. (Hrsg.): Die hilfreiche Beziehung in der Psychoanalyse. Vandenhoeck und Ruprecht: Göttingen, 68-91

Lazar, R.A., Lehmann, N., Häußinger, G. (1986): Die psychoanalytische Beobachtung von Babys innerhalb der Familie. In: Stork, J. (Hrsg.): Zur Psychologie und Psychopathologie des Säuglings – neue Ergebnisse in der psychoanalytischen Reflexion. frommann-holzboog: Stuttgart u.a., 185-211

Lebovici, S. (1988): Fantasmatic interaction and intergenerational transmission. In: Infant Mental Health Journal 9, 10-19

Lebovici, S. (1990): Der Säugling, die Mutter und der Psychoanalytiker. Klett-Cotta: Stuttgart

Joseph, B. (1985): Übertragung: Die Gesamtsituation. In: Betty Joseph: Psychisches Gleichgewicht und psychische Veränderung. Klett-Cotta: Stuttgart, 231-248

Miller, L. (1992): The relation of infant observation to clinical practice in an under fives counselling service. In: Journal of Child Psychotherapy 18, 19-32

Reid, S. (1996) (Ed.): Infant Observation: The Tavistock Model. Routledge: London

Rustin, M.(1989a): Encountering primitive anxieties. In: Miller, L. (Ed.): Closely observed infants. Duckworth: London, 7-21

Rustin, M.(1989b): Observing infants: Reflections on methods. In: Miller, L. (Ed.): Closely observed infants. Duckworth: London, 52-75

Salzberger-Wittenberg, I. (1991): Brief therapeutic work with parents of infants. In: Szur, R., Miller, S. (Ed.): Extending Horizons. Psychoanalytic Psychotherapy with Children, Adolescents and Families. Karnac Books: Routledge, 83-105. – Eine Übersetzung dieses Artikels findet sich in diesem Band des Jahrbuchs für Psychoanalytische Pädagogik.

Stern, D. N. (1985): The interpersonal world of the infant: A View from Psychoanalysis and Developmental Psychology. Basic Books: New York

Watillon, A. (1993): The dynamics of psychoanalytic therapies of the early parent-child relationship. In: International Journal of Psycho-Analysis 74, 1037

Ludwig Janus

Zur Thematisierung vorgeburtlicher und geburtlicher Erfahrungen in pädagogischen Zusammenhängen – Ideen und Vorstellungen

Einleitung

In den letzten Jahren hat sich in unserer Gesellschaft über das Interesse am „kompetenten Säugling" auch zunehmend ein Interesse am seelischen Erleben vor und während der Geburt entwickelt. Dies wurde gefördert durch vorgeburtliche Filmaufnahmen und Ultraschallbilder vom Kind vor der Geburt. In letzter Zeit hat sich sogar eine Technik der dreidimensionalen Ultraschallaufnahme entwickelt, so daß Eltern heute schon vor der Geburt ein plastisches Bild von ihrem Kind in seiner vorgeburtlichen Lebenswelt erhalten können. Eine weitere Förderung dieses Interesses kam durch die moderne Geburtsbewegung der letzten zwanzig Jahre, die dazu geführt hat, daß Eltern zusammen mit Geburtsvorbereitern und Hebammen eine neue Kultur der Geburtsvorbereitung entwikkelten, in der die Beziehung zum Kind vor der Geburt und die Gestaltung der Geburt selbst sowie das Ankommen des Kindes in unserer Welt in einer ganz neuen Weise thematisiert wurden. Überdies wurde das Interesse an der Frage nach der Bedeutung von Lebenserfahrungen, die ein Kind am Lebensanfang sammelt, durch Beobachtungen in verschiedenen psychotherapeutischen Settings gestützt (Janus 1991), die einen Zusammenhang zwischen frühen, insbesondere negativen Erfahrungen vor und während der Geburt und späteren neurotischen und psychosomatischen Symptombildungen plausibel machten.

Diese Anregungen legten die Frage nahe, in welchem Ausmaß diese Beobachtungen aus der Psychotherapie auch für die Pädagogik relevant sein könnten. Christian Büttner und Jutta Pfeil (1994) haben diese Frage im Band 6 dieses Jahrbuches an einem kasuistischen Beispiel konkret gemacht. Sie versuchten zu zeigen, daß für das pädagogische Verstehen und Begleiten eines verhaltensauffälligen Kindes die Einbeziehung der belastenden Bedingungen bei und nach der Geburt hilfreich war. Im gleichen Band gab ich einen Überblick über die Geschichte der Pränatalen Psychologie und über Beobachtungen aus verschiedenen psychotherapeutischen Settings, die es plausibel erscheinen lassen, einen Zusammenhang zwischen negativen frühen Erfahrungen und späteren Ausbildung von Symptomen und Auffälligkeiten anzunehmen (Janus 1994a). Im darauffolgenden Band 7 dieses Jahrbuches leitete dann Wilfried Datler eine methodenkritische Diskussion anhand dieser beiden Artikel ein (Datler 1995), in der er mit Recht eine größere theoretische und empirische Systematik in der Behandlung der Frage der lebensgeschichtlichen Bedeutung früher Erfahrungen anmahnte. In meinem Versuch einer Antwort im gleichen Band hob ich den noch gewissermaßen „vorwissenschaftlichen" Zustand der Pränatalen Psychologie eines Sammelns und Zusammenführens von Beobachtungen hervor (Janus 1995a). Wir haben folgende Situation:

auf der einen Seite eindrückliche Beobachtungen aus der Psychotherapie und empirische Einzelergebnisse zum vorgeburtlichen Lernen sowie zur Auswirkung von vorgeburtlichem und geburtlichem Streß (Janus 1997a); und auf der anderen Seite eine akademische Entwicklungspsychologie, die nicht, wie der Psychotherapeut durch seinen Patienten mit frühen Schädigungen, gezwungen war, sich der Erforschung der Frage der lebensgeschichtlichen Bedeutung frühester Erfahrung in einer systematischen Weise zuzuwenden und die sich deshalb dieser Frage gegenüber indifferent verhielt.

Hilfreich sind die in den letzten Jahren entstandenen differenzierteren Vorstellungen über verschiedene Formen von Gedächtnis, insbesondere von vorsprachlichen Gedächtnisformen wie dem prozeduralen Gedächtnis, dem episodischen Gedächtnis usw. einerseits und sprachlichem Gedächtnis, semantischem Gedächtnis, narrativem Gedächtnis usw. andererseits (Schacter und Tulving 1994). Für den psychoanalytischen und psychotherapeutischen Bereich wurde diese Frage der Erinnerungsfähigkeit vorsprachlicher Erfahrung von Share (1994) ausführlich durchdiskutiert und die relevante Forschung zur Erinnerungsfähigkeit vorsprachlicher Inhalte zusammengestellt. Die Forschungslage scheint mir die psychotherapeutischen Aussagen zu bestätigen. Auf der Ebene der Einzelfallbeobachtung können insbesondere Körpertherapeuten durch eine Analyse der Reaktion auf Körperberührungen mit hoher Treffsicherheit geburtliche Eigentümlichkeiten erschließen und rekonstruieren (Dowling 1997, Emerson 1997, 1999).

Wie und in welcher Weise kann nun die Perspektive der Pränatalen und Perinatalen Psychologie bei dem genannten Stand der Forschungslage für die Pädagogik hilfreich sein? Es heben sich vier Bereiche heraus, in denen die Frage nach der Bedeutung vorgeburtlicher und geburtlicher Erfahrung Sinn zu machen scheint. Es ist dies (1.) der Bereich der pädagogischen Begleitung werdender Eltern, (2.) der Bereich des Adoleszenzprozesses, (3.) der Bereich der Verhaltensauffälligkeiten bei Kindern und (4.) der Bereich der Adoption. Ich beziehe mich dabei auf Erfahrungen, die ich in Zusammenhang mit einem Lehrauftrag für Pränatale Psychologie an der Erziehungswissenschaftlichen Fakultät der Universität Frankfurt a.M. gesammelt habe, wo sich diese Schwerpunkte in Seminardiskussionen, in der Wahl der Prüfungsthemen und in den Themen von Diplomarbeiten hervorgehoben haben.

1. Pädagogische Aspekte der Begleitung werdender Eltern

In den letzten Jahren hat sich die Szene der Geburtsvorbereitung und der Elternbildung nachhaltig verändert. Es ist eine neue Kultur des Umgangs mit Schwangerschaft und Geburt entstanden. Dabei wurde auch deutlich, was Schwangerschaft und Geburt den Eltern in psychischer Hinsicht – im Sinne einer Identitätsveränderung und Identitätserweiterung – abverlangen. Elternschaft ist biologisch und kulturell begründet, wobei sich der gerade kulturell wirksame Wert als „natürlich" darstellt. Wir beobachten nun in unserer Gesellschaft eine beachtliche Sensibilisierung in bezug auf das Erleben des Kindes sowie eine Steigerung von Empathie dem Kind gegenüber. War es bis vor 30 Jahren in Deutschland noch „natürlich", daß „eine Tracht Prügel noch niemanden geschadet hat", wirkt heute so etwas sehr befremdlich, und man weiß intuitiv um die problematischen Langzeitwirkungen einer solchen Einstellung. Diese Steigerung der Empathie bezog sich auch auf den Säugling, ja sogar auf das Kind bei der Geburt. War es bis 1971 etwa „natürlich", daß die Kinder nach der Geburt eine gute Woche von der Mutter bzw. den Eltern getrennt wurden, und galt es als selbstverständlich, daß das Durchschreienlassen „die Lungen stärkt", so wirkt auch dies heute in einer beunruhigenden Weise befremdlich. Man will es einfach nicht mehr. Ebenso wuchs die Empathie gegenüber dem Kind bei der Geburt und seinen Nöten bei einem hochgradig medizinalisierten Vorgehen, eine Entwicklung, die unter dem Schlagwort „Geburt ohne Gewalt" (Leboyer 1986) popularisiert wurde.

Diese Werteveränderungen stellten den Hintergrund dar, vor dem eine neue Kultur im Umgang mit Schwangerschaft und Geburt entstand (Schiefenhövel, Sich und Gottschalk-Batschkus 1995, Janus 1995b). Dabei trat auch die Bedeutung der Väter hervor (Janus 1995c, Sednaoui-Mirza und Krymko-Bleton 1996, Binkert-Zerkiebel 1998). Als Folge hiervon ist der Umstand anzusehen, daß das Thema der Identitätsveränderung, dem werdende Eltern ausgesetzt sind, einen festen Bestandteil der modernen Ratschlagsliteratur zur Schwangerschaft abgibt (z.B. Verny 1992). Das betrifft die Ebene der psychologischen Verarbeitung des biologisch bedingten Identitätswandels, betrifft aber auch die intergenerationelle Identitätsveränderung und damit die Ausbildung eines elterlichen Selbstverständnisses, das sich von dem der eigenen Eltern unterscheidet. Elternidentität muß in jeder Generation neu geschaffen werden, weil die kulturelle Evolution so rasch voranschreitet, daß man die elterlichen Lösungen nicht einfach übernehmen kann. Dies betrifft heutzutage nicht nur den Umgang mit den älteren Kindern, sondern auch den Umgang mit dem Säugling und den Umgang mit der Geburt. Das bedeutet auch, daß dieser Auseinandersetzungsprozeß um die eigene Elternidentität nicht nur eine Auseinandersetzung mit eigenen Kindheitserfahrungen, sondern auch mit eigenen Säuglingserfahrungen und im Einzelfall sogar mit eigenen Geburts- und Schwangerschaftserfahrungen umfassen kann (Scardino, Barbato, Rudolph und Zichella 1997).

Vielfach ist beobachtet worden, daß Konflikte aus frühester Zeit während der Schwangerschaft und besonders während der Geburt wiederbelebt werden können. Bestimmte Formen des Umgangs mit Geburt können auch bei jenen Personen, die wie Hebammen und Geburtshelfer die Geburten begleiten, induziert werden. Die Sensibilität hierfür beginnt sich zu entwickeln, so daß sich vereinzelt schon Hebammen- und Geburtsvorbereitergruppen gebildet haben, die sich mit diesen Zusammenhängen auseinanderzusetzen (Dowling, mündliche Mitteilung).

All diese Hinweise laufen darauf hinaus, die angedeuteten Entwicklungen zu einer neuen Elternkultur durch Initiativen aus dem pädagogischen Bereich zu unterstützen. Dabei ist an die Entwicklung von Vorstellungen zu einer Form der Elternbildung, Elternschule oder Elternarbeit zu denken, wie dies Christina Kelleher (1996) ausgearbeitet hat.

2. Adoleszenz

Der durch biologische Reifungsvorgänge ausgelöste Wandlungsprozeß der Adoleszenz ist metaphorisch als eine „zweite Geburt" bezeichnet worden (Janus 1996). Aus der Ethnologie wissen wir, daß in Stammeskulturen die Adoleszenz ganz konkret als eine symbolische Rückkehr in den Mutterleib und als Wiedergeburt (Eliade 1961) gestaltet wird. Aus der psychoanalytischen Kulturforschung gibt es Hinweise darauf, daß frühe vorsprachliche Erfahrungen bei der Gestaltung der Initiationsriten ganz konkret reinszeniert werden können (Erikson 1965). Einiges Extreme und Befremdliche im Verhalten von Jugendlichen läßt sich verstehen, wenn man es unter dem Aspekt der Aktualisierung früher Erfahrungen sieht. So kann etwa die Suche nach trancehaften Musikerfahrungen als eine Aktualisierung frühester sensomotorischer Muster auf der Suche nach den Wurzeln des eigenen Selbsterlebens verstanden werden. Für ein solches Verständnis sprechen die ausgeprägten prä- und perinatalen Symbolismen im Erleben der Adoleszenten (Scheffler 1990, 1991). Auch sonst uneinfühlbare Gewalttaten von Jugendlichen können aus der Perspektive einer Reinszenierung frühester Erfahrung einem Verständnis zugänglicher gemacht werden. Ich habe diese Zusammenhänge an anderer Stelle ausführlich geschildert (Janus 1997a, 132 f., 172 f., 209 f.) und will daher diesem Thema hier nicht weiter folgen.

3. Verhaltensauffälligkeiten bei Kindern

Schon der Psychoanalytiker Rank (1924) hatte die Vermutung ausgesprochen, daß die sogenannten „Kinderfehler" prä- und perinatale Zusammenhänge haben könnten. In kühner Spekulation schrieb er: „In der vom Bewußtsein unkontrollierbaren, scheinbaren automatischen Entleerung des Urins und des Kotes ... benimmt sich das Kind so, als wäre es noch im Mutterleib: inter faeces et urinas; auf ähnlichen Mechanismen beruht der sprichwörtliche Zusammenhang von Angstaffekt und Defäkation" (Rank 1924, 20). Besonders Kindertherapeuten konnten auf dem Niveau der Einzelfallevidenz zeigen, daß sich ungewöhnliche Schwangerschafts- und Geburtsumstände im kindlichen Spiel reproduzieren können (Kugele 1990, Friedrich 1997, Leyh 1997).

Für den Pädagogen bietet die Anschaulichkeit der kinderpsychotherapeutischen Beispiele eine Hilfestellung für eigene Beobachtungen bei der Begleitung von verhaltensauffälligen Kindern, zu deren biographischen Hintergründen frühe Notzustände zählen. Mir scheint hier das Beispiel von Christian Büttner und Jutta Pfeil (1994) das exemplarische Beispiel zu sein. Orientierende Beobachtungen hat auch Esther Fleer (1998) in ihrer Diplomarbeit festgehalten. Ein Hintergrund bei auffälligem Verhalten kann „einfach" die primäre Ungewolltheit des Kindes sein. Auch hier liefern Fallbeispiele eine gute Orientierung und können die Wahrnehmung für entsprechende Zusammenhänge sensibilisieren (Häsing und Janus 1999, Janus 1997b). Die Frühtraumatisierung spielt insbesondere bei Pflegekindern eine wichtige Rolle (Janus 1998a).

4. Adoption

Adoptivkinder haben sehr häufig schon im ersten Lebensjahr einen umfassenden Beziehungs- und Milieuwechsel zu verkraften, und die Verarbeitungsmöglichkeiten dieser dann vorsprachlichen Erfahrungen waren bei der früher üblichen, nicht offenen Adoption sehr begrenzt. Die prä- und perinatale Psychologie mit ihren Belegen zur Bedeutung des frühen Erlebens kann hier hilfreich sein, die Dramatik der inneren Situation von Adoptivkindern besser zu verstehen, so etwa das häufige abgründige Suchverhalten nach den „wahren" Eltern und die ebenso abgründigen Fremdheits- und Entwurzelungsgefühle, die im Gefolge eines Adoptionsgeschehens auftreten können. Besonders einfühlsam und authentisch ist die Schilderung eines Adoptionsschicksals durch Susanne Domnick und Cornelia Sabine Thomsen (1999). Dies kann ein gutes Hintergrundswissen für die sozialpädagogische Begleitung des Adoptionsvorgangs und die Gestaltung der Adoption sein, aber auch Anstöße für die Weiterentwicklung des Adoptionsrechts geben, wie man etwa in den USA vorfindet, wo die Adoptionsakten zum Teil für die Adoptierten, wenn sie erwachsen sind, nicht zugänglich sind (Sonne 1998).

5. Abschließende Überlegungen

Eine wirkliche Gewichtung der lebensgeschichtlichen Bedeutung des vorgeburtlichen und geburtlichen Erlebens wird sich nur ergeben, wenn es zu einer Erweiterung der Perspektive auf die Geschichte des Umgangs mit Schwangerschaft, Geburt und Säuglingszeit kommt. Diese Geschichte scheint durch ein schwieriges Wechselspiel bestimmt zu sein, das einerseits in einem beim Menschen – im Vergleich zu anderen Primaten deutlich größeren – biologischen Potential für elterliches Schutzverhalten und andererseits in groben, destruktiven Zügen eines Elternverhalten gründet, das von Hilflosigkeit, Unwissen, Aberglauben und wirtschaftlichen sowie gesellschaftlichen Notlagen getragen wird (Janus 1997c, 1998b). Eine wichtige Rolle spielt dabei auch der Generationentransfer von frühen Traumatisierungen (Janus 1995d), der meines Erachtens den Hintergrund für die anfangs genannten tradierten, destruktiven Umgangsweisen mit Kindern bildet, zu denen Prügeln und Durchschreien-Llassen zu zählen sind. Allein die hohen perinatalen Mortalitätsziffern von Mutter und Kind und die hohe Säuglingssterblichkeit in den historischen Kulturen bedingte ein Ausmaß von Frühtraumatisierung, dessen wir uns heute vielleicht zu wenig inne sind.
Eindrucksvoll hat Ralph Frenken (1999) in einer Analyse deutscher Kindheiten vom 14. bis 17. Jahrhundert durch die Auswertung von Autobiographien gezeigt, wie sich in dieser Zeit die Kindheitsbedingungen nachweisbar gebessert haben. Dies gilt dann noch einmal für die Kindheitsbedingungen in den letzten zweihundert Jahren, wie Shorter (1986) nachgewiesen hat. Diese Verbesserung von früher und frühester Kindheit ist meines Erachtens ein wesentlicher Hintergrund für die friedlicheren und konflikttoleranteren Beziehungen, wie wir sie in unseren modernen westlichen Demokratien haben. All diese Ergebnisse sind eine Bestätigung der Grundaussagen von DeMause (1979, 1999a) zur historischen Evolution der Eltern-Kind-Beziehungen.
Umgekehrt eröffnet uns das gesteigerte Wissen um diese Zusammenhänge heute bereits durchaus abschätzbare Handlungsmöglichkeiten und Handlungsperspektiven zur weiteren Verfriedlichung unserer Gesellschaften. Relativ geringe Unterstützung von Müttern während der Schwangerschaft in ihrem Kontakt zu dem sich entwickelnden Kind können meßbare und erhebliche Effekte für die weitere Entwicklung haben (Panthuraamphorn, Dookchitra und Sanmaneechai 1998). Dies ist besonders eindrücklich, wenn wir es mit ungünstigen sozialen Bedingungen zu tun haben. Umgekehrt heißt das, daß Elternbildung und Geburtsvorbereitung gerade das randständige Drittel von Familien aktiv zu erreichen versuchen müßte, das von dem üblich zugänglichen Angebot nicht profitieren kann. Das heißt auch, daß eine verantwortliche Kindertherapie sich mehr um die Entwicklung von therapeutischen Möglichkeiten bei traumatisierten Säuglingen kümmern müßte, was heute erst zaghaft – etwa mit der Einrichtung von sogenannten Schreiambulanzen – verfolgt wird. Mit der Rezeption der aus der Prä- und Perinatalen Psychologie heraus entwickelten szenischen Körpertherapie wäre hier ein noch viel zielstrebigeres Vorgehen denkbar (Dowling 1997, Emerson 1997, 1999).
Letztlich laufen aber all diese Überlegungen darauf hinaus, daß wir die heranwachsenden Jugendlichen und jungen Erwachsenen umfassender auf ihr Leben vorbereiten soll-

ten. Zur Zeit sind unsere Schulen immer noch überwiegend Leistungsschulen, sie sollten auch Lebensschulen sein und psychosoziale Kompetenz und eben auch Elternkompetenz vermitteln. Das enorm gewachsene psychologische Wissen zur Dynamik menschlicher Beziehungen im Lebenslauf und eben auch schon am Lebensanfang wird über die

familiäre Sozialisation nur unzureichend vermittelt. Ich meine, hier sind Pädagogen aufgerufen, neue Formen der Sozialisation zu initiieren. Ein Vorschlag mit einer Art Initiationsfreizeit in der Adoleszenz hat die Gestaltungstherapeutin Lore Böcker (1997) gemacht. Denkbar sind auch erhebliche Erweiterungen des Gemeinschaftskundeunterrichts in der Absicht, ein fundiertes psychosoziales Grundwissen in einer verantwortlichen Form zu vermitteln und dies nicht alleine chaotischen Hollywood-Produktionen oder Computerspielen zu überlassen. Anregungen sind meines Erachtens genügend da, z.B. das von Elmar Brähler und Yvone Richter (1994) herausgegebene Sonderheft von Psychosozial zum Themenschwerpunkt „Übergang zur Elternschaft". Darin habe ich unter dem Titel „Von der schwangeren Mutter und dem zukünftigen Vater zu den werdenden Eltern" versucht, Aspekte einer neuen Elternidentität zu skizzieren (Janus 1994b).

Die oben erwähnte Blickerweiterung geht über die angedeutete interdisziplinäre Erweiterung hinaus, insofern sich Kultur in ihrem emotionalen Teil nicht nur, wie Freud (1913) herausgearbeitet hatte, aus Vaterbezügen aufbaut, sondern ebenso, wie Rank (1924, 1932) paradigmatisch formulierte, auch aus Mutterbezügen. Hierbei könnte der Umstand eine Rolle spielen, daß wir unsere, durch eine schwierige Geburt und unsere Frühgeburtlichkeit bedingte Ausgesetztheit am Lebensanfang durch eine „kreative Sehnsuchtsbeheimatung in der Welt" zu kompensieren versuchen (Janus 1994c, 1998b) und unsere Intelligenz benutzen, um auf Erden ein Stück des verlorenen „vorgeburtlichen kreatürlichen Eingebettetseins" oder „Himmelreiches" in unseren kulturellen Gestaltungen wieder zu errichten (Janus 1993). Dies hat meines Erachtens Sloterdijk (1998, 1999) paradigmatisch in einer pränatalpsychologischen Entschlüsselung der Kulturgeschichte menschlicher Beziehungen und Institutionen analysiert. Was dabei noch zu kurz kommt, ist der katastrophische Aspekt der Kindheitsgeschichte (DeMause 1999b, Janus 1997c), der ein Bedingungsfaktor der gleichzeitig so krisenhaften und kreativen Menschheitsentwicklung darstellt.

Literatur

Binkert-Zerkiebel, S. (1998): Vater-Werden im Bann des medizinischen Systems. Bezug: Binkert-Zerkiebel, S., Unterdorf 11, CH-3510 Konolfingen

Böcker, L. (1997): Modellprojekt „Die Emanzipation des Kindes – das Kontinuum-Konzept". In: International Journal of Prenatal and Perinatal Psychology and Medicine 9, 376-390

Brähler, E., Richter, Y. (Hrsg.): Psychosozial 58: Übergang zur Elternschaft. Psychosozial-Verlag: Gießen

Büttner, C., Pfeil, J.: Perinatale Aspekte von Verhaltensstörungen am Beispiel eines Kindergartenkindes. In: Datler, W. Finger-Trescher, U., Büttner, C. (Hrsg.). Jahrbuch für Psychoanalytische Pädagogik 6. Matthias-Grünewald-Verlag: Mainz, 69-90

Datler, W. (1995): Über frühestes Erleben und späteres Wiedererinnern: Rückfragen an Christian Büttner, Jutta Pfeil und Ludwig Janus. In: Datler, W., Finger-Trescher, U., Büttner, C. (Hrsg.): Jahrbuch für Psychoanalytische Pädagogik 7. Matthias-Grünewald-Verlag: Mainz, 144-154

DeMause, L. (1979): Hört Ihr die Kinder weinen? Suhrkamp: Frankfurt a.M.

DeMause, L. (1999a): Grundlagen der Psychohistorie. Psychosozial-Verlag: Gießen

DeMause, L. (1999b): Die Geschichte der Kindheit ist ein Alptraum, aus dem wir gerade erst erwachen. In: Häsing, H., Janus, L. (Hrsg.): Ungewollte Kinder. text-o-phon: Wiesbaden, 236-250

Domnick, S., Thomsen, S. (1999): Suche nach der verlorenen Identität oder: Das Schicksal, weggeben worden zu sein. In: Häsing, H., Janus, L. (Hrsg.): Ungewollte Kinder. text-o-phon: Wiesbaden, 252-266

Dowling, T. (1997): Prä- und perinatale Erfahrungen von Menschen mit autistischen Tendenzen. In: Janus, L., Haibach, S. (Hrsg.): Seelisches Erleben vor und während der Geburt. LinguaMed: Neu-Isenburg, 203-222

Eliade, M. (1961): Das Mysterium der Wiedergeburt. Rascher: Zürich

Emerson, W.R. (1997): Geburtstrauma: Psychische Auswirkungen geburtshilflicher Eingriffe. In: Janus, L., Haibach, S. (Hrsg.): Seelisches Erleben vor und während der Geburt. LinguaMed: Neu-Isenburg, 133-168

Emerson, W. R. (1999): Die Behandlung des Geburtstraumas bei Säuglingen und Kindern: Gesammelte Vorträge. ISPPM-Sekretariat, Friedhofweg 8, 69118 Heidelberg

Erikson, E.H. (1965): Kindheit und Gesellschaft. Klett: Stuttgart

Fleer, E. (1998): Szenisches Verstehen als Handlungsbasis für (Heil-)Pädagogen. Diplomarbeit im Fachbereich Erziehungswissenschaften der Universität Frankfurt a.M.

Frenken, R. (1999): Kindheit und Autobiographie vom 14. bis 17. Jahrhundert. Oetker-Voges: Kiel

Freud, S. (1913): Totem und Tabu. GW IX. Fischer: Frankfurt

Friedrich, B. (1997): „Riß in der Beziehung" – Gedanken über die Therapie eines Sechsjährigen, der zu früh geboren wurde. In: Janus, L., Haibach, S. (Hrsg.): Seelisches Erleben vor und während der Geburt. LinguaMed: Neu-Isenburg, 185-194

Häsing, H., Janus, L. (Hrsg.): Ungewollte Kinder. text-o-phon: Wiesbaden

Janus, L. (Hrsg.) (1991): Erscheinungsweisen pränatalen und perinatalen Erlebens in den psychotherapeutischen Settings. Textstudio Gross, Brahmsstraße 1, 69118 Heidelberg

Janus, L. (Hrsg.) (1993): Die kulturelle Verarbeitung pränatalen und perinatalen Erlebens. Textstudio Gross, Brahmsstraße 1, 69118 Heidelberg

Janus, L. (1994a): Psychoanalytische und pränatalpsychologische Aspekte zur lebensgeschichtlichen Bedeutung vorgeburtlicher und geburtlicher Erfahrung. In: Datler, W., Finger-Trescher, U., Büttner, C. (Hrsg.): Jahrbuch für Psychoanalytische Pädagogik 6. Matthias-Grünewald-Verlag: Mainz, 91-107

Janus, L. (1994b): Von der schwangeren Mutter und dem zukünftigen Vater zu den werdenden Eltern. In: Psychosozial 58, 37-48

Janus, L. (1994c): Pränatale Psychologie und die Geschichte der Entwicklung der menschlichen Kultur. In: Janus, L. (Hrsg.): Psychohistorische Dynamik von Gewalt in Vergangenheit und Gegenwart. Textstudio Gross, Brahmsstraße 1, 69118 Heidelberg, 1-26

Janus, L. (1995a): Versuch einer Antwort auf die „Rückfragen von Wilfred Datler". In: Datler, W., Finger-Trescher, U., Büttner, C. (Hrsg.): Jahrbuch für Psychoanalytische Pädagogik 7. Matthias-Grünewald-Verlag: Mainz, 155-158

Janus, L. (1995b): Entwicklungen zu einer neuen Kultur im Umgang mit Schwangerschaft und Geburt. In: Schiefenhövel, W., Sich, D., Gottschalk-Batschkus, C.E. (Hrsg.): Gebären – Ethnomedizinische Perspektiven und neue Wege. VWB: Berlin, 391-400

Janus, L. (1995c): Der werdende Vater. In: Michelsen, H. (Hrsg.): Über Väter. Matthias-Grünewald-Verlag: Mainz, 66-79

Janus, L. (1995d): Wege des Generationentransfers in der Geschichte der Kindheit. In: Janus, L. (Hrsg.): Psychohistorie und Geschichte der Kindheit. Textstudio Gross, Brahmsstraße 1, 69118 Heidelberg, 1-19

Janus, L. (1996): Psychoanalytische Überlegungen zur „zweiten Geburt". In: Aschoff, W. (Hrsg.): Pubertät. Vandenhoeck und Rupprecht: Göttingen, 55-72

Janus, L. (1997a): Wie die Seele entsteht. Mattes: Heidelberg

Janus, L. (1997b): Psychodynamik der Gefühls- und Beziehungsentwicklung bei ungewollten Kindern. In: Lehmkuhl, U. (Hrsg.) Biographie und seelische Entwicklung. Reinhardt: München, 202-215

Janus, L. (1997c): Psychobiologische Wurzeln der Geschichte der Kindheit. In: Nyssen, F., Janus, L. (Hrsg.): Psychogenetische Geschichte der Kindheit. Psychosozial-Verlag: Gießen, 17-40

Janus, L. (1998a): Auswirkungen pränataler Traumata. In: Stiftung „Zum Wohl des Pflegekindes" (Hrsg.): 1. Jahrbuch des Pflegekinderwesens. Schulz-Kirchner: Idstein, 85-90

Janus, L. (1998b): Psychobiologische Voraussetzung der menschlichen Verletzbarkeit. In: Schlösser, A.M., Höhfeld, K. (Hrsg.): Trauma und Konflikt. Psychosozial-Verlag: Gießen, 61-76

Kelleher, C. (1996): Pädagogische Handlungsperspektiven zur Begleitung werdender Eltern in die Elternschaft anhand der neuesten Erkenntnisse der pränatalen Psychologie. Diplomarbeit im Fachbereich Erziehungswissenschaften der Universität Frankfurt a.M.

Kugele, D. (1990): Perinatale Zusammenhänge bei Enkopresis. In: Janus, L. (Hrsg.): Das Seelenleben des Ungeborenen – eine Wurzel unseres Unbewußten. Textstudio Gross, Brahmsstraße 1, 69118 Heidelberg, 61-66

Leboyer, F. (1986): Geburt ohne Gewalt. Kösel: München

Leyh, C. (1997): Die Wiederbelebung prä- und perinataler Traumatisierungen in der analytischen Arbeit mit Kindern und Jugendlichen. In: Janus, L., Haibach, S. (Hrsg.): Seelisches Erleben vor und während der Geburt. LinguaMed: Neu-Isenburg, 171-184

Panthuraamphorn, C., Dookchitra, D., Sanmaneechai, M. (1998): The Effects of Prenatal Tactile and Vestibular Enrichment on Human Development. In: International Journal of Prenatal and Perinatal Psychology and Medicine 10, 181-188

Rank, O. (1924): Das Trauma der Geburt. Psychosozial-Verlag: Gießen, 1998

Rank, O. (1932): Art and Artist. Norton: New York, 1989. (Deutsche Übersetzung: „Kunst und Künstler". Psychosozial-Verlag: Gießen, 2000)

Scardino, M, Barbato, M., Rudolph, G., Zichella, L. (1997): Die Selbsthypnose und Hypnogruppenanalyse zur intrauterinen Beziehungsaufnahme und Vermeidung fetaler psychosomatischer Störungen. In: International Journal of Prenatal and Perinatal Psychology and Medicine 8, 89-98

Schacter, D.L., Tulving, E. (1994): Memory Systems. MIT Press: Cambridge, Massachusetts

Share, L. (1994): If Someone Speaks, It Gets Lighter. Analytic Press: Hillsdale, New Jersey

Scheffler, G. (1990): Kinder- und Jugendlichentherapie. In: Janus, L. (Hrsg.): Das Seelenleben des Ungeborenen – eine Wurzel unseres Unbewußten. Textstudio Gross, Brahmsstraße 1, 69118 Heidelberg, 10-21

Scheffler, G. (1991): Die Adoleszenz. Krisis – Initiation – Integration. In: Büttner, C., Elschenbroich, D., Ende, A. (Hrsg.): Aller Anfang ist schwer – Die Bedeutung der Geburt für psychische und historische Prozesse. Beltz: Weinheim, 103-123

Sednaoui-Mirza, M., Krymko-Bleton, I. (1996): Being a Son – Becoming a Father: A Morning Process. In: International Journal of Prenatal and Perinatal Psychology and Medicine 8, 145-156

Shorter, E. (1986): Die große Umwälzung in den Mutter-Kind-Beziehungen vom 18. – 20. Jahrhundert. In: Martin, J., Nitschke, A. (Hrsg.): Zur Sozialgeschichte der Kindheit. Alber: Freiburg, 503-524

Sloterdijk, P. (1998): Sphären I. Suhrkamp: Frankfurt a.M.

Sloterdijk, P. (1999): Sphären II. Suhrkamp: Frankfurt a.M.

Sonne, J.C. (1998): Psychoanalytic Aspects of Adoption. In: International Journal of Prenatal and Perinatal Psychology and Medicine 10, 295-312

Verny, T. (1992): Das Leben vor der Geburt. Zweitausendeins: Frankfurt a.M.

Psychoanalytische Aspekte von Lernen und Lernbehinderung

Dieter Katzenbach

Kognition, Angstregulation und die Entwicklung der Abwehrmechanismen
Ein Beitrag zum Verständnis behinderter Lernfähigkeit

Den Zusammenhängen zwischen Emotion und Kognition wird innerhalb der Psychoanalyse in den letzten Jahren zunehmende Aufmerksamkeit geschenkt. Zahlreiche psychoanalytische Autoren suchen den Dialog mit der Neurobiologie und der Kognitionswissenschaft[1] Leuschner et al. (1998, 829) sprechen in Anlehnung an Shevrin (1992) bereits davon, Psychoanalyse und Kognitionswissenschaft seien angesichts der vielen Gemeinsamkeiten ihrer Forschungsinteressen „geradezu als Zwillinge" zu bezeichnen. Dabei haftet der Beschäftigung mit dem Kognitiven innerhalb der Psychoanalyse bis heute etwas Anrüchiges an. Es ist bezeichnend, wie nachdrücklich die meisten Autoren des in Fußnote 1 erwähnten Themenheftes der *Psyche* beteuern, keinesfalls den Boden der Psychoanalyse zu verlassen bzw. das Spezifische der Psychoanalyse – was auch immer sie jeweils darunter verstehen mögen – aufgeben zu wollen. Es war und ist ein Wesenszug der Psychoanalyse, gleichsam desillusionierend gegen rationalistische Verkürzungen des Menschenbildes zu wirken. Dennoch ist kritisch zu fragen, ob allein schon die Beschäftigung mit den kognitiven Funktionen des Menschen immer und sofort zu der allenthalben befürchteten Verwässerung der psychoanalytischen Theoriebildung führen muß.

Neben solchen Befürchtungen gibt es wohl noch einen weiteren Grund für die verbreiteten Vorbehalte gegenüber der Beschäftigung mit der Kognition: Da Klienten der Psychoanalyse üblicherweise über eine normal entwickelte Intelligenz verfügen (müssen), um überhaupt in die Therapie zu gelangen, geraten den klinischen Psychoanalytikern Einschränkungen der intellektuellen Fähigkeiten nur als Sekundärphänome in der Folge psychodynamischer Konflikte im Sinne eng umschriebener Arbeits- und Leistungsstörungen in den Blick

Die Psychoanalytische Heilpädagogik hingegen kann sich solche Animositäten nicht leisten. Sie hat es nun einmal zumeist mit Menschen zu tun, deren intellektuellen Fähigkeiten durch primäre organische Schädigungen und/oder durch deprivierende Sozialisationsbedingungen schon in ihrer Genese beeinträchtigt wurden. Die Frage des Zusammenspiels von Emotion und Kognition stellt sich hier dann auch vorrangig unter Entwicklungsaspekten und nicht unter dem Aspekt des Funktionierens in einer spezifischen isolierten Laborsituation, wie sie von der Kognitionstheorie und Neuropsychologie untersucht wird.

---

[1] Vgl. z.B. die Beiträge im Heft 9/10 der Zeitschrift Psyche (1998).

Es ist ein Gemeinplatz, daß die strukturell behinderte Lernfähigkeit, die gemeinhin als Lernbehinderung bezeichnet wird, meist mit emotionalen Störungen, und das heißt, mit gravierenden Problemen im Verhaltensbereich einher geht. Die Psychoanalytische Pädagogik hat sich trotz ihrer traditionellen Verankerung in der Heilpädagogik mit dem Problem der behinderten Lernfähigkeit nur am Rande befaßt und statt dessen die Verhaltensproblematik fokusiert. Eine der wenigen Ausnahmen sind die neuere Arbeit von Becker (1995) und die Beiträge von Leber und seiner Arbeitsgruppe[2] zum Zusammenhang von Psychoanalyse und Piaget (vgl. Leber 1995; Gerspach und Katzenbach 1996). Diesen Ansatz, der innerhalb der heilpädagogischen Diskussion leider kaum rezipiort wurde, greife ich hier wieder auf.

1. Das Problem: Der verspätete Übergang in das Stadium der konkreten Operationen sogenannter lernbehinderter Schülerinnen und Schüler

Piagets hundertster Geburtstag im Jahre 1996 schien für einige Autoren der geeignete Anlaß zu sein, um seine Verdienste zu würdigen und gleichzeitig zu fordern, ihn im „historischen Wachsfigurenkabinett" verschwinden zu lassen (so z.B. E. Stern 1996). In der Kritik stand und steht vor allem Piagets Stadientheorie, deren empirische Evidenz ebenso bestritten wird wie ihre theoretische Konsistenz (vgl. Brainard 1978; Lourenço und Machado 1996).

Nun wirken solche Debatten reichlich akademisch, wenn man sich aufmacht und Piagets Untersuchungsmaterialien „realen" Kindern präsentiert. Denn es ist immer wieder aufs Neue frappierend, mit welcher Sicherheit beispielsweise ein Kind der präoperationalen Phase erklärt, daß es *selbstverständlich* mehr Eier als Eierbecher vor sich habe, wenn man nur die Eier aus den Eierbechern nimmt und die Reihe der Eier vor seinen Augen etwas in die Länge zieht. Und es bleibt beeindruckend, mit welcher Hartnäckigkeit das Kind alle wohlmeinenden Überzeugungsversuche der Erwachsenen zurückweist, daß es sich doch um die gleiche Anzahl handele, daß man für jedes Ei einen Platz im Eierbecher habe usw. Das Kind bleibt beharrlich dabei: die Reihe der Eier ist länger als die Reihe der Eierbecher, also sind es mehr Eier: „Das sieht man doch!"

Die Abkehr der Pädagogen von der Theorie Piagets – nach einer Phase der begeisterten Rezeption in den siebziger Jahren – begründet sich genau in diesem Umstand. Denn trotz intensiver Forschungstätigkeit hatte sich nämlich gezeigt, daß der Übergang von einem Stadium in das nächste sich durch noch so pfiffige Lernarrangements nicht wesentlich beschleunigen läßt. „Either we're too early and they can't learn it or we're too late and they know it already: The dilemma of ‚Applying Piaget'", so überschrieb die Harvard-Pädagogin Eleonor Duckworth ihren Artikel aus dem Jahr 1979, in dem sie die Ernüchterung nach 30 Jahren Piaget-orientierter Lernforschung prägnant zusammenfaßt. Und so sind alle Versuche, die kognitive Entwicklung zu beschleunigen – was Piaget ironisch die „amerikanische Frage" nannte -, als gescheitert zu bezeichnen.

Aus heilpädagogischer Sicht stellt sich jedoch ein ganz anderes Problem als das der Beschleunigung, hier geht es vielmehr um die Bedingungszusammenhänge der Behinde-

---

[2] Vgl. Krebs (1988); Weber (1988); Dohmen-Burk (1992); Katzenbach (1992); Heinrich (1994).

rung der kognitiven Entwicklung. Als empirisch gesichert kann nämlich gelten, daß Kinder, die als lernbehindert bezeichnet werden, den Übergang zu den konkreten Operationen zum Teil um Jahre später als ihre Altersgenossen vollziehen (vgl. Kutzer 1976; Wember 1986). Dieser Übergang erfolgt „normalerweise" mit Eintritt in das Grundschulalter. Fehlt die – für die Aneignung der Kulturtechniken unverzichtbare – Fähigkeit zum konkret operationalen Denken, so ist das Scheitern dieser Kinder an den schulischen Lerninhalten bereits vorprogrammiert.

Auch wenn sich der Übergang von einer Stufe der kognitiven Entwicklung zur nächsten durch gezielte Instruktion offensichtlich nicht beeinflussen läßt, ist er dennoch nicht unabhängig von dem sozialisatorischen Milieu, in dem ein Kind aufwächst. Kulturvergleichende Untersuchungen haben gezeigt, daß Kinder aus den westlichen Industrienationen die konkreten Operationen deutlich früher erwerben als Kinder aus Ländern der sogenannten Dritten Welt, und in letzteren wurde wiederum ein deutlicher Vorsprung von Kindern aus städtischen Regionen gegenüber Kindern aus ländlichen Gegenden festgestellt (vgl. die Beiträge in Schöfthaler und Goldhuber 1984).

Die Entwicklung der kognitiven Strukturen, insbesondere der Zeitpunkt eines Stadienübergangs, kann daher weder auf reine Reifungsfaktoren noch allein auf die Reichhaltigkeit von Materialerfahrungen zurückgeführt werden. Mit einer Reifungstheorie ließen sich die soziokulturellen Differenzen nicht erklären; aber auch der Rückgriff auf die gegenständliche Erfahrungswelt reicht als Erklärungsansatz nicht aus: Kinder aus ländlichen Regionen haben ungleich mehr Möglichkeiten, unmittelbare Erfahrungen mit jenen Materialien und Problemstellungen zu sammeln, die in den Piaget-Aufgaben abgefragt werden. Dennoch wurde ein Entwicklungsvorsprung der Stadtkinder festgestellt. Offenbar ist neben der Reifung und der gegenständlichen Erfahrung auch die Form der sozialen Interaktion von entscheidender Bedeutung für das Entwicklungstempo der kognitiven Strukturen. Trotz intensiver Forschungsbemühungen in dieser Richtung (vgl. Edelstein et al. 1995) ist es aber bis heute ungeklärt, welche Faktoren der sozialen Interaktion es genau sind, die die kognitive Entwicklung in dem Sinne fördern oder hemmen, daß es zu einem früheren oder späteren Übergang zum Stadium der konkreten Operationen kommt.

2. Der Sinn präoperationalen Handelns

Es wurde bereits angedeutet, daß Piagets Vorstellung, die psychische Entwicklung lasse sich in einzelne deutlich unterscheidbare Stadien oder Stufen unterteilen, immer wieder heftiger Kritik unterzogen wurde. Karmiloff-Smith, Mitbegründerin des konnektionistischen Ansatzes in der Kognitionstheorie, gab schon 1978 zu bedenken, daß „das Stufenkonzept (der kognitiven Entwicklung; Anm. d.V.) seine Triftigkeit nur dann wird bewahren können, wenn es gelingt zu zeigen, daß die beschriebenen Stufen nicht nur ein analytisches Werkzeug für den Beobachter darstellen, sondern daß diese Stufen eine psychische Funktion für das Kind haben" (1978, 189; Übers. d.V.).

Es gibt zwei starke Belege für die „psychische Existenz" der Piagetschen Stufen: Der eine liegt in dem schon genannten und gut bekannten Umstand der Resistenz gegen Instruktion. Da sich die Mengeninvarianz, als typisches Beispiel einer konkret operationalen kognitiven Struktur, den Kindern nicht einfach „beibringen" läßt, muß hinter den

Antworten der präoperationalen Kinder mehr stecken als nur ein Wissens- oder Verständnisdefizit. Die Kinder bewahren ihre spezifische Art des Denkens gegen den Druck der Umwelt und gegen die Belehrungsversuche der Erwachsenen. Weniger bekannt ist ein Phänomen, das ich als weiteren Beleg für die psychische Existenz der kognitiven Stufen anführen will:

Bever (1982) berichtet, daß er, als er 1966 Piagets „Laboratorien" besuchte, wie viele andere den Eindruck gewann, daß Piaget die kognitiven Fähigkeiten der Kinder unterschätzt. Er führte daraufhin eine leicht modifizierte Kontrolluntersuchung zur Reihenkorrespondenz durch, bei der er die Tonkügelchen Piagets durch Bonbons ersetzte (wobei das Kind die gewählte Reihe dann natürlich aufessen durfte!). Die Untersuchung führte zu dem für ihn zunächst enttäuschenden Resultat, daß er Piagets Ergebnisse voll und ganz bestätigen mußte. Kurioserweise beinhaltete das ursprüngliche Versuchsdesign nun auch die Untersuchung von zweijährigen Kindern, die ein Assistent, wohl aus Pflichtgefühl trotz der ersten Enttäuschung, noch durchführte: Völlig überraschend lösten nun die jüngeren Kinder im Gegensatz zu den vierjährigen die Aufgabe perfekt!
Mounoud und Bower (1975) berichten von einem entsprechendem Phänomen bei der Gewichtserhaltung: Im Alter von etwa 18 Monaten erwerben Kleinkinder eine – sensomotorische – Form der Gewichtsinvarianz, lange bevor dies auf konzeptueller Ebene geschieht. Interessanterweise scheint auch diese sensomotorische Form der Invarianz mit Eintritt in die präoperationale Phase wieder verloren zu gehen (vgl. auch Bower 1978).

Die Kinder besitzen auf einer praktisch handelnden Ebene offensichtlich Fähigkeiten, die ihnen mit Eintritt in das präoperationale Stadium und die damit einhergehende begrifflich-konzeptionelle Problemsicht wieder verloren gehen oder zumindest nicht mehr verfügbar sind. Diese Fähigkeiten müssen auf der begrifflich-konzeptionellen Ebene neu gewonnen werden, und dieser Zugewinn scheint den Übergang zum Stadium der konkreten Operationen zu markieren. Diese Untersuchungsergebnisse belegen nochmals nachdrücklich, daß den Antworten des präoperationalen Kindes systematische Gründe unterliegen und nicht nur bloßes Nicht-Wissen. Sie haben die richtige Antwort ja schon einmal, zwar nicht „gewußt", aber doch schon „gekonnt". Um so nachdrücklicher stellt sich dann allerdings die Frage nach der psychischen Funktion der Stufen, mit anderen Worten, welchen Sinn kann es für ein Kind machen, in einer bestimmten Stufe zu verbleiben? Karmiloff-Smith beantwortet diese Frage folgendermaßen:

„Die psychische Funktion des nicht-mengeninvarianten Verhaltens erklärt sich aus dem ständigen Bemühen des Kindes, voraussagbare Kontrolle über seine Umwelt zu gewinnen. Wenn das Kind nicht für eine bestimmte Zeit in einer bestimmten ‚Stufe' bliebe, wenn es statt dessen ständig versuchen würde, neue Informationen mit zu berücksichtigen, dann hätte es nicht die Möglichkeit, seine ursprünglichen kognitiven Prozeduren erst einmal zu festigen. Das Hervorbringen und Bewahren viel zu starker Theorien durch die Kinder (vgl. Karmiloff-Smith und Inhelder 1975), ist, ebenso wie die Definition von Bestimmungsmerkmalen kognitiver Stufen durch den Forscher, ein Beispiel für die psychische Notwendigkeit, den ‚Input' durch einen stabilen Referenzrahmen zu filtern, auch wenn dieser Referenzrahmen teilweise falsch sein sollte. ‚In-einem-Stadium-Sein' erlaubt also beiden, Kind und Forscher, die Vereinfachung und die Vereinheitlichung von ansonsten allzu unterschiedlicher Informationen" (Karmiloff-Smith 1978, 189; Übers. d.V.)

Würde der Mensch, egal ob Erwachsener oder Kind, auch nur versuchen, alle ihm zur Verfügung stehenden Informationen aus der Außenwelt unmittelbar in Betracht zu ziehen, so wäre er auf der Stelle handlungsunfähig. Daher müssen wir die Daten filtern, und dazu bedienen wir uns relativ stabiler kognitiver „Referenzrahmen", auch wenn sich diese hier und da als unzulänglich erweisen. Dieses überlebensnotwendige, universale Funktionsprinzip der Kognition begründet auch, so Karmiloff-Smith, die von Piaget entdeckten großen Stufen der kognitiven Entwicklung.

Karmiloff-Smith führt diesen Mechanismus – und das Funktionieren der Kognition überhaupt – auf das ständige Bemühen des Kindes um „voraussagbare Kontrolle" über seine Umwelt zurück. Diese Annahme scheint deshalb von besonderer Bedeutung zu sein, weil sie die affektive Dimension des Erkennens erahnen läßt, auch wenn Karmiloff-Smith selbst diesen Aspekt nicht weiter verfolgt. Denn Kognition beziehungsweise kognitive Entwicklung wird damit in einer spannungsvollen Dynamik situiert, in der es um die Balance zwischen Kontrolle und Kontrollverlust geht, und in der es notwendig zu Gefühlen von (Omni-) Potenz auf der einen und von Ohnmacht, Kränkung und Angst auf der anderen Seite kommen muß. Insbesondere ist auf einen engen Zusammenhang zwischen Kognition und Angst zu schließen, denn Angst stellt sich zwangsläufig dann ein, wenn die Kognition ihr Ziel verfehlt, die Umwelt voraussagbar und damit kontrollierbar zu halten. Das Verhältnis zwischen Angst und Kognition muß daher als äußerst ambivalent gedacht werden. Die Kognition dient zwar einerseits der Angstreduktion, indem sie die Kontrolle über die Umwelt sichert. Dazu bedient sie sich der besagten Referenzrahmen, vorläufigen „Theorien", auch wenn diese partiell falsch sein mögen. Kognitive Weiterentwicklung hingegen bedeutet, diese vorläufigen Theorien irgendwann in Frage zu stellen, zu modifizieren, durch neue und bessere zu ersetzen. Dies verlangt wiederum, zumindest vorläufig, die Kontrolle über die Umwelt aufzugeben und damit ein temporär erhöhtes Angstniveau zu ertragen.

Meine These ist es nun, daß Lernprozesse generell von dieser Dynamik von Kontrolle und Kontrollverlust geprägt sind. Lernen ist nur in Ausnahmefällen eine schlichte Erweiterung unserer Wissens- und Könnensbestände; in der Regel erfordert Lernen hingegen die *Reorganisation* unseres Wissens und Könnens. Das soll an dem folgenden Beispiel verdeutlicht werden.

3. Lernen als Reorganisation von Wissen

Karmiloff-Smith und Inhelder (1975) haben in einem ebenso einfachen wie instruktiven Experiment diesen Prozeß des Erzeugens, Bewahrens und Modifizierens von handlungsleitenden Theorien – die beiden Autorinnen sprechen von „theories-in-action" – illustrieren können. Sie gaben Kindern im Alter zwischen zwischen 4½ und 9½ Jahren verschieden geformte Holzblöcke in die Hand; und zwar symmetrisch geformte, asymmetrisch geformte sowie symmetrisch geformte, aber asymmetrisch gewichtete. Die Kinder wurden aufgefordert, diese Holzblöcke so auf einer

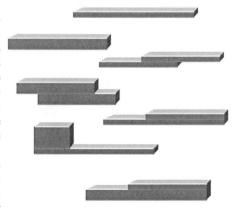

schmalen Schiene zu placieren, daß sie nicht herunterfallen. Ohne hier auf die Details der Untersuchung einzugehen, seien die wichtigsten Befunde kurz beschrieben. Es zeigte sich nämlich bei allen Kindern eine relativ konstante Abfolge von Handlungsweisen.

— Zunächst gaben sich die Kinder damit zufrieden, einen praktischen Lösungsalgorithmus zu entwickeln, der daraus bestand, den Holzblock an einer beliebigen Stelle aufzusetzen, zu schauen, nach welcher Seite er herunterkippt, ihn ein Stück in die Gegenseite zu verschieben und es wieder zu probieren.

— Doch schon bald begannen die Kinder, die Holzblöcke systematischer zu untersuchen, um den dahinter liegenden Zusammenhang zu verstehen, auch wenn dies von der raschen Lösung der Aufgabe abhielt. Die Kinder setzten nun jeden Block zunächst in seiner geometrischen Mitte auf, ein erstes Anzeichen für die Herausbildung einer „theory-in-action". Dann wurde sukzessive die Lage des Blocks korrigiert, wobei häufig Bewegungen zurück zur geometrischen Mitte zu beobachten waren. Die Kinder nahmen jetzt offensichtlich an, daß alle Gegenstände im Gleichgewicht bleiben, wenn man sie in ihrer geometrischen Mitte aufsetzt.

— Erstaunlich ist nun, daß die Kinder auf einmal mit den asymmetrisch geformten Blöcken die Aufgabe gar nicht mehr lösen konnten, obwohl sie dies zuvor noch leicht fertig brachten. Sie wendeten auch nicht mehr den anfänglichen Lösungsalgorithmus an. Sie bezeichneten statt dessen diese Blöcke als „unmöglich zu balancieren" oder schlicht als „kaputt". Gegenstände balancieren eben in der Mitte!

— Im nächsten Schritt forderten die Experimentatoren die Kinder auf, bei ihren Versuchen die Augen zu schließen. Nun gelang es ihnen wieder, die asymmetrischen Blöcke ins Gleichgewicht zu bringen. Auf diese Weise wurden sie mit vielen Gegenbeispielen für ihre „Mittelpunkt-Theorie" konfrontiert. Aber dies führte keineswegs dazu, daß sie diese Theorie gleich wieder aufgaben. Trotz der vielen Gegenbeispiele behielten sie die offensichtlich unzureichende Theorie zunächst bei. Sie begannen auch bei den asymmetrischen Blöcken nach wie vor damit, sie in der Mitte aufzusetzen und korrigierten diese Position dann nach und nach in Richtung des Schwerpunktes.

— Erst in einem weiteren Schritt wurden die Gegenbeispiele systematisch berücksichtigt. Nun versuchten es die Kinder bei den asymmetrischen Blöcken nicht mehr in der Mitte, sondern suchten gleich einen Punkt in der Nähe des geschätzten Schwerpunktes. Interessant war aber jetzt ihr Umgang mit dem „Verborgenen-Gewicht-Block". Dieser Block, der äußerlich den symmetrischen Klötzen entsprach, aber eine deutlich spürbare asymmetrische Gewichtsverteilung hatte, bereitete den Kindern erhebliches Kopfzerbrechen. Immer wieder wurde erfolglos versucht, ihn in der Mitte aufzusetzen. Dieses Verhalten zeigt, daß die Kinder ihre Mittelpunkts-Theorie noch immer nicht aufgegeben, sondern nur deren Geltungsbereich eingeschränkt hatten: Diese Theorie beschrieb für sie den Normalfall – die asymmetrischen Blöcke wurden mit einer anderen, parallelen Theorie, einer Theorie der Ausnahmen, behandelt.

— Es ist wiederum ein neuer Schritt, diese beiden koexistierenden Theorien des Normalfalls und der Ausnahmen zu einer konsistenten Gesamttheorie zu vereinigen, die dann dem physikalischen Konzept des Schwerpunktes entspricht.

Dieser Ablauf,

(1) rasches Generalisieren einer „Theorie" auf der Grundlage weniger Beispiele,
(2) Beibehalten der Theorie trotz zahlreicher Gegenbeispiele,
(3) später dann die Generalisierung einer „Theorie der Ausnahmen" und schließlich
(4) die Synthese der ursprünglichen Theorie mit der Theorie der Ausnahmen,

beschreibt nun nicht nur das Lernen von Kindern, sondern den Prozeß des Erkennens überhaupt. Das Modell gilt, so die starke These von Karmiloff-Smith und Inhelder, für individuelle wie für gesellschaftlich-historische Lernprozesse gleichermaßen, es beschreibe genauso den Spracherwerb von Kindern wie die Entwicklung der Quantenphysik.

Die ambivalente Rolle der Angst im Erkenntnisprozeß zeigt sich an dieser Studie noch einmal sehr deutlich. Die rasche Generalisierung starker Theorien auf der Basis nur weniger Beispiele entspringt dem Bemühen, sich die Umwelt erklärlich, vorausschaubar zu machen, sie zu kontrollieren. Auch *das aktive Ignorieren* von Gegenbeispielen folgt diesem Bestreben. Unter dem Aspekt der Angstregulation ist nun der nächste Schritt von besonderer Bedeutung, denn dieser verlangt, die einmal entwickelte Theorie wieder in Frage zu stellen. Was für eine enorme Kränkung und Beunruhigung dies darstellen kann, läßt sich leicht vor Augen führen, wenn man an den gesellschaftlichen Aufruhr denkt, den epochemachende Entdeckungen wie die Galileis, Darwins oder auch Freuds ausgelöst haben.

Empirische Befunde (vgl. Reid und Knight-Arrest 1981; Paunier et al. 1986) deuten nun darauf hin, daß Kinder mit Lernbehinderungen sich genau dieser Anforderung des In-Frage-Stellens einer einmal aufstellten „theory-in-action" gerade nicht stellen. Dies erlaubt eine Neuinterpretation des bekannten Klischees der eingeschränkten Abstraktionsfähigkeit lernbehinderter Kinder. Es scheint eher so zu sein, daß diese Kinder sehr wohl zu Abstraktionen in der Lage sind, daß sie es aber dann nicht mehr schaffen, ihre ersten Generalisierungen wieder fallen zu lassen oder diese auch nur zu problematisieren. Ihre narzißtischen Reserven reichen nicht aus, um die Beunruhigung und die Kränkung zu ertragen, die von dem In-Frage-Stellen einer schon einmal gewonnen Einsicht ausgeht. Dies deckt sich mit der Erfahrung, daß mit strukturellen Lernstörungen bzw. mit Lernbehinderung häufig narzißtische Problematiken einhergehen (vgl. Lüders 1967; Graf-Deserno 1981).

4. Kontrollverlust, Angst und Narzißmus

Der Zusammenhang zwischen Kontrollverlust und Angst wird auch in der Psychoanalyse beschrieben. Freud ging bekanntlich ursprünglich davon aus, daß die Affekte (und damit auch die Angst) Sekundärphänomene des Triebgeschehens sind. Die Funktion der Affekte hat er als eine Art von „Sicherheitsventilen" beschrieben, über die aufgestaute und unbefriedigt gebliebene Triebenergie abgeführt werde. In seiner Schrift „Hemmung, Symptom und Angst" (1926) verwirft Freud dieses Konzept[3] jedoch. Nun unterscheidet er zwischen der Angst, die automatisch in einer Gefahrensituation auftritt und der Signalangst, die vom Ich produziert wird, wenn eine Gefahr nur droht und die zu der Vermeidung eben dieser Gefahr auffordert (vgl. Freud 1926, 299). „Die Angst", heißt es dort (ebd., 289), „ist die Reaktion auf Gefahr", und der Kern der Gefahrensituation ist die subjektive Einschätzung von Hilflosigkeit. Schur (1969) und Brenner (1974) merkten hierzu an, daß Ohnmacht und Hilflosigkeit nun keineswegs „Gefühle" im reinen

---

[3] Zur Entwicklung der Freudschen Angsttheorie vgl. z.B. Rapaport (1953), aktueller die sehr übersichtliche Darstellung bei Eilts (1998).

Wortsinn seien, sondern von kognitiven Beurteilungsprozesse abhängen, die das Verhältnis zwischen der Anforderung und der eigenen Stärke bewerten (ähnlich auch schon Freud selbst, vgl. 1926, 303). Brenner und Schur folgern nun, daß diese kognitiven Aspekte integrale Bestandteile des Angstaffektes darstellen und daß es nicht legitim sei, von Angst zu sprechen, bevor die entsprechenden kognitiven Fähigkeiten ausgebildet seien.

Es kann auf dieser Abstraktionsstufe die Übereinstimmung zwischen Psychoanalyse und Kognitionstheorie festgehalten werden, wenn es heißt, daß der Verlust der voraussagbaren Kontrolle zu Angst führt. Die psychoanalytische Theorie erlaubt es darüber hinaus, diesen Zusammenhang in seiner anthropologischen Bedeutung tiefer zu verankern. In den verschiedensten Theorietraditionen der Psychoanalyse wird einhellig der fundamentale Stellenwert betont, den eine verläßliche soziale Umwelt für die frühkindliche Entwicklung einnimmt. Ein Aspekt einer solchen Umwelt ist es, daß der Säugling Menschen findet, die in einer für ihn erwartbaren Weise mit ihm interagieren und die an seinem Bestreben, auf die Welt einzuwirken, teilhaben. Nur so kann sich der für den Aufbau eines stabilen Selbstwertgefühls unerläßliche Glaube an die eigene Omnipotenz in der frühen Kindheit bilden.

Bricht dieser Glaube zu früh wieder zusammen oder wurde er nie richtig ausgebildet, so kommt es nach Mahler spätestens in der Wiederannäherungskrise zu gravierenden Störungen (vgl. Mahler et al. 1975), die sich unter anderem in dem Grundgefühl extremer Hilflosigkeit verfestigen. Jugendliche und Erwachsene, die mit schweren emotionalen Entbehrungen in der frühen Kindheit aufwuchsen, müssen daher immer wieder reaktiv dieses archaische Größen-Selbst wiederbeleben, den Glauben an die eigene Allmacht oder die Allmacht des idealisierten Objekt (vgl. Kohut 1971) beschwören, um sich vor einer drohenden narzißtischen Dekompensation zu schützen.

„Die diese Kinder umgebende Welt erwies sich ihnen von frühester Kindheit an als unberechenbar, feindlich und angsterregend", schreibt Rauchfleisch (1981, 144) über die Genese der narzißtischen Problematik dissozialer Persönlichkeiten und fährt an anderer Stelle fort:

„Diese Menschen handeln (im Sinne des Agierens; Anm. d.V.), um nicht ihren unerträglichen Gefühlen ausgeliefert zu sein. Ihre Hauptangst besteht wohl im Erleben von Ohnmachtsgefühlen. ... In ihm (dem Dissozialen; Anm. d.V.), der sich von frühester Kindheit an immer wieder als hilflos den verschiedensten Beziehungspersonen und staatlichen Instanzen ausgeliefert erlebt hat, löst bereits die geringste ‚Erinnerung' an ein solches Ohnmachtsgefühl panische Angst aus" (Rauchfleisch 1981, 167).

Dieser Aspekt wäre sicherlich noch weiter zu vertiefen. Es genügt hier jedoch festzuhalten, daß die Erfahrung von Macht bzw. Ohnmacht, das Gefühl, auf die Umwelt einwirken zu können oder ihr hilflos ausgeliefert zu sein, auch von der Psychoanalyse als zentrale Dimension der Persönlichkeitsentwicklung gesehen wird. Dies zeigt, wie eng Emotion und Kognition von Beginn an miteinander verwoben sind. Und es läßt sich erahnen, welche Bedrohung für das narzißtische Gleichgewicht früh gestörter Kinder von den Anforderungen des Lernens ausgeht, insbesondere, wenn Lernen die oben beschriebene Reorganisation des Wissens und den damit temporär einhergehenden Kontrollverlust verlangt. Diese – alle Lernprozesse begleitende – Anforderung der Reorganisation des bestehenden Wissens stellt sich besonders nachdrücklich an den Stadienübergängen, wie sie von Piaget beschrieben wurden. Dies soll nun an dem eingangs beschriebenen Problem des Übergangs zu den konkreten Operationen, den Kinder mit strukturellen Lernstörungen deutlich verzögert vollziehen, weiter präzisiert werden.

5. Die Spezifik des Übergangs der konkreten Operationen und der Aufbau „endogener Negationen"

Die Bildung sogenannter *theories-in-action*, wie sie von Karmiloff-Smith und Inhelder (1975, 195) beschrieben wurde, ist nicht an ein bestimmtes kognitives Entwicklungsstadium gebunden. Die beiden Autorinnen betonen im Gegenteil explizit: „The construction and overgeneralization of ‚theories-in-action' appear to be dynamic and general processes which are not stage-linked". Daher bleibt das Problem des – verspäteten – Übergangs zum Stadium der konkreten Operationen genauer zu bestimmen.

In der neu gefaßten Äquilibrationstheorie beschreibt Piaget (1975) diesen Übergang am Beispiel der Mengeninvarianz.

Bei diesem Aufgabentyp wird z.B. eine Knetkugel vor den Augen des Kindes zu eine Rolle ausgewalzt. Auf die Frage, ob die Rolle mehr, weniger oder gleich viel Knetmasse enthalte wie die ursprüngliche Kugel, antworten die Kinder der präoperationalen Phase, die Rolle enthalte mehr Knete. Um das Konzept der Mengeninvarianz zu entwickeln, muß das Kind verstehen, daß das Länger-Werden der Rolle durch das damit einhergehende Dünner-Werden aufgehoben wird. Piaget stellt nun fest, daß das Dünner-Werden der Rolle von den Kindern zunächst schlicht übersehen wird, und er bezeichnet dies als eine unbewußte Unterdrückung einer beobachtbaren Tatsache, die ja deutlich wahrnehmbar sei. Nach einer Phase der Unentschiedenheit akzeptieren die Kinder zwar, daß die beiden Prozesse des In-die-Länge-Ziehens und des Dünner-Werdens zusammenhängen, ohne daß dies für sie aber zwingend notwendig wäre. Erst in einem weiteren Schritt wird dieser Zusammenhang für sie logisch deduzierbar, und erst damit ist die Mengeninvarianz erworben (vgl. Piaget 1975, 118f.).

Die Parallelen zur Untersuchung von Karmiloff-Smith und Inhelder sind deutlich. Das Konzept (oder die *theory-in-action*) „lang ist viel" unterdrückt die Wahrnehmung anderer beobachtbarer Tatsachen. Im Bezug auf die Aufgabe „Wird es mehr Knetmasse oder ...?" löst das Dünner-Werden der Rolle einen kognitiven Konflikt aus, weil das Kind über ein zweites Beurteilungsschema verfügt, nämlich: „dünn ist wenig". Das präoperationale Kind kann diesen Konflikt nur auf *eine* Art und Weise regulieren, nämlich durch die, wie Piaget ausdrücklich betont (vgl. Piaget 1971), *unbewußte* Unterdrückung eines der beiden Konzepte.

Hierin nun liegt das Grundproblem der konkreten Operationen: Einander widersprechende Konzepte müssen koordiniert und, wie Piaget sagt, äquilibriert werden. Die Koordination der Schemata allein führt noch nicht zur Invarianz. Die Kinder sehen zwar richtig voraus, daß das Länger-Werden der Rolle ein Dünner-Werden impliziert, aber sie verstehen noch nicht, daß sich diese beiden Vorgänge gegenseitig aufheben. Hierzu bedarf es einer „majorierenden Äquilibration", die die beiden koordinierten Schemata auf einer höheren Ebene integriert. Wesentlich ist, daß sich die beiden an diesem Prozeß beteiligten Schemata zunächst widersprechen *müssen*, denn sonst könnte ihre Integration nicht zu dem für Piaget für die Operationalität entscheidenden Kriterium der Reversibilität führen. Die Untersuchung von Inhelder und Sinclair und Bovet (1974) zum Lernen kognitiver Strukturen haben gezeigt, daß Trainingsprogramme zur Mengeninvarianz nur dann einen erkennbaren Effekt aufweisen, wenn die Kinder bereits Zweifel an der Richtigkeit ihrer Aussagen äußerten. Da es beim Übergang zu den konkreten Operationen immer darum geht, zwei bestehende, sich aber widersprechende konzeptuelle Schemata gleicher Hierarchiestufe zu integrieren, müssen die Kinder in der Lage sein, den kognitiven Widerspruch zwischen diesen beiden Schemata nicht nur zu sehen, sondern diesen auch anzuerkennen.

In der 1974 veröffentlichten Studie „Recherches sur la contradiction" ist Piaget genau dieser Frage nach dem Umgang der Kinder mit kognitiven Widersprüchen detailliert nachgegangen. In der präoperationalen Phase beeindruckte dabei vor allem die Häufigkeit von Widersprüchen (gegenüber den späteren Phasen) und der Umstand, daß den jüngeren Kindern diese Widersprüche überhaupt nicht bewußt wurden. Piaget führt dies auf ein mangelhaftes Zusammenspiel von Affirmationen und Negationen zurück: Unter Affirmationen versteht er die positiven Eigenschaften einer Handlung oder eines Konzepts, d.h. das Ergebnis einer Aktion oder die Eigenschaften eines Gegenstandes, die seine Zuordnung zu einem Konzept zulassen. Auf diese affirmativen Aspekte ist das Subjekt zunächst zentriert; in der Sensomotorik bestehen Negationen ausschließlich aus äußeren Störungen, die den Handlungserfolg behindern können.

Aber eine Handlung ist ebenso wie ein Konzept oder ein Begriff nur unvollständig erfaßt, wenn man deren negativen Aspekte nicht mit berücksichtigt. Eine Handlung etwa transformiert bestimmte Ausgangsbedingungen, solange das Subjekt nur das Handlungsziel vor Augen hat, wird es andere Transformationen der Ausgangsbedingungen, die durch die gleiche Handlung erzeugt werden, vernachlässigen.

Ein einfaches Beispiel: Das Kind wird aufgefordert, auf einer Balkenwaage, bei der in der einen Waagschale A zwei Elemente mehr liegen als in der anderen Schale B, ein Gleichgewicht herzustellen. In der Zentrierung auf das Ziel der Gleichheit wird das präoperationale Kind nun versuchen, die gleichen Bedingungen in B herzustellen, wie sie in A vorliegen, und es wird zwei Elemente von A nach B überführen. Dabei vernachlässigt es, daß damit gleichzeitig die Bedingungen in A verändert werden.

Bei Begriffen oder Konzepten bestehen die Negationen in der Erarbeitung jener Bedingungen, die die Anwendung des Begriffs oder Konzepts ausschließen. Es ist unmittelbar einleuchtend, daß ein Begriff (dies gilt im Alltag ebenso wie in der Wissenschaft) nur dann sinnvoll verwendet werden kann, wenn er gegen die Fälle abzugrenzen ist, auf die er keine Anwendung findet.

Diese systematische Zuordnung von Affirmationen und Negationen ist nun typisch für operationale Systeme, vorher besteht nach Piaget ein Übergewicht der Affirmationen gegenüber den Negationen. In der Sensomotorik existieren noch keine endogen konstruierten Negationen; diese drängen sich lediglich von außen als Störungen des Handlungsvollzugs auf. In der präoperationalen Phase kommt es zu einem wesentlichen Fortschritt:

„Mit den Fortschritten der Konzeptualisierung und der Konstruktion der Klassen und der Relationen werden die Gegenstände in ein in seiner Gesamtstruktur noch recht lockeres Netz eingefügt, das aber zu begrenzten Organisationen fähig ist. Es entsteht ein neuer Typ von Negationen, der darin besteht, einem Gegenstand die Mitgliedschaft in einer Klasse oder die Teilnahme an einer Relation zu verweigern. Es handelt sich also um eine Negation in der Aussage und nicht mehr nur um eine rein praktische ..." (Piaget 1974, 169; Übers. d.V.).

Die Entwicklung der Negationen läßt sich mithin durch die folgenden Etappen kennzeichnen:

— In der *Sensomotorik* gibt es nur praktische Negationen, „Störungen werden lediglich unterdrückt oder neutralisiert, aber noch nicht als Variation in das System integriert" (Piaget 1974, 168f.; Übers. d.V.).

— In der *präoperationalen* Phase kommt es zu Negationen in der Aussage, d.h. Objekten wird die Mitgliedschaft in einer Klasse verweigert[4].

Erst in der Phase der *konkreten Operationen* werden Affirmationen und Negationen einander systematisch zugeordnet, d.h. jeder Affirmation entspricht eine Negation.

6. Der Umgang mit widersprüchlichen Aspekten des Selbst und des Objekts – Negationen in interpersonalen Beziehungen

Die psychische Bewältigung innerer (und äußerer) Widersprüche stellt seit jeher ein zentrales Thema der Psychoanalyse dar, war es doch die geniale Entdeckung Freuds, im neurotischen Symptom den Kompromiß einander widerstrebender psychischer Strebungen zu sehen. Nun läßt sich Piagets Modell der etappenweisen Konstruktion endogener Negationen möglicherweise auf die Beziehungserfahrung ausdehnen. Es ist mithin zu prüfen, ob sich die Objektbeziehungen nach den gleichen Prinzipien entwickeln, wie sie Piaget bei der Aneignung der gegenständlichen Welt gefunden hat, bzw. ob Objektrepräsentanzen in einer vergleichbaren Art und Weise wie der Niederschlag der gegenständlichen Erfahrung strukturiert werden.

6.1. Assimilation und Objektbeziehungen

In Piagets Kognitionstheorie ist der Begriff des Assimilationsschemas eine zentrale Kategorie. In seiner Anthropologie stellen diese verinnerlichten Handlungsmuster gleichsam die Bausteine der Psyche dar. Ein Ereignis kann für das Subjekt nur dann zur Erfahrung werden, wenn es sich durch ein solches Handlungsschema als assimilierbar erweist. Dieser Prozeß der Assimilation führt mittels der komplementären Funktion der Akkommodation gegebenenfalls zur Modifikation oder zu Variationen des ursprünglichen Assimilationsschemas. Erfahrungen werden nicht als „Abbilder" der Wirklichkeit gespeichert, Erfahrungen gerinnen vielmehr in immer neuen flexibleren Assimilationsschemata. Die praktischen Schemata des sensomotorischen Stadiums werden in der Psychogenese ergänzt, erweitert und teilweise überlagert durch die begrifflichen und konzeptuellen Schemata der folgenden Stufen der kognitiven Entwicklung.

---

[4] Bei der oben referierten Untersuchung von Inhelder und Karmiloff-Smith zeigt sich diese Form der Negation beispielsweise in Aussagen wie: „This block is impossible to balance."

Die Idee, Handlungsschemata als elementarstes psychisches Organisationsprinzip anzusehen, findet in neuerer Zeit auch zunehmende Verbreitung innerhalb der psychoanalytischen Theoriebildung, wobei diese Handlungsschemata dann als geronnene Interaktionsstrukturen zu interpretieren sind. Piaget selbst hat den Begriff des affektiven Schemas beziehungsweise des Personenschemas vorgeschlagen (vgl. Piaget 1945, 1954, 1971), ein Gedanke, der von Lorenzer in seiner Theorie der Interaktionsformen (vgl. Lorenzer 1972) aufgegriffen wurde[5]. Während Lorenzer zwar von Piaget beeinflußt ist, sich aber auch um eine deutliche Abgrenzung von Piagets Konzept bemüht, versteht Ciompi (1982, 1997) seine Affektlogik explizit als Versuch einer Synthese der Ansätze von Piaget und Psychoanalyse. Eine prominente Rolle spielen hier die sogenannten affektlogischen Schemata als elementare Baustein der Psyche. Daniel Sterns Konzept der RIGs (generalisierte Interaktionsrepräsentanzen: Representations of Interactions that have been Generalized) stellt einen weiteren Ansatz in dieser Richtung dar (vgl. 1985, 143ff.). Auch das aus der Bindungstheorie bekannte Konzept des „inneren Arbeitsmodells" (Bowlby 1969) weist deutliche Parallelen zu dem hier vertretenen Ansatz auf, wenn es z.b. bei Fremmer-Bombik (1997, 112) heißt: „... einmal ausgeformt existieren Arbeitsmodelle außerhalb des Bewußtseins und neigen zur Stabilität". Und weiter: „Obwohl Arbeitsmodelle eine starke Neigung zur Stabilität haben, werden sie nicht als festgelegte Eigenschaft betrachtet, sondern besser als *strukturierte Prozesse, die dazu beitragen, Informationen zu begrenzen oder zu erhalten*" (ebd., 113; Herv. d.V.).
Diese Aufzählung weiter fortzuführen ist an dieser Stelle nicht nötig. Festzuhalten bleibt, daß auch innerhalb der Psychoanalyse zunehmend Konzepte entwickelt werden, die der Einsicht Rechnung tragen, daß sich Erfahrungen nicht in einem schlichten Abbild eines Ereignisses psychisch niederschlagen, wie dies noch Freuds Begriff der Erinnerungsspur nahelegt. Erfahrungen werden vielmehr im Rahmen von Handlungen gemacht und in Handlungsmustern organisiert. Das gilt für die Erfahrung der gegenständlichen Welt ebenso wie für die Beziehungserfahrungen, das heißt, Objektbeziehungen werden psychisch durch Interaktionsmuster repräsentiert.

6.2 Der Umgang mit widersprüchlichen Aspekten des Selbst und des Gegenübers – Affirmationen und Negationen in interpersonalen Beziehungen

Die Aufgabe der Integration einander widersprechender psychischer Substrukturen stellt sich nach Auffassung verschiedener psychoanalytischer TheoretikerInnen schon sehr früh. AutorInnen wie Anna Freud, Hartmann und Spitz sprechen im Kontext der Konstitution des libidinösen Objekts davon, daß hierzu eine zumindest partielle Integration von „nur guten" und „nur bösen" zu „ganzen" Objektrepräsentanzen nötig ist. Sie datieren diesen Vorgang auf das Ende des ersten Lebensjahres (vgl. dazu die Ausführungen zum zweiten Organisator bei Spitz 1965, 167ff.). Jacobson (1964), Mahler (1975) oder auch Kernberg (1976) bezeichnen ebenfalls die Integration von „nur guten" und „nur bösen" Objektrepräsentanzen als notwendige Voraussetzung zum Erreichen der Objektkonstanz, also der Fähigkeit, eine bestimmte Zeitspanne von der Mutter getrennt „aus-

---

[5] Zu Gemeinsamkeiten und Unterschieden zwischen Lorenzers Theorie der Interaktionsformen und Piagets Konzept des affektiven Schemas vgl. Katzenbach (1992, 201ff.).

geglichen funktionieren" (Mahler) zu können. Diese Fähigkeit wird nach den Untersuchungen von Mahler im dritten Lebensjahr erworben (vgl. Mahler et al. 1975). Was immer Autoren wie Anna Freud unter der Integration von gutem und bösem Objekt in der Sensomotorik verstehen mögen, es muß sich mit Sicherheit um eine andere Form der Integration von Widersprüchen handeln, als diejenige, die wir hier im Auge haben. Die Mahlersche Definition der Objektkonstanz hingegen ist offensichtlich an die Repräsentationsfähigkeit gebunden und entspricht daher unserer Fragestellung nach der Integration von Widersprüchen auf konzeptueller Ebene. Die Fähigkeit zur Repräsentation allein, die mit dem Aufbau des Schemas des permanenten Gegenstandes im Sinne Piagets angezeigt wird[6], reicht, so Mahler et al., hierzu nicht aus: „Die Errichtung von Objektpermanenz und eines „geistigen Bildes" des Objektes im Sinne Piagets ist eine notwendige, allein jedoch nicht ausreichende Vorbedingung für die Errichtung der libidinösen Objektkonstanz" (Mahler et al. 1975, 143). Und: „(Doch) die Objektkonstanz beinhaltet mehr als die Bewahrung der Repräsentanz des abwesenden Liebesobjektes; sie beinhaltet die Vereinigung von ‚gutem' und ‚bösem' Objekt zu einer Gesamtrepräsentanz" (ebd., 142).

Auch wenn dieser Integrationsprozeß Kernberg zufolge mit Erlangen der Objektkonstanz im Verlauf des dritten Lebensjahres keineswegs abgeschlossen ist, sondern sich vielmehr über die gesamte ödipale Phase erstreckt (vgl. Kernberg 1976, 68f.), besteht hier dennoch eine deutliche Diskrepanz zu der von mir dargelegten Auffassung, wonach die Integration von Widersprüchen im kognitiven wie im affektiven Bereich erst mit Erreichen der konkreten Operationen, also frühestens mit etwa sechs bis sieben Jahren, möglich sein soll. Wenn wir uns das Kriterium, an dem Mahler die Objektkonstanz festmacht, noch einmal vergegenwärtigen, nämlich die Fähigkeit der Aufrechterhaltung des Bildes der „guten Mutter" auch unter unmittelbar frustrierenden Umständen, dann sehe ich allerdings keinen theoretischen Grund, warum dazu die Integration von guten und bösen Repräsentanzen zwingend notwendig sein soll. Vielmehr geht es doch um die Fähigkeit, ein Konzept – nämlich das der „guten Mutter" – entgegen der unmittelbaren sinnlichen Erfahrung des Getrennt-Seins aufrecht erhalten zu können. In der Tat beinhaltet dies mehr als die pure Fähigkeit zur Repräsentation – es ist zweierlei, Konzepte bilden zu können (wie das des „permanenten Gegenstandes") und an diese zu „glauben" (Objektkonstanz).

Der Mechanismus, der uns bei der *theory-in-action* begegnet ist, nämlich die Beibehaltung eines Konzepts trotz vieler Gegenbeispiele, erweist sich hier als geradezu konstitutiv für die psychische Gesundheit. Dies koinzidiert mit dem Ergebnissen der kognitiven Entwicklungspsychologie, nach denen das Alter von drei Jahren einen Höhepunkt markiert in der Neigung von Kindern, einmal erworbene Konzepte gegen die unmittelbare Erfahrung beizubehalten (vgl. Bever 1982). Das heißt aber, daß es in dieser Entwicklungsphase gerade nicht zur Integration von Widersprüchen kommt, sondern daß die kognitiven Konzepte die Realität eher überzeichnen und daß Widersprüche ohne

---

[6] Das Konzept der libidinösen Objektkonstanz wurde häufig im Zusammenhang mit Piagets Untersuchungen zum Aufbau des permanenten Gegenstandes diskutiert (neben Mahler et al. 1975 z.B. Cobliner 1965; Fraiberg 1969; Bowlby 1980). Bell konnte 1970 experimentell nachweisen, daß im Falle einer harmonischen Beziehung, die Mutter den ersten „permanenten Gegenstand" für das Kind darstellt.

weiteres koexistieren können. Weniger an der Theorie als an der Phänomenologie orientiert beschreibt Bettelheim die psychischen Funktionsmechanismen des frühen Kindesalters:

„Eine Möglichkeit, etwas Ordnung in seine Weltsicht zu bringen, besteht für das Kind darin, daß es die Welt in Gegensätze einteilt. ... Wie wir alle steckt auch das Kind in einem Hexenkessel widersprüchlicher Gefühle. Während aber der Erwachsene gelernt hat, diese Empfindungen zu integrieren, wird das Kind mit diesen Ambivalenzen in sich selbst nicht fertig. Es erlebt den Aufruhr von Liebe und Haß, Wunsch und Furcht als unbegreifliches Chaos. Es kann sich nicht gut und böse, gehorsam und aufrührerisch zugleich fühlen, obwohl es das ist. Da es Zwischenstadien des Grades und der Intensität nicht erfaßt, sind die Dinge entweder ganz hell oder ganz dunkel. Das Kind ist entweder vollkommen heldenmütig oder ganz und gar ängstlich, der glücklichste oder der unglücklichste Mensch, der schönste oder der häßlichste, der klügste oder der dümmste; es liebt oder haßt und kennt keine Zwischenstufen" (Bettelheim 1975, 87f.).

Das Zitat macht noch einmal deutlich, daß diese Entwicklungsstufe viel mehr durch die Koexistenz als durch die Integration von Widersprüchen gekennzeichnet ist.

6.3 Dyadische und triadische Beziehungskonstellationen

Wie gesehen erklärt Piaget die Koexistenz von Widersprüchen in der präoperationalen Phase mit dem relativen Mangel an endogen konstruierten Negationen. Im folgenden möchte ich am Beispiel des Vergleichs von dyadischen mit triadischen Beziehungsstrukturen die Entwicklung von Negationen im interpersonalen Bereich nachzeichnen. Dyadisch vs. triadisch meint, in psychogenetischer Sicht, die beiden dramatischsten Beziehungsfiguren der Kindheit: Mutter-Kind-Dyade und ödipale Konstellation.
Piaget unterscheidet verschiedene Niveaus der Negation, durch die Art, wie Störungen kompensiert werden können. Ich möchte dies an der Bedeutung des „Dritten" in den beiden Beziehungskonstellationen verdeutlichen. Der „Dritte" hat in der „Mutter-Kind-Dyade" definitionsgemäß nichts verloren: taucht er trotzdem auf, klassischerweise in Form von Ansprüchen von Geschwisterkindern oder des Vaters an die Mutter, wird er aus der Perspektive des Kindes als störender Eindringling erlebt. Diese Störung drängt sich dem Kind von außen auf und hat mit der eigentlichen Beziehungsdefinition nichts zu tun. Entsprechend laufen die eifersüchtigen Reaktionen des Kindes darauf hinaus, diesen zu entfernen; die Negation ist eine rein praktische und entspricht damit den für die Sensomotorik typischen Formen.
Anders verhält es sich in der ödipalen Konstellation: Die Beziehung, die das Kind dem gegengeschlechtlichen Elternteil anbietet, beinhaltet mehr oder weniger explizit das Angebot der Ersetzung des gleichgeschlechtlichen Elternteils. Der kleine Junge, der die Mutter begehrt, „weiß", daß er den Platz des Vaters beansprucht. In der dyadischen Struktur taucht der Eindringling als äußerer Störfaktor auf; mit dem eigentlichen Beziehungsangebot hat er nichts zu tun. Bei der ödipalen Konstellation hingegen *definiert* sich die anvisierte Beziehung zum gegengeschlechtlichen Elternteil über die Ersetzung des gleichgeschlechtlichen Elternteils. Mit anderen Worten: Aus der Perspektive des ödipalen Jungen ist seine Beziehung zur Mutter die Negation der Beziehung des Vaters zur Mutter. Diese Negation ist nun integraler Bestandteil der Beziehungsdefinition, d.h. der „Dritte" drängt sich im Unterschied zur dyadischen Situation eben nicht von außen

auf, sondern ist in der Beziehung gleichsam „mitgedacht", ohne ihn wäre das ödipale Beziehungsangebot gar nicht möglich. Hieraus erst ergibt sich ja die volle Dramatik des ödipalen Konflikts; bleiben wir der Einfachheit halber beim ödipalen Jungen in der positiven Konstellation: Das Drama besteht nicht nur in dem letztendlichen Scheitern seiner Werbung um die Mutter, sondern eben auch aus der Zwickmühle der Beziehung zum Vater. Eben weil der Vater in dem Beziehungsangebot des Jungen an die Mutter „mitgedacht" ist, muß sich das Kind auch mit den Konsequenzen in der Beziehung zu ihm auseinandersetzen. Das Ergebnis ist der Ambivalenzkonflikt, denn dieser starke, gefürchtete, gehaßte und weggewünschte Nebenbuhler ist nun eben auch ein schützendes, geliebtes und idealisiertes Objekt.

Unter dem formalen Gesichtspunkt der endogen konstruierten Negation weist die ödipale Konstellation, unabhängig von ihrem Ausgang[7], also eine Struktur auf, die typisch für operationale Systeme ist. Der ödipale Konflikt findet seinen Höhepunkt in der Regel um das fünfte Lebensjahr, d.h. eindeutig vor Erreichen der Stufe der konkreten Operationen. Wenn das Erleben der vollen ödipalen Dramatik operationale Strukturen voraussetzt, dann läßt dies auf einen erheblichen Vorsprung in der Strukturierung der interpersonalen Wirklichkeit gegenüber der Strukturierung der gegenständlichen Welt beim Kind dieses Alters schließen.

7. Die Bedeutung der Abwehrorganisation

Wie oben gezeigt wurde, liegt ein Motiv der kognitiven Entwicklung in dem Versuch, voraussagbare Kontrolle über die Umgebung auszuüben – einem Motiv, dem für die affektive Entwicklung ebenfalls eine bedeutende Stellung zukommt. Der Verlust der voraussagbaren Kontrolle führt zu Angst, und es wurde die daraus folgende ambivalente Bedeutung der Angst (bzw. deren Regulation) für die kognitive Entwicklung aufgewiesen. Die Regulation von Angst wird nach psychoanalytischer Auffassung von den Abwehrmechanismen übernommen; es liegt also nahe, nach deren Zusammenhang mit der kognitiven Entwicklung zu fragen. Da die Realitätsanpassung wie die Abwehrmechanismen gleichermaßen Ich-Funktionen darstellen, ist von Gemeinsamkeiten in ihrer Genese auszugehen. Einem höheren Reifegrad des Ichs müßten sowohl ein höheres Maß an Realitätsanpassung wie auch reifere Formen der Abwehr korrespondieren.

Lange Zeit schien mit Anna Freuds epochemachendem Werk „Das Ich und die Abwehrmechanismen" (1936) das Thema erschöpfend behandelt. Erst in den siebziger Jahren erwachte das Interesse an der Erforschung der Abwehrmechanismen neu, und derzeit wird intensiv an der Verbindung mit aktuellen neuropsychologischen und kognitionstheoretischen Erkenntnissen gearbeitet (vgl. Hentschel et al. 1993; Shevrin et al. 1996). In der Folge entstanden verschiedene Versuche der Katalogisierung von Abwehrmechanismen, die je nach Autor zwischen fünf und 48 (!) Formen der Abwehr

---

[7] Auch v.d.Voort (1980) diskutiert den Zusammenhang zwischen ödipalem Konflikt und konkreten Operationen. Im Unterschied zu mir glaubt er allerdings, die Lösung des ödipalen Dramas, wie er sie in Anlehnung an Parson als die Integration von Alters- und Geschlechtsrolle definiert, stelle ein Paradigma für den anschließenden Aufbau der konkreten Operationen dar. Ich hingegen nehme an, daß bereits zum Eintreten in die ödipale Konstellation operationale Strukturen notwendig sind.

unterschieden (vgl. zusammenfassend Hoffmann 1987, 23ff.). Zudem wurde versucht, entwicklungspsychologisch begründete Hierarchien hinsichtlich der Reife von Abwehrmechanismen zu entwickeln (vgl. Vaillant 1977; Horowitz 1989).

7.1. Niveaus der Abwehrorganisation: Spaltung und Verdrängung

Doch keine dieser ausgefeilten Kataloge hat empirisch und theoretisch zu überzeugen vermocht. Ich folge daher dem vergleichsweise schlichten Modell von Mentzos (1982), der in Anlehnung an Kernberg die Unterscheidung von zwei grundsätzlichen Formen der Abwehr vorschlägt, nämlich einerseits den archaischeren Formenkreis der *Spaltung* – einschließlich der korrespondierenden Mechanismen der Projektion, der Verleugnung und der projektiven Identifikation ⁻ und andererseits die reiferen Formen der *Verdrängung* – die die Mechanismen der Intellektualisierung, der Affektualisierung, der Rationalisierung, der Affektisolierung, des Ungeschehenmachens, der Verschiebung, der Verlagerung sowie der Amnesie umfaßt.

Neurotische Symptome werden nun von Abwehrformationen unterhalten, die der Verdrängung zuzurechnen sind; das neurotische Symptom wird dabei verstanden als die (mißglückte) Lösung eines Konflikts:

„Sie (die neurotischen Symptome; Anm. d.V.) sind nämlich, wie wir hören werden, Kompromißergebnisse, aus der Interferenz zweier gegensätzlicher Strebungen hervorgegangen, und *vertreten sowohl das Verdrängte wie das Verdrängende*, das bei ihrer Entstehung mitgewirkt hat. Die Vertretung kann dann mehr zugunsten der einen oder anderen Seite ausfallen, nur selten fällt ein Einfluß völlig aus" (Freud 1917, 298; Herv. d.V.).

Im neurotischen Symptom sind die beiden gegensätzlichen Strebungen realisiert. Genau dazu sind Borderline-Organisationen nicht in der Lage; Kernberg illustriert dies an einem klinischen Beispiel:

„Dieser Patient erinnerte sich daran, böse Perioden durchgemacht zu haben, in denen ihn Gefühle beherrschten, die seinen augenblicklichen absolut entgegengesetzt waren, aber die Erinnerung daran hatte keinerlei emotionale Realität für ihn. Es war, als ob zwei Selbste existierten, die gleich stark waren und vollkommen getrennt in ihren Emotionen, wenn auch nicht in der Erinnerung des Patienten, und die sich in seiner bewußten Erfahrung abwechselten. ... Mit anderen Worten, er zeigte nicht einfach einen Mangel an Impulskontrolle als Ausdruck von Ichschwäche, sondern einen spezifischen, gut strukturierten Wechsel zwischen gegensätzlichen, völlig unvereinbaren Affektzuständen" (Kernberg 1976, 17f.).

Kernberg schließt seine Darstellung mit der Bemerkung, daß sich die Spaltung nicht nur als Ichdefekt erwies, „sondern als aktiver, sehr starker Abwehrvorgang" (ebd.). Mit Mentzos läßt sich der Unterschied der beiden Abwehrformen Spaltung und Verdrängung hinsichtlich der Bewußtseinsfähigkeit der konfligierenden Tendenzen so charakterisieren (vgl. hierzu auch Lustman 1977, 147): „Durch sie (die Spaltungsvorgänge; Anm. d.V.) wird vermieden, daß inkompatible Inhalte zusammentreffen. Dabei bleiben diese inkompatiblen Inhalte, anders als im Fall der Verdrängung, prinzipiell bewußt oder zumindest vorbewußt. Sie werden zeitweilig und abwechselnd je nach Bedarf verleugnet" (Mentzos 1982, 63). Der einfachere Mechanismus der Spaltung dient also der Trennung inkompatibler psychischer Tendenzen, während die Mechanismen der Verdrängung einen – wenn auch möglicherweise neurotischen – Kompromiß zwischen diesen suchen.

7.2. Abwehr und kognitive Kompetenz

Verschiedene Autoren (z.B. Mauco 1947; Sandler 1975; Basch 1977; Pinol-Douriez 1979; Fast 1983; Ingleby 1983), darunter auch Piaget selbst in seiner frühen Auseinandersetzung mit der Psychoanalyse (vgl. Piaget 1923; 1933), diskutieren die Parallelen zwischen der Denkstruktur des präoperationalen Kindes und den Charakteristika des primärprozeßhaften Denkens. Diese Überlegung wurde von Liebsch (1986) aufgegriffen und im Hinblick auf ihre Bedeutung für die psychoanalytische Abwehrlehre diskutiert. Liebsch kommt zunächst (ähnlich wie Piaget und die anderen genannten Autoren) zu dem Ergebnis, daß die Charakteristika des primärprozeßhaften Denkens sich mit den Charakteristika des Denkens des präoperationalen Kindes decken: „Wir finden also die wesentlichen Charakteristika des Primärprozesses", so Liebsch (1986, 235), „als Eigenschaften des kindlichen präoperationalen Denkens überhaupt wieder".
Im Bezug auf die Abwehrkompetenzen führt dies zu dem Schluß, daß sich schon im bewußten Denken des präoperationalen Kindes *passiv* jene Eigentümlichkeiten einstellen, die die Psychoanalyse als typisch für abgewehrtes Material betrachtet. Da nun die Abwehrvorgänge *active* unbewußt-intentionale Vorgänge sind, kann man von Verdrängung erst mit Erreichen der konkret-operationalen Phase sprechen. Liebsch schließt demnach folgerichtig: „Wenn sich ein Kind also in der präoperationalen Phase befindet, kann es zu Abwehrzwecken im wesentlichen nur auf Spaltungsmechanismen zurückgreifen ..." (ebd., 243).
Auch die oben ausgeführte Überlegung zur Unterscheidung von präoperationaler und konkret-operationaler Kognition einerseits und der Unterscheidung der Abwehrmechanismen Spaltung und Verdrängung andererseits führen zu dem gleichen Ergebnis: Charakteristisch für die Spaltung ist die alternierende Anerkennung psychischer Inhalte und das Leugnen der daraus entstehenden Widersprüche, derart, daß der jeweilig unterdrückte Inhalt entweder unbewußt bleibt oder für bedeutungslos erklärt wird. Genau dies weisen ja Piagets Untersuchungen zur Behandlung von Widersprüchen in der Kognition als Charakteristikum der präoperationalen Stufe aus.
Problematisch hingegen ist die Bewertung der Chronologie dieser Parallele. Liebsch sieht in all dem „eine schöne theoretische Übereinstimmung psychoanalytischer und genetisch kognitivistischer Annahmen" (ebd., 238). Dabei gibt er zwar zu, daß die „genauen chronologischen Entsprechungen von kognitiver Entwicklungsstufe und Abwehrniveau empirisch nicht als geklärt gelten (können)" (ebd., 244). Und letzteres ist nun schlichtweg falsch, denn die genaue chronologische Entsprechung von kognitiver Entwicklungsstufe und Abwehrniveau, wie sie Liebsch im Auge hat, harrt keineswegs der empirischen Verifizierung, sondern ist allemal widerlegt. Seit Anbeginn der Psychoanalyse sind Verdrängung und ödipaler Konflikt unmittelbar miteinander verknüpft, und letzterer spielt sich nun einmal eindeutig vor Erreichen der Stufe der konkreten Operationen ab. Liebsch hat diesen Widerspruch möglicherweise gesehen, denn er weist darauf hin, daß Spaltungsmechanismen bereits einige Zeit vor Ende der präoperationalen Phase einer sich „einübenden" Verdrängung weichen. Das Problem läßt er dennoch undiskutiert.

Der Widerspruch in Liebschs Argumentation läßt sich jedoch auflösen, wenn wir unterscheiden zwischen der Funktion der Abwehrmechanismen für den psychischen Apparat des Erwachsenen und der Funktion der Abwehrmechanismen im Bildungsprozeß des Kindes. Wenn wir mit Liebsch davon ausgehen, „daß Abwehrprozesse systematisierte Gebrauchsformen kognitiver Kompetenz darstellen" (ebd., 236), kann die Abwehr nicht komplexer strukturiert sein, als diese kognitiven Werkzeuge selbst. Da dies, wie gezeigt, in der Psychogenese dennoch der Fall ist, muß der Zusammenhang zwischen Abwehr und kognitiver Kompetenz hier ein anderer sein: Nicht die sich entwickelnden kognitiven Fähigkeiten stellen der Abwehr neue Möglichkeiten zur Verfügung, sondern umgekehrt – die neuen Formen der Abwehr ermöglichen die Weiterentwicklung der kognitiven Strukturen. Das heißt, die Verdrängung wird nicht durch neu gewonnene kognitiven Fähigkeiten ermöglicht, sondern umgekehrt, es ist die Verdrängung, die die konkreten Operationen möglich macht.

8. Fazit

Es wurde versucht, den Zusammenhang zwischen affektiver und kognitiver Entwicklung an einer bestimmten Schnittstelle, nämlich dem Übergang zum Stadium der konkreten Operationen zu zeigen. Ausgangspunkt der Überlegungen ist die Beobachtung, daß Kinder mit sogenannten Lernbehinderungen diesen Übergang deutlich später vollziehen als ihre Altersgenossen in allgemeinen Schulen. Diese Kinder zeigen sich zudem in emotionaler Hinsicht als extrem bedürftig, sie weisen häufig Störungen auf, denen narzißtische Problematiken zugrunde liegen.
Der Zusammenhang der beiden Entwicklungslinien von Emotion und Kognition wird über die Genese der Abwehrmechanismen hergestellt. Die Aufgabe der Abwehrmechanismen ist die Affektregulation und damit auch die Regulation der Angst. Es wurde gezeigt, daß Angst und Kognition in einem ambivalenten Verhältnis stehen. Die Kognition sichert die Kontrolle über die Umwelt und reduziert dadurch die Angst. Kognitive Entwicklung hingegen erfordert zumeist die Reorganisation bestehenden Wissens und Könnens. Dies stellt eine Bedrohung für die Selbstwertregulation des Kindes dar und verlangt zudem einen – zumindest vorübergehenden – Kontrollverlust. Beides fällt Kindern mit narzißtischen Problematiken extrem schwer. Diese Anforderungen stellen sich insbesondere an den Entwicklungsschritten, die Piaget als Stadienübergänge beschrieben hat.
Ich habe zu verdeutlichen versucht, daß die Objektbeziehungen ähnlichen Strukturierungsprinzipien unterliegen, wie sie Piaget für die Schemata der Gegenstandserkenntnis bzw. der logisch-mathematischen Erkenntnis festgestellt hat. Dabei besteht ein wesentliches Strukturmerkmal der präoperationalen Phase in der Koexistenz konfligierender – kognitiver wie affektiver – psychischer Inhalte, ohne daß das Kind die sich hieraus ergebenden Widersprüche erkennen würde. In der psychoanalytischen Theoriebildung wird allerdings davon ausgegangen, daß es bereits bei der Ausbildung der Objektkonstanz einer zumindest partiellen Integration von „nur guten" und „nur bösen" Objektrepräsentanzen kommt. Für diese Annahme sehe ich jedoch weder einen empirischen Beleg noch eine theoretische Notwendigkeit. Vielmehr scheint hier ein psychischen Funktionsprinzip zum ersten Mal am wirken, das Karmiloff-Smith und Inhelder in ihrem

Experiment zu den *theories-in-action* klar beschrieben haben: die Fähigkeit nämlich, ein Konzept, hier das der „guten Mutter", gegen den unmittelbaren Erfahrungsdruck, d.h. den aus der Trennung resultierenden Gefühlen von Enttäuschung, Angst und Wut, beibehalten zu können. Die Integration widersprüchlicher Objektrepräsentanzen ist dazu m. E. noch nicht notwendig. Erst mit dem Eintritt in die ödipale Konstellation kommt es nach meiner Analyse dazu, daß widersprüchliche psychische Strebungen miteinander in Verbindung gebracht werden. Unter dem formalen Aspekt des Aufbaus „endogener Negationen" konnte gezeigt werden, daß zum *Erleben* des ödipalen Dramas bereits eine psychische Struktur vorliegen muß, die Merkmale der konkreten Operationen aufweist. Der „Untergang des Ödipuskomplex" (Freud) geht einher mit einem neuen psychischen Funktionsprinzip, nämlich der Fähigkeit zur Verdrängung.

Meine These besagt nun, daß der Übergang in das Stadium der konkreten Operationen genau auf dieser neu gewonnen Fähigkeit zur Verdrängung basiert. Die Verdrängung erlaubt es dem Kind, die beunruhigende Tatsache der Koexistenz einander widersprechender Schemata zu ertragen. Die Anerkennung von Widersprüchen, und sei es unbewußt, ist nämlich die Voraussetzung zum Aufbau jener integrierenden Schemata, die Piaget als konkret operational bezeichnet. Kinder, die aufgrund ihrer deprivierenden Sozialisationsbedingungen in narzißtischen Problematiken gefangen bleiben, steht die Verdrängung als Abwehrmechanismus nur eingeschränkt zur Verfügung. Folgerichtig führt dies zur Verzögerung der kognitiven Entwicklung.

Die empirische Überprüfung der These steht noch aus. Es kann dabei nicht von einem Automatismus zwischen narzißtischer Persönlichkeitsstörung und kognitiver Entwicklungsbeeinträchtigung ausgegangen werden. Bekanntlich stammen einige der prominentesten Fallbeispiele narzißtischer Persönlichkeitsstörung von beruflich äußerst erfolgreichen Menschen mit hoher Intelligenz. Mit Leber (1976) ist die Möglichkeit „unterschiedlicher milieuabhängiger Folgen früher Kränkung" ins Auge zu fassen, die in bürgerlichen Verhältnissen zu anderen Konsequenzen führen als unter den Bedingungen sozialer Benachteiligung.

Dieser Ansatz erlaubt es, über die schlichte Feststellung der sozialen Benachteiligung lernbehinderter SchülerInnen hinauszugehen und die psychischen Folgen deprivierender Lebensumstände besser zu verstehen. Lernbehinderung kann daher weder nur als Ausdruck soziokultureller Differenz (zwischen den Anforderungen der bürgerlichen Institution Schule und den Normen der randständigen Herkunftsmilieus lernbehinderter SchülerInnen), noch als ein Problem angesehen werden, dem allein mit der Verbesserung des methodisch-didaktischen Inventars begegnet werden kann. Die pädagogische Konsequenz muß darüber hinaus sein, den Kindern mit der Schule ein so verläßliches Milieu zur Verfügung zu stellen, daß ein „fördernder Dialog" im Sinne Lebers aufgenommen werden kann. Nur so wird es diesen Kinder möglich, sich dem Risiko des Lernens zu stellen.

In schulorganisatorischer Hinsicht gilt es, aussondernde Maßnahmen, allen voran die Sonderschulüberweisung, tunlichst zu vermeiden. Mit der puren Möglichkeit der Aussonderung wird der Grundschule von vornherein die Basis entzogen, so etwas wie eine „haltende Umwelt" für diese emotional bedürftigen Kinder zu bilden. Allerdings dürfen von integrativen Maßnahmen allein auch keine Wunderdinge erwartet werden. Als besonders hinderlich für die Entwicklung von Kindern mit strukturellen Lernproblemen hat sich hier die Beibehaltung des Jahrgangsklassenprinzips erwiesen (vgl. Katzenbach et al. 1999). Die Flexibilisierung der Schuleingangsstufe und das Lernen in altersge-mischten Gruppen sind daher wesentliche Schritte der Weiterentwicklung integrativer Bildung. Wie jede organisatorische Maßnahme bürgen sie für sich gesehen noch nicht für eine bessere pädagogische Qualität. Sie können aber dazu dienen, daß das Bemühen um einen verstehenden Zugang zu den emotionalen und kognitiven Problemen sozial beeinträchtigter Kinder nicht schon durch die institutionellen Rahmenbedingungen er-schwert oder gar vereitelt wird.

Literatur

Basch, F. (1981): Psychoanalytic interpretation and cognitive transformation. In: International Journal of Psychoanalysis 62, 151-175

Becker, U. (1995): Trennung und Übergang. Repräsentanzen früher Objektbeziehungen. edition diskord: Tübingen

Bell, S. (1970): The development of the concept of object as related to infant-mother attachment. In: Child Development 41, 291-311

Bettelheim, B. (1975): Kinder brauchen Bücher. dtv: München, 1985

Bever, Th. (1982): Introduction (to Regressions in mental development). In: Bever, Th. (Ed.): Regressi-ons in mental development. Erlbaum: Hillsdale, New Jersey, 1-4

Bower, T. (1978): Concepts of development. In: Actes du 21e Congrès International de Psychologie. Presses Universitaires de France: Paris 1976, 79-97

Bowlby, J. (1969): Bindung. Fischer: Frankfurt a.M., 1984

Bowlby, J. (1980): Verlust. Fischer: Frankfurt a.M., 1983

Brainerd, Ch. (1978): The stage question in cognitive developmental theory. In: Behavioral and Brain Sciences 2, 173-213

Brenner, Ch. (1974): On the nature and development of affect: a unified theory. In: The Psychoanalytic Quarterly 43, 532-556

Ciompi, L. (1982): Affektlogik. Klett-Cotta: Stuttgart

Ciompi, L. (1997): Die emotionalen Grundlagen des Denkens. Entwurf einer fraktalen Affektlogik. Vandenhoeck & Ruprecht: Göttingen

Cobliner, G. (1965): Die Genfer Schule der genetischen Psychologie und Psychoanalyse: Parallelen und Gegensätze. In: Spitz 1965, 312-367

Dohmen-Burk, R. (1992): Gestörte Interaktion und Behinderung von Lernen. Fallstudien zum Verhält-nis affektiver und kognitiver Entwicklung bei früh traumatisierten Kindern. Asanger: Heidelberg

Duckworth, E. (1979): Either we're too early and they can't learn it or we're too late and they know it already: The dilemma of ‚Applying Piaget'. In: Harvard Educational Revue 49, 297-312

Edelstein, W. et al. (1995): Developmental Dynamics: the Effects of Internal and External Constraints on Development. Manuskript Max Planck Institut für Bildungsforschung, Berlin

Eilts, H.-J. (1998): Narzißmus und Selbstpsychologie. Zur Entwicklung der psychoanalytischen Ab-wehrlehre. edition diskord: Tübingen

Fast, I. (1983): Primary-process cognition: A reformulation. In: Annual Psychoanalysis 11, 199-225

Fraiberg, S. (1969): Libidinal object constancy and mental representation. In: Psychoanalytical Study of the Child 24, 9-47

Fremmer-Bombik, E. (1993): Innere Arbeitsmodelle von Bindung. In: Spangler, G., Zimmermann, P. 1995, 109-119

Freud, A. (1936): Das Ich und die Abwehrmechanismen.. In: Die Schriften der Anna Freud, Band 1 (1922-1936). Fischer: Frankfurt a.M., 1987, 197-351

Freud, S. (1917): Vorlesungen zur Einführung in die Psychoanalyse. Zit. nach der Studienausgabe, Bd. 1. Fischer: Frankfurt a.M., 1982

Freud, S. (1926): Hemmung, Symptom und Angst. Zit. nach der Studienausgabe, Bd. 6. Fischer: Frankfurt a.M., 1971, 227-308

Gerspach, M., Katzenbach, D. (1996): An der Szene teilhaben und doch innere Distanz dazu gewinnen. In: Behindertenpädagogik 35, 354-372

Graf-Desorno, S. (1981): Gestörte Beziehungen – Gestörtes Lernen. Beltz: Bensheim

Haynal, A. (1969): Freud und Piaget. Parellelen und Differenzen zweier Entwicklungs- psycholologien. In: Psyche 29, 1975, 242-272

Heinrich, E.-M. (1994): Verstehen und Intervenieren. Psychoanalytische Methode und genetische Psychologie in einem Arbeitsfeld Psychoanalytischer Pädagogik. Asanger: Heidelberg

Hentschel, U., Smith, G., Ehlers, W., Draguns, J. (Eds.) (1993): The Concept of Defense Mechanisms in Contemporary Psychology. Theoretical Research and Clinical Perspectives. Springer: Berlin, Heidelberg, New York

Hoffmann, S. O. (1987): Die psychoanalytische Abwehrlehre – aktuell, antiquiert oder obsolet? In: Forum der Psychoanalyse 3, 22-39

Horowitz, M.J. (1989): Introduction to psychodynamics. Routledge: London

Ingleby, D. (1983): Freud and Piaget: the phoney war. In: New Ideas Psychology 1, 123-144

Inhelder, B., Sinclair, H., Bovet, M. (1974): Apprentissage et structures de la connaissance. Presses Universitaires de France: Paris

Jacobson, E. (1964): Das Selbst und die Welt der Objekte. Suhrkamp: Frankfurt a.M, 1978

Karmiloff-Smith, A. (1978): On stage: the importance to be a nonconserver. In: The Behavioral and Brain Sciences 2, 188-190

Karmiloff-Smith, A., Inhelder, B. (1975): If you want to go ahead, get a theory. In: Cognition3, 195-212

Katzenbach, D. (1992): Die soziale Konstitution der Vernunft. Erklären, Verstehen und Verständigung bei Piaget, Freud und Habermas. Heidelberg: Asanger

Katzenbach, D., Hinz, A. (Hrsg.) (1999): Die Integrative Grundschule im sozialen Brennpunkt. Stolpersteine und Wegmarken der Entwicklung der Integrativen Regelklasse. Hamburg: Hamburger Buchwerkstatt

Katzenbach, D., Meyer-Lodding, B., Roßberg, A. (1999): Einzelfallstudien zur Entwicklung von Kindern mit Lernproblemen. In: Katzenbach, D., Hinz, A. 1999, 12-52

Kernberg, O. (1976): Objektbeziehungen und Praxis der Psychoanalyse. Klett-Cotta: Stuttgart, 1981

Kohut, H. (1971): Narzißmus. Suhrkamp: Frankfurt a.M.,1976

Krebs, H. (1988): Die affektiven und die kognitiven Strukturen im Bildungsprozeß des Subjekts bis zum zweiten Lebensjahr. Dissertation Frankfurt a.M.

Kutzer, R. (1976): Zur Kritik gegenwaertiger Didaktik der Schule fuer Lernbehinderte – aufgezeigt an den Befunden empirischer Überprüfung rechendidaktischer Entscheidungen. Dissertation Marburg

Leber et al. (Hrsg.) (1983): Reproduktion der frühen Erfahrung. Fachbuchhandlung für Psychologie: Frankfurt a.M.

Leber, A. (1976): Rückzug oder Rache. Überlegungen zu unterschiedlichen milieuabhängigen Folgen früher Kränkung und Wut. In: Leber et al. 1983, 118-130

Leber, A. (1995): Ein Schlüssel zum Verständnis menschlichen Verhaltens. Die Aktualität der Sorbonne-Vorlesung Jean Piagets für Theorie und Praxis.. In: Piaget, J. 1954, 151-182

Leuschner, W., Hau, St., Fischmann, T. (1998): Couch im Labor – Experimentelle Erforschung unbewußter Prozesse. In: Psyche 52, 824-849

Liebsch, B. (1986): Zum Verhältnis von Psychoanalyse und Genfer Konstruktivismus. In: Psyche 40, 220-247

Lorenzer, A. (1972): Zur Begründung einer materialistischen Sozialisationstheorie. Suhrkamp: Frankfurt a.M. :

Lourenco, O., Machado, A. (1996): In Defense of Piaget's Theory: A Reply to 10 Common Critics. In: Psychological Review 103, 143-164

Lüders, W. (1967): Lern- und Leistungsstörungen. In: Psyche 21, 915-938

Lustman, J. (1977): On splitting. In: Psychoanalytic Study of the Child 32, 119-154

Mahler, M., Pine, F., Bergman, A. (1975): Die psychische Geburt des Menschen. Fischer: Frankfurt a.M., 1982

Mauco, G. (1947): De l'affectivité inconsciente à la pensée logique de l'enfant chez Piaget et chez Freud. In: Psyche Paris 2, 582-586

Mentzos, S. (1982): Neurotische Konfliktverarbeitung. Fischer: Frankfurt a.M., 1984

Mounoud, P., Bower, T.G.R. (1975): Conservation of weight in infants. In: Cognition 3, 29-40

Paunier, A., Doudin, P.-A., Pulvermacher, S. (1986): La contradiction, moteur ou frein du développement des connaissances. In: Psychiatrie de l'enfant 39, 125-153

Piaget, J. (1923): La pensée symbolique et la pensée de l'enfant. Archives de Psychologie 18, 275-304 (deutsch in Piaget 1993, 83-146)

Piaget, J. (1933): La psychoanalyse et le développement intellectuel. In: Revue française psychoanalyse Paris 6, 406-408 (deutsch in Piaget 1993, 147-153)

Piaget, J. (1945): Nachahmung, Spiel und Traum. Klett: Stuttgart, 1975

Piaget, J. (1954): Intelligenz und Affektivität in der Entwicklung des Kindes, Suhrkamp:Frankfurt a.M. 1995

Piaget, J. (1971): Das affektive und das kognitive Unbewußte. In: Piaget 1972, 31-45

Piaget, J. (1972): Probleme der Entwicklungspsychologie. Kleine Schriften. EVA: Frankfurt a.M., 1984

Piaget, J. (1974): Recherches sur la contradiction. 2 Vol. Presses Universitaires de France: Paris

Piaget, J. (1975): Die Äquilibration der kognitiven Strukturen. Klett-Cotta: Stuttgart, 1976

Piaget, J. (1993): Drei frühe Schriften zur Psychoanalyse. Herausgegeben und kommentiert von Sibylle Volkmann-Raue. Kore: Freiburg

Pinol-Douriez, M. (1979): Confrontation entre les approches freudiènnes et piagetiènnes dans l'étude des structures mentales et de leur fonctionnement. In: Cahiers de Psychologie 22, 29-42

Rapaport, D. (1953): On the psychoanalytic theory of affects. In: International Journal of Psychoanalysis 34, 177-198

Rauchfleisch, U. (1981): Dissozial. Vandenhoek & Ruprecht: Göttingen

Reid, D., Knight-Arrest, I. (1981): Cognitive processing in learning disabled and normally achieving boys in a goal-orientated task. In: Friedman et. al. (Eds.): Intelligence and Learning. Plenum Press: New York, 503-507

Sandler, A.-M. (1975): Comments on the significance of Piaget's work for psychoanalysis. In: International Revue of Psychoanalysis 2, 365-376

Schöfthaler, T., Goldhuber, D. (Hrsg.) (1984): Soziale Struktur und Vernunft. Jean Piagets Modell entwickelten Denkens in der Diskussion kulturvergleichender Forschung. Suhrkamp: Frankfurt a.M.

Schur, M. (1969): Affects and cognition. In: International Journal of Psychoanalysis 50, 647-653

Shevrin, H. (1992): The Freudian Unconscious and the Cognitive Unconscious: Identical or Fraternal Twins?. In: Interface of psychoanalysis ans psychology. American Psychological Association: Washington

Shevrin, H., Bond, J., Brakel, L., Hertel, R., William, W. (1996): Conscious and Unconscious Processes. Psychodynamic, Cognitive and Neurophysiological Convergences. Guilford: New York, London

Spangler, G., Zimmermann, P. (Hrsg.) (1995): Die Bindungstheorie. Grundlagen, Forschung und Anwendung. Klett-Cotta: Stuttgart, 1997

Spitz, R. (1965): Vom Säugling zum Kleinkind. Klett-Cotta: Stuttgart, 1983

Stern, D. (1985): Die Lebenserfahrung des Säuglings. Klett-Cotta: Stuttgart, 1992

Stern, E. (1996): Piaget und die Zwerge. In: Newsletter Entwicklungspsychologie, Psychologisches Institut der Universität Tübingen, 22-24

Vaillant, G.E. (1977): Adaption to life. Little, Brown: Boston

Voort, W. van de (1980): Soziale Interaktion und kognitive Entwicklung. Dissertation Frankfurt a.M.

Weber, J. (1988): Die Sprache des Abwesenden. Beiträge der Psychoanalyse Freuds und der genetischen Entwicklungspsychologie Piagets zum Verständnis der behinderten Lesefähigkeit. Asanger: Heidelberg

Wember, F. (1986): Piagets Bedeutung für die Lernbehindertenpädagogik. Untersuchungen zur kognitiven Entwicklung und zum schulischen Lernen bei Sonderschülern. Edition Schindele: Heidelberg

Literaturumschau

Ulrike Kinast-Scheiner

Geschwisterbeziehungen: Ein Bericht über tiefenpsychologische und psychoanalytisch-pädagogische Veröffentlichungen

1. Aufblende

„Einen Sonntagnachmittag meiner Kindheit habe ich klar vor Augen. Es ist ein extrem heißer Tag mitten im Juli. Wir, mein Vater und meine Mutter, mein Bruder Robert und ich, sind auf dem Rückweg von einem Ausflug zum Strand, etwa eine Autostunde von unserer Wohnung in Brooklyn entfernt. Ich bin ungefähr sechs, mein Bruder ungefähr zehn Jahre alt.

Wir stecken im Stau und schieben uns meterweise vorwärts. Die von Sonnenbrand, Salz- und Sandresten gereizte Haut juckt, im Wagen ist es unerträglich heiß (Klimaanlagen in Autos waren noch nicht bekannt), und Robert und ich streiten uns ununterbrochen. Schließlich hält mein Vater genervt an und holt mich nach vorne, und meine Mutter setzt sich zu Robert nach hinten. Um uns zu beruhigen, kauft er jedem von uns ein Eis – kleine runde Pappbecher mit Vanille- und Schokoladeneis. Während ich langsam und mit Genuß mein Eis von dem flachen Holzspatel lutsche, der zu dem Becher gehört, reift ein wunderbarer Plan in mir. Ich werde ganz langsam essen, damit ich zuletzt fertig werde. Dann habe ich noch Eis' wenn Robert sein Eis schon aufgegessen hat. ,Hier', werde ich sagen, ,ich habe noch Eis.' Ich werde etwas haben, was er nicht hat. Einmal wenigstens, dieses eine Mal werde ich ihn schlagen, meinen großen Bruder, den ich anbete und verehre, der mich aber immer reinlegt. Also esse ich mein Eis ganz langsam. Und es fängt an zu schmelzen. ,Hast du noch was', frage ich alle paar Minuten.

,Ja.'

Wir fahren weiter, es wird immer heißer und das Eis immer flüssiger, bis das braune Schokoladeneis im weißen Vanilleeis zerfließt und der Becher warm und klebrig wird.

,Hast du noch was?' Ich drehe mich um, um zu sehen, wieviel Eis er noch übrig hat, aber er hält seinen Becher ganz nah vor der Brust verdeckt.

,Ja.' Mein Eis ist nur noch eine warme, hellbraune Flüssigkeit.

Aber endlich, endlich kommt mein Triumph.

,Aufgegessen', sagte er.

,Haha', brülle ich voller Entzücken, genau, wie ich es mir ausgemalt habe.

,Ich habe mein Eis noch.' Ich halte ihm den zerdrückten und mittlerweile undicht gewordenen Becher vor die Nase. ,Eiskrem, Eiskrem', singe ich und trinke den klebrigen Brei schnell aus. Er hat wenig Ähnlichkeit mit der kühlen Leckerei von vorhin, aber er ist köstlicher als alles, was ich jemals probiert habe. Sieg!

Während ich den letzten Tropfen schlucke, kommt es plötzlich glucksend vor Lachen von hinten: ,Selber haha! Ich hab dich reingelegt. Ich hab meins noch.' Er lehnt sich vor und hält mir seinen Becher mit den Eisresten vor die Nase. Dann schlürft er ihn genußvoll aus und behält mich dabei genau im Auge, damit ihm von meiner vollkommenen Niederlage auch nur ja nichts entgeht.

Reingelegt. Aber noch viel schlimmer ist, dass er wieder einmal gewonnen hat. Ich habe es nicht geschafft. Ich bin ihm nicht gewachsen, nicht mal, wenn es um einen Becher mit zerlaufenem Eis geht. Ich heule los, mit dem ganzen Schmerz eines Kindes, das blind in eine Falle gelaufen ist.

,Das ist ungerecht', schreie ich. ,Er kriegt immer, was er will. Immer hat er mehr als ich. Warum kann ich nicht auch mal gewinnen? Nie habe ich was für mich.'

Mein Bruder brüllt vor Schadenfreude und singt spöttisch ,Eiskrem, Eiskrem', während ich schluchze. Auch meine Eltern lachen und schimpfen, ich sei doch viel zu groß für so ein Theater. Es sei doch nur ein Eis gewesen und doch wirklich egal, wer zuerst fertig war. Aber es war nicht egal, das wußte ich, und es stand viel mehr auf dem Spiel als ein Eis. Es ging darum, einmal die Nase vorn zu haben. Es ging darum, sich durchzusetzen und zu behaupten. Es ging darum, respektiert zu werden" (Klagsbrun 1993, 13-14).

Die psychoanalytisch orientierte Schriftstellerin Francine Klagsbrun führt dem Leser mit dieser Episode aus ihrer eigenen Kindheit einen Schnappschuss geschwisterlichen Alltags vor Augen. Beim Lesen dieser Begebenheit werden bei manchem vielleicht Erinnerungen aus der Kindheit wach, die durchaus auch mit schmerzlichen Gefühlen verbunden sein können. Diese Geschichte zeigt auch die von einigen Autoren (z.B. Klagsbrun 1993; Lüscher 1997) postulierte Ambivalenz der Geschwisterbeziehung, die von denselben auch als *das* Charakteristikum der Geschwisterbeziehung bezeichnet wird. Liebe und Rivalität bestimmen demnach das geschwisterliche Leben. Das Verhalten der Eltern zueinander sowie zu ihren Kindern spielt bei der Gestaltung der Geschwisterbeziehung eine große Rolle. Laut Lüscher (1997) wirken Eltern durch ihre Erziehungsarbeit als Vorbilder und „Manager" der Geschwisterbeziehung, die „viel Energie aufbringen müssen, um ihre Sache wenigstens nicht schlechter zu machen als überhaupt möglich" (Lüscher 1997, 37).

Angesichts der Intensität der Geschwisterbindung einerseits und vielen Erziehungsschwierigkeiten seitens der Eltern andererseits scheint die Tatsache, dass sich nur wenige Wissenschafter, Pädagogen und Psychologen mit der Bedeutung und dem Einfluss von Geschwistern beschäftigen bzw. beschäftigt haben, verwunderlich. Zum Teil lässt sich dies vielleicht damit erklären, dass eine Konfrontation mit dem Thema Geschwister auch für potentielle Autoren äußerst schwierig sein mag, da dies meist auch eine intensive Auseinandersetzung mit der Beziehung zu den eigenen Geschwistern erfordert. Aus einer Vielzahl von Gesprächen mit Freunden und Bekannten habe ich die Erkenntnis gewonnen, dass die Beschäftigung mit dem Thema bei den meisten Menschen sehr intensive, oft schmerzliche Gefühle hervorruft. Durch den Einfluss der Psychoanalyse ist es zwar üblich geworden, die Beziehungen zu den Eltern oft bis ins kleinste Detail hinein zu analysieren, aber beim Versuch einer Analyse der Geschwisterbeziehung fehlen oft die Worte, um ihr tiefstes Wesen und ihre Geschichte auszudrücken.

Vielleicht hängt damit der Umstand zusammen, dass die Nachfrage nach Geschwisterliteratur – zumindest in den USA – groß zu sein scheint. Sowohl der Erziehungsratgeber „Siblings Without Rivalry. How to help your children live together so you can live too" (1988) der beiden Autorinnen Adele Faber und Elaine Mazlish als auch Frank Sulloways fast 600 Seiten umfassende wissenschaftliche Arbeit „Born to Rebel" (1996, dt. „Der Rebell der Familie" 1997) waren in ihren Erscheinungsjahren Nummer eins der *New York Times Bestseller*. Vor allem in den Vereinigten Staaten gibt es seit den Achtzigerjahren vermehrt neue Publikationen zum Thema Geschwisterbeziehung. Die meisten Autoren unternehmen den „Versuch, eine Psychologie für den sehr emotionalen, überwiegend irrationalen Bereich der Geschwisterbeziehung zu entwickeln, ein Vorstoß in ein völlig unerforschtes, fremdes Land ..." (Bank & Kahn 1982, 9). Psychologen, Pädagogen und Sozialwissenschafter bemühen sich also um eine neue Sichtweise der Geschwisterbeziehung und deren möglichen Konsequenzen für Erziehung.

Die Suche nach Literatur deutschsprachiger Autoren, die noch dazu tiefenpsychologisch-pädagogisch sein soll, ist allerdings ein mühsames Unterfangen, vor allem deswegen, weil man meint, es müsse doch tatsächlich mehr Arbeiten zum Thema geben. Eine relative Fülle älterer individualpsychologischer Publikationen (die weitgehend Alfred Adlers Theorie der Geschwisterbeziehung folgen) steht einer bescheidenen Zahl von jüngeren psychoanalytisch orientierten Arbeiten gegenüber, deren Autoren versuchen, das jahrzehntelange Desinteresse der Psychoanalyse am Thema Geschwister zu kompensieren und neue Theorien zur Geschwisterbeziehung aufzunehmen bzw. zu entwickeln. Weiters ist positiv zu vermerken, dass zum Thema der Geschwisterbeziehungen und deren pädagogischer Bedeutung seit Beginn der Neunzigerjahre an pädagogischen Instituten deutschsprachiger Universitäten vermehrt Diplomarbeiten (z.B. Fuss-Zeilinger 1994; Gelosky 1996; Burger-Comper 1997; Klinkan 1998; Kruselberger-Hye 1998; Kinast 1999), Dissertationen (z.B. Deiser 1990; Roell 1995; Gritzner-Altgayer 1997) und Habilitationsschriften (z.B. Hackenberg 1991), vor allem im sozialpädagogischen und sonder- und heilpädagogischen Bereich, verfasst werden. In Österreich ist die universitäre psychoanalytische Bearbeitung des Geschwisterthemas vor allem Hans Jörg Walter zu verdanken (vgl. Walter 1994, 95-123).

Ich möchte zunächst einen Überblick über die Inhalte dieses Umschauartikels geben. Die Besprechung der erfassten Arbeiten gliedert sich weiter in folgende Kapitel:

2. Theoretische Konzepte der Individualpsychologie und ihre Relevanz für die individualpsychologische Erziehungspraxis
3. Von der Konstellationsforschung zur Beziehungsforschung
4. Das Geschwisterthema in der Psychoanalyse
5. Zur Rolle der Eltern
6. „Besondere" Geschwister: Randgebiete der Geschwisterforschung

2. Theoretische Konzepte der Individualpsychologie und ihre Relevanz für die individualpsychologische Erziehungspraxis[1]

2.1 Theoretische Konzepte

„Es ist eine weitverbreitete falsche Annahme, dass Kinder derselben Familie auch in derselben Umwelt aufwachsen. Natürlich ist in ein und demselben Haus für alle vieles gleich, doch die psychische Situation jedes Kindes ist individuell und unterscheidet sich

---

[1] Ich werde die frühe individualpsychologische Position ausführlicher darlegen, da gewisse Erkenntnisse dieser in Vergessenheit geraten zu sein scheinen. Das rührt meiner Meinung nach daher, dass sich vor allem amerikanische Autoren, die zu den Wurzeln der Geschwisterforschung zurückgehen, der sehr populär verfassten Erziehungsratgeber von Dreikurs (1969b, 1973) bedienen, der im Interesse einer besseren Verständlichkeit die ursprünglich differenzierten theoretischen Konstrukte der Individualpsychologie auf sehr einfache Modelle reduzierte. Die meisten jüngeren (nicht individualpsychologisch orientierten) deutschsprachigen Autoren wiederum beziehen sich hauptsächlich auf amerikanische Veröffentlichungen. So. wird es z.B. heute als geradezu revolutionär betrachtet, dass Dunn & Plomin (1996) aufgrund ihrer Untersuchungen festgestellt haben, dass Kinder innerhalb ein und derselben Familie unterschiedliche Umwelten vorfinden. Dies war aber bereits eine grundlegende Feststellung Alfred Adlers (vgl. *Kapitel 2.1*).

insbesondere aufgrund der Geburtenfolge von der der anderen Kinder" (Adler 1929, 110).

Dieses Adler-Zitat deutet bereits darauf hin, dass in Adlers Individualpsychologie dem Thema der Geschwisterbeziehung viel Raum gegeben wird. Heisterkamp (1995, 204) betont, dass Adler die Beachtung der *Stellung in der Geschwisterreihe* zu den wichtigsten Hilfen für das Verständnis des Lebensstils eines Individuums zählt. Nach Lehmkuhl & Lehmkuhl (1995, 199) hätten ältere Individualpsychologen der Geschwisterposition einen solch starken und nachhaltigen Einfluss auf die Charakterbildung eingeräumt, dass sie davon ausgegangen wären, dass der geübte Psychologe auch am erwachsenen Menschen ohne große Mühe erraten könne, ob er ein einziges Kind, einen älteren Bruder, eine jüngere Schwester usw. vor sich habe.

Aufgrund klinischer Untersuchungen stellten Adler (1928e) und seine Schüler (z.b. Seelmann 1927; Wexberg 1930; 1931; Holub 1929; Dreikurs 1969a) eine Typologie des ältesten, zweitältesten, mittleren, des jüngsten Kindes sowie des Einzelkindes auf. Nach Heisterkamp (1995, 204f)

— zeichnet sich die Lage des *ältesten Kindes* dadurch aus, dass es sich durch die Geburt des nachfolgenden Geschwisters „entthront" fühlt. In diesem Gefühl gründen oft lebenslang wiederbelebte Rivalisierungskämpfe und Zurücksetzungserlebnisse. Unter den Ältesten fänden sich auch immer wieder Individuen, die nach dem elterlichen Vorbild besondere Fähigkeiten entwickeln, andere zu beschützen und ihnen zu helfen oder sich für andere verantwortlich zu fühlen.
— Das *zweitälteste Kind* hat von Geburt an ein Geschwister mit einem Entwicklungsvorsprung vor sich. Dies werde nicht selten zu einem Grundmotiv eines lebenslangen Wettkampfes, in dem es immer wieder „ältere Geschwister" zu übertreffen versuche. Die vorherrschende Stimmung des Zweitgeborenen sei dies des Zurückgesetztseins. Eine zusätzliche Statusunsicherheit ergäbe sich, wenn es durch die *Geburt eines dritten Kindes* die Vorzüge des Jüngsten einbüßt. Es fände sich dann in der Spannung zwischen progressiv und regressiv gerichteten Entwicklungsanregungen.
— Die Situation des *jüngsten Kindes* ist dadurch gekennzeichnet, dass es viele „Schrittmacher" hat und nie „entthront" wird. Seine Lebensstilentwicklung sei gefährdet durch den Entwurf von Riesenansprüchen oder durch das Arrangement der Hilflosigkeit. So werde das Jüngste von der ganzen Familie verwöhnt. Die vielfältigen Anregungsbedingungen, die ihm die älteren Geschwister bieten, könnten aber auch zu außerordentlichen Leistungen stimulieren, so dass es alle überholt und übertrifft.
— *Einzelkinder* erfahren über eine lange Zeit hinweg die besondere Beachtung, Zuwendung und Unterstützung der Eltern. Unter diesen Bedingungen laufe das Kind Gefahr, einen lebensstiltypischen Anspruch auf eine einzigartige Sonderstellung zu entwickeln. Im späteren Leben, wenn es nicht mehr im Brennpunkt der Aufmerksam steht, habe es häufig Schwierigkeiten, erläutert Heisterkamp (1995).

Mit jeder Geschwisterposition sind offensichtlich *spezifische Situationsbedingungen* verbunden, die mit hoher Wahrscheinlichkeit dafür verantwortlich sind, dass z.B. jemand eher machtorientiert ist, sich mit der Autorität seiner Eltern identifiziert oder aber mit Riesenschritten bemüht ist, seine Geschwister zu überflügeln. Allerdings führt nach Künkel (1934) erst eine lange Kette von zusammengehörenden Unzuträglichkeiten, Enttäuschungen und Beängstigungen zur Ausbildung von neurotischen Strukturen. Im Gegensatz zu König (1964) und Dreikurs (1969a,b), die eine im höchsten Ausmaß fatalistische Auffassung zur Bedeutung der Geschwisterreihenfolge vertreten, betonen Adler (1927a; 1928e; 1929c), Seelmann (1927), Wexberg (1930; 1931) und jüngere Individualpsychologen wie Lehmkuhl & Lehmkuhl (1983; 1991; 1995) oder Hoanzl (1997) immer wieder, dass der Geschwisterreihe *keine deterministische Bedeutung* zukomme. Kinder, so Hoanzl (1997, 223), „werden demnach nicht nur in einer bestimmten Reihenfolge geboren, sondern werden auch in eine bestimmte familiäre Situation, in ein bestimmtes familiäres, elterliches Klima hineingeboren". Die Stellung in der Geschwisterreihe wird also von den meisten Autoren differenziert bedacht und nicht nur typisierend verwandt. Überlegungen zu spezifischen Situationsbedingungen der *Familienkonstellation*, wie z.B. Altersabstand zwischen den Geschwistern, Geschlechtseinflüsse, behinderte Geschwister sowie Tod eines Geschwisters machen dies ebenso deutlich wie Passagen von Adler, in denen es etwa heißt:

„Auf dem Entwicklungsweg eines jeden Kindes gibt es gefährliche Stellen, die der Erzieher kennen sollte, um sie dem Kinde in einer Weise zeigen zu können, dass es Erfolgsmöglichkeiten erkennt. Schwierigkeiten können zwar nicht immer umgangen werden, aber das Kind, das sich für Kooperation entschieden hat, wird sie leicht überwinden. Die erste gefährliche Stelle ist die *Geburt eines Geschwisterchens*. Das positiv eingestellte Kind wird dieses Problem, das der Neuankömmling für es darstellt, als Mitmensch betrachten und lösen. Das negativ eingestellte Kind, das die ihm liebgewordene Beziehung zur Mutter nicht gestört sehen möchte, wird den Neuankömmling hassen. Es wird neidisch sein, immer Angst haben, seines Besitztums beraubt und in seinem Erfolgsstreben gehindert zu werden. Menschen, die einmal der Meinung waren, jemanden zu besitzen, und dann entdecken, dass dies nicht so ist, zeigen Spuren dieser Enttäuschung, die wie eine innere Wunde ist" (Adler 1937i, 61).

2.2 Die Bedeutung der Geschwisterkonstellation in klassischen Individualpsychologischen Beiträgen über Erziehung

Alfred Adler hat in seinem 1918 verfassten Aufsatz „Über die individualpsychologische Erziehung" beschrieben, welche bedeutsamen Ereignisse der frühen Kindheit die Ausbildung bestimmter Charakterstrukturen verstärken. Zu den möglichen Komplikationen der kindlichen Entwicklung gehört das kindliche Erleben seiner jeweiligen Geschwisterkonstellation. Dieses Erleben, so betont auch Seelmann (1927), hänge mit der Reaktion von Eltern und Umgebung auf die jeweilige Geschwisterposition zusammen.

Als Gefahr für die Persönlichkeitsentwicklung des Kindes sind vor allem zwei Erziehungsstile anzusehen, die von der Individualpsychologie als besondere Belastung für das Kind betrachtet werden: die *Verzärtelung* und die *Vernachlässigung*. Beide Erziehungsformen „nähren und steigern die Sehnsucht der Kinder, eine Zukunft zu gewinnen, in der sie selbst absolut unbehelligt sind von den Beschwernissen des Lebens. Dieses Streben und die Furcht, zu kurz zu kommen, machen es aus, daß ihre Phantasie in eigenartiger Weise auf das Herrschen und Herrschenwollen gerichtet wird, daß sie eine Situation für ihr künftiges Leben suchen, in der sie von keiner Seite irgendwelche Gefahr zu erwarten haben" (Adler 1920a, 193). Menschen, die diese Erziehung erfahren haben, mangelt es laut Adler (1929b, 53) an Mut und Gemeinschaftsgefühl. *Macht- und Geltungsstreben* würden in den meisten Fällen überhand nehmen. Es gehöre daher zur „Erziehungskunst" der Mutter, das Interesse ihres Kindes auf andere zu lenken und so zu ermöglichen, „dass das Kind den Geschwistern und Außenstehenden gegenüber Interesse gewinnt" (Adler 1929b, 29). Nach der Mutter komme so den Geschwistern eine

Mittlerfunktion bei der *Entwicklung des Gemeinschaftsgefühls* zu. Aufgabe der Eltern ist es weiters, ihre Kinder zu *ermutigen*, um ihr *Selbstvertrauen* zu *stärken*. Dies gilt vor allem für Kinder, die sich „entthront" und zurückgesetzt fühlen.

In der individualpsychologischen *Erziehungsberatung und Therapie* wird versucht, dem Kind *Verständnis* entgegenzubringen und ihm zu helfen, die Bedeutung seines Erlebens und Handelns zu *verstehen*. „Fehlerhafte" Haltungen oder gar Symptombildungen können gelöst werden, wenn es möglich wird, ihre Bedeutung zu verstehen. Dabei zeigt sich der *pädagogische Optimismus* Adlers vor allem in der Bewertung des Faktors *Vererbung*. Adler (1929c, 23; 1931b, 135)) misst diesem Faktor zwar eine beeinflussende, nicht aber eine determinierende Kraft bei. Brunner (1995, 123) stellt fest, dass damit von der Individualpsychologie lange vor der in den Sechziger- und Siebzigerjahren vehement geführten Erbe-Umwelt-Diskussion eine interaktionstheoretische Position vertreten wurde, die ein besonderes Gewicht auf die beiden Faktoren „Umwelt" und „Kraft der persönlichen Entscheidung" legt.

Werfen wir nun einen Blick auf einige Beispiele individualpsychologischer (vor allem Adlerscher) Praxis, in denen nach der Bedeutung der Geschwisterposition von Klienten gefragt wird:

Adler (1937i) schildert etwa den Fall eines 35jährigen Rechtsanwaltes, der über ständige Unruhe und schlechten Schlaf klagte und immer befürchtete, dass jemand ihn übertreffen könne. Adler bringt dies mit der frühesten Kindeserinnerung des Mannes in Verbindung, die dieser als charakteristisch für seine Vergangenheit heraushebt: Er befindet sich mit seiner Mutter und einem jüngeren Bruder auf dem Markt. Plötzlich fängt es an zu regnen, und seine Mutter nimmt ihn auf den Arm (er war damals vier Jahre alt). In diesem Augenblick bemerkte die Mutter, dass sie ihren ältesten Sohn auf den Arm genommen hatte, setzte ihn wieder ab und hob den jüngeren Bruder auf.
An anderer Stelle beschreibt Adler (1927a, 194f) beispielsweise den Fall eines Mädchens, das mit acht Jahren bereits drei Morde begangen hatte. Es handelt sich dabei um ein ältestes Kind, dem man infolge seiner Zartheit jede Arbeit abnahm. Sie befand sich also in einer „günstigen Situation". Das änderte sich plötzlich, als sie in ihrem sechsten Lebensjahr eine Schwester bekam. Ab nun verfolgte sie die Schwester mit wütendem Hass. Die Eltern, die sich keinen Rat wussten, griffen mit Strenge ein und versuchten dem Kind seine Haftbarkeit für jede Untat klarzumachen. Kurz darauf geschah der erste Mord. Adler (1927a) erklärt, dass in diesem Fall die Eifersucht des Mädchens auf die eigene Schwester auf andere, jüngere Mädchen abgelenkt worden war. Es war aufgefallen, dass sie gegen Knaben keinerlei feindselige Gefühle empfand.

Welches Gewicht klassische individualpsychologische Autoren dem Thema der Geschwisterposition beimessen, ist nicht zuletzt jenen Schriften zu entnehmen, in denen Adler (1930a, 1930c, 1930e) oder auch andere Autoren (wie z.B. Spiel 1947) von ihren Beratungsaktivitäten berichten, die sie in Schulen oder Erziehungsberatungsstellen (Adler übrigens in Wien und New York) durchgeführt haben: In vielen Fällen werden die Lern-, Erziehungs- oder Entwicklungsprobleme von Kindern mit ihrer besonderen Geschwisterposition in Zusammenhang gebracht.

Bei der Durchsicht einschlägiger Publikationen fällt zugleich auf, dass die frühen Individualpsychologen die Stellung eines Kindes in der Geschwisterreihe vor allem in Zusammenhang mit negativ-belastenden Gefühlen betrachtet haben, mit denen sich Kinder konfrontiert finden – es geht vorwiegend um Rivalität, Entthronung, Unsicherheit und Macht. So schreibt Wexberg (1930, 156): „Mit der herkömmlichen, schulfibelmäßigen Auffassung von der innigen Liebe der Geschwister zueinander ist natürlich gar nichts gewonnen. Daß Geschwister sich lieben, ist gewissermaßen das Selbstverständliche, wenig Interessante, aus dem sich psychologisch keine besonderen Konsequenzen ergeben. Viel wichtiger ist die Frage, ob und wie weit sie einander nicht lieben, sondern hassen, aufeinander eifersüchtig, neidisch sind, miteinander konkurrieren, sei es in Leistungen, sei es in der Liebe der Eltern. Die gegenseitigen Abhängigkeits-, Über- und Unterordnungsverhältnisse, die durchaus nicht nur durch das Alter bestimmt sind, können das Schicksal der einzelnen Geschwister entscheidend beeinflussen."

3. Von der Konstellationsforschung zur Beziehungsforschung

Durch den Austrofaschismus und den Nationalsozialismus wurde die Tradition der Individualpsychologie in Österreich und Deutschland unterbrochen. Neuere individualpsychologische Arbeiten versuchen nur ansatzweise die Bedeutung der Geschwisterkonstellation zu thematisieren und das „klassische" Konzept der Individualpsychologie weiterzuentwickeln bzw. mit den Ergebnissen aktueller entwicklungspsychologischer Arbeiten in Beziehung zu bringen. Lehmkuhl und Lehmkuhl (1994, 196) vermuten, „dass das erlahmende Interesse der Individualpsychologie am Konstrukt der Geschwisterkonstellation mit ihrer aktuellen Theoriediskussion und der Rückbesinnung auf die analytischen Wurzeln zu tun hat. In dem Maße, wie sich die individualpsychologische Sichtweise wieder überwiegend auf die ganz frühen Beziehungserfahrungen bezieht und später hinzukommenden bzw. aktuellen Belastungen für die Persönlichkeitsentwicklung eine weitaus geringere Bedeutung beimißt, rückt das Interesse an der Geschwisterkonstellation in den Hintergrund."
Allerdings greifen in jüngerer Zeit mehrere Autoren, die nicht zur individualpsychologischen Prominenz zählen, das Thema Geschwister auf. Sie machen deutlich, dass – im Sinne der vorhergehenden Bemerkung von Lehmkuhl und Lehmkuhl (1994) – die *Konstellationsforschung* immer mehr an Bedeutung verliert und die *Beziehungsforschung* in den Vordergrund des Interesses rückt.

Hartmut Kasten (1993a) merkt dazu an, dass sich die in jüngerer Zeit vorgelegten Arbeiten zum Thema Geschwisterbeziehung häufig in der Einschätzung der aktuellen Forschungssituation widersprechen (vgl. Bank & Kahn 1982 ; Lamb & Sutton-Smith 1982; Bedford 1989 sowie die Übersichtsartikel von Brubaker 1985; Cicirelli 1989; Connidis 1989). Bedford (1989) meint allerdings, dass sich insbesondere in den letzten zwei Jahrzehnten einige grundlegende Auffassungen geändert haben und dass eine Reihe von neuen Einsichten akzeptiert wurden. Zum einen hat man die Auffassung, dass es ausschließlich oder zumindest im wesentlichen die Eltern sind, die für die Persönlichkeitsenwicklung und Identitätsbildung der Kinder verantwortlich sind, relativiert zugunsten einer Auffassung, wonach es neben den Eltern eine Reihe von anderen Bezugspersonen – Peers, Verwandte, Erzieher, Lehrer und eben Geschwister – gibt, deren Einfluss auf die kindliche Entwicklung essentiell ist. Zum anderen wurde auch die weitverbreitete, von der Psychoanalyse übernommene Ansicht, dass es gerade die ersten Lebensjahre sind, in deren Verlauf sich die weitgehend irreversible Prägungen der kindlichen Persönlichkeit vollzieht, allmählich abgelöst von einer *Entwicklungspsychologie der Lebensspanne* (vgl. Baltes 1979), die davon ausgeht, dass auch in späteren Entwicklungsabschnitten entscheidende Weichenstellungen für die weitere Persönlichkeitsentwicklung erfolgen[2].

Freilich wurden noch in den Siebziger- und auch noch in den Achtzigerjahren vornehmlich Untersuchungen durchgeführt, in denen postuliert wird, dass leicht fassbare Variablen, wie die Position in der Geschwisterreihe, entscheidende Effekte auf die Entwicklung des Individuums ausüben. Diese Studien stehen vorerst noch immer unter dem Einfluss der Theorien von Adler (vgl. Kap. *2.1* und *2.*2) oder Toman (1959b; 1960b; 1963b; 1965a; 1966; 1967; 1972a, 1973; 1979b). Nach dem Erscheinen des Buches „Birth Order" – einer Analyse von über tausend einschlägigen Untersuchungen – von Ernst & Angst (1983) kommt es allmählich zu einem Rückgang der Veröffentlichungen, die den Konstellationsansatz ins Zentrum der Aufmerksamkeit rücken. Ernst & Angst zeigen auf, dass zwischen strukturellen Geschwistervariablen wie Geburtsrangplatz, Altersabstand, Geschlecht und Persönlichkeitseigenschaften von Geschwistern kaum signifikante Zusammenhänge bestehen und keine pauschalen Aussagen gemacht werden können. Es sind vielmehr fast immer – in den älteren Studien unkontrolliert gebliebene – Einflussfaktoren (wie zerrüttete Familienverhältnisse, ein ungünstiger Erziehungsstil, vorzeitiger Abbruch der Beziehungen zu den Eltern oder Geschwistern, Einkommensverhältnisse, Schichtzugehörigkeit, Schul- und Berufsausbildung), neben denen die Wirksamkeit von Geschwisterpositionseffekten verblasst (vgl. Kasten 1986; 1993a, b). Mehrere Wissenschafter (z.B. Lehmkuhl & Lehmkuhl 1995; Sulloway 1996) sind der Ansicht, dass die beiden Schweizer Psychiater hauptsächlich aufgrund der begrenzten Erhebungsinstrumente zu diesem Ergebnis gekommen sind. Die ausschließliche Geschwisterkonstellationsforschung verliert aber mit der Verbreitung der Publikation von Ernst & Angst (1983) wesentlich an Bedeutung.

Einen wesentlichen Anstoß zur Entwicklung einer neuen Sicht auf Geschwisterbeziehungen geben aber bereits 1970 das Buch „The sibling" von Sutton-Smith & Rosenberg und das 1982 in Folge erschienene Werk „Sibling relationships: Their nature and significance across the life-span" von Lamb & Sutton-Smith: Die Geschwisterforschung beginnt sich langsam *vom Konstellationsansatz zu lösen* – und das Thema „Geschwister" gewinnt neuerlich an Attraktivität.

Arbeiten von Langenmayr (1975; 1978), Kasten (1993a, b) sowie Dunn und Plomin (1996) zeigen, dass das Thema Geschwisterbeziehungen in der neueren empirischen Forschung tatsächlich zunehmend Beachtung gefunden hat. Die Fragestellungen, die dabei bedeutsam gehalten werden, streuen weit. Nach Kasten (1993a, b) sollten mit empirischen Forschungsmethoden etwa folgende Fragen untersucht werden: *Welcher Stellenwert ist negativen Emotionen und Inhalten in der Geschwisterbeziehung, wie Aggressionen, Eifersucht, Feindseligkeit, Neid, Rivalität, über die Lebensspanne betrachtet, beizumessen? Gibt es Regelmäßigkeiten und spezifische Entwicklungsmuster bei der Ausbildung solcher negativer Beziehungsdimensionen? Wie lassen sich die vielfach aufgezeigten individuellen Differenzen verständlich machen? Welche wechselseitigen Abhängigkeiten bestehen zwischen bereits nachgewiesenen Effekten von Variablen wie Altersabstand, Geschlecht, ethnische und soziale Gruppenzugehörigkeit? Welche Rolle spielen dabei die Herkunftsfamilie und eigene Familie?*

---

[2] Vgl. dazu den Beitrag von Rolf Göppel in diesem Band.

Bedeutsam ist in diesem Zusammenhang, dass die Verhaltensforscher und –genetiker, die sich in den letzten Jahren mit den Unterschieden innerhalb von Familien besonders intensiv befassten (z.B. Rowe & Plomin 1981; Plomin 1983; Plomin & Daniels 1987; Dunn & Plomin 1996; Hetherington u.a. 1994), vor der Frage stehen, ob sie das Erleben von Geschwisterbeziehungen dem *Shared Environment* oder dem *Non-shared Environment* einer Familie zuordnen. Nach Cierpka (1999, 24) werden unter dem Begriff des *Non-shared Environments* jene individuellen Erfahrungen zusammengefasst, die für jedes einzelne Familienmitglied in seiner Familie spezifisch sind. Im Gegensatz dazu umfasst das *Shared Environment* die Erfahrungen, die von allen Familienmitgliedern geteilt werden, also die in gleicher Weise einwirkende Familienumwelt. Bezeichnender Weise wird die *Geschwisterbeziehung* zu den *nicht-geteilten Umwelteinflüssen gezählt*: Geschwister verfügen über verschiedene Persönlichkeiten und machen innerhalb der Geschwisterbeziehung unterschiedliche Erfahrungen. Geschwister erleben ihre Beziehung insbesondere hinsichtlich positiver, freundschaftlicher Aspekte, hinsichtlich Macht und Kontrolle unterschiedlich und nehmen dies auch schon sehr früh wahr. Hetherington (1994) und Dunn & Plomin (1996) kamen denn auch zu dem Ergebnis, dass sich gemeinsam aufgewachsene Geschwister weniger ähnlich sind als erwartet. Nach Plomin & Daniels (1987) führen nicht gemeinsam erfahrene Umgebungsfaktoren dazu, dass sich die Kinder in einer Familie ähnlich stark unterscheiden wie Kinder aus verschiedenen Familien.

Auch wenn Lehmkuhl & Lehmkuhl (1994, 197) betonen, dass sich in der jüngeren Geschwisterforschung tiefenpsychologische, entwicklungspsychologische und soziologische Ansätze treffen, die von Adler bereits angedacht und wegweisend vorformuliert wurden, so ist doch festzuhalten: Der Gegenstand „Geschwisterbeziehung" hat heute hauptsächlich in der *sozialwissenschaftlichen* und *klinisch-psychologischen Forschung* seinen Platz gefunden. Diese interessiert sich vor allem unter entwicklungspsychologischen und lerntheoretischen Aspekten für die Geschwister (vgl. z.B. Cicirelli 1973; 1974; 1975; Furman & Buhrmester 1985). Sie betrachtet die *gegenseitige Beeinflussung* von Geschwistern in verschiedenen Entwicklungsphasen, nicht nur in der Kindheit, sondern über die *gesamte Lebenszeit* hinweg. Ihre Forschungsergebnisse sind allerdings oft widersprüchlich und es zeigt sich, dass Geschwisterbeziehungen in ihrer Verschiedenartigkeit und Lebendigkeit sehr schwierig zu fassen sind. Diesem Ziel am nächsten kommen *psychoanalytische und familientheoretische Konzepte*, meint Petri (1994, 11). Im nächsten Kapitel werde ich mich daher psychoanalytisch orientierten Autoren zuwenden und ihre „alten" und „neuen" Bilder von Geschwisterbeziehungen nachzeichnen (und dann, wenn es vom Thema her sinnvoll ist, auch andere Publikationen anführen, die im engeren Sinn nicht als psychoanalytische Veröffentlichungen angesehen werden können).

4. Das Geschwisterthema in der Psychoanalyse

„Fassen wir zunächst das Verhältnis der Kinder zu ihren Geschwistern ins Auge. Ich weiß nicht, warum wir voraussetzen, es müsse ein liebevolles sein, da doch die Beispiele von Geschwisterfeindschaft unter Erwachsenen in der Erfahrung eines jeden sich drängen und wir so oft feststellen können, diese Entzweiung rühre noch aus der Kindheit her oder habe von jeher bestanden. Aber auch sehr viele Erwachsene, die heute an ihren Geschwistern zärtlich hängen und ihnen beistehen, haben in ihrer Kindheit in kaum unterbrochener Feindschaft mit ihnen gelebt. Das ältere Kind hat das jüngere mißhandelt, angeschwärzt, es seiner Spielsachen beraubt; das jüngere hat sich in ohnmächtiger Wut gegen das ältere verzehrt, es beneidet und gefürchtet, oder seine ersten Regungen von Freiheitsdrang und Rechtsbewußtsein haben sich gegen den Unterdrücker gewendet" (Freud 1900, 255).

Freuds Ansichten über Geschwisterbeziehungen und sein theoretisches Vermächtnis, das von Geschwisterrivalität, Disharmonie und Hass handelt, sind weitgehend bekannt. Seine weit in die frühe Kindheit zurückreichenden Erinnerungen haben dieses vermutlich beeinflusst: Zu seinen frühesten Erinnerungen gehören Schuldgefühle wegen seiner Mordgedanken gegen seinen jüngeren Bruder Julius, der im Alter von neun Monaten starb, als Freud selbst neunzehn Monate alt war (vgl. Bank & Kahn 1980/81). Die Annahme liegt nahe, dass Freuds Abwehrhaltung, die er in seinen eigenen Geschwisterbeziehungen ausgedrückt hat, mit dazu beigetragen hat, dass in seinen wissenschaftlichen Arbeiten das Thema der Geschwisterbeziehung im Hintergrund blieb. Der Ödipus-Komplex, in dem Geschwister nur eine untergeordnete Rolle spielen, bildet den zentralen Punkt seiner Theorie der Familie.

Aufgrund dieser Hinterlassenschaft der Psychoanalyse (vgl. Oberndorf 1929; Levy 1937) befasst sich die psychoanalytisch-therapeutische Literatur bis heute vorwiegend mit der frühkindlichen Rivalität um die Liebe eines Elternteils. Psychoanalytiker haben sich bis vor einigen Jahren kaum mit dem breiteren Familienzusammenhang befasst, der die Art der Beziehung zwischen Geschwistern beeinflusst. Auch für jüngere Arbeiten wie jene von Spitz (1976) oder jene von Bowlby (1969) und Ainsworth (1979), die vom *Bindungsverhalten*, dem Entstehen von Bindung und ihrer Veränderung im Laufe der Individualentwicklung handeln, gilt: Die Mutter-Kind-Beziehung steht im Mittelpunkt; die Geschwisterbeziehung wird am Rande erwähnt, wenn vom „Rest der Familie" und den anderen Familienangehörigen die Rede ist.

Nach wie vor kommen auch in psychoanalytischen Lehrbüchern für Psychotherapie Geschwister kaum vor. Diepold (1988) fordert daher, dass Abwehrhaltungen gegenüber Geschwisterbeziehungen in der psychoanalytischen Ausbildung gründlicher durchzuarbeiten seien; zumal Rücker-Embden-Jonasch (1986) berichtet, dass in Ausbildungsgruppen Geschwisterbeziehungen oft in starkem Maße wiederbelebt werden. Nach Berger (1985) entspricht es der klinischen Erfahrung, dass die subjektive und familiendynamische Bedeutung der Geschwisterposition als „Material" und „psychodynamische Fundgrube" – wegen der Abwehrhaltung der Beteiligten – häufig vernachlässigt wird. Bereits im Rahmen der Erstellung der biografischen Anamnese kann es zu einem gemeinsamen Abwehrbündnis zwischen dem Untersucher und seinen Klienten kommen, das zur Folge haben kann, dass das Geschwisterthema weder diagnostisch noch therapeutisch genutzt wird.

In den letzten zwei Jahrzehnten lockerte sich allerdings das Tabu der Geschwisterbeziehung in der Psychoanalyse, bemerkt Sohni (1999, 7). Zunehmend wird anerkannt, dass sich manche Persönlichkeitsbereiche im Sinne von Cierpka (1999, 13) nicht im vertikalen, sondern im horizontalen Beziehungsfeld entwickeln: „Für die Erfahrungen des Kindes mit den Eltern und mit den Geschwistern gilt, dass eine rein lineare Abfolge der

Entwicklungsphasen Dyade/Tryade/Familie – also von der Symbiose zum ödipalen Konflikt – als überholt gilt." In diesem Sinn wird der Bedeutung der Beziehung, die Geschwister *zueinander* haben, und dem Einfluss, den sie *aufeinander* haben, zusehend größere Beachtung geschenkt. Davon ausgehend versuchen manche Psychoanalytiker Schritt für Schritt eine „Psychologie der Geschwisterbeziehung" zu entwickeln. Ausgehend vom Einzelfall in der Beratung/Therapie (z.b. Bank & Kahn 1982; Petri 1994) versuchen sie etwa dem psychoanalytisch-familientheoretischen Ansatz zu folgen und die beobachtbare wie *unbewusste Dynamik* von Geschwisterbeziehungen aufzudecken. Geschwister sind demnach nicht nur Realität, sondern auch Gegenstand von Fantasie und einflussreichen unbewussten Vorstellungen. Dieser Ansatz wird erweitert durch die Annahme, dass jedes Familienmitglied als Teil eines Gesamtsystems zu begreifen sei. In diesem Zusammenhang wird *objektbeziehungstheoretischen* und *bindungstheoretischen* Überlegungen gefolgt und der Versuch unternommen, gewisse Gesetzmäßigkeiten zu finden, die die Geschwisterbeziehung über die gesamte Lebensspanne hinweg charakterisieren. Dabei werden auch viele der oben genannten empirischen Untersuchungen und Ergebnisse aus der Verhaltensgenetik, aber auch die „alte" Theorie der Geschwisterkonstellation rezipiert. Auf die ausschließliche Bearbeitung von pathogenen Aspekten wie Rivalität und Hass wird verzichtet; denn nach neueren Forschungen, so Ley (1999, 71), kann von einer „primären positiven Bezogenheit, einer Neugier, etwas Begehrlichem, Liebevollem unter Geschwistern" ausgegangen werden (vgl. Petri 1994; Sohni 1994; Ley 1995, 1999, 72).

4.1 Geschwister als Identifikationsobjekte

Die beiden psychoanalytisch orientierten Familientherapeuten und Pädagogen Bank & Kahn veröffentlichten 1982 in den USA das Buch „The Sibling Bond", das 1989 in deutscher Übersetzung („Geschwisterbindung") herauskam. Nachdem das Thema Geschwisterbeziehung bis dahin fast ausschließlich im angloamerikanischen Raum Beachtung gefunden hatte, gewann es nun im europäischen Raum an Boden. Die zentralen Fragen, denen die Autoren in ihrer Forschungsarbeit nachgingen, lauten: *Welche Einflüsse sind es, die die Qualität einer spezifischen Geschwisterbeziehung ausmachen? Welche Faktoren begünstigen die Ausbildung einer emotional tiefen bzw. einer emotional flachen Geschwisterbeziehung? Warum reagieren manche Geschwister aufeinander aggressiv und ablehnend, während andere ein ganzes Leben lang gut miteinander auskommen und sich gegenseitig unterstützen? Wie entwickeln sich Geschwisterbeziehungen über die Zeit und in verschiedenen Altersabschnitten? Wie beeinflussen sich Geschwister gegenseitig in ihrer individuellen Entwicklung?*
Intensive Geschwisterbindungen, die auf die Persönlichkeitsentwicklung einzelner Einfluss nehmen, entstehen nach Bank & Kahn (1982, 24) dann, wenn es unter den Geschwistern in Kindheit oder Adoleszenz ein hohes Maß an Zugang zueinander und Kontakt untereinander gibt *und* wenn ihnen zuverlässige elterliche Zuwendung vorenthalten bleibt. In so einem Fall könnte man die intensive Geschwisterbeziehung als Kompensation für die unbefriedigende Eltern-Kind-Beziehung ansehen. In dieser Situation sind Geschwister füreinander ein wesentlicher Einflussfaktor und Prüfstein in der Suche nach persönlicher Identität. Emotional befriedigende Beziehungen z.B. zu Eltern, eigenen Kindern oder Partnern lassen die Geschwisterbeziehung schwächer und un-

wichtiger werden. Intensive Geschwisterbeziehungen werden dann aktiviert, wenn andere Beziehungen wenig stabil sind. Es hängt von den Umständen in der Familie, den Persönlichkeiten der Kinder und den Handlungen oder Einstellungen der Eltern ab, ob diese Intensivierung konstruktive oder destruktive Folgen nach sich zieht.

Weinmann-Lutz (1995) rezipiert Bank & Kahns *Beschreibung von Identifikationsprozessen zwischen Geschwistern*, um Konstanz und Wandel der Geschwisterbeziehung, Loyalitäten und Konflikte in der Geschwisterbeziehung darzustellen; denn um zur Charakterisierung verschiedener Typen von Geschwisterbeziehungen zu kommen, beschreiben Bank & Kahn (1982, 85ff) acht Identifikationsprozesse und -muster zwischen Geschwistern, die sie nach dem Ausmaß der erlebten Ähnlichkeit bzw. Unterschiedlichkeit zu drei Gruppen zusammenfassen. In der ersten Gruppe befinden sich die *engen Identifikationsmuster*, die dann gegeben sind, wenn sich Geschwister vor allem als ähnlich wahrnehmen. Nehmen sich Geschwister in manchen Bereichen als ähnlich wahr, so sprechen die Autoren von *Teilidentifikationen*, die sie einer zweiten Gruppe von Identifikationsmustern zuordnen. Eine dritte Gruppe von Identifikationsmustern zeichnet sich dadurch aus, dass Geschwister wenige Ähnlichkeiten, dafür aber große Unterschiedlichkeiten erleben; die Autoren sprechen dann von *distanzierten* oder *geringen Identifikationen*. Völlig abgelehnt wird die Beziehung zum Geschwister dann, wenn sie dem Muster der *De-Identifizierung* folgt (vgl. Schachter 1976; 1978; 1982; 1985). Schachter (1982, 148) interpretiert die von ihr nachgewiesenen De-Identifikationsprozesse zwischen Geschwistern als eine Form der Abwehr von Rivalitäts- und Aggressivitätstendenzen und plädiert für die Ausarbeitung einer Theorie des „Kain-Komplexes".

Können sich die Eltern nur einem Kind positiv zuwenden oder spielen Eltern die Kinder gegeneinander aus, so erleben sich die Geschwister als extrem verschieden. Schon vorhandene Unterschiede wie Geschlecht, Alter, Begabungen oder andere Eigenschaften werden überbetont und als Erklärung für die ungleiche Behandlung herangezogen. Besitzt ein Kind eindeutig die „bessere Rolle", so kann die Verleugnung von Ähnlichkeit einseitig von ihm ausgehen. Sind beide Geschwister de-identifiziert, so bricht im Erwachsenenalter der Kontakt meist völlig ab; aufgrund der extremen Ablehnung (der Eigenschaften) des anderen verliert jedoch jeder auch eigene Entwicklungsmöglichkeiten.

Die Frage, in welcher Weise und aus welchen Gründen Geschwister miteinander identifiziert und voneinander abgegrenzt sein können, behandeln aus psychoanalytischer Sicht überdies Neubauer (1983), Sohni (1994), Wellendorf (1995), Kast (1994a, 1996) und Cierpka (1999). Viele ihrer Ausführungen verweisen auf den Versuch, eine *Geschwisterpsychologie der Lebensspanne* zu entwickeln (Lamb und Sutton-Smith 1982). Dabei werden Ergebnisse aus den unterschiedlichsten Forschungsbereichen zusammengetragen und (aus psychoanalytischer Perspektive) vorsichtig zu einem Ganzen zusammengefügt (vgl. Kasten 1993a; Petri 1994; Lüscher 1997).

Der folgende Abschnitt befasst sich daher vorwiegend mit altersspezifischen emotionalen und interaktionellen Aspekten der Geschwisterbeziehung.

4.2 Wie verändern sich Geschwisterbeziehungen im Laufe des Lebens?

4.2.1 Das Erleben der Geburt eines Geschwisters

Eine *Schwangerschaft* bedeutet nach Lüscher (1997, 51) für die ganze Familie „eine *emotionale Neuorientierung*, bei der positive Gefühlseinstellungen beim älteren Kind vorherrschen, weil es noch kaum Benachteiligungen erlebt ...". Auch Petri (1994, 15) merkt an, dass der Beginn der Geschwisterliebe weit vor der Geburt des Geschwisters liegt. Die Mutter freut sich auf das Baby, und das Kind nimmt daran teil. Petri betrachtet diese vorgeburtliche Beziehung als den Vorläufer der Geschwisterliebe. „Sie beruht zum einen auf der Identifizierung mit der Liebe der Mutter zu ihrem ungeborenen Kind, zum anderen aber auch auf einer selbständigen Objektbindung an das hörbare und tastbare Wesen in ihrem Bauch" (Petri 1994, 16). Petri meint, eine konfliktfreie, *unambivalente* Haltung ist besonders unter der Bedingung eines gut funktionierenden Systems, d.h. bei einer überwiegend liebevollen Familienatmosphäre anzunehmen: „Wenn das Kind sich selbst geliebt fühlt, verfügt es über genügend libidinöse Energien, die es auf den Neuankömmling übertragen kann" (Petri 1994, 17).

Allerdings stellt sich die Frage, ob aus psychoanalytischer Sicht eine unambivalente Haltung überhaupt denkbar ist und Petri zu wenig zwischen manifesten und latenten Gefühlsäußerungen differenziert. Diese Rückfrage ist auch an die Interpretation der Ergebnisse einer Studie von Kreppner, Paulsen und Schütze (1981) zu richten: In einer Langzeituntersuchung wurden zwei Jahre lang 16 Familien beobachtet, die zu Beginn der Studie ihr zweites Kind bekamen. Durch Direktbeobachtungen wurde untersucht, wie sich das Verhältnis von positivem und negativem Verhalten des älteren Geschwisters dem jüngeren gegenüber verändert. Die Ergebnisse zeigen, wie ausgeprägt besonders in den ersten neun Monaten das positive Verhalten des älteren Geschwisters gegenüber dem Säugling ist.

Laut Kasten (1993a; 1994) bringt die *Geburt eines zweiten Kindes* für das ältere und bisher einzige Kind, das mit der Rolle des älteren Geschwisters erst vertraut (gemacht) werden muß (vgl. Schütze 1986, 130), jedenfalls mehr Veränderungen mit sich als für die Eltern. Nach Wilford & Andrews (1986) wirken sich Vorbereitungskurse für Eltern und/oder Kinder auf die Geburt des neuen Geschwisters durchaus positiv aus, wenn auch die Effekte einige Wochen nach der Geburt abzuklingen scheinen.

Für das erstgeborene Kind zieht die Geburt des zweiten Kindes aus der Sicht vieler Psychoanalytiker zumindest immer auch belastende, mitunter sogar traumatische Erfahrungen nach sich. Nicht selten muss es einen *Entthronungsschock* verkraften und mit der Situation fertig werden, ab nun die elterliche Liebe und Zuneigung zu teilen. Konsequenterweise lehnt es das Neugeborene ab und verhält sich ihm gegenüber aggressiv. Die mütterliche Forderung, nämlich das jüngere Geschwister in sein Herz zu schließen und zu lieben, kann dazu beitragen, dass sich im Erstgeborenen, das die Zuwendung der Mutter nicht verlieren möchte, *intensive Schuldgefühle* (vgl. z.B. Klagsbrun 1993) aufbauen, wenn es ihm nicht gelingt, seine feindseligen Impulse gegenüber dem Zweitgeborenen zu unterdrücken. So schreibt Berger (1985, 128) unter Berufung auf zahlreiche Literatur: „Es besteht weitgehend Einigkeit in der Auffassung, dass die ersten Gefühle eines Kleinkindes zum neuen Geschwister negativ sind und eine primäre Feindseligkeit abgewehrt werden muß."

Parens (1988, 34ff) kommt auf der Grundlage von Fallanalysen zu sieben Anworten auf die Frage, was Geschwister im Kleinkindalter füreinander sein können: Geschwister können füreinander sein: 1) *Objekte libidinöser Besetzung*, 2) *erotische Objekte*, 3) *Babyersatz*, 4) *Rivalen*, 5) *Objekte der Verschiebung von Feindseligkeit und Aggression*, 6) *instrumentalisierte Hilfen* und 7) *Helfer bei der Bewältigung von Sozialisationsschritten*. Parens untersuchte über 20 Jahre lang Kinder ab ihrer Geburt bis zum Alter von vier Jahren in ihren Geschwister-Interaktionen und kam u.a. zu dem Ergebnis, dass für die Entwicklung eines Säuglings neben den Eltern Geschwister strukturell gleichrangig werden können. Die Beobachtung von Geschwister-Interaktionen in frühester Kindheit führen Reiss (1991; zit. nach Sohni 1998, 12) zur Annahme eines *„zweiten Triangulierungsprozesses"* (Elternteil – Geschwister 1 – Geschwister 2), der ähnlich bedeutsam oder sogar *bedeutsamer als der ödipale* sei. Graham (1989; zit. nach Sohni 1998, 13) geht von der Untersuchung der Geschwisterdynamik in 35 Erwachsenen-Analysen aus und kommt zu ähnlichen Ergebnissen wie Parens (1988) und Reiss (1991).

4.2.2 Die Entwicklung der Geschwisterbeziehung im Kleinkindalter und in der Kindheit

Mehrere Autoren betonen, dass sich die Geschwisterbeziehung im *Kleinkind- und Kindergartenalter* festigt (vgl. Kasten 1993a; Petri 1994; Bank & Kahn 1982; Lüscher 1997). Nach Lüscher (1997, 55) entstehen in dieser Zeit auch Wettbewerb und Konkurrenz, und zwar nicht nur im Sinne destruktiver Rivalität; denn es geht nun auch um Anerkennung durch das Geschwister, um Durchsetzung und Macht. Es sind dies Anzeichen des normalen Prozesses der Individuation und des *Aufbaus eines differenzierten Selbstbildes*. Dazu brauchen Geschwister ihre gegenseitige Bewunderung und Bestätigung, die wechselseitige *narzistische Spiegelung*. Gleichzeitig verbindet das auch, gibt das Gefühl, gemeinsam stark zu sein und allenfalls ohne die Eltern auszukommen: *Geschwister geben einander Halt*. Laut Parens (1988) werden z.B. ältere Kinder von den jüngeren als Vermittler eingesetzt, um Hilfe zu erhalten, um etwas zu erreichen, durchzusetzen oder zu verhindern. Das schwächere Geschwister muss manchmal aber auch als Objekt der Verschiebung von Frustration, Feindseligkeit und aggressiven Impulsen herhalten, die eigentlich den (übermächtigen) Eltern gelten.

Kinder in diesem Alter streiten sich häufig und ausgiebig (vgl. z.B. Abramovich 1982; Lüscher 1997). Untersuchungen von Abramovich (1982) und Kendrick & Dunn (1983) zeigen, dass dabei die Einmischung der Eltern eher die Konfliktrate erhöht, weil die Geschwister daran gehindert werden, *eigene Lösungsstrategien* zu entwickeln. Nach Bank & Kahn (1982, 176) können Aggressionsverbote dazu führen, dass Geschwister in ihrem Umgang miteinander „erstarren", weil negative Impulse nie entladen werden dürfen.

Entwicklungsbedingte Veränderungen in der Geschwisterbeziehung während der *mittleren und späten Kindheit* sind laut Kasten (1993a) von der empirische Forschung noch kaum untersucht. Ausnahmen dazu bilden die Arbeiten von Bank & Kahn (1982, 53), Kernberg & Richards (1988, 57) sowie Moss und Moss (1986). Nach Lüscher (1997,

58) nehmen in diesem Alter Geschwister vordergründig an Bedeutung ab, die Gleichaltrigen nehmen an Wichtigkeit zu. Die Interaktionsrate der Geschwister verringert sich also eher. Die beginnende Ablösung von der Familie lässt sich bezüglich der Geschwister oft besser durchsetzen als gegenüber den Eltern.

4.2.3 Geschwisterbeziehungen in der Adoleszenz und im frühen Erwachsenenalter

Die zentrale Aufgabe im *Jugendalter* ist nach Erikson (1963) die Identitätsfindung. In der Adoleszenz entsteht dabei eine besondere spannungsreiche Dynamik. Petri (1994, 61) schreibt: „Von den Strudeln dieser Entwicklungsphase wird auch die Geschwisterliebe erfasst. Bei dem verzweifelten Kampf um die eigene Identität drohen ihr zwei Gefahren, die Ausstoßung oder die Anklammerung." Auch Sohni (1998, 21) nimmt in ähnlicher Weise zur Geschwisterbeziehung im Jugendalter Stellung: „Auf der einen Seite entwickelt sich aufgrund der Horizontalisierung der Identitätsbildung ein starkes Bedürfnis nach geschwisterlicher Verbundenheit bis hin zum Gleichsein-Wollen, zur Verschmelzung (Verleugnung der Verschiedenheit). Auf der anderen Seite entwickelt sich aufgrund des adoleszenten Narzißmus ein ebenso starkes Bedürfnis nach Einmaligkeit und Abgrenzung bis hin zur Verleugnung der Verbundenheit".

Diese Abgrenzungsbestrebungen, die von Schachter (1982) als *De-Identifikation* bezeichnet werden, beschreibt auch Pulakos (1989).

Neben der Ausbildung von Identität steht – nach Erikson – der Themenbereich der *Intimität* im Zentrum der Entwicklungsaufgaben, mit denen sich Jugendliche konfrontiert sehen. Geschwister haben nach Lüscher (1997, 60) einen beträchtlichen Einfluss auf die Sexualentwicklung einzelner. Geschwister beeinflussen sich direkt oder wirken bei größerem Altersabstand als Vorbilder. Gravierende Probleme entstehen dort, wo sich intime Beziehungen entwickeln, die gar zu *Geschwisterinzest* führen. Geschwisterinzest wird von Petri (1994, 63) als spezielle Form der Anklammerung betrachtet und ist nach Daie (1989) als Ausdruck gestörter Familienbeziehungen zu verstehen.

4.2.4 Geschwisterbeziehungen im mittleren, höheren und späten Erwachsenenalter

Im *frühen Erwachsenenalter* beginnt sich die bis dahin relativ festgelegte Familienstruktur aufzulösen. Die biografischen Lebensläufe der Geschwister gehen eigene Wege. In den meisten Fällen nimmt mit dem Verlassen des Elternhauses auch die subjektiv erlebte Nähe zwischen Geschwistern ab. Laut Lüscher (1997, 61) wandelt sich die räumliche Distanz in eine psychologische Distanz, die Bindung wird lockerer und diffuser. Geschwister fahren aber fort, sich aufeinander zu beziehen, auch wenn das Interesse aneinander eher passiv ist. Die Geschwisterbindung, die Geschwistersolidarität bleibt als „fundamentale Achse sozio-emotionaler Interaktion" (Goetting 1986) im Hintergrund erhalten, ebenso aber auch Geschwisterrivalität.

Allerdings berichten Ross & Milgram (1982), die eine Längsschnittstudie durchführten, an der 75 Probanden im Alter von 22 bis 93 Jahren teilnahmen, u.a. darüber, dass erwachsene Befragte oftmals große Scheu haben, über Geschwisterrivalität zu reden. (Für die Entstehung und Aufrechterhaltung geschwisterbezogener Rivalität wurden übrigens in erster Linie die Eltern verantwortlich gemacht, an zweiter Stelle wurden die anderen Geschwister genannt; sich selbst gab man nur sehr selten als Ursache der Entstehung von Rivalität an. Geschwisterliche Rivalitätsthemen waren hauptsächlich auf *Leistung, körperliche Attraktivität, zwischenmenschliche Kompetenz* und *Privilegien der männlichen Geschlechtsrolle* bezogen worden.) Im *mittleren und höheren Erwachsenenalter* tritt die Geschwisterbeziehung meist in den Hintergrund (vgl. Bank & Kahn 1982; Kasten 1993a, Klagsbrun 1993; Petri 1994; Lüscher 1997). Nach Klagsbrun (1993) unterscheiden sich Beziehungen zwischen Schwestern von solchen zwischen Brüdern deutlich. Intimität zwischen Schwestern ist signifikant häufiger anzutreffen als zwischen Brüdern oder zwischen Brüdern und Schwestern. Der *Tod der Eltern* kann durch das gemeinsame Trauern und Sicherinnern an frühere, glückliche Zeiten, Nähe und Verbundenheit bekräftigen. Spätestens dann übernimmt oft das älteste Kind (vor allem eine Schwester) die Rolle des verstorbenen Elternteils und kümmert sich von nun an um die familialen und geschwisterlichen Bindungen (vgl. Lüscher 1997, 63).

Nach Kasten (1993a) scheint festzustehen, dass *Geschwister im Alter* einander „wiederentdecken" und ihre Beziehung in mehrfacher Weise reaktivieren und teilweise auch neu gestalten. Gold (1989) stellt fest, dass emotionale Bindungen auf der Basis der Erinnerungen an eine lange, gemeinsame Lebensgeschichte auch dann überdauern, wenn die direkten Interaktionen spärlich sind. Gold (1989) postuliert, dass Nähe, psychologisches Involviertsein und Akzeptanz gemeinsam einen Faktor bilden, den sie „generationale Solidarität" nennt und der zum seelischen Wohlbefinden der Geschwister in entscheidenden Weise beiträgt. In theoretischer Hinsicht interpretiert die Autorin generationale Solidarität als Erweiterung des *Attachment-Konzeptes* von Bowlby (1969): Weil die meisten älteren Menschen ihr primäres Attachment-Objekt, die Mutter, nicht mehr zur Verfügung haben, greifen sie auf die sekundären Attachment-Objekte der Kindheit, eben die Geschwister, zurück, um so die notwendige Brücke zur Vergangenheit nicht abbrechen zu lassen. Laut Kasten (1993a, 164) nehmen Ärger und Neid mit dem Alter im allgemeinen ab und gegenseitige Akzeptanz zu. Gold (1989) beschreibt, dass für 90% der Probanden die negativen Aspekte, wie Rivalität, keine nennenswerte Bedeutung mehr haben.

Die Geschwisterbeziehung über die Lebensspanne hinweg betrachtet lässt sich mit Petri (1994, 101) in Anlehnung an die Mahlerschen Phasen der Loslösung und Individuation (Mahler u.a. 1975) folgendermaßen zusammenfassen: „Zeitlich den Zyklen des Lebens entsprechend durchläuft auch die Geschwisterbeziehung bei aller Differenzierung von Zwischenstufen drei Phasen: die frühe Phase der Intimität, die mittlere Phase der Distanz und die späte Phase der Wiederannäherung." Laut Kasten (1993a, 175) ist aber „die an grundlegenden Zusammenhängen interessierte Geschwisterforschung noch weit davon entfernt, zuverlässige Voraussagen über regelmäßig vorkommende Entwicklungsbesonderheiten formulieren zu können".

5. Zur Rolle der Eltern

Es wurde bereits mehrfach referiert, welche Bedeutung dem Elternverhalten für die Art und Weise des Erlebens der Geschwisterbeziehung in einschlägigen Publikationen zugeschrieben wird. In der Folge werden dazu einige zusammenfassende und ergänzende Anmerkungen und Literaturverweise angeführt.

5.1 Der Einfluß von Eltern auf problematische Geschwisterbeziehungen

„Geschwisterbeziehungen werden häufig assoziiert mit: Rivalisieren um die Liebe der Eltern. Nach meiner Auffassung handelt es sich beim geschwisterlichen Rivalisieren um einen entwicklungsfördernden Prozeß während Geschwisterbeziehungen mit gestörter Dynamik am häufigsten eltern-induziert sind" (Sohni 1998, 25; vgl. auch Petri 1994; Sohni 1995). Derselben Ansicht sind auch Bank & Kahn (1982, 171). Die beiden Autoren merken an, dass effektive Schiedsrichterfunktion in kindlichen Eifersüchteleien reife Eltern erfordert, die mit eigenen Aggressionen relativ gut umgehen und den streitenden Kindern „konsequent angewandte moralische Prinzipien" klar und deutlich vermitteln können. „Das Fehlen solcher Prinzipien macht die Geschwisterbeziehung unter Umständen chaotisch, ja sogar mörderisch. Kinder unreifer Eltern werden häufig in Geschwisterbeziehungen gezwungen, die die Bedingungen für destruktive Konflikte schaffen" (ebda.).

Nach Bank & Kahn (1982, 172ff) lässt sich ineffektives Elternverhalten grob in zwei Kategorien einteilen: *konfliktvermeidendes* bzw. *-unterdrückendes* und *konfliktverstärkendes Verhalten*. Konfliktvermeidende Eltern fühlen sich als ständige Vermittler in den Konflikten ihrer Kinder; konfliktverstärkende Eltern fördern (meist unbewusst) die Konflikte zwischen ihren Kindern und stacheln sie insgeheim an.

Verschiedene Formen von konfliktverstärkendem Elternverhalten werden in Publikationen beschrieben:

— Eine Form von konfliktverstärkendem Verhalten ist das *Favoritentum* (vgl. Bank & Kahn 1982; Klagsbrun 1993). Bank & Kahn (1982, 175) sind der Meinung, dass das Favoritentum „in allen Familien" vorherrscht. „Aber es macht einen großen Unterschied, ob Kinder wegen bestimmter Eigenschaften, in verschiedenen Phasen oder Entwicklungsstadien vorgezogen werden oder ob eines eine eindeutige Favoritenrolle zugeschrieben bekommt" (ebda.). Die Erbitterung über die Bevorzugung eines Kindes kann sehr groß sein. Es ist dann weniger bedrohlich, Bruder und Schwester für die elterliche Bevorzugung eines Geschwisters zu beschuldigen als die Eltern selbst: „Die gängige Verschiebung der Wut von den Eltern auf die Geschwister ist wohl der destruktivste Teil des Favoritenspiels" (Klagsbrun 1993, 198).

— Das *Kind als Partnerersatz* kann als besonders belastende Form von Favoritentum gesehen werden. Der Gewinn für das Kind liegt nach Lüscher (1997, 71) in der Unentbehrlichkeit und dem Zuwachs an Macht, was beides heftige Rivalitätsgefühle bei den Geschwistern schürt.

— Was für das Favoritentum bezeichnend ist, gilt mit umgekehrten Vorzeichen für die Zuweisung einer *Sündenbockrolle*. Sie kann für ein Kind zwar bedeuten, im Zentrum der elterlichen Aufmerksamkeit steht, „aber nur zum Preis von intensiven Wut- und Frustrationsgefühlen" (Lüscher 1997, 70). Klagsbrun (1993, 206) vermutet, „dass sich dahinter meist persönliche Probleme verbergen": Ähnelt das eigene Kind einem Geschwister, mit dem man sich nie vertragen hat und zu dem unverarbeitete Gefühle von Hass, Neid und Furcht weiterbestehen, wird es mit diesem identifiziert und einstige Geschwistererfahrungen werden wiederholt.

— Nach Sohni (1998, 26) führen auch *Abgrenzungsprobleme* von Eltern zu einer Intensivierung von Geschwisterkonflikten. Eltern ertragen dann „die emotionale gegenseitige Nähe ihrer Kinder nicht bzw. tolerieren die Bedrohung nicht, selber von dieser Nähe ausgeschlossen zu sein". Petri (1994, 127) spricht in diesem Zusammenhang davon, daß Eltern dann dazu neigen, Kinder gegeneinander auszuspielen, um das Entstehen von zu großer Nähe zwischen Geschwistern zu verhindern (vgl. dazu auch Reich 1996).

— Werden Geschwisterbeziehungen dramatisch aggressiv, so wird dies nach Bank & Kahn (1982, 171) oft durch Eltern begünstigt, die schwelende Geschwisterkonflikte vollständig leugnen. Besonders zugespitzte Situationen entstehen nach Damm (1994, 95) zum Beispiel dann, wenn sich Eltern „innerlich unter sehr starkem Druck fühlen, eigene katastrophale Geschwisterprobleme aus ihrer Lebensgeschichte neu aufzulegen, um ins Stocken geratene innere Verarbeitungsvorgänge wieder anzuregen".

5.2 Erziehungsratgeber zur Frage, was Eltern tun können, um destruktive Rivalität zwischen ihren Kindern zu vermeiden?

Erziehungsratgeber jüngeren Datums, die sich speziell mit der Geschwisterthematik auseinandersetzen (z.B. Endres 1984; Gürtler 1995; Kammerer 1996; Mähler 1998), orientieren sich an der bisher zitierten Literatur. Die Ratschläge, die Eltern gegeben werden, um destruktive Rivalität zwischen ihren Kindern zu vermeiden, haben häufig die Gestalt von Leitgedanken oder Leitsätzen der folgenden Art:

— *„Streitigkeiten sind für die soziale Entwicklung des Kindes notwendig."*
— *„Lassen Sie sich nicht in die Rolle des Schiedsrichters drängen. „*
— *„Stärken Sie das Selbstvertrauen Ihrer Kinder: Übertriebenes Beschützen entmutigt, Mitleid erfahren schwächt das Selbstvertrauen."*
— *„Vergleiche nie ein Kind mit einem anderen, sondern immer mit sich selbst."*
— *„Wer alle seine Kinder gleich behandelt, bevorzugt oder benachteiligt damit ungewollt immer eines von ihnen."*

Antworten auf die Frage, wie Eltern mit „entthronten Prinzessinnen und Prinzen, dem kleinen Sonnenschein, den Glückskindern und Unglücksraben" in der Familie umgehen können, gibt Sigrid Damm (1994, 107):

1. Für entthronte Prinzessinnen und Prinzen ist es wichtig, dass sie einen Teil ihres Thrones zurückgewinnen; um so leichter fällt es ihnen dann, auf den ganzen zu verzichten.
2. Wenn Schattenseiten eines kleinen Sonnenscheins zur Kenntnis genommen werden, hat dieser weniger unter seinen Geschwistern zu leiden und wird auch ein weniger penetrantes Nesthäkchen.
3. Es ist wichtig, auf das Unglück bei Glückskindern zu achten. Sie brauchen Zuwendung, ohne dies selbst zu wissen.
4. Unglücksraben, die wegen physischen und psychischen Problemen zu Unglücksraben werden, brauchen ein dosiertes, angemessenes Verständnis für ihr Erleben, soviel Unglück zu haben. Bei den „Unglücksraben aus physischen Gründen" fällt dies nicht schwer. Eher verhindert ihre Art des Unglücks, dass den Beziehungspersonen eigene Überforderungen und eigene Aggressionen bewusst werden. „Unglücksraben aus psychischen gründen" finden oft wenig Verständnis. Je weniger dies jedoch der Fall ist, desto mehr rebellieren sie oder ververstricken sich weiter in ihre Unglücksrabenrollen. Hier gilt in besonderem Maße: Was nicht wahrgenommen und beantwortet wird, wird eher festgeschrieben.
5. Wo statt solcher praktischer Hinweise ein differenzierteres Eingreifen von Nöten ist, sind Beratungen oder Behandlungen zu empfehlen.

Dass es für Eltern (heute) mitunter schwierig ist, die Entstehung von destruktiver Rivalität zwischen Geschwistern zu vermeiden, hat in Anknüpfung an Lüscher (1997, 19) auch mit dem Wandel weithin verbreiteter Erziehungsziele zu tun, der seit den 50er Jahren zu bemerken ist und die Ansprüche an die Elternschaft erhöht. Die Erziehung zu Pflicht und Leistung, zu Konformität und Anpassung hat zugunsten einer Erziehung zur Selbständigkeit viel an Wert verloren. Diese *Betonung des Individualismus* stellt aber nur scheinbar das Streben nach persönlichem Nutzen in den Mittelpunkt des Erwünschten; denn die wissbegierigen, eigenständigen und *sozial kompetenten* Kinder erfüllen heute die Erwartungen und Hoffnungen ihrer Eltern. Für sie hat eine Verschiebung von der Versorgungsarbeit hin zu einer *Intensivierung der Beziehungs- und Vermittlungsarbeit* stattgefunden. Aber die Möglichkeiten der Eltern, die Beziehungen ihrer Kinder zu lenken, sind nun, da den Kindern allgemein größere Freiheiten zugestanden werden und Individualisierung forciert wird, geringer geworden. Es fehlen „standartisierte" Verhaltensweisen, was nach Bank & Kahn (1982, 17) dazu führt, dass auch Geschwister von ihren Eltern *mehrdeutige und paradoxe Regeln* vermittelt bekommen:

1. Seid euch ähnlich, aber unterscheidet euch voneinander.
2. Liebt euch, aber nicht ausschließlich und nicht sexuell.
3. Seid kooperativ, aber bleibt unabhängig.
4. Seid loyal zueinander, aber nützt euch nicht aus.
5. Konkurriert, ohne zu dominieren.
6. Seid dynamisch, aber nicht rücksichtslos.
7. Seid tolerant, aber vertretet euren eigenen Standpunkt.

6. „Besondere" Geschwister: Randgebiete der Geschwisterforschung

Im Rahmen dieses Artikels ist es mir nicht möglich, auf die Literatur über die psychosoziale Situation *besonderer* Geschwister näher einzugehen. Ich möchte aber auf einige Publikationen aufmerksam machen, die sich mit Randgebieten der Geschwisterforschung auseinandersetzen.

Wie Gayet (1996) berichtet, wurde das *Einzelkind* noch bis vor 25 Jahren vorwiegend negativ dargestellt. Beschrieben wurde seine Undiszipliniertheit, seine geringere Soziabilität und seine schwachen Schulleistungen. Winnicott (1957) ist – ähnlich wie viele der eingangs erwähnten Individualpsychologen – der Ansicht, dass durch das Alleinsein das Einzelkind der meisten Freuden beraubt sei, die für die Entfaltung der Persönlichkeit notwendig seien. Noch 1981 vertrat Dolto die Meinung, die Persönlichkeitszüge des Einzelkindes seien durch eine Art „Charakterneurose" geprägt. Einzelkinder seien zumindest der erheblichen Gefahr ausgesetzt, egozentrisch, verantwortungslos und kontaktarm zu werden, behauptet Beer (1994). Über das Aufwachsen ohne Geschwister differenzierter schreibt Kasten (1995), der auch der Frage nachgeht, warum es keine typischen Einzelkinder mehr gibt und was „Einzelkindeltern" im Auge behalten sollten. Einzelkinder und Geschwister vergleicht auch Urech (1996). Rollin (1993) untersucht, wie Einzelkinder zu ihrem schlechten „Psycho-Image" gekommen sind.

Über die besondere Situation von *Zwillingen* schreiben u.a. Haberkorn (1990) und Eberhard-Metzger (1998). Trescher (1985, 177ff) berichtet von der Förderung eines (zunächst symbiotisch miteinander verbundenen) Zwillingspaares und dessen Förderung im Kindergarten, Krauß (1994) von Zwillingen in der Psychotherapie. Schepanek

(1996) beschreibt in seinen Buch „Zwillingsschicksale" Gesundheit und psychische Erkrankungen bei 100 Zwillingen im Verlauf von drei Jahrzehnten. Spezielle *Erziehungsratgeber für Zwillinge* haben u.a. Haberkorn (1996) und Kammerer (1997) verfasst.

Relativ viele Publikationen findet man zur psychosozialen Situation von *Geschwistern behinderter und schwerkranker Kinder.*

„Geschwister behinderter Kinder sind von früh an mit menschlichem Leid und Unvermögen konfrontiert, mit Belastungen, mit Einschränkungen und veränderten Beziehungen zu den Eltern. Wie sie dies meistern, hängt von einer Vielzahl von Bedingungen ab. Die Behinderung eines Kindes kann die psychosoziale Entwicklung seiner Geschwister beeinträchtigen, sie kann aber auch eine Chance zur Entwicklung von menschlicher Reife und Verantwortungsbewußtsein sein" – so Achilles (1995, 9), die die Aufgabe übernommen hat, ein allgemeinverständliches Buch zur Situation von Geschwistern behinderter Kinder zu schreiben. Persönliche Erfahrungen vieler Betroffener, wissenschaftliche Forschungsergebnisse und praktische Ratschläge wurden für einen großen Kreis interessierter Menschen fachkundig zusammengestellt. Beachtenswert sind die Arbeiten von Hackenberg (1991; 1995), die das Thema Geschwister behinderter Kinder u.a. im Kontext von Beratung und Therapie ins Zentrum der Aufmerksamkeit rückt. Weiters sind Veröffentlichungen von Budweg (1973), Seifert (1989; 1990) und Winkelheide (1992) hervorzuheben. Die Schweizerische Zeitschrift für Heilpädagogik „Aspekte" brachte 1988 ein ganzes Heft zum Thema heraus. Außergewöhnliche Arbeiten sind jene von Schulte-Kellinghaus (1998) und Roell (1995): Schulte-Kellinghaus (1998) setzt sich mit der schwierigen psychosozialen Situation von Geschwistern behinderter Kinder mit der Osteogenesis imperfecta-Erkrankung („Glasknochenkrankheit") auseinander. Die Autorin erläutert die komplexen Zusammenhänge und gibt mit ihren praxisbezogenen, pädagogischen Reflexionen eine Handreichung zum besseren Verstehen und zum kompetenten Handeln in dieser schwierigen Lebenslage. (Schulte-Kellinghaus ist selbst von der Glasknochenkrankheit betroffen und wuchs mit vier Geschwistern auf. Sie arbeitet als Sozialpädagogin in einer Berufsschule in der Berufsorientierung für behinderte Schüler.) – Roell (1995) erörtert die Situation von Geschwistern krebskranker Kinder. Das Erkenntnisinteresse dieser auf der psychoanalytischen Theorie basierenden psychoonkologischen Untersuchung gilt den gesunden Geschwistern krebskranker Kinder, und zwar sowohl denjenigen, die Knochenmark spenden, als auch den nichtspendenden Geschwistern. Das gewählte methodenintegrative Vorgehen erlaubt es, bedeutsame Aspekte der subjektiven Erlebniswelt dieser beiden Geschwistergruppen herauszuarbeiten.

Den „mächtigen" *Einfluss verstorbener Geschwister* haben sich die u.a. die Autorinnen Dioszeghy-Krauß (1994) und Harder (1992) zum Thema ihrer Arbeiten gewählt. Ein Beispiel psychoanalytisch-pädagogischer Erziehungsberatung, in dessen Zentrum der „Tod eines Geschwisters" im Zentrum steht, hat vor kurzem Bogyi (1999) veröffentlicht.

7. Abblende

„Man hatte der zweiundachtzigjährigen Lillian zur Feier des Tages einen rosageblümten Morgenrock angezogen. Als die Pflegerin ihren Rollstuhl in das Zimmer der jüngeren Schwester schob,

begann sie zu nörgeln: ‚Dein Zimmer ist ja so dunkel und muffig, Becky. Laß uns doch lieber in *mein* Zimmer gehen, das hat mehr Sonne und eine schönere Aussicht.'
Rebecca war seit mehr als siebzig Jahren an die Dominanz ihrer älteren Schwester gewöhnt. Sie ignorierte sie lächelnd und begrüßte mich, den Psychologen, der zu einem Interview über ‚Geschwisterbeziehungen, in das Pflegeheim gekommen war. Die beiden Frauen waren die letzten Überlebenden einer großen Familie, zu der einst außer den Eltern noch vier Brüder gehört hatten.
‚War es für Sie wichtig, dass sie eine Schwester hatten? ' fragte ich Rebecca. Sie richtete sich ein wenig auf, hob die pergamentenen Handflächen, zuckte kurz die Achseln und warf mir einen irritierten Blick zu, um mir zu zeigen, dass ich nicht begriffen hatte, was doch auf der Hand lag. ‚Natürlich war es wichtig! Ich *weiß*, dass ich eine Schwester habe! ... Und ich muß sie gar nicht die ganze Zeit um mich haben. Einen Bruder zu haben, eine Schwester ... ' Sie hielt inne, suchte nach den richtigen Worten für ihr tiefinneres Gefühl. ‚Einfach zu wissen, dass sie ... *da sind* ... ' darauf kommt es an'" (Bank & Kahn 1982, 9).

Literatur

Abramovich, R., Pepler, D., Corter, C. (1982): Patterns of Sibling Interaction Among Preschool-age Children. In: Lamb, M., Sutton-Smith, B. (Hrsg.): Sibling relationships: Their nature and significance across the lifespan. Erlbaum: Hillsdale, 61-86

Achilles, I. (1995): „... und um mich kümmert sich keiner". Die Situation der Geschwister behinderter Kinder. Piper: München, 1997

Adler, A. (1918): Über individualpsychologische Erziehung. In: Adler, A. (1920): Praxis und Theorie der Individualpsychologie. Fischer: Frankfurt a.M., 1974, 305-313

Adler, A (1920a): Praxis und Theorie der Individualpsychologie. Fischer: Frankfurt a.M., 1974

Adler, A. (1927a): Menschenkenntnis. Fischer: Frankfurt a.M., 1993

Adler, A. (1928e): Characteristics of the first, second and the third child. In: Children 3, 14-52

Adler, A. (1929b): Individualpsychologie in der Schule. Vorlesungen für Lehrer und Erzieher. Fischer: Frankfurt a.M., 1973

Adler, A. (1929c): Neurosen. Fallgeschichten. Fischer: Frankfurt a.M., 1994

Adler, A. (1929d): Lebenskenntnis. Fischer: Frankfurt a.M., 1978

Adler, A. (1930a): Kindererziehung. Fischer: Frankfurt a.M., 1994

Adler, A. (1930c): Das Leben gestalten. Vom Umgang mit Sorgenkindern. Fischer: Frankfurt a.M., 1979

Adler, A. (1930e): Die Technik der Individualpsychologie. Zweiter Teil. Die Seele des schwererziehbaren Kindes. Fischer: Frankfurt a.M., 1974

Adler, A. (1933b): Der Sinn des Lebens. Fischer: Frankfurt a.M., 1973

Adler, A. (1937i): Lebensprobleme. Vorträge und Diskussionen. Fischer: Frankfurt a.M., 1994

Ainsworth, M.D.S. (1979): Infant- mother attachment. In: American Psychologist 34(10), 932-937

Ansbacher, H.L. (1978): Alfred Adlers Sexualtheorien. Fischer: Frankfurt a.M., 1989

Ansbacher, H., Ansbacher R. (Hrsg.) (1995): Alfred Adlers Individualpsychologie. Eine systematische Darstellung seiner Lehre in Auszügen aus seinen Schriften. Reinhardt: München, Basel, 4., ergänzte Auflage

Baltes, P.B., Brim, O.G. (Hrsg.) (1979): Life-span development and behavior. Academic Press: New York

Bank, St.P. (1980/81): Freudian Siblings. In: Psychoanalytic Review 67 (Winter), 493-504

Bank, St. P., Kahn M. D. (1982): Geschwister-Bindung. Dtv: München, 1994

Bedford, V.H. (1989): A comparison of thematic apperceptions of sibling affiliation, conflict, and separation at two periods of adulthood. In: International Journal of Aging and Human Development 28, 53-66

Beer, U. (1994): Die Einzelkindgesellschaft – Auf dem Weg zum kollektiven Egoismus? Mvg: München

Berger, M. (1985): Zur psychodynamischen Relevanz der Geschwisterbeziehung. In: Praxis Kinderpsychologie Kinderpsychiatrie 13, 123-137

Bogyi, G. (1999): Wenn Kinder mit Todeserlebnissen konfrontiert sind. Gründzüge einer begleitenden Arbeit mit Eltern. In: Datler, W. u.a. (Hrsg.): Die Wiederentdeckung der Freude am Kind. Psychoanalytisch-pädagogische Erziehungsberatung heute. Psychosozial verlag: Gießen, 126-142

Bowlby, J. (1969): Attachment and Loss. Vol. 1: Attachment. Basic Books: New York

Brubaker, T.H. (Hrsg.) (1983): Familiy relationships in later life. Sage: Beverly Hills

Brunner, R. (1995): Erziehung. In: Brunner, R., Titze, M. (Hrsg.) (1995): Wörterbuch der Individualpsychologie. Reinhardt: München, Basel, 1995, 2. Auflage, 122-125

Brunner, R., Titze, M. (Hrsg.) (1995): Wörterbuch der Individualpsychologie. Reinhardt: München, Basel, 1995, 2. Auflage

Budweg, P. (1973): Die Stellung geistig behinderter Kinder in der Geschwisterreihe und ihr Einfluss auf die Familiengröße. In: Zeitschrift für Heilpädagogik 1973 (1), 36-41

Burger-Comper (1997): Bedeutung der Geschwisterzahl auf die sozialen Beziehungen und das soziale Netzwerk von Erwachsenen. Dipl.Arb., Univ. Innsbruck

Cicirelli, V.G. (1973): Effects of sibling structure and interaction on children's categorization style. In: Developmental Psychology 9, 132-139

Cicirelli, V.G. (1974): Relationship of sibling structure and interaction to younger sib's conceptual style. In: Journal of Genetic Psychology 125, 37-49

Cicirelli, V.G. (1975): Effects of mother and older sibling on the problem-solving behavior of the younger child. In: Child Development 47, 588-596

Cicirelli, V.G. (1989): Feelings of attachment to siblings and well-being in later life. In: Psychology and Aging 4, 211-216

Cierpka, M. (1999): Unterschiede und Gemeinsamkeiten bei Geschwistern. In: Sohni, H. (Hrsg.): Geschwisterlichkeit. Horizontale Beziehungen in Psychotherapie und Gesellschaft. Psychoanalytische Blätter 12. Vandenhoeck & Ruprecht: Göttingen, 10-31

Connidis, I.A. (1989): Siblings as friends in later life. In: American Behavioral Scientist 33, 81-93

Daie, N., Wiltztum, E., Eleff, M. (1989): Long-term effects of sibling incest. In: Journal of Clinical Psychiatry 50, 428-431

Damm, S. (Hrsg.) (1994): Geschwister- und Einzelkinderfahrungen. Aufarbeitung im Kontext multimodaler Psychotherapie. Centaurus: Pfaffenweiler

Damm, S. (1994): Geschwisterrollen sind Lebensrollen. In: Damm, S. (Hrsg.): Geschwister- und Einzelkinderfahrungen. Aufarbeitung im Kontext multimodaler Psychotherapie. Centaurus: Pfaffenweiler, 90-108

Deiser, M. (1990): Ich bin der jüngere Bruder. Diss., Univ. Innsbruck

Diepold, B. (1988): Psychoanalytische Aspekte von Geschwisterbeziehungen. In: Praxis Kinderpsychologie Kinderpsychiatrie 37, 274-280

Dioszeghy-Krauß, V. (1994): Unsichtbar, doch mächtig – Der Einfluß verstorbener Geschwister. In: Damm, S. (Hrsg.): Geschwister- und Einzelkinderfahrungen. Aufarbeitung im Kontext multimodaler Psychotherapie. Centaurus: Pfaffenweiler, 136-156

Dreikurs, R. (1969a): Grundbegriffe der Individualpsychologie. Klett-Cotta: Stuttgart, 1971

Dreikurs, R., Solz V. (1969b): Kinder fordern uns heraus. Klett: München

Dreikurs, R., Blumenthal, E. (1973): Eltern und Kinder – Freunde oder Feinde? Klett-Cotta: Stuttgart

Dreikurs, R., Grey,L. (1973): Kinder ziehen Konsequenzen. Herder: Freiburg

Dunn, J., Plomin, R. (1996): Warum Geschwister so verschieden sind. Klett-Cotta: Stuttgart

Eberhard-Metzger, C. (1998): Stichwort Zwillinge. Heyne: München

Endres, W. (1984): Geschwister ... haben sich zum Streiten gern. Beltz Quadriga: Weinheim, Berlin, 1997

Erikson, E.H. (1963): Kindheit und Gesellschaft. Klett: Stuttgart, 1971

Ernst, C., Angst, J. (1983): Birth Order. Springer: New York

Faber, A., Mazlich, E. (1988): Siblings Without Rivalry. How to help your children live together so you can live too. Avon Books: New York

Freud, S. (1900): Die Traumdeutung. Studienausgabe Band II. Fischer: Frankfurt a.M., 1989

Furman, W., Buhrmester, D. (1985): Children's perceptions of the quality of sibling relationships. In: Child Development 56, 448-461

Fuss-Zeilinger, U. (1994): Geschwisterbeziehungen nach Autobiographien. Dipl. Arb., Univ. Wien

Gayet, D. (1996): Das Bild des Einzelkindes und seiner Familie im Wandel. In: pro juventute 77 (2), 14-16

Gelosky, A. (1996): Zusammenwirken von Geschwisterbeziehung, sozialem Selbstkonzept, Coping, kritischen Lebensereignissen und Depression bei zehn- bis zwölfjährigen Kindern. Dipl.Arb., Univ. Wien

Gold, D.T. (1989): Generational solidarity: Conceptual antecedents and consequences. In: American Behavioral Scientist 33, 19-32

Gürtler, H. (1995): Mit dem zweiten Kind wird alles anders. Südwest: München, 1998

Gritzner-Altgayer, E. (1997): Geschwisterbeziehungen: Loyale Akzeptanz unter Geschwistern als Erziehungsziel. Diss., Univ. Wien

Haberkorn, R. (1990) (Hrsg.): Als Zwilling geboren – Über eine besondere Geschwisterkonstellation. München

Haberkorn, R. (1996): Zwillinge. Was Eltern und Pädagogen wissen müssen. Rowohlt: Reinbek

Hackenberg, W. (1991): Geschwister behinderter Kinder im Jugendalter – Probleme und Verarbeitungsformen. Längsschnittstudie zur psychosozialen Situation und zum Entwicklungsverlauf bei Geschwistern behinderter Kinder. Edition Marhold im Wiss.-Verl. Spiess: Berlin, 1992, Habil.Schr., Univ. Köln

Hackenberg, W. (1995): Entwicklungsrisiken bei Geschwistern behinderter Kinder. Aufgaben für Beratung und Therapie. In: Zeitschrift f. Individualpsychologie 20 (3), 208-218

Harder, G.M. (1992): Sterben und Tod eines Geschwisters. Schriftenreihe „Betrifft Kindheit". pro juventute: Zürich

Heisterkamp, G. (1995): Geschwisterkonstellationen. In: Brunner, R., Titze, M. (Hrsg.): Wörterbuch der Individualpsychologie. Reinhardt: München, Basel, 1995, 2. Auflage, 204-206

Hetherington, E., Reiss, D., Plomin, R. (1994): Seperate social words of siblings. The impact of nonshared environment on development. Erlbaum: Hillsdale

Hoanzl, M. (1997): Über die Bedeutung der Geschwisterkonstellation. Vom Aschenbrödelkind – oder: „Alle sind etwas Besonderes, nur ich nicht". In: Zeitschrift f. Individualpsychologie 22, Heft 3, 220-231

Holub, M. (1929): Die Bedeutung der Geschwisterreihe. In: Lazarsfeld, S. (Hrsg.): Technik der Erziehung. Hirzel: Leipzig, 314-321

Jacobson, E. (1978): Das Selbst und die Welt der Objekte. Suhrkamp: Frankfurt a.M.

Kammerer, D. (1996): Die lieben Geschwister. Ihre Rivalität verstehen – ihren Zusammenhalt stärken. Mosaik: München

Kast, V. (1994a): Vater-Töchter, Mutter-Söhne. Wege zur eigenen Identität aus Vater- und Mutterkomplexen. Kreuz: Stuttgart

Kast, V. (1996): Neid und Eifersucht. Die Herausforderung durch unangenehme Gefühle. DTV: München, 1998

Kasten, H. (1986): Geburtsrangplatz und Geschwisterposition. In: Zeitschrift f. Sozialisationsforschung und Erziehungssoziologie 6, 321-328

Kasten, H. (1991a): Geschwisterbeziehungen – empirische und klinisch-psychologische Aspekte. In: Der Kinderarzt 22, 653-656

Kasten, H. (1991b): Empirische Arbeiten zur Geschwisterbeziehung. In: Der Kinderarzt 22, 830-839

Kasten, H. (1993a): Die Geschwisterbeziehung. Band 1. Hogrefe: Göttingen

Kasten, H. (1993b): Die Geschwisterbeziehung. Band 2: Spezielle Geschwisterbeziehungen. Hogrefe: Göttingen

Kasten, H. (1994): Geschwister. Vorbilder, Rivalen, Vertraute. Springer: Berlin, Heidelberg

Kasten, H. (1995): Einzelkinder. Aufwachsen ohne Geschwister. Springer: Berlin, Heidelberg

Kendrick, C., Dunn, J. (1983): Sibling Quarrels and Maternal Responses. In: Developmental Psychology 19, 62-70

Kernberg, P.F., Richards, A.K. (1988): Siblings of preadolescens: Their role in development. In: Psychoanalytic Inquiry 8, 51-65

Kinast, U. (1999): Konkurrenz und Kooperation. Über die Ambivalenz der Geschwisterbeziehung. Dipl.Arb., Univ. Wien

Klagsbrun, F. (1993): Der Geschwisterkomplex. Heyne: München, 1997

Klinkan, A. (1998): Geschwisterbeziehungen: Darstellung der Thematik unter besonderer Berücksichtigung der postmodernen Gesellschaft. Dipl.Arb., Univ. Linz

König, K. (1964): Brüder und Schwestern – Geburtenfolge als Schicksal. Vandenhoeck & Ruprecht: Göttingen, 1995

Krauß, B. (1994): Zwillinge – Erleichterungen und Erschwernisse von persönlicher Entwicklung und Psychotherapie. In: Damm, S. (Hrsg.): Geschwister- und Einzelkinderfahrungen. Aufarbeitung im Kontext multimodaler Psychotherapie. Centaurus; Pfaffenweiler, 109-135

Kreppner, K. Paulsen, S., Schütze, Y. (1981): Familiale Dynamik und sozialisatorische Interaktion nach der Geburt des zweiten Kindes. In: Zeitschrift f. Sozialisationsforschung und Erziehungssoziologie 2, 291-297

Kruselberger-Hye, Ch. (1998): Die Beziehungsgüte und das Kommunikationsverhalten von Geschwistern bei 15-17jährigen Jugendlichen. Dipl.Arb., Univ. Innsbruck

Künkel, F. (1934): Charakter, Leiden und Heilung. Hirzel: Stuttgart

Lamb, M.E., Sutton-Smith, B. (Hrsg.) (1982): Sibling relationships: Their nature and Significance across the life-span. Erlbaum: Hillsdale, NJ

Langenmayr, A. (1975): Familiäre Umweltfaktoren und neurotische Struktur. Verlag für medizinische Psychologie im Verlag Vandenhoeck & Ruprecht: Göttingen

Langenmayr, A. (1978): Familienkonstellation, Persönlichkeitsentwicklung, Neurosenentstehung. Hogrefe: Göttingen

Lehmkuhl, U., Lehmkuhl, G. (1983): Systematik der psychogenen Störungen im Kindes- und Jugendalter aus individualpsychologischer Sicht. In: Zeitschrift f. Individualpsychologie 8, 36-42

Lehmkuhl, U., Lehmkuhl, G. (1991): Selbstwahrnehmung und Psychodynamik in Familien mit verhaltensauffälligen und behinderten Kindern. In: Zeitschrift f. Individualpsychologie 16, 130-142

Lehmkuhl, U., Lehmkuhl, G. (1994): Geschwisterkonstellationen aus individualpsychologischer Sicht: Ein altes Konzept neu betrachtet. In: Damm, S. (Hrsg.): Geschwister- und Einzelkinderfahrungen. Aufarbeitung im Kontext multimodaler Psychotherapie. Centaurus: Pfaffenweiler, 188-201

Lehmkuhl, U., Lehmkuhl, G. (1995): Die Bedeutung der Geschwisterkonstellation aus psychotherapeutischer Sicht. In: Zeitschrift f. Individualpsychologie 20, Heft 3, 195-207

Levy, D.M. (1937): Sibling Rivalry. In: American Orthopsychiatric Asossiation Monograph 2

Ley, K. (Hrsg.) (1995): Geschwisterliches. Jenseits der Rivalität. Edition Diskord: Tübingen

Ley, K. (1999): Geschwisterliche Räume. Stimmen der Horizontale im Geschwisterlichen und in der Psychotherapie. In: Sohni, H. (Hrsg.): Geschwisterlichkeit. Horizontale Beziehungen in Psychotherapie und Gesellschaft. Psychoanalytische Blätter 12. Vandenhoeck & Ruprecht: Göttingen, 67-81

Lüscher, B. (1997): Die Rolle der Geschwister. Chancen und Risken ihrer Beziehung. Edition Marhold im Wiss.-Verl. Spiess: Berlin

Mahler, M.S., Pine, F., Bergmann, A. (1975): Die psychische Geburt des Menschen. Fischer: Frankfurt a.M., 1978

Mähler, B. (1998): Geschwister. Krach und Harmonie im Kinderzimmer. Rowohlt: Reinbek

Moss, M.S., Moss, S.Z. (1986): Death of an adult sibling. In: International Journal of Family Psychiatry 7, 397-418

Neubauer, P.B. (1983): The importance of the sibling experiance. In: Psychoanal. Study Child 38, 325-336

Oberndorf, C.P. (1929): Psychoanalysis of Siblings. In: American Journal of Psychiatry, 1007-1020

Parens, H. (1988): Siblings in early childhood: Some direct observational findings. In: Psychoanalytic Inquiry 8, 31-50

Petri, H. (1994): Geschwister – Liebe und Rivalität. Die längste Beziehung unseres Lebens. Kreuz: Zürich

Plomin, R. (1983): Developmental Behavorial Genetics. In: Child Development 54, 253-259

Plomin, R., Daniels, D. (1987): Why are children in the same familiy so different from one another? In: Behav. Brain Science 10, 1-60

Pro Infirmis (Hrsg.) (1988): Auf immer verknüpft – Geschwister in Solidarität und Abhängigkeit? aspekte 28. Luzern: Edition SHZ/SPC

Pulakos, J. (1989): Young adult relationships: Siblings and friends. In: Journal of Psychology 123, 237-244

Reich, G., Massing, A., Cierpka, M. (1996): Die Mehrgenerationen-Perspektive und das Genogramm. In: Cierpka, M. (Hrsg.): Handbuch der Familiendiagnostik. Springer: Berlin, 223-258

Reiss, D. (1991): Genes, familiy process and psychoanalysis: a comprehensive study of 722 families. Vortrag vor der International Psychoanalytic Association, Buenos Aires

Roell, W. (1995): Die Geschwister krebskranker Kinder: eine empirisch-psychoanalytische Untersuchung über Knochenmarkspender und gesunde, nichtspendende Geschwister. Lang: Frankfurt u.M., Diss., Univ. Basel

Ross, H.G., Milgram, J.I. (1982): Important variables in adult sibling relationships: a qualitative study. In: Lamb, M., Sutton-Smith, B. (Hrsg.): Sibling relationships: Their nature and significance across the life span. Erlbaum: Hillsdale, 225-249

Rowe, D.C., Plomin, R. (1981): The importance of nonshared (E1) environmental influences in behavioral development. In: Developmental Psychology 17, 517-531

Rücker-Emden-Jonasch, I. u.a. (1986): Familientherapeuten erleben ihre Herkunftsfamilie. In: Praxis Kinderpsychologie Kinderpsychiatrie 35, 305-312

Schachter, F.F., Shore, E., Feldman-Rotman, S. u.a. (1976): Sibling Deidentification. In: Developmental Psychology 12, 418-427

Schachter, F.F., Gilutz, G., Shore E. u.a. (1978): Sibling deidentification judged by mothers: Cross-validation and developmental studies. In: Child Development 49, 543-546

Schachter, F.F. (1982): Sibling deidentification and split-parent identification: A familiy tetrad. In: Lamb, M.E., Sutton-Smith, B. (Hrsg.): Sibling relationships: Their nature and significance across the life span. Erlbaum: Hillsdale, N.Y.

Schachter, F.F. (1985): Sibling deidentification in the clinic: Devil vs. angel. In: Family Process 24, 415-427

Schepanek, H. (1996): Zwillingsschicksale. Enke: Stuttgart

Schulte-Kellinghaus, A. (1998): Die psychosoziale Situation von Geschwistern behinderter Kinder mit dem Krankheitsbild Osteogenesis imperfecta. Kleine: Bielefeld

Schütze, Y. (1986): Der Verlauf der Geschwisterbeziehung während der ersten beiden Jahre. In: Praxis Kinderpsychologie Kinderpsychiatrie 35, 130-137

Seelmann, K. (1927): Das jüngste und das älteste Kind. Verlag am anderen Ufer: Dresden

Seifert, M. (1989): Geschwister in Familien mit geistig behinderten Kindern: eine praxisbezogene Studie. Klinkhardt; Heilbrunn

Seifert, M. (1990): Zur Situation der Geschwister von geistig behinderten Menschen. Eine Studie aus ökologischer Sicht. In: Geistige Behinderung 1990 (2), 100-109

Sohni, H. (1994): Geschwisterbeziehungen: Die Einführung der horizontalen Beziehungsdynamik in ein psychoanalytisches Konzept „Familie". In: Praxis Kinderpsychologie Kinderpsychiatrie 43, 284-295

Sohni, H. (1995): Horizontale und Vertikale – Die Bedeutung der Geschwisterbeziehung für Individuation und Familie. In: Ley, K. (Hrsg.): Geschwisterliches. Jenseits der Rivalität. Edition Diskord: Tübingen, 19-44

Sohni, H. (1998): Geschwister – ihre Bedeutung für die psychische Entwicklung im Familiensystem und in der Psychotherapie. In: Kontext 29, 5-31

Sohni, H. (1999): Einführung. In: Sohni, H. (Hrsg.): Geschwisterlichkeit. Horizontale Beziehungen in Psychotherapie und Gesellschaft. Psychoanalytische Blätter 12. Vandenhoeck & Ruprecht: Göttingen, 5-9

Spiel, O. (1947): Am Schaltbrett der Erziehung. Jugend und Volk: Wien

Spitz, R. (1976): Vom Säugling zum Kleinkind. Klett: Stuttgart

Sulloway, F. (1996): Der Rebell der Familie. Geschwisterrivalität, kreatives Denken und Geschichte. Siedler: Berlin, 1997

Sutton-Smith, B., Rosenberg, B.G. (1970): The sibling. Holt, Rinehart & Winston: New York

Toman, W. (1959b): Die Familienkonstellation und ihre psychologische Bedeutung. In: Psychologische Rundschau 10, 1-15

Toman, W. (1960b): Haupttypen der Familienkonstellation. In: Psychologische Rundschau 11, 273-284

Toman, W. (1963b): Die prägenden Wirkungen der Geschwisterkonstellation auf den Charakter. In: Zeitschrift f. Psychotherapie und medizinische Psychologie 13, 113-117

Toman, W. (1965a): Familienkonstellationen. Beck: München, 1996, 6.Aufl.

Toman, W. (1966): Familienkonstellationen. In: Schule und Psychologie 13, 33-39

Toman, W., Gasch, B., Plattig, G. (1967): Die Wirkungen von Familienkonstellationen auf die Person, ihre sozialen Beziehungen und die nachfolgende Generation. Bad Godesberg: Forschungsprojekt der Deutschen Forschungsgemeinschaft 1962-66

Toman, W. (1972a): Geschwisterkonstellation und Leistungsmotivation. In: Schule und Psychologie 19, 65-72

Toman, W., Preiser, S. (1973): Familienkonstellationen und ihre Störungen. Enke: Stuttgart

Toman, W. (1979b): Wie sich Geschwister beeinflussen. In: Bild der Wissenschaft: Stuttgart, Okt. 1979, 226-227

Trescher, H.-G. (1985): Theorie und Praxis der Psychoanalytischen Pädagogik. Grünewald: Mainz, 3. Aufl.

Urech, Ch. (1996): Einzelkinder. Geschwister: Wirklich ein Gegensatz? In: pro juventute 77 (2), 16-19

Wagner, V.S., Hunter, R. Boelter, D. (1988): Sibling rivalry and the systemic perspective: Implications for treatment. In: Journal of Strategic and Systemic Therapies 7, 67-71

Walter, H.J., Centurioni, Ch. (1994): Geschwisterbeziehungen – ein Seminarbericht. In: Walter, H.J. (Hrsg.): Psychoanalyse und Universität. Passagen: Wien, 95-122

Weinmann-Lutz, B. (1995): Geschwisterbeziehung: Konstanz und Wandel. Identifikationen, Konflikte, Loyalitäten während des ganzen Lebens. In: Zeitschrift f. Individualpsychologie 20, 179-194

Wellendorf, F. (1995): Zur Psychoanalyse der Geschwisterbeziehung. In: Forum Psychoanalyse 11, 295-310

Wexberg, E. (1930): Individualpsychologie. Eine systematische Darstellung. Hirzel: Stuttgart, 1987

Wexberg, E. (1931): Sorgenkinder. Hirzel: Stuttgart, 1987

Wilford, B., Andrews, C. (1986): Sibling preparation classes for preschool children. In: Maternal Child Nursing Journal 15, 171-185

Winnicott, D.W. (1957): The Child and the Family. First relationships. Tavistock Publications: London

Ulrike Kinast-Scheiner

Über aktuelle Publikationen zu verschiedenen Fragestellungen Psychoanalytischer Pädagogik[1]

In diesem Literaturbericht wird im Anschluß an das zuvor behandelte Schwerpunktthema „Geschwisterbeziehungen" auf weitere psychoanalytisch-pädagogische Veröffentlichungen hingewiesen, die in jüngerer Zeit publiziert und in den Literaturumschauartikeln der letzten Bände des Jahrbuchs für Psychoanalytische Pädagogik noch nicht Erwähnung finden konnten. Die Vielzahl und Vielfalt an Publikationen machten eine systematische Bearbeitung einmal mehr schwierig, auch deshalb, weil einzelne Beiträge nicht eindeutig nur einem Themenkreis zuordenbar waren.
Die behandelten Inhalte dieses Umschauartikels gliedern sich traditionsgemäß in folgende Kapitel:

1. Publikationen zu grundlegenden Fragestellungen Psychoanalytischer Pädagogik;
2. Jüngere Literatur zu verschiedenen Praxisbereichen Psychoanalytischer Pädagogik sowie zum Themenbereich des Biographischen;
3. Beiträge zu entwicklungspsychologischen und sozialisationstheoretischen Fragestellungen;
4. Veröffentlichungen zu weiteren Themenstellungen mit psychoanalytisch-pädagogischer Relevanz.

1. Publikationen zu grundlegenden Fragestellungen Psychoanalytischer Pädagogik

Gerade in jüngster Zeit sind vielfältige Auseinandersetzungen zwischen Psychoanalyse und verwandten Wissenschaften fortgeführt und intensiviert worden (man denke etwa an den Dialog zwischen Psychoanalyse und den Neuro-Wissenschaften). Es überrascht daher nicht, daß in manchen aktuellen Publikationen die Frage nach dem Verhältnis zwischen Psychoanalyse und Pädagogik wiederum in grundsätzlicher Weise gestellt wurde.
Zu diesen Publikationen gehört Bittners Buch „Metaphern des Unbewußten. Eine kritische Einführung in die Psychoanalyse". Günther Bittner (1998) widmet in diesem Band

---

[1] Anmerkung der Redaktion: Diese Umschauartikel sollen das Fehlen einer regelmäßig erscheinenden Bibliographie „Psychoanalytische Pädagogik" ein wenig kompensieren. Um dieses Vorhaben möglichst umfassend realisieren zu können, bittet die Redaktion auch weiterhin: alle AutorInnen, Zeitschriftenredaktionen und Verlage mit Nachdruck, uns entsprechende Rezensionsexemplare, Sonderdrucke oder zumindest Literaturhinweise zukommen zu lassen; um Hinweise bezüglich einzelner Publikationen, die seit 1990 erschienen sind und bisher weder in den Dokumentationsartikeln noch im Rezensionsteil berücksichtigt werden konnten; darüber hinaus um Hinweise bezüglich Veröffentlichungen, die im kommenden Jahr erscheinen werden.
Rezensionsexemplare, Sonderdrucke und Literaturhinweise bitte an: *Ao Univ.Prof. Dr. Wilfried Datler, Institut für Erziehungswissenschaften an der Universität Wien, Universitätsstraße 7, 6. Stock, A-1010 Wien.*

einige Seiten – wie könnte es anders sein – auch der Psychoanalytischen Pädagogik. Pointiert wendet er sich gegen die „Utopie einer ‚psychoanalytischen' Pädagogik", die sich dadurch auszeichnet, daß sie unter Bezugnahme auf psychoanalytische Theorien „immer schon weiß", wie richtig erzogen werden soll, wie pädagogische Situationen zu verstehen sind oder wie das Leben und Werk von pädagogischen „Klassikern" zu interpretieren sind (Bittner 1998, 313). Dabei nimmt Bittner unter anderem zur Pestalozzi-Arbeit von Volker Kraft (1996) Stellung, an der er exemplarisch „ein deduzierend-subsumierendes Psychoanalyse-Verständnis" kritisiert, das wesentlich dazu beitrage, daß – trotz mancher methodischer Vorkehrungen seitens des Autors – zwar diverse psychoanalytische Bezugsautoren, Pestalozzi selbst in der Interpretation aber kaum wiederzufinden sei (Bittner 1998, 317). Methodisch angemessen sei es hingegen, wenn Pädagogen psychoanalytische Deutungsmuster in sich aufnehmen oder „aus sich heraus entwickeln", um im Rückgriff auf solche Deutungsmuster „Texte ... auf Brüche, Auslassungen und Dunkelstellen abzuklopfen, ‚gegen den Strich' bzw. zwischen den Zeilen zu lesen mit dem Ziel, latente, verschlüsselte, sprachlich deformierte Intentionen des Sprechers oder Schreibers ins Offene zu bringen" (Bittner 1998, 317). Dabei müßten sich auch Pädagogen darüber klar sein, daß solchen Deutungsmustern „allenfalls die Funktion eines hermeneutischen Vor-Urteils zukommen" kann, das „in der konkreten Interpretation notwendig überschritten und falsifiziert" werden muß (Bittner 1998, 313, 317). Jedenfalls gelte es diese Deutungsmuster im pädagogischen Kontext auf ihre „Fruchtbarkeit" hin zu prüfen – was zugleich die Frage aufwirft, wann ein bestimmtes Deutungsmuster als „fruchtbar" angesehen werden darf und wann nicht. Für Bittner (1998, 317f) ist allerdings klar, daß sich entsprechende Interpretationen „nicht allzu weit von der eigenen Sprache des betroffenen Subjekts entfernen" dürfen, ein Gesichtspunkt, den Bittner mit einer kurzen Bezugnahme auf seine Art, sich Pestalozzi anzunähern, illustriert (vgl. auch Bittner 1997a).

Eine ähnliche Auffassung findet sich bei Cifali (1998), die verdeutlicht, inwiefern Psychoanalyse weder die Entwicklung von Erziehungsmitteln ermöglichen noch Gewißheiten verschaffen kann, sondern vielmehr Diskurse zu eröffnen vermag, in denen versucht werden kann, Verstrickungen und Schwierigkeiten zu erkennen und zu verstehen, die Menschen mit sich und anderen haben. Ein solches Verständnis versucht etwa Overbeck (1997) zu eröffnen, die in dem von Kutter (1997a) herausgegebenen Sammelband „Psychoanalyse interdisziplinär" einen Beitrag über die „kulturelle Entwertung der Vaterrolle" und den „Verlust der väterlichen Dimension in der Erziehung" publiziert hat.

2. Jüngere Literatur zu verschiedenen Praxisbereichen Psychoanalytischer Pädagogik

2.1 Sozialpädagogik

Pädagogik und Sozialarbeit machten sich schon zu Freuds Zeiten Erkenntnisse und Erfahrungen der Psychoanalyse zunutze. Jüngste psychoanalytisch-pädagogische Publikationen widmen sich vermehrt dem Thema „Jugendhilfe", das auch den Themenschwerpunkt des letztjährigen Jahrbuches für Psychoanalytische Pädagogik (Band 9) darstellte. Gemeinsam mit Heinz Krebs erörtert Burkhart Müller (1998b) darin den „psychoanalytisch-pädagogischen Begriff des Settings und seine Rahmenbedingungen im Kontext der Jugendhilfe". Die Autoren unternehmen dabei den Versuch, „Rahmen" und „Setting" als Arbeitsbegriffe einer professionellen Jugendhilfe, die in den gesetzlichen Kontexten verankert ist, auszuweisen. An einem Fallbeispiel, in dessen Zentrum die Ausarbeitung eines Hilfeplanes steht, wird die Differenz zwischen Rahmen und Settinggestaltung sowie die Beziehung, in der beide Momente zueinander stehen, verdeutlicht. Über die „Bedeutung der institutionellen Erziehungsberatung für die Kinder- und Jugendhilfe" in Deutschland referiert Eggemann-Dann (1998), während Dohmen-Burk (1998) der Frage nach der Bedeutung psychoanalytisch-pädagogischer Ansätze für die Jugendberufshilfe anhand der Arbeit einer Beratungsstelle für Jugendliche und junge Erwachsene ohne Ausbildung nachgeht. Szypkowsky (1998) beschreibt „vor Ort und hautnah" die Praxis psychoanalytisch-sozialpädagogischer Familienhilfe (vgl. auch Juul 1997; Szypkowsky 1997; Wendels 1998): Sie stellt dar, inwiefern die Psychoanalytische Pädagogik „ein angemessenes und hilfreiches Modell" für die sozialpädagogische Familienhilfe darstellt. Am Beispiel einer Fallsupervision macht sie deutlich, welch wichtiges Hilfsmittel die Supervision für den pädagogischen Prozeß in der Sozialpädagogischen Familienhilfe darstellt: Die Spiegelung der Dynamik der jeweiligen Familien, Jugendlichen und Kinder zeige sich im dynamischen Prozess der Supervisionsgruppe (vgl. Pühl 1998). Ein ganz anderes Thema hat sich Müller (1998c) gewählt: Am Beispiel der Schuldnerberatung diskutiert der Autor „Authentizität als sozialpädagogische Aufgabe". Dabei gehe es um die Vermittlung zwischen der kompetenten Ausübung sachbezogener Funktionen mit der Fähigkeit zu psychoanalytisch-pädagogischem Verstehen und Interagieren. Ein vorgestelltes Beispiel illustriert zugleich Ähnlichkeiten und Unterschiede, welche zwischen therapeutischem und sozialpädagogischem Handeln zu beachten sind. Mit dem Beitrag „Siedler oder Trapper? Professionelles Handeln im pädagogischen Alltag der Offenen Jugendarbeit", erschienen im (gewichtigen) „Handbuch Offene Jugendarbeit", versucht Müller (1998a), der sich hier auf psychoanalytisch-pädagogische aber auch andere Positionen bezieht, ein *Kompetenzprofil offener Jugendarbeit* zu zeichnen. Über Erziehungsschwierigkeiten, insbesondere über aggressives Verhalten in der *stationären Jugendhilfe* schreibt Schumacher (1998) und betont, daß Hilfe stets für den Einzelfall gefunden werden müsse. Mit dem Thema *Jugendhilfe und Schule* befassen sich u.a. die Autoren Olk, Bathke und Hartnuß (1998).

In seinem jüngsten Buch *„Wohin mit den Störern?"* betont Gerspach (1998), daß man als Sozialpädagoge lernen müsse, die Verhaltensauffälligkeit, die Störung, selbstreflexiv zu verstehen. Solange man Störungen als kognitive Dissonanz zur Normalentwicklung betrachte und sie damit allein auf der Ebene bewußter Zugänge abgehandelt würden, trage man effektiv zur Verstärkung der Ohnmacht auf Seiten der Praktiker bei. Um dieser Falle zu entkommen, sei es sinnvoll, auf ein dynamisches Moment zurückzugreifen, welches uns das Unverständliche des pädagogischen Geschehens verstehen läßt und also unsere Zielsetzung präzisiert wie erleichtert: das Unbewußte (Gerspach 1998, 60). Gerspach betrachtet die Störung als unbewußte Verfälschung von Bedeutungen und als Ausdruck gestörter Verhältnisse. Er weist darauf hin, daß man als Pädagoge die Störung auch bei sich selbst suchen sollte, um den Anderen zu verstehen. Es gehe darum, die *Störung szenisch verstehen* zu lernen. Weiters betrachtet Gerspach (1998, 159ff) Holding und Containing als wichtige Funktionen der Sozialpädagogik: Im Sinne von Holding und Containing obliege es dem Sozialpädagogen zunächst, die massive Entwertung zu ertragen und seine emotionale Verwicklung zu thematisieren, um dem beständig drohenden Beziehungsabbruch (weil das Kind oder der Jugendliche ihn unweigerlich provozieren oder er selber die Situation nicht mehr aushält) entgegenzuwirken (vgl. auch Gerspach 1997b, 163f). Wenn das Symptom oder die Verhaltensauffälligkeit, die als Ventil für den Druck psychischer Konflikte fungiert, hinterfragt und – so erleben dies Kinder – weggenommen werden soll, so werde die unbewußte Konflikt- und Angstdynamik direkt aktiviert und dränge sich vom ersten Kontakt an in die Übertragungsbeziehung, stellen Jongbloed-Schurig und Wolff (1998, 9) fest. Das Kind, dem sich der Erwachsene zuwendet, spreche unmittelbar das verinnerllchte Kind im Erwachsenen selber und dessen eigenen, unbewußten Kindheitskonflikte und –ängste an und belebe den kindlichen Wunsch nach idealen Eltern.

Eine psychoanalytisch orientierte Einführung in die „Grundlagen der Verhaltensgestörtenpädagogik" liefert Warzecha (1997).

Der publikationsfreudige „Verein für Psychoanalytische Sozialarbeit Rottenburg und Tübingen" bearbeitet in seiner Dokumentation der 7. Fachtagung des Vereins für Psychoanalytische Sozialarbeit (in deren Mittelpunkt das Werk Ernst Federns stand), Fragen zur *Ethik und Technik psychoanalytischer Sozialarbeit*. Den Band eröffnen die Laudatio auf Ernst Federn von Reinhart Lempp (1995) und ein Beitrag von Federn (1995) selbst, in dem er erklärt, warum er in die Sozialarbeit gegangen sei. Die folgenden drei Beiträge von Martin Feuling (1995), Achim Perner (1995) und Frank Grohmann (1995) beschäftigen sich von unterschiedlichen Ausgangspunkten her mit Überlegungen zum Verhältnis von Technik und Ethik in der psychoanalytischen Sozialarbeit. Die Artikel von Golder (1995) und Keilson (1995) nehmen auf die klinische Arbeit außerhalb des Vereins für Psychoanalytische Sozialarbeit Bezug, während die Texte von Krüger (1995), Schmidt (1995), Nielebock (1995), Ramminger und Rahn (1995) von einzelnen Aspekten der Arbeit berichten, die innerhalb des Vereins für Psychoanalytische Sozialarbeit geleistet wird. Der abschließende Beitrag von Staigle (1995) gibt Auskunft darüber, wie psychoanalytische Sozialarbeit im Rahmen der bundesdeutschen Sozialgesetzgebung situiert und finanziert werden kann.

Einen neueren Beitrag zur Theorieentwicklung in der „psychosozialen Arbeit" haben Bernler und Johnsson (1997) geleistet. Die beiden schwedischen Autoren versuchen in ihrem Buch, eine „arbeitende" Theorie psychosozialer Arbeit zu formulieren, wobei Aspekte der Systemtheorie und Modelle der psychodynamischen Theorien ineinander fließen. Präzise werden die Begriffe „soziale Dienstleistungen", „psychosoziale Arbeit" und „Therapie" per definitionem voneinander abgegrenzt. Zur „psychosozialen Arbeit" (als *einer* Form der Sozialarbeit) zählen Bernler und Johnsson pädagogische Tätigkeiten wie Fördergespräche und Beratung. In der „Behandlungsbeziehung" spielen die Theoreme von Projektion, Introjektion, projektiver Identifizierung, Verschiebung, Übertragung und Gegenübertragung eine große Rolle. Zahlreiche Praxisbeispiele erleichtern das Verstehen und regen zur Umsetzung an.

2.2 Kindergarten- und Schulpädagogik

Gleich mehrere Publikationen beschäftigen sich mit dem Einfließen psychoanalytischen Denkens in die *Kindergartenpädagogik*. Darunter sind auch zwei Diplomarbeiten neueren Datums (eingereicht an der Universität Wien) zu finden: Doris Rath (1998) z.B. hat eine Arbeit zum Thema *Integration im Kindergarten* verfaßt. Gegenübergestellt und diskutiert werden darin ausgewählte aneignungstheoretische und psychoanalytisch-pädagogische Vorstellungen über die erfolgreiche Förderung von behinderten und nichtbehinderten Kindern im Vorschulalter. Theres Aichhorns (1997) in englischer Sprache verfaßte Arbeit hingegen verweist auf die „Hampstead Nursery" als einem Beispiel für die Anwendung psychoanalytischer Pädagogik im Kleinkindalter.

Um die Probleme bei der Erziehung von *Buben im Kindergarten* kümmert sich Blank-Mathieu (1996) und plädiert aus psychoanalytischer Sicht für mehr männliche Erzieher und die Einbeziehung von Vätern in die Kindergartenarbeit.

Mit dem Thema „*Kind und Trauer"* im Bereich der Kindergartenpädagogik befaßt sich Gertrud Ennulat (1998). Weil Todeserfahrungen an Grenzen führen, sei ihr Weg mit massiven Ängsten gepflastert. Abwehrmechanismen müßten ernst genommen werden, haben sie doch die Funktion, die psychische Balance wiederherzustellen. Die Autorin betont, daß das Kind im Kindergarten ein Recht darauf habe, mit Hilfe der Erzieherin Blockaden und Abwehrpanzer hinter sich zu lassen, um sich dem zu stellen, was Angst macht. Es habe auch ein Recht darauf, in seiner Not und Trauer gesehen zu werden.

Zum Thema „Prävention" sind zwei Publikationen zu nennen: Um sexuellem Mißbrauch im Kindesalter vorzubeugen, hat Hochheimer (1998) eine Arbeit über *Prävention im Kindergarten* verfaßt. Glöckner (1998) dagegen berichtet über ein Kooperationsprojekt zur *Suchtprävention in der Grundschule* in Würzburg, das vom Gesundheitsamt und vom Lehrstuhl für Grundschulpädagogik der Universität Würzburg getragen wird. Im Rahmen dieses Projektes finden auch Fortbildungstagungen für GrundschullehrerInnen statt. Die Fortbildungstagung vom Oktober 1997 beschäftigte sich mit der Fragestellung, „ob und in welcher Weise Sexualerziehung einen Beitrag zur Suchtprävention leisten kann". Glöckner (1998, 46) betont, daß sich Sexualerziehung aus der Entwicklungsbedürftigkeit und Entwicklungsfähigkeit der menschlichen Sexualität ergäbe. Eine „ganzheitliche Sexualerziehung" beinhalte zum einen die altersgemäße Vermittlung von biologischem Faktenwissen, thematisch aber darüber hinaus neben Gefühlen und Einstellungen auch Konflikte, die der Heranwachsende bewältigen und in befriedigender und zugleich verantwortungsbewußter Weise gestalten lernen müsse.

In ihrem Buch „Das Geheimnis des Bilderbuches. Ein Leitfaden für Familie, Kindergarten und Grundschule" entwirft Engelbert-Michel (1998) eine Entwicklungslinie, welche die *tiefenpsychologische Bedeutung des Bilderbuches* für das heranwachsende Kind sichtbar macht. Dargestellt werden psychische Prozesse, die sich bei Betrachten und Lesen eines Bilderbuches im Kind bewußt oder unbewußt ergeben. Engelbert-Michel (1998) erklärt, daß die Bedeutung des Bilderbuches aus tiefenpsychologischer Perspektive insbesondere zwei Sichtweisen, die als richtungsweisende Leitfäden zu verstehen sind, einschließt:

— Aus entwicklungspsychologischer Perspektive stehe die Entwicklung von der Bildperzeption bis zum Literaturverständnis im Mittelpunkt.

— Der zweite Strang der tiefenpsychologischen Betrachtungsweise des Bilderbuches fokussiert die normalen Entwicklungprobleme eines Kleinkindes und die in Kraft tretenden psychischen Abwehrmechanismen sowie die Entwicklungsphasen.

Ein Schulbuch zur *psychoanalytischen Literaturbetrachtung* hat Werner (1995) verfaßt. Werner (1995, 9) meint, daß gerade die Adoleszenz, eine Zeit, in der eine Besinnung auf das eigene Ich „mit all den Verwerfungen und Verabsolutierungen, die Ich-Bezogenheit zeitigt", ein günstiger Lebensabschnitt für eine Methode des Textverständnisses sei, die Verstrickungen des Ichs zum Ausgangspunkt der Deutung mache. Auf Schüler in diesem Alter üben jene Figuren eine Faszination aus, die in ihrem Handeln und Denken das Abgründige der menschlichen Seele offenbaren (vgl. auch Rattner u. Danzer 1997; Kaus 1998).

Um *„Beziehungsdidaktik"* am *„Arbeitsplatz Schule"* geht es gleich in mehreren Beiträgen. Zentrales Thema dieser Arbeiten ist die *Würde des Schülers/der Schülerin.* So meint z.B. Kurt Singer, „Schüler und Schülerinnen stört an der Schule nicht, daß sie lernen müssen, sondern die Art, wie mit ihnen umgegangen wird. Oft schildern sie verzweifelt oder resigniert ihre Hilflosigkeit gegenüber dem ‚schwierigen Lehrer‘„, stellt der Psychoanalytiker und Professor für Schulpädagogik Singer (1998, 17) fest. Seine Kritik am unwürdigen Umgang mit Kindern und Jugendlichen ziele nicht auf *die* Lehrer in ihrer Allgemeinheit. „Nicht die ‚Lehrerschaft‘ ist zu kritisieren", betont Singer (1998, 15), „sondern der Umstand, daß gestörte Lehrer ungehindert Kinder im Lernen stören dürfen. Sie behindern aus persönlichen Schwierigkeiten, aus pädagogisch-didaktischer Unfähigkeit oder aus Desinteresse an ihrem Beruf heraus die Schüler in ihrer Lernentwicklung. In solchen Fällen werden Lehrerschicksale zu Schülerschicksalen. Und der schwierige Lehrer benötigt Hilfe, anstatt daß sein Verhalten totgeschwiegen oder verunglimpft wird." Singer will mit seinem Buch „Die Würde des Schülers ist antastbar" Lehrer und Lehrerinnen in ihrem Engagement bestärken, *Unterricht als helfende Beziehung* zu praktizieren. Ähnlich gelagert ist auch der Artikel Volker Brases (1997) über den „Arbeitsplatz Schule", der sich an Formulierungen von Ute Andresen (einer Grundschullehrerin mit psychoanalytischer Ausbildung) orientiert. Aus dem Blickwinkel des Lehrerfortbildners widmet sich Miller (1997) dem Thema „Beziehungsdidaktik". Welche Bedeutung der Reflexion der Beziehung zwischen Lehrern und Kindern zukommt, darauf verweist auch Imbert (1998), dessen Beitrag an die Psychoanalyse Lacans anknüpft. Die Reflexion dieser Beziehung wird darin durch tagebuchähnliche Notizen von Lehrern unterstützt und zielt darauf ab, emotionale Verstrickungen zu verstehen und somit die Ausbildung strukturbildender Differenzen zu unterstützen.

Bei der Literaturrecherche für diesen Umschauartikel waren zahlreiche Sammelbände zu registrieren, in denen zwar psychoanalytische Perspektiven angerissen werden, nicht aber ins Zentrum der Aufmerksamkeit rücken. Ein solches Exemplar stellt die Aufsatzsammlung „Erziehungsschwierigkeiten in Schule und Unterricht" dar (herausgegeben von Norbert Seiber 1998), deren Anliegen es ist, Brennpunkte der Schulpädagogik interdisziplinär zu bearbeiten.

In seinem Vorwort zu „Entwicklungsschmerzen" berichtet Richter (1997) darüber, daß die Mehrheit der österreichischen und deutschen Jugendlichen eher düstere Zukunftsvisionen haben. Die meisten bezögen Natur und Umwelt in ihre Zukunftsvorstellungen ein. Viele davon sähen Natur und Umwelt gestört oder zerstört, wobei besonders Luft- und Wasserverschmutzung und Landschaftszerstörung eine bedeutsame Rolle spielten. In Zusammenhang damit ist der Artikel Ertles (1998) zu sehen, der zur *„Psychoanalyse von Umweltzerstörung"* und deren Folgerungen für die Pädagogik referiert. Dabei setzt sich der Autor intensiv mit Alexander Mitscherlichs Buch „Die Unwirtlichkeit unserer Städte – Anstiftung zum Unfrieden" auseinander. Ertle versucht, den unterschiedlichen psychischen Prozessen nachzugehen, die, in Gestalt abgewehrter Destruktion und getarnt als Werbung, ökologische Katastrophen erst möglich machen. Damit würden zugleich Umrisse einer Erziehung erkennbar, die sich im streitbaren Kontrast zu Modellen einer verharmlosenden oder ungeklärt erregenden Pädagogik stellen, mit dem Ziel, Betroffenheit zu erzeugen. Mitscherlichs Überlegung, weiterer Zerstörung sei unter der Voraussetzung Einhalt zu gebieten, daß es gelänge, auf ein „festeres Verhältnis von Einsicht und Leidenschaft" (Mitscherlich 165, 27; zit. nach Ertle 1998, 220) hinzuarbeiten, kann nach Ertle (1998, 221) als „Wegweisung für Unterrichtsdidaktik verstanden werden, die sich nach wie vor in dem Zwiespalt von Aufklärung und Emotionalisierung blockiert",

Abschließend sind noch vier *individualpsychologische Beiträge* zu nennen, welche die Themenbereiche Schulanfang, Aggression in der Schule, Lehrer-Supervision, aber auch Erwachsenenbildung fokussieren. Anne Kragl (1997) schreibt über Anfänge/Wechsel/ Übergänge in der Schule, die eng mit dem Schlüsselwort *Bindung* zusammenhängen. Schule könne wesentliche Hilfestellungen leisten, indem sie wachstumsfördernde Bindungen herstelle und Identifizierungen ermögliche, die es erlauben, sich in andere neue Bindungen zu begeben. Dorothea Rutkowsky (1998) geht in ihrem Aufsatz auf eines der Hauptprobleme in der heutigen Schule ein: auf *Aggression und Gewalt*. Sie berichtet aus langjähriger Schulerfahrung über aggressiv gestörte Kinder und die mutmaßlichen Hintergründe für diese Entwicklung. Tymister (1997) zeigt an einem Fallbeispiel aus der *Supervision* mit einer Lehrerin, wie Erkenntnisse aus der Lebensstilanalyse nach Adler/Dreikurs zur Klärung und Beantwortung von Fragen und Problemen schülerorientierter Unterrichtsführung beitragen können. In dem Fallbericht werden vor allem die Erhebung der „Familienkonstellation" und die Arbeit mit „frühen Kindheitserinnerungen" als methodische Hilfen genutzt. Mögliche Konsequenzen der Aufdeckung von Elementen des Lebensstils für die Arbeit der Lehrerin mit der Schulklasse werden aufgezeigt. Ob es sich dabei um solche eines lehrertypischen Lebensstils handelt, bleibt offen.

Über den „Einfluß politischen Neubeginns (Wende in der DDR) auf *erwachsenbildnerisches* Arbeiten" referiert Schille (1997). Das Verschwinden eines gewohnten Alltags und plötzlich geänderte politische Strukturen werden im Hinblick auf Lebensstile, die sich als stabil erwiesen, und auf die pädagogische Arbeit mit Erwachsenen, die politische Biographiebrüche erlebt haben, untersucht. Vorschläge für eine *an der Individualpsychologie orientierten Erwachsenenbildung* werden für die Spezifika der neuen Bundesländer unterbreitet.

2.3 Sonder- und Heilpädagogik

Im Oktober 1997 fand an der Universität Wien die „34. Arbeitstagung der Dozentinnen und Dozenten für Sonderpädagogik" statt. Die gesamte Tagung war der Frage nach der „Analyse heilpädagogischer Beziehungsprozesse" gewidmet, „eine Thematik, die zu den Schwerpunkten zählt, mit denen sich die Wiener Sonder- und Heilpädagogik beschäftigt", so die Herausgeber Datler u.a. (1998) im Vorwort des Sammelbandes „Zur Analyse heilpädagogischer Beziehungsprozesse". Vierundfünfzig Referate (darunter mehrere explizit psychoanalytisch orientierte wie z.B. die Beiträge von Schnoor, Studener und Steinhardt), die im Rahmen dieser Tagung zur Diskussion gestellt wurden, sind in diesem Band wiedergegeben. Die Themen der Beiträge sind u.a. die kritische und positionelle Diskussion der Analyse heilpädagogischer Beziehungsprozesse; die Thematisierung von Dimensionen wie Allmacht, Abhängigkeit, Wut, Trauer und Humor; die Auseinandersetzung mit der Frage nach der Elternschaft von Menschen mit geistiger Behinderung; die Bezugnahme auf verschiedene kulturelle, institutionelle und disziplinäre Problemzusammenhänge. „Die Autorinnen und Autoren dieser Beiträge steuern damit gegen den – auch in der Heilpädagogik ausmachbaren – Trend, von der heilpädagogischen Arbeit als ‚Beziehungsarbeit' zunehmend zu reden, von der subtilen Analyse heilpädagogischer Beziehungsprozesse aber dennoch (oder vielleicht sogar: deshalb?) Abstand zu nehmen", bemerkt Datler (1998a, 21) einleitend.

Im Anschluss an ihr Buch „Mit geistig Behinderten leben und arbeiten" (1994) erläutert Barbara Senckel (1998) in „Du bist ein weiter Baum" den Ansatz der entwicklungsstandgerechten Beziehungsgestaltung als eine, im erweiterten Sinne heilpädagogische Umgangsform mit geistig behinderten Menschen, die sowohl entwicklungsfördernd als auch im begrenzten Rahmen therapeutisch wirke und der Entfaltung der Gesamtpersönlichkeit diene. Dieses Konzept sei eng verbunden mit der psychoanalytischen Therapie, weil es auf dieselben entwicklungspsychologischen und psychopathologischen Theorien zurückgreife und wie diese die Übernahme elterlicher Funktionen für notwendig erachte. Sie schildert den Umgang mit sechs geistig behinderten Menschen, die sehr verschiedene Probleme, aber alle einen kleinkindhaften emotionalen Entwicklungsstand aufweisen.

Susanne Kupper-Heilmann (1999), die im Jahrbuch für Psychoanalytische Pädagogik 8 (1997) bereits in einem Artikel über das heilpädagogische Reiten geschrieben hat, stellt in ihrem neu erschienen Buch „Getragenwerden und Einflußnehmen" diese psychoanalytisch orientierte Arbeit mit Kindern theoretisch und praktisch dar. Sie zeigt auf, wie zwischen Kind und Pädagogin langsam eine Beziehung entsteht, in der sich die inneren Themen des Kindes, seine Sorgen, Wünsche, Aggressionen und inneren Konflikte entfalten können und mit Hilfe der Pädagogin in Worte gefaßt werden.

Mit dem Thema *Lese- und Rechtschreibschwierigkeiten* aus psychoanalytisch-pädagogischer Perspektive haben sich Regina Studener und Wilfried Datler (1998) im speziellen Literaturumschauartikel der letztjährigen Ausgabe dieses Jahrbuches auseinandergesetzt. Einleitend stellen die Autoren dar, daß dieses Thema bereits von der Psychoanalytischen Pädagogik der Zwischenkriegszeit behandelt wurde, daß heutzutage aber neuropsychologische Ansätze dominieren, die wiederum von jüngeren psychoanalytischen Autoren kritisiert würden. Bei der Durchsicht von jüngeren tiefenpsychologisch orientierten Veröffentlichungen zum Thema zeige sich, „daß in den letzten Jahren zwar einige bemerkenswerte Publikationen erschienen sind, in denen einzelne Aspekte von Lese- und Rechtschreibschwierigkeiten auch aus der Sicht jüngerer Theorieansätze diskutiert und zum Teil mit kasuistischem Material verknüpft wurden. Eine ebenso umfassende wie gut begründete Theorie der Genese und Bedeutung von Lese- und Rechtschreibschwierigkeiten und ein theoretisch begründetes Konzept zur heilpädagogisch-therapeutischen Arbeit in diese Richtung liegt aber erst in Ansätzen vor", schließen Studener und Datler (1998, 178). In der bereits zitierten Aufsatzsammlung von Kutter (1997a) berichtet übrigens Keseling über ein prozeßorientiertes Verfahren zur Analyse und Bearbeitung von *Schreibstörungen*.

(Weitere Publikationen, die aus der Sicht der traditionellen Sonderpädagogik der „Verhaltensgestörtenpädagogik" zugerechnet werden können, finden in anderen Abschnitten dieses Literaturumschauartikels Erwähnung und werden an dieser Stelle nicht nochmals erwähnt.)

2.4 Veröffentlichungen über Erziehungsberatung und Elternarbeit

„Der Umstand, daß zur Zeit kein Buch existiert, in dem verschiedene aktuelle Konzepte, Methoden und Diskussionen psychoanalytisch-pädagogischer Erziehungsberatung konzentriert nachgelesen werden können" (Datler, Figdor, Gstach 1999, 8), veranlaßte die Herausgeber des Bandes *„Die Wiederentdeckung der Freude am Kind"*, einige Beiträge der Frühjahrstagung der Kommission für Psychoanalytische Pädagogik der „Deutschen Gesellschaft für Erziehungswissenschaft" 1997, die in Wien stattfand, zu versammeln sowie durch einige weitere Beiträge zu ergänzen. Diese Tagung widmete sich ausschließlich gegenwärtigen Fragen der psychoanalytisch-pädagogischen Erziehungsberatung. In den Aufsätzen von Datler (1999), Figdor (1999a) und Steinhardt (1999) geht es um die Frage, was unter psychoanalytisch-pädagogischer Erziehungsberatung zu verstehen sei und wie diese theoretisch fundiert werden könne. Anschließend stellen Figdor (1999b), Diem-Wille (1999) und Krebs (1999) jeweils ein Modell psychoanalytisch-pädagogischer Erziehungsberatung vor, nämlich das „Wiener Erziehungsberatungskonzept", das „Londoner Under-Five-Councelling" und ein Beratungskonzept, in dessen Zentrum die „Arbeit am Rahmen" steht. Mit Fallbeispielen unter besonderer Berücksichtigung des Erstkontaktes werden die unterschiedlichen psychoanalytisch-pädagogischen Ansätze illustriert. Im Anschluss daran nehmen die Autoren kritisch zu den Darstellungen der anderen beiden Autoren Stellung. Bogyi (1999), Daws (1989) und Büttner (1999) berichten über spezielle Praxisprobleme psychoanalytisch-pädagogischer Erziehungsberatung. Einzelne Aspekte und Probleme der institutionellen Verankerung von Erziehungsberatung diskutieren abschließend Müller (1999), Finger-Trescher (1999) und Doppel (1999).

Musall (1997) widmet sich hingegen der „Wiederentdeckung der Arbeit mit Kindern" und stellt exemplarisch Situationen aus der Arbeit mit Kindern sowie Überlegungen vor, welche neue Möglichkeiten der Deutung und des Verstehens betreffen.

Daß es notwendig ist, scheinbar „unsinnige" Handlungen von Kindern zu verstehen, um im Gespräch mit ihnen in die Welt ihrer eigenen Bedeutungen eintauchen zu können, erörtert Fatke (1997) in der von ihm herausgegebenen Aufsatzsammlung „Was macht ihr für Geschichten?!" Die Autoren und Autorinnen des Bandes befassen sich u.a. mit den Themen „Kinderleben – Kinderforschung – Kindererziehung", „Inszenierungen im Kinderspiel", „Phantasiegefährten", „Kinderwünsche", „Kinderlügen", „Freundschaft und Feindschaft", „Humor und Sprachwitz" und „Fragen – Staunen – Philosophieren".

Die Nähe des Buchtitels „Eltern, Kinder und Konflikte" zu dem „Klassiker" von H.-E. Richter mit dem Titel „Eltern, Kind und Neurose" sei durchaus beabsichtigt, die Differenz jedoch auch, erörtert Göppel (1998, 19). Im Gegensatz zu Richter, dem es aus einem klinisch-beraterischen Zusammenhang tatsächlich um ein Modell zur Genese neurotischer Störungen geht und der in diesem Modell sehr stark die Eltern als die „Verursacher" der kindlichen Störungen darstellt, geht es Göppel hingegen um die alltäglichen Konflikte und Probleme diesseits neurotischer Verfestigung. Die Rezension von Irmtraud Sengschmied (in diesem Band) stellt den Inhalt dieses Buches genauer dar.

Alltäglich sind auch sog. *Familiengeheimnisse*. In seinem Buch „Die verbotene Tür" zeigt Tisseron (1998) anhand einer Reihe von Fallgeschichten, wie Kinder, denen etwas Wichtiges verschwiegen wird, die Leerstelle mit eigenen Phantasien füllen und das Ungesagte unbewußt neu in Szene setzen. Eltern-Kind-Beziehungen, die unter dem Einfluß individual- und familienhistorisch bedingter Störfaktoren stehen, hat auch Reiter (1997) untersucht.

Jan-Uwe Rogge (1997) beschreibt entwicklungsbedingte und erziehungsbedingte Ängste und referiert Möglichkeiten, wie Eltern damit umgehen können. Er schreibt unter anderem über „Monster, Geister und Konsorten – von den Ängsten, gefressen zu werden" (1997, 90ff) und über „Erziehung, die Ängste schaffen kann" (1997, 194ff). „Geschichten gegen die Angst" bietet von Keyserlingk (1999) an. In einfühlsamer Weise erzählt die Autorin Geschichten, die helfen sollen, Nachtängste, Versagens- und Strafängste, Trennungs- und Existenzängste, Angst vor dem Unbekannten in und außerhalb uns, Angst, nicht geliebt zu werden, nicht dazuzugehören sowie nicht näher bestimmbare Ängste zu bewältigen. In „Neue Wurzeln für kleine Menschen" schreibt van Keyserlingk (1998) Geschichten, die von Trennungen und Neuanfängen handeln.

Um „Trennung – Scheidung – Kindeswohl" geht es auch in einer von Lehmkuhl und Lehmkuhl (1997) herausgegebenen Aufsatzsammlung, in der auch therapiebegleitende Elternarbeit ein Thema ist. So referiert z.B. Maria Braun (1997) über „Verarbeitungsstrategien des Trennungstraumas und psychotherapeutische Intervention in der Behandlung bei drei Scheidungskindern". Sie stellt Überlegungen an zu zerfallenden Beziehungsstrukturen und Abwehrhaltungen, zu elterlichen und kindlichen Schuldgefühlen, versagt zu haben, zu Scheidungsreaktionen als psychische Vorgänge, zur „Erlebnisreaktion" und ihren Folgen, zur „seelischen Traumatisierung" und ihren Folgen und zum „Verlust des triangulären Beziehungssystems". Anhand dreier Kasuistiken zeigt die Autorin tiefenpsychologische Interventionen, bei denen die Eltern in die Behandlung der Kinder eingebunden werden. Michael Huss und Ulrike Lehmkuhl (1997) referieren ebenfalls über psychische Folgen von Trennung und Scheidung bei Kindern und Jugendlichen und bieten eine Literaturübersicht zum Thema an. Die beiden Autoren befassen sich auch mit gruppentherapeutischen Ansätzen in der Nachbetreuung von Kindern und Jugendlichen aus Scheidungsfamilien. Einen Literaturüberblick über methodische Vorgehensweisen in Gruppeninterventionen für Kinder aus solchen Familien geben Heike Schmitz und Ulrich Schmidt-Denter (1997). Von der Arbeit mit einem magersüchtigen Jugendlichen und seiner Familie berichtet Borch-Posadowsky (1997). „Hilfen für depressive Kinder" bietet Kerns (1997) an. Der Autor informiert über das vielschichtige und oft irritierende Erscheinungsbild depressiver Kinder und Jugendlicher. Er beschreibt Warnsignale und versteckte Hilferufe und zeigt Eltern und Erziehern Wege zum Verständnis und Umgang.

Eine vergleichende Darstellung verschiedener Formen der Mutter-Kind-Psychotherapie hat Daniel Stern (1998) verfaßt. Stern (1998) vertritt die Auffassung, daß die Mutter mit der Geburt eines Babys, vor allem, wenn es sich um ihr erstes Kind handelt, in eine neue und charakteristische psychische Organisation hineingleite, die er als *Mutterschaftskonstellation* bezeichnet. Die „Mutterschaftskonstellation" werde nicht bloß als Variante bereits bestehender psychischer Funktionen verstanden, sondern bildet ein hochspezifisches, eigenständiges und „völlig normales Konstrukt", dem für das Leben der meisten Mütter eine herausragende Bedeutung zukomme. Stern ist der Meinung, daß der Therapeut für „die gemeinsame Arbeit mit einer Frau in der Mutterschaftskonstellation" ein therapeutisches Bündnis herstellen müsse, das sich von gewohnten Bündnisformen unterscheide.

Was unter „Bindung. Ursprung der Zuneigung zwischen Eltern und Kinder" zu verstehen ist, erörtert Herbert (1999). Sein Ratgeber soll Eltern und BeraterInnen helfen, Qualität und Ausmaß elterlicher Bindung und kindlicher Zuneigung einzuschätzen. Sonja Stacherl (1997) hält fest, daß die zentrale Bedeutung des Körperkontaktes für die Entwicklung des Säuglings in vielen Forschungen nachgewiesen wurde, aber im Alltag vieler junger Familien wenig aufgenommen wird. Die Autorin hat zu diesem Zweck in ihrer Literaturrecherche die wichtigsten Erkenntnisse der Bindungstheorie zusammengetragen und zeigt gleichzeitig praktische Wege auf, die sich daraus ergeben. Konkrete Hilfestellungen für Eltern werden angeboten. Aus ihrer Arbeit mit Eltern schildern Klaus und Kennel (1997) besonders sensibel, wie der empfindliche, stets gefährdete *Bonding*-Prozess unter besonderen Bedingungen verläuft: bei einer Fehlgeburt, bei kognitalen Schäden oder auch bei Adoption. Sarimski (1999) zeigt einen Leitfaden für die Erstberatung *psychisch besonders belasteter Eltern frühgeborener Kinder* zur Einschätzung ihrer Beziehungssituation.

Im Anschluß an die Bücher „Versteh dein Baby", „Versteh dein Kleinkind" und „Versteh dein Kind" haben Mitarbeiterinnen der *Tavistock-Klinik* den Elternratgeber „Versteh dein Schulkind" verfaßt. In leicht verständlicher Weise berichten Osborne, Miller und Lush (1998) über die Selbständigkeit von Kindern im Schulalter, über familiale Beziehungen, über das Kind in der Schule – z.B. über die Beziehung zum Lehrer, über Probleme beim Lesenlernen usw. –, über Spiel und Phantasie und über die Beziehungen zu Klassenkameraden und Freunden.

Siegler (1999) klärt Eltern über die körperlichen, geistigen und seelischen Veränderungen auf, die in der Adoleszenz anstehen. In fünf ausführlichen Fallbeispielen schildert die Autorin typische Entwicklungskrisen und zeigt, wie diese von der gesamten Familie bewältigt werden können. Speziell den Krisen adoleszenter Mädchen und der Frage, wie Eltern damit umgehen können, widmet sich Mary Pipher (1996).

Abschließend noch einige *individualpsychologische* Beiträge: Die Aufsatzsammlung „Kinder verstehen lernen", herausgegeben von Kaminski und Mackenthun (1998), enthält „Vorträge zur individualpsychologischen Pädagogik in Elternhaus und Schule". Der Band beinhaltet Beiträge von Rattner, Kaminski, Burns, Kümmel, Hitzler, Schröter, Voigt, Rutkowski und Mackenthun. Peter Veith (1997, 1998) propagiert in seinen Elternratgebern „Eltern machen Kindern Mut" und „Eltern nehmen Kinder ernst" Ermutigungsverfahren und Methoden zur Lösung von Familienkonflikten nach Rudolf Dreikurs. Keesen (1997) versucht anhand von Fallbeispielen aufzuzeigen, wie Kinderneurosen und Erziehungsschwierigkeiten heute „adlerianisch" behandelt werden können.

2.5 Zum Themenbereich des Biographischen

In Literaturumschauartikel des letztjährigen Jahrbuchs für Psychoanalytische Pädagogik fällt eine wahre Flut an jüngeren Veröffentlichungen zur Geschichte und zu bedeutenden Vertretern der Psychoanalytischer Pädagogik auf. Überdies enthielt dieser Band selbst einen Beitrag von Groenendijk (1997), der sich mit der psychoanalytischen Sexualaufklärung in den ersten vier Jahrzehnten dieses Jahrhunderts auseinandersetzt.

Diesmal ließen sich jedoch nur vereinzelte Beiträge finden, so z.B. eine kritische *Freud-Biographie* von Till Bastian (1999), dem es vor allem um eine (vorläufige) Antwort auf die Frage geht, „was denn bleibt von dem, was ein ebenso ehrgeiziger wie querköpfiger Wiener Arzt von vierzig Jahren am Ende des 19. Jahrhunderts Stück für Stück, Baustein für Baustein zu einer neuen Theorie zusammenzufügen hoffte" (1999, 8). Conzen (1996) hingegen will in seinem Buch über *Eriksons Leben und Werk* das nachholen, was man in Eriksons Schriften mitunter vermißt, nämlich die systematische Ordnung und der Gesamtüberblick über die große Fülle seiner theoretischen und klinischen Beiträge. Eine Schilderung der wichtigsten Stationen von Eriksons Lebensweg soll ein Gefühl dafür vermitteln, wie sehr das Voranschreiten seines Werkes von persönlichen Erfahrungen und Krisen mitbeeinflußt wurde (vgl. auch Klappenecker 1998).

Zwölf Porträts bedeutender Persönlichkeiten der Kinder- und Jugendpsychotherapie bilden das Kernstück des Buches „Gelebte Kindertherapie" von Wintsch (1998). Die Porträts von *Jakob Lutz, Marie Meierhofer, Alfons Weber, Hedwig Walder, Jacques Berna, Thea Schönfelder, Reinhart Lempp, Gerd Biermann, Franz Wurst, Walter Spiel, Sjef Teuns und Violet Oaklander* geben einen faszinierenden Einblick in ihre berufliche Entwicklung. Gleichzeitig werden auch die Entwicklungslinien des Faches Kinder- und Jugendpsychiatrie bzw. Kinder- und Jugendpsychotherapie eindrücklich dokumentiert. Eher kontrovers äußern sich die Befragten zur „Pädagogik in der therapeutischen Beziehung".

Wie schon in seinem 1996 erschienen Buch „Liebe und Haß in der Pädagogik" widmet sich Krumenacker (1998) in seinem aktuellsten Werk einmal mehr der Theorie und Praxis *Bruno Bettelheim*s (vgl. dazu die Rezension von Rolf Göppel in diesem Band). Die Milieutherapie Bettelheims ist auch das Thema der Publikation von Sabine Wessely (1997). Der theoretische Hintergrund und das Konzept der Milieutherapie werden von der Autorin fundiert aufgearbeitet und dargestellt. Unter anderem widmet sie sich auch der Frage, wie der heutige Stellenwert der Milieutherapie sei und welche Folgen sich daraus für die Erziehungs-, Sozial- und Therapiepraxis ergäben.

Gertie Bögels (1997) verfaßte eine Studie zur „Psychoanalyse in der Sprache Alice Millers". Die Autorin merkt an, daß die wissenschaftliche Entwicklung der Psychoanalytikerin Alice Miller mit einer wachsenden Kritik an der psychoanalytischen Theoriebildung und deren praktischer Anwendung einhergegangen sei. So wie dem Wort Psychoanalyse allmählich eine ambivalente Bedeutung zukomme, werde auch das Wort Erziehung oder Pädagogik im Laufe ihres Werkes überhäuft mit dem historischen Erbe des Strafens, Demütigens und Einpferchens bis hin zur umfassen-negativen Auslegung der Begriffe „Erziehung" oder „Pädagogik".

In seinem Porträt von *Josef Rattner* beschreibt Danzer (1998) diesen auch als *Aufklärer und Pädagogen*. Anhand einiger Textpassagen aus Publikationen Rattners zeigt Danzer auf, daß die pädagogischen Gedanken und Prinzipien Rousseaus mit denen von Rattner eine „Melange" eingegangen seien, von der man nicht mehr genau sagen kann, wo der Philosoph ende und der Tiefenpsychologe beginne. Viele dieser Ideen fänden sich tatsächlich in der „tiefenpsychologischen Pädagogik" oder einer „pädagogisch verstandenen Tiefenpsychologie" wieder, wie sie am Institut für Tiefenpsychologie in Berlin seit einigen Jahrzehnten von Rattner und seinen Mitarbeitern vertreten und gelehrt werde. In „Individualpsychologie auf neuen Wegen", herausgegeben von Kaminski und Mackenthun (1997), zeichnet Rattner (1997) eine biographische Skizze Alfred Adlers. Kaminski

(1997) bietet ebenfalls eine Einführung in die Person Adlers, jedoch konzentriert auf seine Leistungen als Erzieher, Aufklärer und Psychotherapeut.

3. Beiträge zu entwicklungspsychologischen und sozialisationstheoretischen Fragestellungen

Ein „Lehrbuch der psychoanalytischen Entwicklungspsychologie" haben die amerikanischen Wissenschafter Tyson & Tyson (1997) verfaßt. Das Anliegen von Tyson & Tyson (1997) ist es, sowohl traditionelle Arbeiten als auch neuere psychoanalytische Literatur zur Persönlichkeitsentwicklung in Verbindung mit entsprechenden Forschungsbefunden aus diesem Bereich gleichsam „unter einem Dach" vorzustellen. Auch wenn sich gerade die moderne Säuglingsbeobachtung und Kleinkindforschung der interpersonellen Dimension zuwenden, so gilt die Aufmerksamkeit der Autoren den subjektiven Wahrnehmungen und Empfindungsweisen, die dieser interpersonellen Dynamik erwachsen, sowie ihrem Einfluß auf Ursprung, Art und Weise und Funktionsweisen intrapsychischer Strukturen. Der erste Teil des Buches widmet sich der Geschichte des Entwicklungsaspekts innerhalb psychoanalytischer Theoriebildung sowie den theoretischen Konzepten zum Entwicklungsprozeß. In der weiteren Arbeit werden die zentralen Aspekte psychoanalytischer Entwicklungspsychologie aus folgenden Bereichen vorgestellt und diskutiert: Psychosexualität, Objektbeziehungen, Affekte, Kognitionen, Über-Ich-Entwicklung, Geschlechtsidentität und Ich-Entwicklung.

Das *Selbstempfinden* als eine zentrale Dimension der psychoanalytischen Entwicklungspsychologie, zu der die empirische Säuglings- bzw. Kleinkindforschung viele neue Erkenntnisse geliefert hat, ist das Thema Erazos (1997), die anhand von Phänomenen, bei denen es um die Regulierung von Nähe und Distanz in Beziehungen geht, Erfahrungen der Verschmelzung und der Abgrenzung beschreibt.

Auf dem „Zweiten Internationalen Margaret S. Mahler-Symposium über Kinderentwicklung", das 1993 in Köln stattfand, diskutierten renommierte amerikanische und deutsche Psychoanalytiker Mahlers Konzept der *Objektkonstanz*. Akhtar, Kramer und Parens (1997) haben die dort gehaltenen Vorträge in dem von ihnen herausgegeben Buch „Die innere Mutter" versammelt.

Die provokante These, daß das *Über-Ich* vorwiegend destruktive Wirkungen habe, entwickelt Erdély (1998) in seinem jüngsten Buch. Das Über-Ich gleiche einem neurotischen Symptom, das die Entfaltung des Selbst und die realitätsgerechte Wahrnehmung der Wirklichkeit verhindere. Ähnlich gelagert ist auch die Arbeit von Hirsch (1997), der im Zusammenhang mit dem Über-Ich auf das oft „irrationale, unrealistische und neurotische Schulderleben" von Menschen zu sprechen kommt.

Affekte und *Emotionen* stehen auch im Mittelpunkt neuerer Publikationen von Bastian, Stolz, Geyer und Kernberg. Die anthropologische Studie des Freud-Kritikers Bastian (1998) wendet sich den „von Freud gewiß nicht zufällig vernachlässigten Gebieten" zu: dem *Gesichtssinn*, der *Scham* und schließlich dem „Dilemma der Gefühle". Im Zentrum dieser Arbeit stehen weniger die begrifflichen oder theoretischen Konstruktionen als vielmehr die Thematisierung des Erlebens selber. Scham und verwandte Phänomene (wie z.B. Verlegenheit und Schüchternheit) seien von der Wissenschaft lange Zeit über vernachlässigt worden, behauptet auch Stolz (1997), dessen psychoanalytisch orientierte

Arbeit den Versuch darstellt, diese Lücke zu schließen. Geyer (1998) hingegen richtet sein Augenmerk auf „*Angst* als psychische und soziale Realität". Er stellt eine Untersuchung über die Angsttheorien Freuds und in der Nachfolge von Freud vor. Den Komplex *Wut* und *Haß* bespricht Kernberg (1997).

Aus unterschiedlichen, aber auch aus psychoanalytischen Perspektiven referieren Hülsoff (1999) sowie Ulrich, Volland und Kienbaum (1999) über die Sozialisation von Emotionen.

Eine Fülle von Arbeiten widmen sich der *Identitätsbildung* und den *Widersprüchen geschlechtlicher Identität*. Laut Platta (1998) ist das Thema „Identität" in den letzten Jahren immer wichtiger geworden. So hält z.B. Renate Luca (1998) fest, daß neuere psychoanalytische Ansätze zur *Geschlechterdifferenz* versuchen, eine Verbindung zwischen individueller psycho-sexueller Entwicklung und gesellschaftlichen Strukturen herzustellen. Prozesse der *Identitätsentwicklung weiblicher Jugendlicher* würden vor diesem theoretischen Hintergrund analysiert und fänden mehr und mehr Eingang in *erziehungswissenschaftliche Argumentationszusammenhänge*. Die Autorin richtet ihre besondere Aufmerksamkeit auf die Themen Körper, Sexualität und weibliches Begehren als die virulenten Themen der Medienrezeption und –produktion Jugendlicher. Zu diesem Themenkomplex hat auch die Sexualberatungsstelle Salzburg (1998) einen Band herausgegeben, und im Anschluß an das 1998 erschienene Buch „Über das Wünschen" gab Brigitte Boothe (1999) eine Aufsatzsammlung zu psychoanalytischen Aspekten des Verlangens, Begehrens und Wünschens heraus. Die Rolle, die das Aussehen in unserem Leben spielt – vom Säuglingsalter bis ins hohe Alter – verfolgt aus psychoanalytischer Perspektive Nancy Friday (1997). Der Sammelband „Widersprüche geschlechtlicher Identität", herausgegeben von Cremerius, Fischer, Gutjahr u.a. (1998) enthält Referate, die auf der psychoanalytisch-literaturwissenschaftlichen Arbeitstagung im Februar 1997 in Freiburg diskutiert wurden. Bei der Konzeptualisierung der Tagung ging man von der Überlegung aus, daß geschlechtliche Identität, „das gesellschaftlich gestützte und emotional verankerte Wissen, eine Frau oder ein Mann zu sein", in Auseinandersetzung mit und in Abgrenzung vom anderen Geschlecht entstehe. Hierbei würden eigene Anteile unterdrückt oder verdrängt, auf den anderen projiziert und dort gesucht oder bekämpft. Somit sei Geschlechtsidentität in sich widersprüchlich. In der Begegnung mit dem anderen, aber auch dem eigenen Geschlecht könnten sich Widersprüche verschärfen (vgl. auch Hartmann, Holzkamp, Lähnemann u.a. 1998). Der Band enthält u.a. Beiträge von Rhode-Dachser (1998) und Mertens (1998a). Über „Identität im Widerspruch" referiert auch Schäfer (1998) und auf die „Suche nach Identität" haben sich Hoffmann und Neuner (1997) begeben. Auf das Verhältnis von Geschlechterdifferenz und Sprache macht Pagel (1998) aufmerksam.

Mehrere Publikationen rücken das Thema „Interaktionen zwischen Müttern und Kindern" ins Zentrum ihrer Aufmerksamkeit. So hat z.B. Henzinger (1999) eine aufschlussreiche Darstellung über das Stillen verfaßt, die sie mit tiefenpsychologischen Erkenntnissen verbindet. Über „Die Identität der Mütter zwischen Selbstlosigkeit und Eigennutz" schreibt die Frauenforscherin Hays (1998), und auf das besondere Verhältnis von Töchtern und Müttern wird in einem Sammelband, herausgegeben von van Mens-Verhulst, Schreurs und Woertmann (1996), hingewiesen. Es wird darin nicht nur auf die geschlechtsspezifische Besonderheit der Tochter-Mutter-Beziehung (vgl. auch Schuster 1998) eingegangen, sondern es wird auch auf eine „Blickverengung" in vielen objektbeziehungstheoretischen und selbstpsychologischen Arbeiten aufmerksam gemacht. Karin Flaake (1996) und Nina Lykke (1996) untersuchen die Bedeutung der Körperlichkeit in der Mutter-Tochter-Beziehung sowie die Rolle der Mutter in der Entwicklung der Sexualität des kleinen Mädchens. Eine psychoanalytische Studie über den weiblichen Körper hat Pines (1997) verfaßt (vgl. auch Wiese und Joraschky 1998; Geißler 1998), wobei die einzelnen Aufsätze immer einen besonderen Aspekt der Übertragungs- und Gegenübertragungsmanifestationen in der analytischen Arbeit fokussieren. Zur Besonderheit der Beziehung zwischen Vater und Tochter legt Hudelwentz (1998) eine tiefenhermeneutische Untersuchung vor.

Die folgenden Beiträge gehen entwicklungspsychologischen und sozialisationstheoretischen Fragestellungen *der Pränatalität, des Säuglingsalters, der Adoleszenz und des Alters* nach: Eine vorbereitende Untersuchung über das *pränatale* Leben und seine Bedeutung für die künftige Entwicklung des Individuums beschreibt Alessandra Piontelli (1996). Sie hat elf Föten von der sechzehnten Schwangerschaftswoche bis zur Geburt im Ultraschall beobachtet und anschließend die Entwicklung der Säuglinge mit Hilfe der von Esther Bick entwickelten Methode der Mutter-Kind-Beobachtung weiterverfolgt. Weiters enthält die Arbeit Analysen einiger zwei- bis dreijähriger Kinder, die an den pränatalen Beobachtungen zwar nicht beteiligt waren, deren Pathologie aber nach Meinung der Autorin wichtige Zusammenhänge mit Erfahrungen aus der fötalen Vergangenheit erkennbar werden ließen. Ludwig Janus (1997) hebt in diesem Zusammenhang hervor, daß Beobachtungen aus verschiedenen psychotherapeutischen Settings und empirische Studien zur Wirkung von Streß in der *vorgeburtlichen und frühen nachgeburtlichen Lebenszeit* auf ganz frühe Ebenen der Vermittlung von *Ungewolltsein* verweisen würden. Die Kinderpsychoanalytikerin Eliacheff (1997) gibt einen bewegenden Einblick in ihre auf ausschließlich sprachliche Mittel vertrauende therapeutische Arbeit und macht ihren psychoanalytischen Ansatz an ausgewählten Fallgeschichten extrem traumatisierter Säuglinge und Kleinkinder nachvollziehbar. Myriam Szejer (1998), eine Kollegin Eliacheffs am Hôpital Antoine Béclère in Clamart, betont wie diese, daß mit der Geburt ein Symbolisierungsprozeß einsetze, der dem Neugeborenen erst eine „zweite Geburt" als ein von den Eltern unabhängiges Wesen ermögliche.

Die Beiträge der Aufsatzssammlung „Bewegung ins Unbewußte", herausgegeben von Trautmann-Voigt und Voigt (1998), enthalten wichtige Gedanken zur neuesten Diskussion um Entwicklungen in der Psychoanalyse aus der Sicht der *Selbstpsychologie* und der *Säuglingsforschung*, darunter ein Beitrag von Martin Dornes (1998), der sich mit der Frage beschäftigt, ob es bereits im Säuglingsalter ein Unbewußtes gibt und wie es beschaffen sein könnte.

Die „desorganisierte Mutterbindung bei einjährigen Kindern" untersucht Martina Zulauf-Logoz (1997), die sich mit der Frage auseinandersetzt, ob die sogenannte „D-Bindung" nur eine unklare Restkategorie innerhalb der Typologie von Ainsworth darstelle oder ob diese Kinder auch durch eine deskriptive Analyse ihres Bindungs- und Explorationsverhaltens sowie aufgrund psychophysiologischer Reaktionen zu identifizieren seien.

Die *Adoleszenz als beziehungsanalytische Herausforderung* beschreibt Sohni (1997). Die jahrzehntelange Vermeidung des Themas Adoleszenz seitens der Psychoanalyse sei u.a. aufgrund des sog. *Generationenkonflikts* zu verstehen, der wesentlich in einer Tendenz Erwachsener bestehe, die *Verunsicherung der Adoleszenz* zu vermeiden. Diese

Vermeidung äußere sich (innerhalb des psychoanalytischen Diskurses) in Einstellungen zu Entwicklungstheorie und zur Behandlungstechnik und verzerre das Bild der Adoleszenz. Als Beispiele zieht Sohni (1997) die Vorstellung des „Objektwechsels", die behandlungstechnische Flucht in die frühe Kindheit und eine spezifische Form von Idealisierung der Adoleszenz heran. Die Gefahr einer Idealisierung jugendlicher „Unschuld" erwähnt auch Wirth (1998) in seinem Artikel „Die Jugend schützen", wobei er sich ebenfalls auf das „Generationenverhältnis"[2] bezieht. Die analytische Kinder- und Jugendtherapeutin Ute Benz (1998) wollte in diesem Zusammenhang herausfinden, woran es liegt, daß Gespräche über Bilder und Filme zwischen Erwachsenen und Kindern oft unbefriedigend, karg, langweilig und eher ärgerlich für die Beteiligten wirken, so daß sie eher gemieden werden. Die Autorin stellt Fragen zu den Hindernissen dabei auf Eltern- und Kinderseite. Die Antworten, die in diesem Buch gegeben werden, sind aus einer engen Verknüpfung von psychoanalytischer und pädagogischer Praxis in zahlreichen Projekten mit Kindern, Jugendlichen und Erwachsenen entstanden. Anstelle der üblichen Sicht auf die zwei Problembereiche „Gewaltfilme und ihre Wirkung auf Kinder" wird dabei eine erweiterte Perspektive zugrundegelegt, welche die „ganze Szene" (Kind – Film – Erwachsener) erfaßt.

Zum Themenkomplex *Entwicklung und Traumatisierung in Kindheit und Jugend* stellen Endres und Moisl (1998) fest, daß durch die Rezeption neuerer entwicklungspsychologischer Forschungsergebnisse die Bedeutung realer Traumatisierung für die Entstehung psychischer Störungen wieder stärker in den Vordergrund getreten sei[3]. Gegenwärtig würden vor allem die Häufigkeit und die Folgen sexuellen Mißbrauchs in der Kindheit (vgl. auch Gerwert 1996) öffentlich diskutiert. Der Prozentsatz von Traumatisierungen im Kindesalter steige weiter, wenn schwere psychische Erkrankungen eines oder beider Elternteile oder Trennungs- und Verlusterfahrungen hinzugerechnet würden. Die Auseinandersetzung mit schmerzhaften Trennungserlebnissen von den Eltern (vgl. auch Lüscher und Pajung-Bilger 1998) und Erfahrungen mit Ablösungsprozessen in der Adoleszenz bilden auch den Schwerpunkt des von Schlösser und Höhfeld (1999) herausgegebenen Sammelbandes „Trennungen", der u.a. Beiträge von Küchenhoff, Rhode-Dachser, Schacht, Hirsch, Cierpka und Gerlach entält. Wenn frühkindliche Trennungserfahrungen als traumatische Ereignisse erlebt werden, sei es naheliegend, daß *Spaltungsprozesse* das rudimentäre Ich vor Gefühlen unerträglichen Verlustes zu schützen versuchen, meint Maiello (1998). Solche Erfahrungen, die in der frühen Kindheit oder während des vorgeburtlichen Lebens von der Umwelt nicht „gehalten" werden und damit vom Kind nicht integriert werden könnten, würden oft im Jugendalter wieder aktualisiert und agiert. Die Autorin veranschaulicht mit zwei Beispielen aus der psychoanalytischen Praxis, wie intrapsychische Prozesse mitbeeinflußt würden, sowohl durch die „intergenerelle Transmission", d.h. die unbewußte Projektion unverarbeiteter Inhalte

---

[2] Auf immer häufiger werdende Beiträge zum Themenkreis „Generationenverhältnis" bzw. „Generationendifferenz" hat schon Natschläger (1998, 187) in der letzten Nummer des Jahrbuchs für Psychoanalytische Pädagogik (Band 9) hingewiesen.

[3] Nuber (1999) hingegen erklärt, daß das frühe Trauma nichts weiter sei als ein Mythos. Seit Freud gehe man davon aus, daß Kindheitserlebnisse, vor allem traumatisierende, das Selbst und die Identität prägen, ja späterhin zu psychischen Störungen führen können. Im „Jahrhundert des Kindes" gelte Freuds Hypothese geradezu als ein Glaubenssatz, an den bisher niemand zu rühren wagte. Dieses Tabu stellt die Autorin grundsätzlich in Frage, und es dürfte wohl kaum zweifelhaft sein, daß ihr Buch allenthalben zu Diskussionen führen wird.

von den Eltern auf die Kinder, als auch durch die „transsubjektive Transmission", d.h. kulturelle und gesellschaftliche Elemente. Letztgenannter Aspekt wird am Beispiel der „spaltungsfördernden Funktion der Berliner Mauer" untersucht.

Besonders „stiefmütterlich" behandelt die Psychoanalyse traditionellerweise (nicht nur) entwicklungspsychologische Aspekte des *Alter(n)s*. Um so erfreulicher ist das Erscheinen der von Radebold (1997) herausgegeben Aufsatzsammlung „Altern und Psychoanalyse". Radebold (1997), der an der Universität Kassel im Sinne eines Forschungsschwerpunktes die Möglichkeiten psychoanalytischer Behandlungsprozesse bei alten Patienten aufzuzeigen sucht, stellt in seinem Artikel *„Psychoanalyse und Altern. Zwei einander Fremde beginnen den Dialog"* fest, daß für die Psychoanalyse in Deutschland und Österreich *Altern* eine weitgehend unbekannte und eher abgelehnte Welt darstelle. Dieser Sachverhalt werde belegt durch die minimale Anzahl betreffender Publikationen in den psychoanalytischen Fachzeitschriften, durch die fehlenden diesbezüglichen Kongreßthemen, durch die Tatsache, daß der Anteil der über 60jährigen Patienten weniger als ein Prozent betrage, sowie durch die nur im geringen Umfang existierenden psychoanalytischen Konzepte zu Altern und Altsein. Rosenmayr (1997) stellt die Verknüpfung von Psychoanalyse und Sozialgerontologie zur Diskussion, wobei er Anstöße zu Reformkonzepten innerhalb der Psychoanalyse beisteuert. Heuft (1997) beschreibt den „Weg zu einem empirisch gestützten psychoanalytischen Modell der zweiten Hälfte des Erwachsenenlebens". Kutter (1997b) orientiert sich in „Altern aus selbstpsychologischer Sicht" an den von Radebold (1992) zusammengestellten acht wesentlichen „Aufgaben", denen sich der ältere Mensch stellen müsse. Teising (1997) beschäftigt sich mit dem Altern als „eine Herausforderung an den Narzißmus". Schlesinger-Kipp (1997) beschreibt in ihrem Aufsatz das Erleben von Frauen in den Wechseljahren. Rolf Hirsch (1997) macht sich Gedanken über „psychoanalytische Aspekte der Aggression während des Alterns". Johannes Kipp (1997) berichtet über „Erinnerung an Kindheit und Jugend bei alten Menschen". Meinolf Peters (1997) zeigt in „Psychotherapeutische Behandlung Älterer" Probleme auf, denen man in der psychosomatischen Klinik begegnet. Das Buch „Der mühselige Aufbruch – über Psychoanalyse im Alter" von Radebold und Schweizer (1996) beinhaltet einen beiderseitigen Behandlungsbericht von Radebold und seiner 65jährigen Patientin „Frau Schweizer" (Pseudonym), die sich nach Abschluß eines vier Jahre dauernden hochfrequenten psychoanalytischen Prozesses dazu entschlossen haben, ihre eigenen Aufzeichnungen in einem Buch Leserinnen und Lesern zugänglich zu machen. Kemper (1995) beschreibt neben anderen Methoden auch den psychoanalytischen Zugang zu Schlafstörungen im Alter und stellt die Ergebnisse seiner „tiefenpsychologisch orientierten Gruppe-Studie" vor.

4. Veröffentlichungen zu weiteren Themenstellungen mit psychoanalytischpädagogischer Relevanz

4.1 Die Seelsorge und das Unbewußte

Reinhold Gestrich (1998) befaßt sich mit dem tiefenpsychologischen Verständnis der Seelsorgebeziehung. Erörtert werden u.a. tiefenpsychologische Aspekte der Seelsorgegespräche nach Freud, Jung, Bion und Winnicott, weiters eine Gegenüberstellung der

Religionstheorien Freuds und Frankls. Über Erläuterungen zur psychoanalytischen und theologischen Symboltheorie gelangt Gestrich zur „Seelsorge als symbolische Beziehungserfahrung". Matthias Günther (1996) untersucht erstmalig, inwieweit die Individualpsychologie Alfred Adlers für eine Konzeption christlicher Seelsorge konstitutiv sein kann. Ausgehend von einem Vergleich der gegenwärtigen Seelsorge-Konzeptionen wird der Entwurf einer – im Sinne Adlers – holistischen Seelsorge zur Diskussion gestellt.

4.2 Psychoanalytische Betrachtungen zu Gesellschaft und Politik

In seinen „Essays über die Psychologie der Führung" stellt der Psychoanalytiker und Management-Berater Kets De Fries (1998) in dem Band „Führer, Narren, Hochstapler" fest, daß es im Zeitalter der Globalisierung längst als Gemeinplatz gelte, daß das Funktionieren und Überleben von Unternehmen und Institutionen nicht zuletzt von der Qualität ihres Führungspersonals abhängig sind. Der Autor fragt nach den unbewußten Motiven, die Verhalten und Handlungen von Führungspersonen bestimmen können.

Daß es um unser Mitgefühl schlecht bestellt sei, bedauert Arno Gruen (1997). Seiner Meinung nach liegt dies an der Art wie wir aufwachsen. Es gehe um den Terror, dem Kinder ausgesetzt seien, und um das Umkippen dieses Terrors. Am Ende würden in unserer Zivilisation jene idealisiert, die kalt sind und die das Kind – und das Kind in sich selbst – nicht mehr wahrnehmen können. Die Folgen seien katastrophal: Menschen entwickelten keine eigene Identität, sie identifizierten sich mit der Macht oder den Mächtigen. Jedoch verlören Menschen, die eine fremde Identität aus der Identifikation mit Macht und ihren Symbolen beziehen – ein Musterbeispiel sei der Faschismus von rechts oder von links –, das Fundament ihres Menschseins.

In „Individualität und Verantwortung" analysiert der Soziologe und Individualpsychologe Ronald Wiegand (1998) aktuelle gesellschaftspolitische Entwicklungen, wobei er die menschlichen Bedürfnisse, die Defizite und Ängste, aus denen sie erwachsen, und die aktuellen Fragen zur Gestaltung des Alltags in der politischen Entscheidung und für eine gesellschaftlich verantwortliche, aufgeklärte Psychotherapie erörtert.

4.3 Zur Psychoanalyse von Terror, Gewalt, Vertreibung und Holocaust

Roland Kaufhold stellt erstmals die gesammelten Studien von Ernst Federn (1998) zur „Psychologie des Terrors" vor. Der Band enthält auch eine Dokumentation des Briefwechsels mit Bruno Bettelheim, mit dem Federn gemeinsam in Buchenwald interniert war. Die Arbeit von Marta Kos (1998) „Frauenschicksale in Konzentrationslagern" ist die deutsche Übersetzung ihrer 1948 an der Prager Karls-Universität eingereichten Dissertation. Kos, die selber von 1942 bis 1945 in den Konzentrationslagern Theresienstadt, Auschwitz und Bad Kadowa-Sabisch interniert war, arbeitete die in diesen Konzentrationslagern erlebte Furcht anhand der Erfahrungsberichte von sechzig ihrer Leidensgenossinnen auf. Das Werk zeugt von scheinbar anonymer Distanz, die Autorin ist nur als Beobachterin und kommentierende Wissenschafterin gegenwärtig. Marta Kos, gestorben 1989, war klinische Psychologin, Kindertherapeutin und Lehranalytikerin des „Österreichischen Vereins für Individualpsychologie".

Das Jubiläumsheft Nr. 100 der Zeitschrift „Analytische Kinder- und Jugendlichen-Psychotherapie" ist den Themen *Holocaust, Migration und Identität* gewidmet. Hans Keilsons (1998a) Beitrag geht einer Reflexion der Forschungsmethoden in diesem Bereich nach, indem er den Weg seiner eigenen Forschungsarbeit über die „sequentielle Traumatisierung" beschreibt bzw. nachzeichnet und in beeindruckender Weise Einblick in die Zusammenhänge mit seinen eigenen biographischen Erfahrungen gewährt. In einem anderwärtig veröffentlichten Artikel untersucht Keilson (1998b) aus psychiatrischer und psychoanalytischer Sicht anhand einer repräsentativen Gruppe von Erwachsenen in den Niederlanden und Israel, die sich noch Beendigung des Zweiten Weltkrieges als jüdische Kriegsweisen in den Niederlanden aufhielten, die Folgen „sequentieller Traumatisierung" durch „man made disaster". Eine Arbeit über die Kindertransporte zur Rettung jüdischer Kinder hat Ruth Barnett (1998) verfaßt. Ilany Kogany (1998a, b), Psychoanalytikerin in Israel, macht sich in ihren Analysen auf die Suche nach der Geschichte der Nachkommen von Holocaust-Überlebenden und versucht, das „seelische Loch" zu rekonstruieren. Die Autorin beschäftigt sich dabei mit der Frage, wie traumatische Erfahrungen an die nächste Generation weitergegeben werden und zu psychischen Symptomen führen können. In diesem Zusammenhang berichtet Tilmann Moser (1997) von der Psychotherapie mit einer fast siebzigjährigen Frau, die fünf Jahrzehnte lang für ihren Vater, ein aktiver SS-Mann, Schuld und Scham übernommen hat. Schmidbauer (1998) referiert aus seiner Arbeit mit Kindern jüdischer KZ-Überlebender, die seine Aufmerksamkeit für die traumatischen Störungen in deutschen Familien geschärft habe. Das „brandaktuelle" Buch Volkans (1999) schlägt die fehlende Brücke zwischen psychoanalytischen Konzepten und der traditionellen Vorstellungswelt von Diplomaten, Historikern, Politologen und Sozialwissenschaftern. Der Autor entwickelt auf der Grundlage psychoanalytischer Ansätze neue Instrumente und Szenarien zur diplomatischen Beeinflussung von Großgruppenkonflikten mit ethnischem, nationalem und religiösem Hintergrund (vgl. auch Kakar 1998; Wolf 1998), wobei dem Kosovo-Krieg und der serbischen Großgruppen-Identität besondere Aufmerksamkeit geschenkt wird.

Literatur

Aichhorn, Th. (1997): The Hampstead Nursery at the Anna Freud Centre in London as an example for psychoanalytic pedagogics. Dipl.Arb., Univ. Wien

Akhtar, S., Kramer, S., Parens, H. (Hrsg.) (1997): Die innere Mutter. Zur theoretischen und klinischen Bedeutung der Objektkonstanz. Fischer: Frankfurt/Main

Bastian, T. (1998): Der Blick, die Scham, das Gefühl. Eine Anthropologie des Verkannten. Vandenhoeck & Ruprecht: Göttingen

Bastian, T. (1999): Der Traum von der Deutung. Einhundert Jahre Psychoanalyse zwischen Via regia und Holzweg. Vandenhoeck & Ruprecht: Göttingen

Benz, U. (1998): Warum sehen Kinder Gewaltfilme? Beck: München

Bernler, G., Johnsson, L. (1997): Psychosoziale Arbeit. Eine praktische Theorie. Beltz: Weinheim

Blank-Mathieu, M. (1996): Jungen im Kindergarten. Brandes & Apsel: Frankfurt/Main

Bittner, G. (1997a): „Das Kot in der Welt, in welches ich mich vertieft ...". Pestalozzi als autobiographischer Denker. In: Zeitschrift für Pädagogik 43, 353-373

Bittner, G. (1998a): Metaphern des Unbewußten: Eine kritische Einführung in die Psychoanalyse. Kohlhammer: Stuttgart, Berlin, Köln

Bogyi, G. (1999): Wenn Kinder mit Todeserlebnissen konfrontiert sind. Grundzüge einer begleitenden Arbeit mit Eltern. In: Datler, W., Figdor, H., Gstach, J. (Hrsg.): Die Wiederentdeckung der Freude am Kind. Psychosozial: Gießen, 126-142

Boothe, B. (Hrsg.) (1999): Verlangen, Begehren, Wünschen. Einstieg ins aktive Schaffen oder in die Lethargie. Vandenhoeck & Ruprecht: Göttingen

Borch-Posadowsky, A. (1997): Familientherapie mit einem magersüchtigen Jugendlichen. Eine Phase während der einzeltherapeutischen Behandlung. In: Herberth, F., Maurer, J. (Hrsg.): Die Veränderung beginnt beim Therapeuten. Anwendungen der Beziehungsanalyse in der psychoanalytischen Theorie und Praxis. Brandes & Apsel, 57-78

Bovensiepen, G., Sidoli, M. (Hrsg.) (1999): Inzestphantasien und selbstdestruktives Handeln. Psychoanalytische Therapie von Jugendlichen. Brandes & Apsel: Frankfurt/Main

Bögels, G. (1997): Psychoanalyse in der Sprache Alice Millers. Königshausen & Neumann: Würzburg

Draae, V. (1997): Arbeitsplatz Schule. In: Enders, E., Stahl, G. (Hrsg.): „Entwicklungsschmerzen" – Kinder in der postindustriellen Gesellschaft. Gefahrenquellen, Klinik, Prävention. Ecomed: Landsberg/Lech, 56-67

Braun, M. (1997): Verarbeitungsstrategien des Trennungstraumas und psychotherapeutische Interventionen in der Behandlung bei drei Scheidungskindern. In: Lehmkuhl, G., Lehmkuhl, U. (Hrsg.): Scheidung – Trennung – Kindeswohl. Deutscher Studienverlag: Weinheim, 59-79

Büttner, Ch. (1999): Psychoanalytisch orientierte Erziehungsberatung in Gruppen. In: Datler, W., Figdor, H., Gstach, J. (Hrsg.): Die Wiederentdeckung der Freude am Kind. Psychosozial: Gießen, 154-167

Cifali, M. (1998): Das pädagogische Verhältnis: Zwischen Verstrickung und Distanzierung. In: Datler, W., Finger-Trescher, U., Büttner, Ch. (Hrsg.): Jahrbuch für Psychoanalytische Pädagogik 9. Psychosozial: Gießen, 138-146

Conzen, P. (1996): Erik H. Erikson. Leben und Werk. Kohlhammer: Stuttgart, Berlin, Köln

Cremerius, J., Fischer, G., Gutjahr, O. u.a. (Hrsg.) (1998): Jahrbuch für Literatur und Psychoanalyse 17. Königshausen und Neumann: Würzburg

Danzer, G. (1998): Josef Rattner. Ein Porträt. Königshausen & Neumann: Würzburg

Datler, W. (1998a): Die Analyse heilpädagogischer Beziehungen als zentraler Gegenstandsbereich heilpädagogischer Reflexion. Zur Einführung. In: Datler, W., Gerber, G., Kappus, H. u.a. (Hrsg.): Zur Analyse heilpädagogischer Beziehungsprozesse. Edition SZH/SPC: Luzern

Datler, W. (1999): Erziehungsberatung und die Annahme eines dynamischen Unbewußten. Über einige Charakteristika psychoanalytisch-pädagogischer Erziehungsberatung. In: Datler, W., Figdor, H., Gstach, J. (Hrsg.): Die Wiederentdeckung der Freude am Kind. Psychosozial: Gießen, 11-33

Datler, W., Figdor, H., Gstach, J. (Hrsg.) (1999): Die Wiederentdeckung der Freude am Kind. Psychoanalytisch-pädagogische Erziehungsberatung heute. Psychosozial: Gießen

Datler, W., Finger-Trescher, U., Büttner, Ch. (Hrsg.) (1998): Jahrbuch für Psychoanalytische Pädagogik 9. Psychosozial: Gießen

Datler, W., Gerber, G. Kappus, H. u.a. (Hrsg.) (1998): Zur Analyse heilpädagogischer Beziehungsprozesse. Edition SZH/SPC: Luzern

Daws, D. (1989): Beratung bei Schlafproblemen von Kindern. In: Datler, W., Figdor, H., Gstach, J. (Hrsg.): Die Wiederentdeckung der Freude am Kind. Psychosozial: Gießen, 1999, 143-153

Deinet, U., Sturzenhecker, B. (Hrsg.) (1998): Handbuch Offene Jugendarbeit. Votum: Münster

Diem-Wille, G. (1999): Über den Zusammenhang zwischen Trennungsproblemen einer Mutter und Schlafproblemen eines Kleinkindes, Robin – eine Falldarstellung einer Eltern-Kleinkind-Beratung. In: Datler, W., Figdor, H., Gstach, J. (Hrsg.): Die Wiederentdeckung der Freude am Kind. Psychosozial: Gießen, 90-104

Doppel, R. (1999): „Und willst Du nicht mein Bruder sein, so schlag ich Dir den Schädel ein." Über Konflikte zwischen Professionisten in der Arbeit mit Multiproblemfamilien und die Institutionalisierung fachlicher Kooperation. In: Datler, W., Figdor, H., Gstach, J. (Hrsg.): Die Wiederentdeckung der Freude am Kind. Psychosozial: Gießen, 196-219

Dornes, M. (1998): Plädoyer für eine Neubetrachtung des Unbewußten. In: Trautmann-Voigt, S., Voigt, B. (Hrsg.): Bewegung ins Unbewußte. Beiträge zur Säuglingsforschung und Körperpsychotherapie. Brandes und Apsel: Frankfurt/Main, 18-42

Eickhoff, F.W., Beland, H., Grubrich-Simitis, I. u.a. (Hrsg.) (1998): Jahrbuch für Psychoanalyse 40. frommann-holzboog: Stuttgart-Bad Cannstatt

Eliacheff, C. (1997): Das Kind, das eine Katze sein wollte. Psychoanalytische Arbeit mit Säuglingen und Kleinkindern. Kunstmann: München

Enders, E., Stahl, G. (Hrsg.) (1997): „Entwicklungsschmerzen" – Kinder in der postindustriellen Gesellschaft. Gefahrenquellen, Klinik, Prävention. Ecomed: Landsberg/Lech

Endres, M., Biermann, G. (Hrsg.) (1998): Traumatisierung in Kindheit und Jugend. Reinhardt: München

Endres, M., Moisl, S. (1998): Entwicklung und Trauma. In: Endres, M., Biermann, G. (Hrsg.) (1998): Traumatisierung in Kindheit und Jugend. Reinhardt: München, 11-27

Engelbert-Michel, A. (1998): Das Geheimnis des Bilderbuches. Ein Leitfaden für Familie, Kindergarten und Grundschule. Brandes & Apsel: Frankfurt/Main

Ennulat, G. (1998): Kinder in ihrer Trauer begleiten. Ein Leitfaden für ErzieherInnen. Herder: Freiburg i.Breisgau

Erazo, N. (1997): Entwicklung des Selbstempfindens. Verschmelzung, Identität und Wir-Erleben. Kohlhammer: Stuttgart, Berlin, Köln

Erdely, Z.E. (1998): Und die Wirklichkeit – es gibt sie doch. Psychosozial: Gießen

Ertle, Ch. (1998): Zur Psychoanalyse von Umweltzerstörung – Folgerungen für die Pädagogik, In: Eickhoff, F.W., Beland, H., Grubrich-Simitis, I u a (Hrsg)r Jahrbuch der Psychoanalyse 40. frommann-holzboog: Stuttgart-Bad Cannstatt, 197-222

Fatke, R. (Hrsg.) (1997): Was macht ihr für Geschichten. Ausdrucksformen kindlichen Erlebens. DTV: München

Federn, E. (1995): Warum ich in die Sozialarbeit gegangen bin. In: Verein für Psychoanalytische Sozialarbeit Rottenburg und Tübingen (Hrsg.): Fragen zur Ethik und Technik psychoanalytischer Sozialarbeit. Edition Diskord: Tübingen, 21-27

Federn, E. (1998): Zur Psychologie des Terrors. Psychosozial: Gießen

Feuling, M. (1995): Einleitende Gedanken zum Tagungsthema. In: Verein für Psychoanalytische Sozialarbeit Rottenburg u. Tübingen (Hrsg.): Fragen zur Ethik und Technik psychoanalytischer Sozialarbeit. Edition Diskord: Tübingen, 24-41

Figdor, H. (1999a): Aufklärung, verantwortete Schuld und die Wiederkehr der Freude am Kind. Grundprinzipien des Wiener Konzeptes psychoanalytisch-pädagogischer Erziehungsberatung. In: Datler, W., Figdor, H., Gstach, J. (Hrsg.): Die Wiederentdeckung der Freude am Kind. Psychosozial: Gießen, 32-60

Figdor, H. (1999b): Toni ist wie verwandelt. Über den Beginn der Erziehungsberatung bei einem 7-jährigen Buben mit aggressiven Auffälligkeiten. In: Datler, W., Figdor, H., Gstach, J. (Hrsg.): Die Wiederentdeckung der Freude am Kind. Psychosozial: Gießen, 76-89

Finger-Trescher, U. (1999): Psychoanalytisch-pädagogische Strukturmerkmale von Erziehungsberatung in der Institution. Zur Konzeption der Beratungsstelle für Eltern, Kinder und Jugendliche der Stadt Offenbach/M. In: Datler, W., Figdor, H., Gstach, J. (Hrsg.): Die Wiederentdeckung der Freude am Kind. Psychosozial: Gießen, 178-195

Flaake, K. (1996): Ein Körper für sich allein. Sexuelle Entwicklungen und körperliche Weiblichkeit in der Mutter-Tochter-Beziehung. In: van Mens-Verhulst, J., Schreurs, K., Woertmann, L. (Hrsg.) Töchter und Mütter: Weibliche Identität, Sexualität und Individualität. Kohlhammer: Stuttgart, Berlin, Köln, 23-33

Friday, N. (1997): Die Macht der Schönheit. Bertelsmann: Gütersloh

Geißler, P. (1998): Tagungsbericht: 1. Wiener Symposium „Psychoanalyse und Körper". In: Psychotherapie Forum 3, 111-113

Gerspach, M. (1997b): „Willst'n paar aufs Maul?" Die Reaktivierung der narzißtischen Wut in der Adoleszenz. In: Krebs, H. (Hrsg.): Lebensphase Adoleszenz. Junge Frauen und Männer verstehen. Grünewald: Mainz, 148-172

Gerspach, M. (1998): Wohin mit den Störern. Zur Sozialpädagogik der Verhaltensauffälligen. Kohlhammer: Stuttgart, Berlin, Köln

Gerwert, U. (1996): Sexueller Mißbrauch an Mädchen aus Sicht der Mütter. Eine Studie über Erleben und Bewältigung der Mütter betroffener Mädchen. Peter Lang: Bern

Gestrich, R. (1998): Die Seelsorge und das Unbewußte. Kohlhammer: Stuttgart, Berlin, Köln

Geyer, Th. (1998): Angst als psychische und soziale Realität. Eine Untersuchung über die Angsttheorien Freuds und ihre Nachfolge von Freud. Peter Lang: Bern

Glöckner, H. (Hrsg.) (1998): Eins starkes Gefühl. Suchtprävention durch Sexualerziehung in der Grundschule. Edition Bentheim: Würzburg

Golder, E.-M. (1995): Ethik und Technik im Erstgespräch. Geburtsproblematik und ihre Auswirkungen auf die mütterliche Wahrnehmung des Kindes. In: Verein für Psychoanalytische Sozialarbeit Rottenburg u. Tübingen (Hrsg.): Fragen zur Ethik u. Technik psychoanalytischer Sozialarbeit. Edition Diskord: 107-124

Göppel, R. (1998): Eltern, Kinder und Konflikte. Kohlhammer: Stuttgart, Berlin, Köln

Groenendijk, L.F. (1997): Psychoanalytisch orientierte Sexualaufklärung vor dem Zweiten Weltkrieg. In: Datler, W., Finger-Trescher, U., Büttner, Ch. (Hrsg.) (1998): Jahrbuch für Psychoanalytische Pädagogik 9. Psychosozial: Gießen, 147-158

Grohmann, F. (1995): Wund, unfassbar, anderswo. Die Frage des Begehrens auf dem Weg der Generationen. In: Verein für Psychoanalytische Sozialarbeit Rottenburg u. Tübingen (Hrsg.): Fragen zur Ethik und Technik psychoanalytischer Sozialarbeit. Edition Diskord: Tübingen, 60-106

Günther, M. (1996): Ermutigung. Die Individualpsychologie Alfred Adlers und die christliche Seelsorge. Kohlhammer: Stuttgart, Berlin, Köln

Hafenegger, B., Jansen, M., Klose, Ch. (Hrsg.) (1998): „Mit fünfzehn hat es noch Träume ...". Lebensgefühl und Lebenswelten in der Adoleszenz. L & B: Leverkusen

Hartmann, J., Holzkamp, Ch., Lähnemann, L. u.a. (Hrsg.) (1998): Lebensformen und Sexualität. Herrschaftskritische Analysen und pädagogische Perspektiven. Kleine: Bielefeld

Haya, Eh. (1998): Die Identität der Mütter. Zwischen Selbstlosigkeit und Eigennutz. Klett-Cotta: Stuttgart

Henzinger, U. (1999): Stillen. Die Quelle mütterlicher Kraft. Walter. Zürich, Düsseldorf

Herbert, M. (1999): Bindung. Ursprung der Zuneigung zwischen Eltern und Kinder. Hans Huber: Bern, Göttingen, Toronto, Seattle

Heuft, G. (1997): Auf einem Weg zu einem empirisch gestützten psychoanalytischen Entwicklungsmodell der zweiten Hälfte des Erwachsenenlebens. In: Radebold, H. (Hrsg.): Altern und Psychoanalyse. Psychoanalytische Blätter 6. Vandenhoeck & Ruprecht: Göttingen, 41-53

Hirsch, M. (1997): Schuld und Schuldgefühl. Zur Psychoanalyse von Trauma und Introjekt. Vandenhoeck & Ruprecht: Göttingen

Hirsch, M. (1998): Zur Objektverwendung des eigenen Körpers bei Selbstschädigung, Masturbation und Eßstörungen. In: Analytische Kinder- und Jugendlichen-Psychotherapie 99 (3), 387-403

Hirsch, R.D. (1997): Aggression während des Alterns. Psychoanalytische Aspekte. In: Radebold, H. (Hrsg.): Psychoanalyse und Alter. Psychoanalytische Blätter 6. Vandenhoeck & Ruprecht, 100-120

Hochheimer, I. (1998): Sexueller Mißbrauch – Prävention im Kindergarten. Herder: Freiburg i. Breisgau

Hoffmann, J., Neuner, G. (Hrsg.) (1997): Auf der Suche nach Identität. Pädagogische und politische Erörterungen eines gegenwärtigen Problems. Beltz: Weinheim

Hopf, H. (1998): Aggressionen in der analytischen Therapie mit Kindern und Jugendlichen. Theoretische Annahmen und behandlungstechnische Konsequenzen. Vandenhoeck & Ruprecht: Göttingen

Hudewentz, R. (1998): Gespräche mit Antigone. Zur Beziehung von Tochter und Vater. Eine tiefenhermeneutische Untersuchung. Centaurus: Pfaffenweiler

Huss, M., Lehmkuhl, U. (1997a): Folgen von Trennung und Scheidung – Eine Literaturübersicht. In: Lehmkuhl, G., Lehmkuhl, U. (Hrsg.): Scheidung – Trennung – Kindeswohl. Deutscher Studienverlag: Weinheim, 13-25

Huss, M., Lehmkuhl, U. (1997b): Gruppentherapeutische Ansätze in der Nachbetreuung von Kindern und Jugendlichen aus Scheidungsfamilien. In: Lehmkuhl, G., Lehmkuhl, U. (Hrsg.): Scheidung – Trennung – Kindeswohl. Deutscher Studienverlag: Weinheim, 53-58

Hülsoff, Th. (1999): Emotionen. Eine Einführung für beratende, therapeutische, pädagogische und soziale Berufe. Reinhardt: München, Basel

Imbert, F. (1998): „Bolid-Kinder" und die Arbeit des Pädagogen. In: Datler, W., Finger-Trescher, U., Büttner, Ch. (Hrsg.): Jahrbuch für Psychoanalytische Pädagogik 9. Psychosozial: Gießen, 121-137

Janus, L. (1997): Psychodynamik der Gefühls- und Beziehungsentwicklung bei ungewollten Kindern. In: Lehmkuhl, U. (Hrsg.): Beiträge zur Individualpsychologie 23, 202-215

Jongbloed-Schurig, U., Wolff, A. (Hrsg.) (1998): „Denn wir können die Kinder nach unserem Sinne nicht formen". Beiträge zur Psychoanalyse des Kindes- und Jugendalters. Brandes & Apsel: Frankfurt/Main

Juul, J. (1997): Das kompetente Kind. Rowohlt: Reinbek.

Kaminski, K. (1997): Alfred Adler als Erzieher, Aufklärer, Psychotherapeut. In: Kaminski, K., Mackenthun, G. (Hrsg.): Individualpsychologie auf neuen Wegen. Königshausen & Neumann: Würzburg, 27-40

Kaminski, K., Mackenthun, G. (Hrsg.) (1997): Individualpsychologie auf neuen Wegen. Königshausen & Neumann: Würzburg

Kaminski, K., Mackenthun, G. (Hrsg.) (1998): Kinder verstehen lernen. Vorträge zur individualpsychologischen Pädagogik in Elternhaus und Schule. Königshausen & Neumann: Würzburg

Kaus, R.J. (1998): Erzählte Psychoanalyse bei Franz Kafka. Die Deutung von Kafkas Erzählung Das Urteil. Universitätsverlag Winter: Heidelberg

Keesen, G. (1997): Wann braucht ein Kind Psychotherapie? Kinderneurosen und Kindertherapie aus individualpsychologischer Sicht. In: Kaminski, K., Mackenthun, G. (Hrsg.): Individualpsychologie auf neuen Wegen. Königshausen & Neumann: Würzburg, 161-174

Keilson, H. (1995): Die fragmentierte Psychotherapie eines aus Bergen-Belsen zurückgekehrten Jungen. In Verein für Psychoanalytische Sozialarbeit Rottenburg u. Tübingen (Hrsg.): Fragen zur Ethik und Technik psychoanalytischer Sozialarbeit. Edition Diskord: Tübingen, 125-142

Kemper, J. (1995): Schlafstörungen im Alter erklären und behandeln. Reinhardt: München, Basel

Kernberg, O.F. (1997): Wut und Haß. Über die Bedeutung von Aggression bei Persönlichkeitsstörungen sexuellen Perversionen. Klett-Cotta: Stuttgart

Kerns, L.L. (1997): Hilfen für depressive Kinder. Ein Ratgeber. Hans Huber: Bern, Göttingen, Toronto, Seattle

Keseling, G. (1997): Ein prozessorientiertes Verfahren zur Analyse und Bearbeitung von Schreibstörungen. In: Kutter, P. (Hrsg.): Psychoanalyse interdisziplinär. Suhrkamp: Frankfurt/Main, 179-207

Kipp, J. (1997): Erinnerung an Kindheit und Jugend bei alten Menschen. In: Radebold, H. (Hrsg.): Altern und Psychoanalyse. Psychoanalytische Blätter 6, 121-138

Klappenecker, G. (1998): Glaubensentwicklung und Lebensgeschichte. Kohlhammer: Stuttgart

Klaus, M.H., Kennel, J.H., Klaus, Ph.K. (1997): Der erste Bund fürs Leben. Die gelungene Eltern-Kind-Bindung und was Mütter und Väter dazu beitragen können. Rowohlt: Reinbek

Kragl, A. (1997): „Und jedem Anfang wohnt ein Zauber inne ...“ Schulanfang, Schulübergang, Schulwechsel als Chance zum Neubeginn. In: Lehmkuhl, U. (Hrsg.): Biographie und seelische Entwicklung. Beiträge zur Individualpsychologie 23, 179-192

Krebs, H., Müller, B. (1998b): Der psychoanalytisch-pädagogische Begriff des Settings und seine Rahmenbedingungen im Kontext der Jugendhilfe. In: Datler, W., Finger-Trescher, U., Büttner, Ch.: Jahrbuch für Psychoanalytische Pädagogik 9. Psychosozial: Gießen, 15-40

Krebs, H. (1999): Der Erstkontakt in der institutionellen Erziehungsberatung – dargestellt am Beispiel eines von psychosozialer Ausgrenzung bedrohten Jugendlichen und seiner Familie. In: Datler, W., Figdor, H., Gstach, J. (Hrsg.): Die Wiederentdeckung der Freude am Kind. Psychosozial: Gießen, 105-125

Krumenacker, F.J. (1998): Bruno Bettelheim. Grundpositionen seiner Theorie und Praxis. Reinhardt: München, Basel

Krüger, Ch. (1995): Liebst Du mich? Ambulante psychoanalytische Sozialarbeit mit einem sexuell traumatisierten jungen Mann. In: Verein für Psychoanalytische Sozialarbeit Rottenburg u. Tübingen (Hrsg.): Fragen zur Ethik und Technik psychoanalytischer Sozialarbeit. Edition Diskord: Tübingen, 143-171

Kupper-Heilmann, S. (1999): Getragenwerden und Einflußnehmen. Aus der Praxis des psychoanalytisch orientierten heilpädagogischen Reitens. Psychosozial: Gießen

Kutter, P. (Hrsg.) (1997a): Psychoanalyse interdisziplinär. Suhrkamp: Frankfurt/Main

Kutter, P. (1997b): Altern in selbstpsychologischer Sicht. In: Radebold, H. (Hrsg.): Altern und Psychoanalyse. Psychoanalytische Blätter 6. Vandenhoeck & Ruprecht, 54-67

Lehmkuhl, G., Lehmkuhl, U. (Hrsg.) (1997): Scheidung – Trennung – Kindeswohl. Diagnostische, therapeutische und juristische Aspekte. Deutscher Studienverlag: Weinheim

Lehmkuhl, U. (Hrsg.) (1997): Biographie und seelische Entwicklung. Beiträge zur Individualpsychologie 23. Reinhardt: Basel, München

Lehmkuhl, U., Huss, M. (1997): Psychische Folgen von Scheidung und Trennung bei Kindern und Jugendlichen. In: Lehmkuhl, G., Lehmkuhl, U. (Hrsg.): Scheidung – Trennung – Kindeswohl. Deutscher Studienverlag: Weinheim, 26-33

Lempp, R. (1995): Psychoanalyse und Sozialarbeit. Laudatio auf Ernst Federn. In: Verein für Psychoanalytische Sozialarbeit Rottenburg u. Tübingen (Hrsg.): Fragen zur Ethik und Technik psychoanalytischer Sozialarbeit. Edition Discord: Tübingen, 10-20

Luca, R. (1998): Medien und weibliche Identitätsbildung. Körper, Sexualität und Begehren in Selbst- und Fremdbildern junger Frauen. Campus: Frankfurt, New York

Lüscher, K., Pajung-Bilger, B. (1998): Forcierte Ambivalenzen. Ehescheidung als Herausforderung an die Generationenbeziehungen unter Erwachsenen. UVK: Konstanz

Lykke, N. (1996): Töchter auf der Suche. Rotkäppchen, Antigone und der Ödipuskomplex. In: van Mens-Verhulst, J., Schreurs, K.,Woertmann, L. (Hrsg.): Töchter und Mütter: Weibliche Identität, Sexualität und Individualität. Kohlhammer: Stuttgart, Berlin, Köln

Maiello, S. (1998): Über Spaltung und Trennung. Wiederholung frühkindlicher Erfahrungsmuster im Jugendalter. In: Analytische Kinder- und Jugendlichen-Psychotherapie 99 (3), 369-368

Mertens, W. (1998a): Widersprüche männlicher Geschlechtsidentität aus psychoanalytischer Sicht. In: Cremerius, J., Fischer, G., Gutjahr, O. u.a. (Hrsg.) (1998): Jahrbuch für Literatur und Psychoanalyse 17. Königshausen & Neumann: Würzburg, 35-58

Mertens, W. (1998b): Psychoanalytiker zwischen einer Identifikation mit dem positivistischen Aggressor und depressivem Rückzug. Einige Vorschläge für Wege aus der derzeitigen Krise. In: Beaufort, J., Prechtl, P. (Hrsg.): Rationalität und Prärationalität. Festschrift für Alfred Schöpf. Königshausen & Neumann: Würzburg, 299-314

Miller, R. (1997): Beziehungsdidaktik. Beltz: Weinheim, Basel

Musall, P. (1997): Kinder brauchen Erwachsene. Neue Ansätze für die beziehungsorientierte Arbeit mit Kindern. Burckhardthaus-Laetare: Offenbach/M.

Müller, B. (1998a): Siedler oder Trapper? Professionelles Handeln im pädagogischen Alltag der Offenen Jugendarbeit. In: Deinet, U., Sturzenhecker, B. (Hrsg.): Handbuch Offene Jugendarbeit. Votum: Münster, 73 84

Müller, B. (1998c): Authentizität als sozialpädagogische Aufgabe. Das Beispiel Schuldnerberatung. In: Datler, W., Finger-Trescher, U., Büttner, Ch. (Hrsg.): Jahrbuch für Psychoanalytische Pädagogik 9, 101-120

Müller, B. (1999): Erziehungsberatung als Teil von Jugendhilfe und als „Produkt". In: Datler, W., Figdor, H., Gstach, J. (Hrsg.): Die Wiederentdeckung der Freude am Kind. Psychosozial: Gießen, 168-177

Natschläger, B. (1998): Über aktuelle Publikationen zu verschiedenen Fragestellungen Psychoanalytischer Pädagogik. In: Datler, W., Finger-Trescher, U., Büttner, Ch. (Hrsg.). Jahrbuch für Psychoanalytische Pädagogik 9, 185-208

Nielebock, F., Rahn, H., Ramminger, E. (1995): Zugänge zum Sozialen. Ein Werkstattbericht über die Einführung von Gruppenunterricht mit autistischen und psychotischen Kindern und Jugendlichen. In: Verein für Psychoanalytische Sozialarbeit Rottenburg u. Tübingen (Hrsg.): Fragen zur Ethik und Technik psychoanalytischer Sozialarbeit. Edition Diskord: Tübingen, 205-226

Nuber, U. (1999): Der Mythos vom frühen Trauma. Über Macht und Einfluß der Kindheit: Fischer: Frankfurt/Main

Olk, Th., Bathke, G.-W., Hartnuß, B. (Hrsg.) (1998): Jugendhilfe und Schule. Juventa: Weinheim

Osborne, E., Miller, L., Lush, D. (1998): Versteh dein Schulkind. Ein praktischer Elternratgeber für das 8. bis 10. Lebensjahr. Beltz: Weinheim

Overbeck, A. (1997): Von der kulturellen Entwertung der Vaterrolle und dem Verlust der väterlichen Dimension in der Erziehung. In: Kutter, P. (Hrsg.): Psychoanalyse interdisziplinär. Suhrkamp: Frankfurt/Main, 50-68

Pagel, G. (1998): Geschlechterdifferenz und Sprache. In: Rationalität und Prärationalität. Festschrift für Alfred Schöpf. Königshausen & Neumann: Würzburg, 315-336

Perner, A. (1995): Zum Verhältnis von Ethik und Technik in der Psychoanalyse. In: Verein für Psychoanalytische Sozialarbeit Rottenburg u. Tübingen (Hrsg.): Fragen zur Ethik und Technik psychoanalytischer Sozialarbeit. Edition Diskord: Tübingen, 42-59

Peters, M. (1997): Psychotherapeutische Behandlung Älterer: Welchen Problemen begegnet eine Psychosomatische Klinik. In: Radebold, H. (Hrsg.): Psychoanalyse und Alter. Psychoanalytische Blätter 6. Vandenhoeck & Ruprecht: Göttingen, 139-157

Pines, D. (1997): Der weibliche Körper. Eine psychoanalytische Studie. Klett-Cotta: Stuttgart

Piontelli, A. (1996): Vom Fetus zum Kind: Die Ursprünge des psychischen Lebens. Eine psychoanalytische Beobachtungsstudie. Klett-Cotta: Stuttgart

Pipher, M. (1996): Pubertätskrisen junger Mädchen und wie Eltern helfen können. Krüger: Frankfurt/Main

Platta, H. (1998): Identitätsideen. Zur gesellschaftlichen Vernichtung unseres Selbstbewußtseins. Psychosozial: Gießen

Pühl, H. (1998): Team-Supervision. Von der Subversion zur Institutionsanalyse. Vandenhoeck & Ruprecht: Göttingen

Radebold, H., Schweizer, R. (1996): Der mühselige Aufbruch – über Psychoanalyse im Alter. Fischer: Frankfurt/Main

Radebold, H. (Hrsg.) (1997): Altern und Psychoanalyse. Psychoanalytische Blätter 6. Vandenhoeck & Ruprecht: Göttingen

Rath, D. (1998): Integration im Kindergarten: Eine Gegenüberstellung und Diskussion ausgewählter aneignungstheoretischer und psychoanalytisch-pädagogischer Vorstellungen über die erfolgreiche Förderung behinderter und nichtbehinderter Kinder im Vorschulalter. Dipl.Arb., Univ. Wien

Rattner, J. (1997): Alfred Adler – eine biographische Skizze. In: Kaminski, K., Mackenthun, G. (Hrsg.): Individualpsychologie auf neuen Wegen. Königshausen & Neumann, 7-26

Rattner, J., Danzer, G. (Hrsg.) (1997): Österreichische Literatur und Psychoanalyse. Königshausen & Neumann: Würzburg

Reiter, G. (1997): Urvertrauen und Evolution der Kindheit. Untersuchung der psychogenetisch und familienhistorisch bedingten Störungen von Eltern-Kind-Beziehungen. Peter Lang: Bern

Rhode-Dachser, Ch. (1998): Über Widersprüche geschlechtlicher Identität in der weiblichen Entwicklung aus Sicht der Psychoanalyse. In: Cremerius, J., Fischer, G., Gutjahr, O. u.a. (Hrsg.): Jahrbuch für Literatur und Psychoanalyse. Königshausen & Neumann: Würzburg, 19-34

Richter, H.E. (1997): Psyche des Kindes und Umwelt. In: „Entwicklungsschmerzen" – Kinder in der postindustriellen Gesellschaft. Gefahrenquellen, Klinik, Prävention. Ecomed: Landsberg/Lech, 7-13

Rogge, J.-U. (1997): Kinder haben Ängste. Von starken Gefühlen und schwachen Momenten. Rowohlt: Reinbek

Rosenmayr, L. (1997): Psychoanalyse und Alternsforschung. In: Radebold, H. (Hrsg.): Altern und Psychoanalyse. Psychoanalytische Blätter 6. Vandenhoeck & Ruprecht, 21-40

Rutkowsky, D. (1998): Aggression und Gewalt – Ursachen und Vorbeugung in der Schule. In: Kaminski, K., Mackenthun, G. (Hrsg.): Kinder verstehen lernen. Vorträge zur individualpsychologischen Pädagogik in Elternhaus und Schule. Königshausen & Neumann: Würzburg, 101-110

Sarimski, K. (1999): Beratung für besonders belastete Eltern frühgeborener Kinder nach der Entlassung. In: Frühförderung Interdisziplinär 18, 35-41

Schäfer, A. (1998): Identität im Widerspruch. Beltz: Weinheim

Schille, H.-J. (1997): Einfluß politischen Neubeginns (Wende in der DDR) auf erwachsenenbildnerisches Arbeiten. In: Lehmkuhl, U. (Hrsg.): Biographie und seelische Entwicklung. Beiträge zur Individualpsychologie 23. 193-201

Schlesinger-Kipp, G. (1997): „Wie meine Mutter" – Variationen eines bekannten Themas durch das Älterwerden. Erleben von Veränderungen von Frauen in den Wechseljahren. In: Radebold, H. (Hrsg.): Psychoanalyse und Alter. Psychoanalytische Blätter 6. Vandenhoeck & Ruprecht, 81-99

Schlösser, A.-M., Höhfeld, K. (Hrsg.) (1999): Trennungen. Psychosozial: Gießen

Schmidt, O. (1995): „Ich glaub' ich hab ein Loch in meiner Seele." Bruchstücke (aus) der Begegnung mit einem psychotischen Jugendlichen im Therapeutischen Heim. In: Verein für Psychoanalytische Sozialarbeit Rottenburg und Tübingen (Hrsg.): Fragen zur Ethik und Technik psychoanalytischer Sozialarbeit. Edition Diskord: Tübingen, 175-204

Schmitz, H., Schmidt-Denter, U. (1997): Methodische Vorgehensweisen in Gruppeninterventionen für Kinder aus Trennungs- und Scheidungsfamilien – Ein Literaturüberblick. In: Lehmkuhl, G., Lehmkuhl, U. (1997): Scheidung – Trennung – Kindeswohl. Deutscher Studienverlag: Weinheim, 34-52

Schnoor, H. (1998): Beziehungen in der Heilpädagogik: Zwischen Identifikation und Subjektverlust. Überlegungen aus psychoanalytischer Sicht. In: Datler, W., Gerber, G., Strachota, A. u.a. (Hrsg.): Zur Analyse heilpädagogischer Beziehungsprozesse. Edition SZH/SPC: Luzern

Schumacher, Th. (1998): Niemand zwingt zum Guten Kinder mit der Ruten. Grundlagen für Aggressionsverständnis und Aggressionslösung in der stationären Jugendhilfe. Europäische Hochschulschriften 11, Pädagogik. Bd. 758. Peter Lang: Bern

Schuster, B. (1998): Interaktionen zwischen Müttern und Kindern. Juventa: Weinheim

Seibert, N. (Hrsg.) (1998): Erziehungsschwierigkeiten in Schule und Unterricht. Klinkhardt: Bad Heilbronn

Senckel, B. (1994): Mit geistig Behinderten leben und arbeiten. Beck: München 1998

Senckel, B. (1998): Du bist ein weiter Baum. Entwicklungschancen für geistig behinderte Menschen durch Beziehung. Beck: München

Sexualberatungsstelle Salzburg (Hrsg.) (1998): Trieb, Hemmung, Begehren. Psychoanalyse und Sexualität. Vandenhoeck & Ruprecht: Göttingen

Siegler, A. (1999): Familie bleibt man doch. Gemeinsam die Adoleszenz bewältigen. Walter: Zürich, Düsseldorf

Singer, K. (1998): Die Würde des Schülers ist antastbar. Rowohlt: Reinbek

Sohni, H. (1997): Adoleszenz – eine beziehungsanalytische Herausforderung. In: Herberth, F., Maurer, J. (Hrsg.): Die Veränderung beginnt beim Therapeuten. Anwendungen der Beziehungsanalyse in Theorie und Praxis. Brandes & Apsel: Frankfurt/Main, 303-323

Stacherl, S. (1997): Nähe und Geborgenheit. Durch Körperkontakt Säuglinge fördern. Walter: Zürich, Düsseldorf

Staigle, J. (1995): Psychoanalytische Sozialarbeit im Spannungsfeld zwischen Jugendhilfe und Richtlinienpsychotherapie. In: Verein für Psychoanalytische Sozialarbeit Rottenburg und Tübingen (Hrsg.): Fragen zur Ethik und Technik psychoanalytischer Sozialarbeit. Edition Diskord: Tübingen, 227-250

Steeg, F. (1996): Lernen und Auslese im Schulsystem am Beispiel der „Rechenschwäche". Mehrebenenanalyse der Funktionen unseres Bildungssystems und Versuch einer ideologiekritischen Folgerung auf didaktische Ansätze und praktische Umsetzungen. Peter Lang: Bern

Steinhardt, K. (1998): Überlegungen zur Entwicklung der Beziehung zwischen Eltern und ihrem behinderten Kind aus bindungstheoretischer Perspektive. In: Datler, W., Gerber, G., Strachota, A. u.a. (Hrsg.): Zur Analyse heilpädagogischer Beziehungsprozesse. Edition SZH/SPC: Luzern

Steinhardt, K. (1999): Überlegungen zur Unterscheidung zwischen psychoanalytischer Erziehungsberatung und psychoanalytisch orientierter Supervision. In: Datler, W., Figdor, H., Gstach, J. (Hrsg.): Die Wiederentdeckung der Freude am Kind. Psychosozial: Gießen, 61-75

Stern, D.N. (1998): Die Mutterschaftskonstellation. Eine vergleichende Darstellung verschiedener Formen der Mutter-Kind-Psychotherapie. Klett-Cotta: Stuttgart

Stolz, G. (1997): Scham – Schüchternheit – Errötungsangst. Eine psychoanalytisch orientierte Auseinandersetzung mit Scham und verwandten Phänomenen unter besonderer Berücksichtigung der Entstellungsproblematik Hautkranker und der Erythrophobie. Peter Lang: Bern

Studener, R. (1998): Über die Bedeutung von Trauerprozessen für die Eltern behinderter Kinder und damit verbundene Konsequenzen für heilpädagogisches Arbeiten. In: Datler, W., Gerber, G., Strachota, A. u.a. (Hrsg.): Zur Analyse heilpädagogischer Beziehungsprozesse. Edition SZH-SPC: Luzern

Studener, R., Datler, W. (1998): Lese- und Rechtschreibschwierigkeiten als eine spezifische Form von Lernschwierigkeiten – ein Thema Psychoanalytischer Pädagogik? In: Datler, W., Finger-Trescher, U., Büttner, Ch. (Hrsg.): Jahrbuch für Psychoanalytische Pädagogik 9. Psychosozial: Gießen, 159-184

Szejer, M. (1998): Platz für Anne. Die Arbeit einer Psychoanalytikerin mit Neugeborenen. Kunstmann: München

Szypkowski, B. (1997): Die Kontinuität der „guten Mutter". Zur Situation von Frauen, die ihre Kinder zur Adoption freigeben. Centaurus: Pfaffenweiler

Szypkowski, B. (1998): Vor Ort und hautnah – Sozialpädagogische Familienhilfe. In: Datler, W., Finger-Trescher, U., Büttner, Ch. (Hrsg.): Jahrbuch für Psychoanalytische Pädagogik 9, 81-100

Teising, M. (1997): Altern – eine Herausforderung an den Narzißmus. In: Radebold, H. (Hrsg.): Altern und Psychoanalyse. Psychoanalytische Blätter 6. Vandenhoeck & Ruprecht: Göttingen, 68-80

Thies, Ch.J. (1998): Bulimie als soziokulturelles Phänomen. Konsequenzen für Theorie und Praxis. Centaurus: Pfaffenweiler

Tisseron, S. (1998): Die verbotene Tür. Familiengeheimnisse und wie man mit ihnen umgeht. Kunstmann: München

Trautmann-Voigt, S., Voigt, B. (Hrsg.) (1998): Bewegung ins Unbewußte. Beiträge zur Säuglingsforschung und Körperpsychotherapie. Brandes und Apsel: Frankfurt/Main

Tymister, H.J. (1997): Lehrertypischer Lebensstil? – Ein Fallbeispiel. In: Lehmkuhl, U. (Hrsg.): Biographie und seelische Entwicklung. Beiträge zur Individualpsychologie 23, 91-100

Tyson, Ph., Tyson, R.L. (1997): Lehrbuch der psychoanalytischen Entwicklungspsychologie. Kohlhammer: Stuttgart, Berlin, Köln

Ulrich, D., Volland, C., Klienbaum, J. (1999): Sozialisation von Emotionen: Erklärungskonzepte. In: Zeitschrift für Soziologie der Erziehung und Sozialisation 19 (1), 7-19

van Mens-Verhulst, J., Schreurs, K., Woertmann, L. (Hrsg.) (1996): Töchter und Mütter: Weibliche Identität, Sexualität und Individualität. Kohlhammer: Stuttgart, Berlin, Köln

Veith, P. (1997): Eltern machen Kindern Mut. Herder: Freiburg i. Breisgau

Veith, P. (1998): Eltern nehmen Kinder ernst: Herder: Freiburg i. Breisgau

Verein für Psychoanalytische Sozialarbeit Rottenburg und Tübingen (Hrsg.) (1995): Fragen zur Ethik und Technik psychoanalytischer Sozialarbeit. Dokumentation der 7. Fachtagung des Vereins für Psychoanalytische Sozialarbeit im November 1994 in Rottenburg. Ernst Federn zu Ehren. Edition Diskord: Tübingen

Volkan, V.D. (1998): Zur Psychoanalyse nationaler, ethnischer und religiöser Konflikte. Psychosozial: Gießen

von Keyselingk, L. (1998): Neue Wurzeln für kleine Menschen. Herder: Freiburg i. Breisgau

von Keyselingk, L. (1999): Geschichten gegen die Angst. Herder: Freiburg i. Breisgau

Warzecha, B. (1997): Grundlagen der Verhaltensgestörtenpädagogik. Eine psychoanalytische Einführung. Hopf: Münster

Wendels, C. (1998): Mütter ohne Kinder. Wie Frauen die Adoptionsfreigabe erleben. Lambertus: Freiburg i. Breisgau

Werner, R. (1995): Stundenblätter Psychoanalyse und Literatur. Exemplarische Analysen für die Sekundarstufe II. Klett: Stuttgart

Wessely, S. (1997): Die Milieutherapie Bruno Bettelheims. Intention, Theorie und Praxis. Peter Lang: Bern

Wiegand, R. (1998): Individualität und Verantwortung. Sozialpsychologische Betrachtungen. Vandenhoeck & Ruprecht: Göttingen

Wiese, J., Joraschky, P. (Hrsg.) (1998): Psychoanalyse und Körper. Psychoanalytische Blätter 7. Vandenhoeck & Ruprecht: Göttingen

Wintsch, H. (1998): Gelebte Kindertherapie. Kinder- und Jugendpsychotherapeuten des 20. Jahrhunderts im Gespräch. Reinhardt: München, Basel

Wirth, H.-J. (1998): Die Jugend schützen: Zum kulturell definierten Verhältnis von Kindern, Jugendlichen und Erwachsenen. In: TV Diskurs 6, 50-57

Zulauf-Logoz, M. (1997): Die desorganisierte Mutterbindung bei einjährigen Kindern. Die motivationspsychologische Bedeutung der D-Klassifikation im „Fremde-Situations-Test". Psychoanalyse im Dialog 6. Peter Lang: Bern

Rezensionen

Rolf Göppel: Eltern, Kinder und Konflikte. Kohlhammer: Stuttgart u.a. 1998, 277 Seiten

Liest man den Titel des Buches, fällt einem sofort die Nähe zu H.-E. Richters Klassiker „Eltern, Kinder und Neurose" auf. Die Ähnlichkeit ist beabsichtigt, die Differenz jedoch auch. War es Richters Anliegen, ein Modell zur Rolle der Eltern bei der Entwicklung neurotischer Störungen darzustellen, so legt Göppel den Schwerpunkt in diesem Buch auf die tagtäglichen Konflikte zwischen Eltern und Kinder, wobei er versucht, der Frage nachzugehen, welchen Beitrag psychoanalytische Erkenntnisse zum Verstehen von familiären Entwicklungsprozessen leisten können. Es wird der Versuch unternommen, verschiedenartige Schilderungen von alltäglichen Lebenserfahrungen im Umgang mit Kindern mit psychoanalytischen Deutungsmustern zur Interpretation von unbewußten familiären Interaktionsprozessen in Beziehung zu setzen. Besonders hervorzuheben ist die Fülle an Literatur, die in diesem Buch rezipiert wird und entlang der die Darstellung wichtiger Phasen der kindlichen Entwicklung erfolgt.

Rolf Göppel greift verschiedene (psychoanalytische) Diskussionsstränge auf und zeichnet diese nach, Problembereiche werden thematisiert und Fragen entfaltet. Der Band ist weniger als ein (methodisches) Handbuch für Erziehungsberater geschrieben, sondern vielmehr als eine Einladung gedacht, über bestimmte, für die pädagogische Praxis relevante Aspekte der kindlichen und familiären Entwicklung aufs Neue nachzudenken. Der gesamte Band ist in vier Teile gegliedert, die den Themen „I. Die konflikthafte ‚Geburt der Familie'", „II. Geschlechterverhältnisse und Geschlechterkonflikte im familiären Kontext", „III. Das Jugendalter – die schwierige Zeit des Abschieds von der Kindheit" und „IV. Grundlegende Fragen, mögliche Hilfen" gewidmet sind; jedem Teil sind zwei oder drei Kapitel zugeordnet. Auf einige dieser (insgesamt zehn) Kapitel sei im Folgenden kurz eingegangen:

Ausgehend von der Frage nach der pädagogischen Bedeutung der frühkindlichen Entwicklung geht Rolf Göppel im 1. Kapitel auf Sterns Entwicklungsstufen des Selbsterlebens ein. Diese neueren Ergebnisse der Kleinkindforschung scheinen Göppel geeignet zu sein, um die These zu stützen, „...daß der Mensch zu keinem Zeitpunkt einfach als Produkt innerer oder äußerer Determinanten zu verstehen sei, sondern daß er von Anfang an aktiv und schöpferisch seine eigene Entwicklung vorantreibe und daß Erziehung nicht als kausales Einwirken, sondern nur als dialogisches Geschehen zwischen zwei Subjekten zu verstehen sei ..." (37).

Besonders spannend liest sich das daran anknüpfende 2. Kapitel über die Ausführungen Melanie Kleins zur frühen Säuglingsentwicklung. Es wird die Perspektive umgekehrt: Melanie Kleins Konzepte zur Beschreibung des kindlichen Welterlebens werden als Projektionen typischer mütterlicher Empfindungen vorgestellt. Beispiele von Müttern und autobiographische Hinweise auf Melanie Kleins krisenhaftes Erleben der eigenen Mutterschaft stützen die Interpretation, daß Melanie Kleins Theorie auch als eine verschlüsselte Beschreibung mütterlicher Erfahrungen gelesen werden kann.

Gibt es denn eine infantile Sexualität? – Diese Frage, die bereits S. Freud in seinen Vorlesungen an der Clark University formulierte, greift Rolf Göppel im 3. Kapitel auf. Er stellt zunächst dar, in welcher Weise kindliche Sexualität in der psychoanalytischen Literatur behandelt wird. Diese durchaus kritische Auseinandersetzung mit dem Begriff der infantilen Sexualität endet in Überlegungen, in denen Göppel darstellt, weshalb sich eine erneute Auseinandersetzung mit der Frage der infantilen Sexualität lohnt. Während es um das Thema der infantilen Sexualität im Allgemeinen eher ruhiger geworden ist, lassen sich nach wie vor (bisweilen kontroverielle) Diskussionen um die Theorie der weiblichen psychosexuellen Entwicklung ausmachen. Erneut werden im 4. und 5. Kapitel zentrale Fragen aufgegriffen: Wie erleben Mädchen sich selbst / ihren eigenen Körper? Wie erleben Mädchen den physischen Geschlechtsunterschied? Wie erleben Mädchen die Mutter / den Körper der Mutter? Wie erleben Mädchen den Vater / den Körper des Vaters? Wie sind Frauen? In der Diskussion dieser Fragen wird – unter anderem – die Ungesichertheit und

Widersprüchlichkeit von feministisch-psychoanalytischen Theorieentwürfe gleichsam vom Autor „vorgeführt".

Nach diesen Darstellungen folgt im 6. und 7. Kapitel der Sprung in das Jugendalter und dem damit einhergehenden Thema der Ablösung von der Herkunftsfamilie. Die entwicklungspsychologische Bedeutung des Übergangs von der Kindheit in das Jugendalter, die Veränderungen der eigenen Person, des eigenen Körpers und die Veränderungen in der Beziehung zu den Eltern werden nachgezeichnet.

Gleichsam grundlegend für alle entwicklungspsychologischen Überlegungen ist die Frage nach den „kindlichen Bedürfnissen", eine Thematik, mit die Göppel im 8. Kapitel aufgreift. Nicht selten ist im erzieherischen Feld von „Bedürfnisorientierung" als wichtigstem Ziel die Rede. Blickt man weiter in die Fachliteratur, findet man ein Fülle an Postulaten, in denen behauptet wird, was Kinder brauchen: Liebe, Rituale, feste Regeln, Märchen, Bewegung, Grenzen, Orientierung, Tiere u.v.a.m. Wie unterschiedlich kindliche Bedürfnisse auch immer gesehen werden, „...wichtig ist, daß die Frage gestellt wird und in der pädagogischen Reflexion präsent bleibt. Bedürfnisse sind ja, selbst wenn sie bisweilen sehr lebhaft erfahrbar und drängend werden können, nichts positiv Gegebenes, sondern immer Aspekte subjektiver Wahrnehmung und Interpretation. Es sind ‚Konstrukte‘, aber eben wiederum keine willkürlichen und beliebigen Konstrukte" (213).

Diese Darstellungen münden – nachdem im 9. Kapitel die Frage behandelt wird, „inwiefern das menschliche Lebensschicksal durch die frühkindlichen Erfahrungen präformiert ist" (215) – in das 10. Kapitel ein, in dem Göppel die provokante Frage aufwirft, warum es einerseits so leicht, andererseits so schwer ist, pädagogischen Rat zu geben. Mit Blick auf eigene Erfahrungen weist Göppel aus, inwiefern „Rat geben" ein pädagogisches Dilemma darstellt. Es gibt erstaunliche Paradoxien: Einerseits existiert eine schier unüberblickbare Fülle an Erziehungsratgebern – und andererseits distanzieren sich Erziehungswissenschafter von dieser Beratungsliteratur und weisen jegliche Erwartung, pädagogischen Rat geben zu können, entscheiden zurück. Göppel konstatiert: „Bisweilen hat man den Eindruck, je länger und intensiver die Auseinandersetzung mit pädagogischer Tradition und erziehungswissenschaftlicher Theorie, desto größer die Skrupel, Rat zu geben, ja überhaupt noch irgendwelche positive Aussagen darüber zu riskieren, was richtig oder was falsch ist im Umgang mit den Kindern, welche Ziele vorrangig sind und welche Mittel auch nur mit einiger Wahrscheinlichkeit zu den gewünschten Zielen führen" (238). Anhand der Diskussion von verschiedenen klassischen und jüngeren Beratungskonzepten und narrativen Interviews, die mit ehemaligen Klienten von Erziehungsberatungsstellen durchgeführt wurden, kommt Göppel zu folgender abschließend Einschätzung: „Dennoch besteht gerade in der Erziehungsberatung die Chance, aus dem Strom des Alltages mit seinen Anforderungen und Überforderungen, mit seinen Reibereien und Zwängen, mit seinen eingefahrenen Gewohnheiten und Routinen für begrenzte Zeit auszusteigen, eine reflexive Haltung einzunehmen, mit distanziertem Blick auf die eigenen Lebens- und Erziehungssituation zu blicken und dabei einen Gesprächspartner zu haben, der in gewisser Weise als ‚Repräsentant erzieherischer Vernunft und Menschlichkeit‘ ... fungiert. So vermögen jene Beratungsgespräche, bei denen kein Rat im eigentlichen Sinne erteilt wird, vielleicht dennoch bei manchen Familien, neben der praktischen Krisenhilfe, auch Veränderungsimpulse von langfristiger und tiefgreifender Bedeutung auslösen" (258).

Was Göppel hier über Erziehungsberatung schreibt, charakterisiert über weite Strecken auch sein Buch: Indem er sich nicht bloß auf Literaturdarstellungen beschränkt, sondern in seiner Diskussion von Fachliteratur auch alltagspädagogische Probleme thematisiert, lädt er seine Leser dazu ein, zu überkommenen theoretischen Positionen ebenso wie zu alltagspädagogischen Problemen und Situationen in Distanz zu treten, um sie aus dieser Distanz und aus den (theoriegeleiteten) Perspektiven, die der Autor eröffnet, neu und differenziert zu überdenken.

Irmtraud Sengschmied

Franz-Josef Krumenacker: Bruno Bettelheim. Grundpositionen seiner Theorie und Praxis. Reinhardt Verlag: München, Basel 1998

Nach verschiedenen Sammelbänden, in denen unterschiedliche Autoren versuchten, unterschiedliche Aspekte von Bettelheims Leben und Werk zu würdigen und sich mit den Irritationen, die durch die posthumen Vorwürfe entstanden sind, auseinanderzusetzen (Kaufhold 1994, Krumenacker 1997), und nach zwei umfangreichen, in ihrer Grundtendenz jedoch sehr konträren Biographien (Sutton 1996, Pollak 1997) ist nun mit Krumenackers Buch eine Monographie erschienen, der es weniger darum geht, nun auch noch den letzten Winkel von Bettelheims Biographie auszuleuchten, noch einmal neue spekulative Thesen über die Bedeutung der Konzentrationslagererfahrung für Bettelheims therapeutische Arbeit vorzulegen oder noch einmal andere Zeitzeugen nach ihren Erfahrungen mit der Person Bettelheim zu befragen, sondern die den Anspruch hat, Bettelheims pädagogisch-therapeutisches Konzept systematisch zu entfalten. Nach dem Motto: „Die Bedeutung der Bettelheimschen Milieutherapie muß sich an der Sache, nicht an der Person entscheiden" (Krumenacker 1998 S. 34).
Dennoch kommt auch Krumenacker nicht daran vorbei, auf die Kontroverse um die Person Bettelheim einzugehen. Er löst das Problem, indem er die extremen Positionen dieser Kontroverse auf griffige Formeln bringt und damit das weite Spektrum der möglichen Urteile über Bettelheim andeutet: Die Überschrift des ersten Kapitels lautet dementsprechend: „Faszination: Ein ‚weiser Erzieher' und ‚großer Therapeut'. Zur Selbstdarstellung und Idealisierung Bruno Bettelheims".
Die des zweiten dagegen: „Irritation: Ein unberechenbarer Tyrann und ehrgeiziger Karrierist. Zur posthumen Kritik an Bettelheim". Krumenacker macht die Problematik solcher Schwarz-weiß-Zeichnungen deutlich und bemüht sich um ein differenziertes Bild, das auch Widersprüche und Grautöne zuläßt. Seine eigene Grundhaltung gegenüber seinem Protagonisten kennzeichnet er als die einer „kritischen Sympathie" und einer „angemessenen Skepsis" bezüglich dessen Perspektive und Darstellungsform.
Sehr ausführlich und differenziert wird dann zunächst das Psychoanalyse-Verständnis Bettelheims in seinen Wandlungen und in seiner Vielschichtigkeit analysiert. Dieses Kapitel ist besonders verdienstvoll, da Bettelheims Verortung innerhalb der psychoanalytischen Theorietradition in der Tat immer wieder für Verwirrungen sorgt. Krumenacker unterscheidet mit Pine „vier Psychologien der Psychoanalyse": die Triebtheorie, die Ich-Psychologie, die Objektbeziehungspsychologie und die Selbstpsychologie; und er kann zeigen, daß Bettelheim in unterschiedlichen Phasen und Kontexten mit je unterschiedlichen Theoriesträngen argumentiert hat. Krumenacker charakterisiert Bettelheim zusammenfassend als einen „keiner psychoanalytischen Schulrichtung eindeutig zurechenbare(n) nonkonformistische(n) Autodidakt" (56), spricht gar von seinem „Vagabundieren' zwischen unterschiedlichen Schulrichtungen" (55). Dieser Hinweis auf die „mangelnde Linientreue" ist jedoch keineswegs nur kritisch oder abwertend zu verstehen, denn auch wenn sich über das Gesamtwerk Bettelheims hinweg somit natürlich Widersprüche zwischen inkompatiblen Theoriepositionen finden lassen, so ist ihm ein kreativer, praxiserhellender Umgang mit den jeweiligen theoretischen Bezügen kaum abzusprechen.
Besonders interessant ist in diesem Kontext auch Krumenackers Auseinandersetzung mit Bettelheims Freud-Interpretation. Bettelheim selbst verstand sich ja gerade im Alter als Verteidiger des wahren Freudschen Erbes wider die übersetzungsbedingten Verzerrungen und kulturbedingten Verflachungen der amerikanischen Rezeption. Und er trat mit dem Anspruch auf, durch seine intime Vertrautheit mit dem kulturellen Entstehungsmilieu der Psychoanalyse zuverlässige Auskunft über den wahren Sinn bestimmter Begriffe geben zu können. Krumenacker kann nun zeigen, daß Bettelheims Freud-Auslegung ihrerseits wieder von ganz bestimmten Tendenzen geprägt ist und somit mehr über dessen eigene Position verrät als über die Freuds.
Eine entsprechender Versuch, Bettelheim in *pädagogische* Traditionslinien einzuordnen, findet sich im letzten Teil des Buches in Form von drei instruktiven Einzelstudien, die Gemeinsamkeiten und Unterschiede zwischen Bettelheims pädagogischem Denken und dem von Pestalozzi, Montessori und Dewey nachspüren. Pestalozzi wird mit seiner „Wohnstubenpädagogik" und seiner Forderung nach „allseitiger Besorgung" in gewissem Sinn als ein „Urvater" der Milieu-

therapie interpretiert. (Hier wäre auch noch ein Hinweis auf Pestalozzis Erklärung der „sittlichen Verwilderung" durch frühe emotionale Mangelerfahrungen naheliegend gewesen, die erstaunliche Parallelen zu Bettelheims Erklärung psychischer Störungen aufweist.) Einen noch größeren, weil lebensgeschichtlich direkteren Einfluß auf Bettelheim hatten wohl die Konzepte von Montessori und Dewey, deren Einflüsse auf sein Denken bisher kaum wahrgenommen wurden. Hier kann Krumenacker zeigen, wie eng Bettelheim während seiner Wiener Zeit mit der dort aufblühenden Montessori-Bewegung in Kontakt stand und wie sehr er dann während der Chicagoer Zeit vom dortigen pädagogischen „spiritus locci" Dewey inspiriert wurde.

Das wohl zentrale Kernstück von Krumenackers Buch stellt jedoch der Versuch dar, Bettelheims Konzept der „Milieutherapie" in „systematischer Perspektive" zu rekonstruieren. Hier kann man natürlich zunächst fragen, was dieser Anspruch bedeutet. Liegt mit den drei umfangreichen Büchern, die Bettelheim über die Orthogenic School verfaßt hat, nicht schon ein solcher Versuch einer Rekonstruktion in systematischer Perspektive vor; beziehungsweise existieren damit nicht schon drei unterschiedliche Rekonstruktionsversuche mit je unterschiedlicher Perspektive: in „Liebe allein genügt nicht" die Beschreibung der Milieutherapie entlang eines idealtypischen Tagesverlaufes; in „So können sie nicht leben" die Beschreibung des Therapiekonzepts entlang einzelner Behandlungsverläufe; und schließlich in „Der Weg aus dem Labyrinth" die Beschreibung der Einrichtung mit primärem Bezug auf die Organisationsstruktur und die „Personalführung"?

Für Krumenacker bleibt all dies offensichtlich unzulänglich, denn er meint: „Im Spiegel von Bettelheims Darstellungen erscheint Milieutherapie als ein systematisch schwer faßbares, buntschillerndes Ganzes. Dies umso mehr, als seine narrative Darstellungsweise seinen Ansatz zwar förmlich zum Leben zu erwecken vermag, sie andererseits aber kein scharf konturiertes Bild hinterläßt" (112). Sicherlich nicht in der epischen und buntschillernden Breite Bettelheims, sondern kompakter, strukturierter, wenn man so will „systematischer" stellt Krumenacker selbst dann unter den Stichworten: „Die Umgebung", „Gebäude, Räume und Ausstattungen", „Die institutionelle Umwelt" und „Die menschliche Umwelt" die unterschiedlichen Dimensionen und Aspekte der Milieutherapie zusammen. Wenn Krumenackers in diesem Kontext dann etwa die sieben Phasen und die drei Leitprinzipien der milieutherapeutischen Beziehungsgestaltung herauspräpariert, dann erinnert sein „Systematisierungseifer" dabei gelegentlich etwas an den von Fritz Redl. Und es stellt sich die Frage, ob schlichtes Unvermögen Bettelheim daran hinderte, seinen eigenen Ansatz in ähnlich kondensierter, „systematischer" Form darzustellen, oder ob er bewußt die narrative Form der Darstellung als die seinem Anliegen angemessene wählte. Denn Systematisierung birgt ja immer auch die Gefahr der Schematisierung, und diese wollte Bettelheim tunlichst vermeiden.

Das Motto von Krumenackers Systematisierungsversuch: „Die Bedeutung der Bettelheimschen Milieutherapie muß sich an der Sache, nicht an der Person entscheiden", klingt zunächst sehr plausibel, das Problem dabei ist nur, daß wir „die Sache" nicht in Form eines objektiv gegebenen Analysegegenstandes vorliegen haben, sondern nur in Form höchst unterschiedlicher perspektivischer Darstellungen: einmal Bettelheims eigene, idealisierende Beschreibungen der pädagogisch-therapeutischen Praxis an der Orthogenic School und der Entwicklungsgeschichten einzelner Kinder – die Krumenacker selbst als stilisierte, „quasi literarische Darstellungen" einschätzt (34) –, und anderseits die dazu bisweilen diametral entgegengesetzten Beschreibungen ehemaliger Schüler. Soll man also unter „der Sache" das Konzept verstehen, wie es vom Begründer idealiter gedacht und beschrieben wurde (wenn auch vielleicht nicht systematisch genug), oder die Realität, wie sie von den Schülern wahrgenommen und bisweilen erlitten wurde?

So ist man denn auch als Leser ein wenig irritiert, wenn zunächst unter ausführlichem Bezug auf Bettelheims Fallgeschichte des verwahrlosten Jungen „Harry" sehr differenziert die Phasen der therapeutischen Beziehungsgestaltung und damit auch die radikalen Forderungen nach Akzeptanz, Symptomtoleranz und Bedürfnisbefriedigung, die die „orthogenetische Haltung" ausmachen, präsentiert werden, und wenn dann im nächsten Kapitel mit dem Titel „Zur notwendigen Kritik der Bettelheimschen Milieutherapie" und mit Bezug auf die desillusionierenden Berichte ehemaliger Schüler die Realität und die Realisierbarkeit all dessen wieder in Frage gestellt wird. Wurde zunächst Bettelheims Darstellung gewissermaßen für „bare Münze" genommen und wurde die Wirksamkeit und Dynamik des therapeutischen Milieus gerade aus dem Zusammenspiel aller Einzelfaktoren abgeleitet, aus dem „Versuch, sämtliche Möglichkeiten, die eine stationäre Einrichtung prinzipiell bietet, für pädagogische Zwecke nutzbar zu machen" (205), so gerät nun gerade dieser Totalitätsanspruch unter massive Kritik und es wird geschildert, daß die Kinder „das therapeutische Milieu der Orthogenic School zuweilen – oder auch dauerhaft – nicht als ein *Home for the Heart* ... sondern als Orthogenic Jail" erlebten (209). Somit enthält dieses Kapitel doch mehr als einen bloßen Aufweis von Grenzen oder einen Hinweis auf Detailprobleme in Bettelheims Konzept, sondern läuft (gegen die Intention seines Autors?) auf eine recht grundsätzliche Infragestellung hinaus.

Insgesamt handelt es sich bei Krumenackers Buch zweifellos um den umfassendsten und fundiertesten Beitrag zur aktuellen Diskussion um die Bedeutung von Bettelheims pädagogisch-therapeutischem Lebenswerk. Es kann zwar nicht die Lektüre von Bettelheims Originalschriften ersetzen, aber man muß es jedem Bettelheim-Leser als Begleitlektüre nachdrücklich empfehlen.

Literatur

Kaufhold, R. (Hrsg.) (1994): Annäherung an Bruno Bettelheim. Grünewald: Mainz
Krumenacker, F.-J. (Hrsg.) (1997): Liebe und Haß in der Pädagogik. Zur Aktualität Bruno Bettelheims. Lambertus: Freiburg i.Br.
Pollak, R. (1997): The Creation of Dr. B. A Biography of BrunoBettelheim. Simon & Schuster: New York
Sutton, N. (1996): Bruno Bettelheim – Auf dem Weg zur Seele des Kindes. Hoffmann & Campe: Hamburg

Rolf Göpel

Johan De Groef und Evelyn Heinemann (Ed.): Psychoanalysis and Mental Handicap. Free Association Books: London, New York, 1999

Über einen langen Zeitraum hinweg wurde von vielen Seiten die Ansicht vertreten, psychoanalytische Therapie sei keine geeignete Behandlungsmethode für geistig behinderte Menschen. Vereinzelt gibt es aber immer wieder Personen, die sich – unbeirrt von diesem Vorurteil, oft aber isoliert – in ihrer praktischen Tätigkeit in jenes Terrain wagen. Im Juni 1996 versammelten sich fünfundzwanzig PsychoanalytikerInnen, PsychotherapeutInnen und PädagogInnen aus sieben verschiedenen Ländern zu einem Seminar in Blankenberge (Belgien), um aus dieser Isolation herauszutreten und sich über ihre Erfahrungen in dem Arbeitsbereich „Psychoanalyse und geistige Behinderung" auszutauschen. Dieses Zusammentreffen wurde von den TeilnehmerInnen als sehr befruchtend für die eigenen Ideen empfunden, so daß sowohl eine Veröffentlichung der Vorträge sowie eine Fortsetzung dieser Auseinandersetzung beschlossen wurde. Im Februar 1997 wurde daher eine Konferenz in Paris abgehalten, und im Juni 1998 lud Valerie Sinason, eine Pionierin in diesem Arbeitsfeld, zu einer weiteren an das Londoner Tavistock Center ein. Die Beiträge der Blankenberger Tagung wurden von Heinemann und De Groef (1997) in deutscher Sprache herausgegeben. In dem hier vorliegenden englischsprachigen Band sind sowohl diese Arbeiten als auch die Vorträge der in Paris abgehaltenen Konferenz versammelt.

Den insgesamt siebzehn Arbeiten vorangestellt sind die Grußworte *Maud Mannonis* (F), die sie den TeilnehmerInnen der ersten Konferenz in Blankenberge übermitteln ließ. Da Mannoni am 15. März 1998 verstorben ist, schließt daran *Claude Boukobzas* (F) Vortrag an, den sie bei der Londoner Konferenz zur Würdigung ihres Lebenswerkes und ihrer Vorreiterrolle für viele, die sich mit dem Verhältnis von Psychoanalyse und geistiger Behinderung auseinandersetzen, gehalten hat.

Thema mehrerer Beiträge dieses Bandes ist die eigene Behindertheit im Zusammenhang mit Wissen, Nicht-Wissen und Widerstand gegen Wissen. *Johan De Groef* (B) beschreibt geistige Behinderung als „dunklen Kontinent" und weist darauf hin, daß jeder Mensch über solch „dunkle Kontinente" oder „blinde Flecken" verfügt: Die eigene Beschränktheit werde gerade in der Begegnung mit geistiger Behinderung deutlich. Geistige Behinderung bzw. „Debilität" als „Nicht-Wissen-Wollen", als Widerstand gegen Wissen, eine Art des Widerstandes, von dem wir alle etwas in uns haben, wird von *Claire Morelle* (B) und *Joost Demuynck* (B) beleuchtet. Bei dem Versuch, das Phänomen „geistige Behinderung" und seine Auswirkungen zu verstehen bzw. zu erklären, wird immer wieder – gemäß der Tradition der Freudschen Schriften – auf mythologische oder literarische Texte zurückgegriffen: *Monique Schneider* (F) bezieht sich in ihrer Diskussion um Trauma, Schuld und Katastrophe in Zusammenhang mit geistiger Behinderung auf Goethes „Dichtung und Wahrheit"; in *Olivier-Rachid Grims* (F) Kapitel über Sexualität und Behinderung findet man die Figur des Priapus aus der griechischen Mythologie und die Geschichte des legendären Cyrano de Bergerac wieder; und die Romane von Kenzaburo Oe, der selbst Vater eines geistig behinderten Kindes ist, haben sowohl *Johan de Groef* (B) als auch *Colette Assouly-Piquet* (F) zu ihren Beiträgen inspiriert.

In einem Großteil der hier versammelten Arbeiten finden sich Fallvignetten, die einen sehr interessanten Einblick in die unterschiedlichen Arbeitsfelder und -methoden der AutorInnen geben. Allen gemein ist die Tendenz, den Therapierahmen und die jeweilige Vorgehensweise den Bedürfnissen und Möglichkeiten der KlientInnen anzupassen. Während bei *Evelyn Heinemann* (D) und *Richard Ruth* (USA) ausführlichere Therapieverläufe nachgelesen werden können, werden in anderen Kapiteln die zentralen Themen mit kürzeren Fallausschnitten illustriert: Die Geschwister behinderter Kinder stehen bei *Regine Scelles* (F) im Mittelpunkt ihrer Überlegungen, Trauma und Trauer der Eltern eines behinderten Kindes und die Identitätsentwicklung dieses Kindes bei *Simone Korff-Sausse* (F). Die „Organisation" und individuelle Dynamik von geistiger Behinderung, in der Wiederholungszwang und Introjektion eine große Rolle spielen, erläutert *Dietmut Niedecken* (D) anhand von Beispielen. *Paul Berry* (D) und *Marc Pattyn* (B) legen ihren Focus auf die Bedeutung der jeweiligen Institution: Berry berichtet von der Arbeit mit geistig behinderten Menschen in der therapeutischen Gemeinde von Neuerkerode und Pattyn versucht diagnostische Fragen als Übertragungsphänomene zwischen einem schwergestörten Patienten und dem institutionellen Umfeld zu verstehen. Das Phänomen des Spiegelns, Humor und Neugier sind Aspekte, die *Valerie Sinason* (GB) in ihrem Kapitel hervorhebt, in dem sie anhand von Fallausschnitten in erfrischender Weise über Einzel- und Gruppentherapien mit geistig behinderten Menschen an dem Londoner Tavistock Center berichtet.

Die Bedeutung von Integration – „at any cost" – wird besonders in dem Beitrag von *Cecile Herrou* (F) hervorgehoben, in dem sie die grundlegenden Prinzipien des La Maison Dagobert, eines integrativen Kinderzentrums in Paris, vorstellt.

Was ist nun das besonders Ansprechende an diesem Band?

Erstens ist es sicher die Entstehungsgeschichte dieses Buches selbst, die Interesse erweckt: Diese internationale Gruppe trifft sich jenseits institutioneller Grenzen und ohne sich von Sprachbarrieren abhalten zu lassen in regelmäßigen Abständen, um Erfahrungen und Ideen auszutauschen und zu diskutieren. Die Arbeitsgemeinschaft versteht sich als unterstützender Rahmen im Sinne von Winnicotts „containment" und – gemäß der Ethik der Psychoanalyse – als offenes Netz für PsychoanalytikerInnen, TherapeutInnen und PädagogInnen.

Zweitens zeichnen sich die Beiträge – und dabei sind wohl vor allem jene Arbeiten hervorzuheben, in welchen Fallbeispiele vorgestellt werden – durch ein hohes Maß an kreativem Potential aus, das im Verlassen konventioneller, rigider Grenzen der psychoanalytischen Therapie bzw. der Arbeit mit geistig behinderten Menschen zum Ausdruck kommt.

Drittens wird den LeserInnen ein Einblick in verschiedene psychoanalytische Konzepte geboten, welchen sich die AutorInnen der Beiträge in ihrer Tätigkeit explizit oder implizit verpflichtet fühlen..

Aus dieser spannenden Vielfalt und Unterschiedlichkeit ergibt sich eine Reihe offener Fragen und Problemstellungen. Auf ein Problem, das sowohl bei der dritten Konferenz in London thematisiert wurde als auch vom Übersetzer der französischen Beiträge des vorliegenden Bandes, Andrew Weller, in den Blick gebracht wird, soll abschließend hingewiesen werden: Die ReferentInnen bzw. AutorInnen verwenden in ihren Arbeiten spezifisches Fachvokabular, das nur vor dem Bedeutungshintergrund ihrer jeweiligen theoretischen Herkunft verständlich wird und den ÜbersetzerInnen der einzelnen Artikel ein hohes Maß an „Fingerspitzengefühl" abverlangt. Von mehreren

TeilnehmerInnen der Londoner Tagung wurde daher der Wunsch nach einer akzentuierten Auseinandersetzung geäußert, um die Verständnisschwierigkeiten aufgrund unterschiedlicher theoretischer Richtungen innerhalb der Psychoanalyse ein Stück weit zu reduzieren, ohne allerdings die Behinderung aufgrund der eigenen sprachlichen Begrenztheit zu verleugnen. Ein Wunsch, dem sich die Rezensentin gerne anschließt.

Literatur

Heinemann, E. und De Groef, J. (Hrsg.) (1997): Psychoanalyse und geistige Behinderung. Grünewald. Mainz

Karin Messerer

Ariane Garlichs und Marianne Leuzinger-Bohleber: Identität und Bindung. Die Entwicklung von Beziehungen in Familie, Schule und Gesellschaft. Juventa: Weinheim und München, 1999, 211 Seiten

Daß sich unsere Gesellschaft am Ende des 20. Jahrhunderts in einem beständigen Wandel befindet, im Zuge dessen althergebrachte Strukturen wie auch tradierte Werthaltungen nicht mehr selbstverständlich bestehen bleiben, ist mittlerweile eine häufig kommentierte und viel diskutierte Realität. Die gesellschaftlichen Veränderungsprozesse, die den Trend zu Individualisierung und zu eigenverantwortlicher Lebensgestaltung verstärken, wirken sich eminent auf die Beziehungsgestaltungen im menschlichen Zusammenleben aus. Dies bedeutet für Kinder und Jugendliche, daß sie mit gesellschaftlichen Realitäten wie auch familiären Beziehungsstrukturen konfrontiert sind, die nicht per se Stabilität und Sicherheit vermitteln. Sie erleben, daß sich die Familienkonstellationen ändern können, wie es etwa in Folge von Scheidungen oder Trennungen der Eltern der Fall ist; daß veränderte ökonomische Bedingungen massiven Einfluß auf das Familienleben haben können, wie etwa die Arbeitslosigkeit der Eltern; und sie erleben darüber hinaus, daß ihre Lebensumwelt durch vielerlei (ökologische) Katastrophen bedroht ist.
Es stellt sich die Frage, wie es Kindern und Jugendlichen gelingen kann, unter gegenwärtigen Bedingungen so aufzuwachsen, daß sie ihr Leben zufriedenstellend bewältigen können. Um dies in den Blick zu bringen, gilt es das Spannungsfeld von individueller Entwicklung und gesellschaftlichen Realitäten näher zu untersuchen und zu analysieren, mit welchen inneren und äußeren Konflikten Kinder und Jugendliche konfrontiert sind, welche Verarbeitungsstrategien sie entwickeln und wie sie dabei unterstützt werden können. Beistand und Hilfestellung bei Konfliktverarbeitungsprozessen sollten jene Erwachsene bieten, die mit den Kindern und Jugendlichen in Kontakt sind, wie es etwa bei LehrerInnen der Fall ist. Doch dies ist nur dann möglich, wenn Erziehende Einsicht und Verständnis dafür erlangen, wie heutzutage Entwicklungs- und Bewältigungsprozesse bei Kindern und Jugendlichen ablaufen können.
An diesem Punkt setzen die Erziehungswissenschaftlerin Ariane Garlichs und die Psychoanalytikerin Marianne Leuzinger-Bohleber an. Sie gehen davon aus, daß es gelte, "Individuen vor dem Hintergrund der je eigenen, teilweise unbewußt gewordenen Biographie und im Schnittpunkt ihrer aktuellen Lebenssituation und der gesellschaftlichen Verhältnisse zu verstehen" (7). Dabei ist bedeutsam, daß sich im Zuge gesellschaftlicher Veränderungen auch die zwischenmenschlichen Beziehungsstrukturen und damit einhergehend ebenso die Form der Erziehungsprozesse einschneidend verändern. Garlichs und Leuzinger-Bohleber, die ihre Arbeit als interdisziplinäre Zusammenführung von Erziehungswissenschaft und Psychoanalyse verstehen, beschreiben unter Zuhilfenahme psychoanalytischer Entwicklungskonzepte, wie sich charakteristische Entwicklungsaufgaben für Kinder und Jugendliche in der heutigen Gesellschaft stellen, wie sie theoretisch verstanden werden können und wie diese in schulischen Lernprozessen berücksichtigt werden sollten.

Dieses Vorhaben verfolgen sie in drei Schritten: Im ersten Abschnitt wird anhand von Fallillustrationen auf der Basis psychoanalytischer Konzepte das Ineinandergreifen von gesellschaftlichen Veränderungsprozessen, von individuellen Sozialisationsverläufen und von entwicklungsspezifischen Aufgaben bestimmter Entwicklungsphasen als identitätsstiftende Momente kindlicher Entwicklungsprozesse aufgezeigt. Im zweiten Schritt werden diverse psychoanalytische Ansätze zur frühen Entwicklung (wie etwa die Freudsche Triebtheorie, ichpsychologische Ansätze nach Spitz und Mahler, Kohuts Narzißmuskonzept sowie objektbeziehungstheoretische Ansätze nach Melanie Klein, Winnicott und Kernberg) wie auch zentrale Erkenntnisse der neuen Säuglingsforschung nach Daniel Stern und der Bindungstheorie vorgestellt. Es wird aufgezeigt, daß einerseits frühkindliche Beziehungserfahrungen Auswirkungen auf späteres schulisches Erleben haben und somit Weichen stellen, wie Bildungschancen genutzt werden können, daß andererseits Kinder im Schulalter sehr wohl anpassungs- und kompensationsfähig sind, was es möglich macht, frühe innere und äußere Konflikte sowie Traumatisierungen durch gelungene, korrigierende Beziehungserfahrungen (zumindest teilweise) zu verarbeiten. Dies führt im abschließenden dritten Teil zu Überlegungen darüber, welche Konsequenzen die bisher entfalteten Einsichten für schulische Bildungsprozesse haben, die zugleich immer als Beziehungserfahrungen zu verstehen sind.
Die Autorinnen betonen, daß es im Rahmen von Schule notwendig ist, positive Beziehungserfahrungen zu ermöglichen und den Raum für korrigierende emotionale Erfahrungen bereitzustellen. In der Abwandlung von Winnicotts häufig zitiertem Ausspruch der „good enough mother" fordern sie den „good enough teacher" ein. Sie verweisen damit auf die Notwendigkeit, daß LehrerInnen ein verändertes Rollenverständnis aufbauen sollten, das von der klassischen Wissensvermittlerrolle weg, hin zu der des „Entwicklungshelfers" führt.
Die theoretischen Ausführungen und Überlegungen der Autorinnen werden durch zahlreiche Falldarstellungen von einzelnen SchülerInnen illustriert. Ein großer Teil dieser anschaulichen Beschreibungen stammt aus einer Studie, die von Leuzinger-Bohleber und Garlichs Anfang der 90er Jahre in Kassel und in Jena durchgeführt worden war. Sie hatten untersucht, wie sich die turbulenten gesellschaftlichen Veränderungen auf die psychische Entwicklung von Kindern und Jugendlichen in Ost- und Westdeutschland und auf ihre Wahrnehmung von Zukunftshoffnungen und -ängsten auswirkten. Mit Hilfe unterschiedlicher projektiver Testverfahren (wie Zeichnungen von Zukunftsträumen, Tiefeninterviews, Schweinchen-Schwarzfuß-Test und LehrerInneninterviews) erstellten sie u.a. eindrückliche Einzelfallportraits. Die Gesamtergebnisse dieser Studie wurden von Leuzinger-Bohleber und Garlichs in „Früherziehung West-Ost" (1993) veröffentlicht. Sie zeigten dabei auf, inwieweit die Zukunftserwartungen, die Autonomieentwicklung, die Beziehungsfähigkeit und die Identität von Kindern und Jugendlichen in Ost und West unterschiedlich ausgeprägt waren.
Unter Zuhilfenahme vieler Fallportraits aus der Ost-West-Studie und weiterer ausführlicher Fallbeschreibungen wird in dem neu erschienen Werk die Bedeutung von Beziehungsentwicklungen, welche die Identität eines Menschen charakterisieren und pädagogisches Handeln bestimmen, ins Zentrum gerückt. Die Autorinnen entwerfen dabei keine umfassende Systematik, der die einzelnen Teile des Buches folgen, und geben auch der Charakterisierung, Definition und umfassenden Bestimmung der Begriffe, die sie bemühen, wenig Raum (was auch für die Begriffe der Identität und Bindung gilt, die ja den Titel des Buches abgeben). Das Thema der „Entwicklung von Beziehungen in Familie, Schule und Gesellschaft", so der Untertitel des Buches, beleuchten sie vielmehr aus unterschiedlichen Perspektiven; wobei in den einzelnen Kapiteln, die in diesem Band versammelt wurden, durchgängig psychoanalytische Perspektiven zum Tragen kommen.
In diesem Sinn bietet das Buch – gerade wegen der vielen anschaulichen Beispiele und deren theoretischen Erläuterungen – für PädagogInnen, die in Schulen, aber auch in anderen Kontexten mit Kindern und Jugendlichen tätig sind, viele Anregungen, die Ausdrucksweisen, Kontaktaufnahmen und Handlungen von Kindern und Jugendlichen nicht nur auf manifester Ebene zu verstehen. Vielmehr wird von Garlichs und Leuzinger-Bohleber das Interesse geweckt, weiterführend darüber nachzudenken, inwieweit man als PädagogIn auch auf latente Sinnzusammenhänge aufmerksam wird, die erst im Wissen um individuelle Entwicklungsverläufe von Kindern und Jugendlichen vor dem Hintergrund der gesellschaftlichen Bedingungen und der entwicklungsspezifischen Anforderungen einsichtig werden.

Literatur

Leuzinger-Bohleber, M., Garlichs, A. (1993): Früherziehung West-Ost. Zukunftserwartungen, Autonomieentwicklung und Beziehungsfähigkeit von Kindern und Jugendlichen. Juventa: Weinheim und München

Kornelia Steinhardt

Karl Fallend und Johannes Reichmayr (Hrsg.): Siegfried Bernfeld oder Die Grenzen der Psychoanalyse. Materialien zu Leben und Werk. Stroefeld/Nexus: Frankfurt a.M. 1992, 368 S.

Der vorliegende umfangreiche Materialienband, mit sehr viel Mühe und Liebe zum Gegenstand zusammengestellt, ist aus Anlaß von Siegfried Bernfelds 100. Geburtstag im Jahre 1992 erschienen. Die Herausgeber, Karl Fallend und Johannes Reichmayr, beide seit vielen Jahren in Österreich maßgeblich an einer systematisch-kritischen Durchdringung und Verlebendigung der Geschichte der Psychoanalyse forschend tätig, sowie die übrigen neun, größtenteils aus Österreich stammenden AutorInnen, lassen in Einzelfallstudien, die in sich geschlossen sind, ein beeindruckendes, außergewöhnlich anregendes Gesamtbild zur Person, zum Werk und zur theoretischen Substanz Bernfelds entstehen. Durch die großzügige graphische Gestaltung sowie zahlreiche ganzseitige Photos gewinnt der Band zusätzlich an Lebendigkeit. Der Versuch einer monographieartigen Lebensbeschreibung wurde nicht intendiert – diese wäre, wie die Herausgeber im Vorwort (S.7) bemerken, dem schillernden und facettenreichen wissenschaftlichen Werk Bernfelds nicht gerecht geworden. Das Buch möchte zu vertiefenden biographischen bzw. historisch-kritischen Forschungen über Bernfeld – den Freud in einem Brief einmal als "den vielleicht stärksten Kopf unter meinen Schülern und Anhängern" bezeichnet hat – einladen. Dementsprechend betonen die Herausgeber: "*Es ging uns darum, ein erstes umfassendes Bild dieses Intellektuellen zu gewinnen, der durch seine Erfahrungen als Organisator und Führer der Wiener Jugendkulturbewegung, als Pionier der Jugendforschung, als Aktivist in der zionistischen Bewegung und daraus resultierend als Initiator des Erziehungsexperiments ‚Kinderheim Baumgarten' geprägt war*" (S. 8).

Der einführende, sehr lebendige und informative Beitrag "Sisyphos und sein Autor" von Peter Paret vermittelt dem Leser ein tieferes Verständnis für Bernfelds Persönlichkeit. Der enge Bezug zu seinem breitgefächerten wissenschaftlichen Werk sowie zu seiner pädagogisch sozialreformerische Produktivität wird deutlich.

In weiteren Einzelfallstudien werden einzelne biographische bzw. theoretische Aspekte aus Bernfelds Gesamtwerk aufgearbeitet: Bernfeld, der insbesondere in den 20er Jahren zahlreiche Studien zur Jugendforschung veröffentlichte, hat darin, häufig verschlüsselt, eigene biographische Erfahrungen verarbeitet. Im Aufsatz "Die Geschichte meines Gymnasialstudiums" stellt Reichmayr ein solches autobiographisches Fragment des damals Neunzehnjährigen vor. Die Bedeutung Bernfelds für die Reformpädagogik analysiert Erik Adam in einer historisch-kritisch angelegten Studie: Obwohl insbesondere von Bernfelds entschieden ideologiekritischer, ironisierender Streitschrift "Sisyphos" sowie von seinem psychoanalytisch orientierten "Kinderheim Baumgarten" (1919/1920) vielfältige, auch heute noch höchst aktuelle Impulse ausgingen, nahm er in der akademischen (reform-)pädagogischen Diskussion bis Anfang der 80er Jahre bestenfalls die Position eines Außenseiters ein. Ausführlich wird Bernfelds Weg "Von der Jugendbewegung zur Psychoanalyse" von Fallend skizziert. Bernfeld hatte bereits als Student zahlreiche Studien und Streitschriften zur Jugendbewegung veröffentlicht. Er trat als Gründer und Herausgeber von Zeitschriften hervor und gründete 1913 das "Akademische Comite für Schulreform" (A.C.S.) sowie den "Sprechsaal Wiener Mittelschüler" – ein "autonomes", selbstverwaltetes Diskussionsforum für Schüler und Studenten. Fallend bemerkt: "Bernfeld beendete sein aktives Engagement in der

Wiener Jugendbewegung, nachdem er sich im Juni 1914 entschlossen hatte, sein Tun und Denken in den Dienst des jüdischen Volkes zu stellen" (S.62). Die Beziehung Bernfelds zum Zionismus untersucht John Bunzl: Dessen "Zuwendung zum jüdischen Nationalismus" (S.73) versteht er im historischen Kontext der durch den Ersten Weltkrieg ausgelösten jüdischen Fluchtbewegung aus Galizien nach Wien, dem Antisemitismus sowie dem Einfluß Theodor Herzls für die Herausbildung des Zionismus. So waren Martin Buber und Bernfeld die Leitfiguren des österreichischen Jugendtages vom 18. bis 20. Mai 1918, der mit der Gründung eines Verbandes der jüdischen Jugend Österreichs endete. Bernfeld wurde dessen Präsident. Weiterhin war er Herausgeber der Zeitschrift "Jerubbaal" (1917/18) sowie Gründer des "Kinderheims Baumgarten" (1919/20) – ein Versuch, pädagogische Ideen an 240 Kriegswaisen zu erproben, der von Anna Freud als "erstes Experiment, psychoanalytische Prinzipien auf die Erziehung anzuwenden" (S.81), bezeichnet wurde.

In einer lesenswerten biographischen Studie von Reichmayr wird anhand des bisher unveröffentlichten umfangreichen Briefwechsels von Bernfeld mit seiner späteren Frau Elisabeth Neumann "Siegfried Bernfeld als Psychoanalytiker in Wien" (1922-1925) vorgestellt. Bernfeld, der 1915 als Dreiundzwanzigjähriger erstmals als Gast an den Sitzungen der Wiener Psychoanalytischen Vereinigung teilnahm, hatte 1922 "auf Anregung und durch persönliche Unterstützung Sigmund Freuds" (S.107) seine psychoanalytische Praxis in Wien begonnen.

In zwei Beiträgen wird Bernfelds Projekt eines psychoanalytischen Filmes (1925) rekonstruiert sowie durch den Abdruck eines von Bernfeld verfaßten Filmmanuskriptes ergänzt. 1925 zog Bernfeld nach Berlin, wo er bis 1932 blieb. Diese Berliner Periode, die durch eine außergewöhnlich intensive Lehr- und Forschungstätigkeit gekennzeichnet war, wird von Theresia Erich ausführlich geschildert (siehe auch Erich in psychosozial Nr. 53/1993). Insbesondere Bernfelds Interesse für die Psychoanalytische Pädagogik wird herausgearbeitet. Beispielhaft hierfür sei Bernfelds Beitrag zum Thema "Spielzeug" (S.174) erwähnt, der durch die Erstellung einer umfangreichen Spielzeugsammlung "komplettiert" wurde. Aus beruflichen wie auch aus persönlichen Gründen kehrte Bernfeld 1932 nach Wien zurück, bis er 1934 vor den Nazis nach Frankreich fliehen mußte. Trotz der zunehmend schwieriger werdenden politischen Situation setzt er seine Lehr- und Schreibtätigkeit sowie seine therapeutisch Arbeit fort. So beteiligt er sich an dem 1933/34 vom Lehrausschuß der Wiener Psychoanalytischen Vereinigung eingerichteten Lehrgang für Pädagogen; Ende 1933 wird er in den Vorstand der Wiener Psychoanalytischen Vereinigung gewählt. Auf der Basis der Briefkorrespondenz von Bernfeld mit Elisabeth Neumann (s.o.) rekonstruiert Reichmayr diese "zweite" Wiener Lebensphase. Aus einigen Briefen von Bernfeld sei zitiert: *"15.9.1932: Bei Freuds war es berauschend; nämlich er! Ich habe den boshaften Gorilla doch sehr gern. – So viel steht fest: als Wissenschaftler und Psychoanalytiker werde ich nichts verlieren, wenn ich dauernd in Wien bliebe. – 16.10.1932: Hübsch ist's in Wien, daß die Leute alle meine uralten Witze und Geschichten noch nicht – oder nicht mehr – kennen, braucht man keine neuen erfinden. Arbeiten tue ich noch immer nicht ordentlich, aber es wird doch täglich besser. Tatsächlich tun mir die vielen Diskussionen für meine Gedanken sehr wohl, und ich denke, es wird sich bald auch an meiner Produktion zeigen. – 23.11.1932: Die Leutchen sind durch meine Vorträge hier sehr entmutigt und kompensieren ihr Minderwertigkeitsgefühl durch Hochachtung vor mir. Die Assistentin von Bühler schreibt meinen Vortragskursus auf, so daß er vielleicht druckfertig zu machen sein wird und als Buch erscheinen kann. Das heißt aber: wenn ich lange hier bin, habe ich bald schrecklich viele sehr böse Feinde bei den Bonzen. – 28.1.1933: Sehr besorgt wegen der Wirkung der Hitlerei auf Dich; vor allem auf Karl. ... Ich warte auf Freud. – 7.2.1933: Ich bin sehr besorgt, wie es Dir im jetzigen Deutschland geht. Hier gibt es immer ganz wilde Gerüchte. – 9.2.1933: Spürt ihr den Hitler? Und wie? – 6.3.1933: Auf reiche Patienten und Schüler ist nicht zu rechnen. Vorträge in Deutschland fallen aus, aber ich denke daß ich von April an eine billigere Praxis beginne und es so, eventuell mit Borgen ausgehen wird"* (S. 206-216).

Anfang 1937 flieht Bernfeld nach London, im August desselben Jahres emigriert er in die USA. Nach einigen Zwischenstationen läßt er sich in San Francisco nieder, wo er am 2.4.1953 stirbt. Sehr informativ und neu sind die Studien von Reichmayr/Fallend, Hermanns und Daniel Benveniste über diesen letzten Lebensabschnitt von Bernfeld. Rudolf Ekstein, ebenfalls von Wien nach Amerika emigrierter Analytiker und Schüler Bernfelds (siehe psychosozial Nr. 53/1993), der

Bernfeld in Kalifornien wieder traf, hat 1966 in einem Beitrag Bernfelds pessimistische Weltsicht im amerikanischen Exil hervorgehoben. "Das Freudsche Werk sei nun abgeschlossen, und er habe dazu keine Beiträge mehr zu liefern. Deshalb habe er sich der Erforschung von Freuds Leben und Werk verschrieben" (S.290). Daß damit Bernfelds Wirkungsmacht nicht erschöpft war, wird in der Analyse seines Wirkens in San Francisco deutlich. Sehr informativ hierfür ist die Wiedergabe eines Briefes an Anna Freud vom 23.11.1937 (S.290-298), ein Gespräch mit dem Zeitzeugen Nathan Adler, einem engen Freund Bernfeld in San Francisco (S.300-315), sowie die Dokumentation der Konzeption des "Freien" Institutes (S.317-326), die Bernfeld 1949 als Reaktion auf die "Medizinalisierung" der Analyse in seiner neuen Heimat schuf. Die Grundidee eines "Freien" Institutes – dessen Dokumentation, neben der gründlichen Bibliographie sowie einer Zeittafel den Abschluß dieses Werkes bildet – verstehen die Herausgeber als das "Erbe" Bernfelds. Es wird erkennbar, daß Bernfeld selbst in dieser neuen Periode, im amerikanischen Exil, *"unter nochmals veränderten politischen, sozialen und gesellschaftlichen Verhältniseen seine Identität als kreativer, nonkonformistischer und kämpferischer Pionier der Psychoanalyse bewahren konnte"* (S.13). Welches theoretische und lebensgeschichtliche Erkenntnispotential im Leben und Werk Siegfried Bernfeld immer noch wohnt, wird bei der Lektüre dieses gelungenen Bandes mehr als deutlich. Der Titel – wohl als dialektische "Antwort" auf Helmut Dahmers "Psychoanalyse ohne Grenzen" (1989) (siehe psychosozial Nr. 53/1993) gedacht, überläßt es dem Leser, wo er nun, Bernfelds Leben und Werk betrachtend, die "Grenzen der Psychoanalyse" zu erkennen glaubt.

Roland Kaufhold

Abstracts

Wilfried Datler, Christian Büttner und Urte Finger-Trescher
Psychoanalyse, Pädagogik und die ersten Lebensjahre –
zur Einführung in den Themenschwerpunkt

Die Herausgeber des Themenschwerpunktes „Die frühe Kindheit. Psychoanalytisch-pädagogische Überlegungen zu den Entwicklungsprozessen der ersten Lebensjahre" stellen einleitend dar, daß sich die intensive Beschäftigung mit frühen Entwicklungsprozessen, die in psychoanalytischen Zusammenhängen seit dem Beginn der 90er Jahre ausgemacht werden kann, in zumindest dreierlei Hinsicht verändert hat: einschlägige Fragen werden heute differenzierter diskutiert; die Wertschätzung eines breiten Spektrums an forschungsmethodischen Zugängen hat sich geweitet; und die Entwicklung von Konzepten der Eltern-Kleinkind-Beratung oder Eltern-Kleinkind-Therapie hat zugenommen. Sie weisen darauf hin, daß diese Auseinandersetzungen mit dem Thema der frühen Kindheit innerhalb der Erziehungswissenschaft erst in Ansätzen geführt werden, und geben einen kurzen Ausblick auf die weiteren sieben Beiträge des Themenschwerpunktes des 10. Bandes des Jahrbuchs für Psychoanalytische Pädagogik.

Rolf Göppel
Die Bedeutung der frühen Erfahrungen oder: Wie entscheidend ist die frühe Kindheit für das spätere Leben?

Der Beitrag setzt sich mit der Frage nach der Bedeutung frühkindlicher Erfahrungen für das spätere Leben auseinander und geht dabei zunächst auf die traditionelle psychoanalytische Entwicklungspsychologie ein, deren zentrales Paradigma in der These von der weitgehenden Determination des menschlichen Lebensschicksals durch die Erfahrungen der ersten Lebensjahre gesehen werden kann. Die unterschiedlichen Konsequenzen, die aus dieser These für die Psychoanalytische Pädagogik gezogen wurden, werden erläutert; und es werden Belege dafür präsentiert, daß gerade Psychoanalytiker, die an längsschnittlichen empirischen Forschungsprojekten beteiligt waren, schon seit langem Zweifel an jener zentralen These angemeldet und auf die Schwierigkeit, verläßliche Entwicklungsprognosen zu geben, hingewiesen haben. Schließlich werden exemplarische Beispiele longitudinal-prospektiver Entwicklungsstudien aus dem Bereich der Deprivationsforschung, der Risiko- und Resilienzforschung und der Bindungsforschung vorgestellt und diskutiert, die sich im Kern mit der gleichen Fragestellung befassen.

Schäfer, Gerd E.
Bildung beginnt mit der Geburt

Entgegen den traditionellen, meist am schulischen Rahmen ausgerichteten Bildungsvorstellungen wird in diesem Beitrag davon ausgegangen, daß Bildung bereits mit der Geburt beginnt. Diese These basiert auf einem Bildungsbegriff, bei dem die Selbstbildung im Mittelpunkt steht. Der Artikel zeigt anhand einiger, für die frühkindliche Bildung bedeutsamen Forschungsergebnisse (psychoanalytische Erkenntnisse verbinden sich dabei mit solchen aus der Kognitionsforschung), daß die Aufmerksamkeit der Bildungsdiskussion auf ein intensiviertes Wahrnehmungsverständnis gelenkt werden sollte. Denn es gilt zu begreifen, daß die Bedeutung einer Sache für das Kind nicht einfach in der Sache selbst liegt, sondern auf einer subjektiven – und das heißt: kognitive, emotionale und leibliche Erfahrungen miteinander verbindenden Wirklichkeitswahrnehmung und -verarbeitung – beruht.

Martin Dornes
Spiegelung – Identität – Anerkennung: Überlegungen zu kommunikativen und strukturbildenden Prozessen der frühkindlichen Entwicklung

Kinder erkennen sich ungefähr ab dem Alter von 1½ Jahren im Spiegel. Dieses Selbsterkennen wird als Indikator für die Existenz von Selbst-Bewußtsein betrachtet. Der Spiegel zeigt zwar die Existenz von Selbst-Bewußtsein an, trägt aber nichts zu dessen Entstehung bei. Der Autor stellt dar, wie die Entstehung von Selbst-Bewußtsein in den frühen Prozessen der Affektspiegelung verwurzelt ist. In ihnen kommentieren die Eltern die Lebensäußerungen ihrer Kinder und färben so deren entstehendes Identitätsgefühl auf eine grundlegende Weise. Selbstbewußtsein – so die These des Autors – hat in erster Linie soziale Ursprünge und entsteht in einem Prozeß der „Tiefenspiegelung", der durch den reziproken und schöpferischen „sozialen Spiegel" bereitgestellt wird. Abschließend befaßt sich der Autor mit dem Zusammenhang von Identitätsbildung und intersubjektiver Anerkennung. Er betrachtet die Anerkennung des Säuglings durch seine Eltern als basale Voraussetzung für gelungene Identitätsbildung.

Messerer Karin
Ein psychoanalytisch-pädagogischer Blick in die Praxis der Mobilen Frühförderung: Ausschnitte aus der Geschichte von Natalie und ihrer Familie

In diesem Artikel wird das Arbeitsfeld der „Mobilen Frühförderung" vorgestellt und ein Einblick in theoretische und methodische Diskussionsansätze gegeben, die für diesen Bereich von Relevanz sind. Anhand von Ausschnitten aus der Geschichte einer Familie mit einem Kind mit Down Syndrom, die von einer Frühförderin betreuten wird, zeigt die Autorin auf, welche Phänomene in den Blick geraten (können), wenn die Beziehung zwischen Eltern und ihrem behinderten Kind aus psychoanalytisch-pädagogischer Perspektive betrachtet wird. Weiters wird mit Hilfe von Beispielen aus der Elternarbeit dargestellt, inwiefern tiefenpsychologische bzw. psychoanalytisch-pädagogische Ansätze der Erziehungsberatung für die Tätigkeit im Bereich der Frühförderung hilfreich sein können.

Isca Salzberger-Wittenberg
Kurztherapeutische Arbeit mit Eltern von Kleinkindern

In diesem Artikel wird zunächst dargestellt, daß Eltern mit Babys und Kleinkindern zahlreichen emotionalen Belastungen ausgesetzt sind, die es ihnen oft kaum erlauben, ihre Elternrolle in hilfreicher Weise einzunehmen oder ihre elterlichen Aufgaben in zufriedenstellender Weise zu erfüllen. Haben Eltern mit besonders beängstigenden, unbewußten Gefühlen zu kämpfen, so kann dies äußerst belastende Folgen für die Entwicklung von kleinen Kindern haben. Die hier dargestellte Methode der kurztherapeutischen Arbeit kann Eltern helfen zu verstehen, welche Gefühle sie unter anderem ihren Kindern entgegenbringen; und das Interesse und Cointainment, das sie dabei erfahren, kann sie ermutigen und unterstützen, elterliche Funktionen in einer angemesseneren Weise auszuüben. Dies wird anhand dreier Fallbeispielen illustriert und erläutert. Abschließend werden einige Überlegungen zur Frage angestellt, unter welchen Bedingungen diese Art von Kurztherapie indiziert ist und wann es nötig sein dürfte, Eltern längerfristig zu begleiten.

Gertraud Diem-Wille
„Niemand hat mir jemals etwas gesagt ..." Die Falldarstellung einer Eltern-Kleinkind-Therapie aus der Tavistock Clinic

Im vorliegenden Beitrag werden der theoretische Rahmen dargestellt, welcher dem Konzept der Eltern-Kleinkind-Therapie zugrunde liegt, das an der Tavistock Clinic in London entwickelt wurde. Am Beispiel des Fallbeispiels „Sophie", eines sechs Monate alten Kleinkindes mit Schlafproblemen, wird die Art des therapeutischen Vorgehens dargestellt und erläutert.

Ludwig Janus
Zur Thematisierung vorgeburtlicher und geburtlicher Erfahrungen in pädagogischen Zusammenhängen – Ideen und Vorstellungen

Dieser Beitrag knüpft an eine Diskussion an, die im 6. und 7. Band des Jahrbuchs für Psychoanalytische Pädagogik dem Problem der Erforschung von pränatalen und perinatalen Erfahrungen von Menschen gewidmet war. Anschließend geht der Autor der Frage nach, welche pädagogische Bedeutung jenen Veröffentlichungen der letzten Jahre beizumessen ist, in denen sich Autorinnen und Autoren um die Thematisierung von geburtlichen und vorgeburtlichen Erfahrungen von Menschen bemühen.

Dieter Katzenbach
Kognition, Angstregulation und die Entwicklung der Abwehrmechanismen
Ein Beitrag zum Verständnis behinderter Lernfähigkeit

Der Beitrag bemüht sich um ein vertieftes Verständnis der strukturell beeinträchtigten Lernfähigkeit (Lernbehinderung) durch die Verbindung der psychoanalytischen Entwicklungspsychologie mit Piagets Theorie der Genese kognitiver Strukturen. An einem experimentellen Beispiel wird gezeigt, daß Lernen nicht (bloß) die Erweiterung von Wissen darstellt, sondern zumeist die Reorganisation bestehender Wissensbestände verlangt. Die narzißtischen Reserven lernbehinderter Kinder bzw. deren Möglichkeiten der Selbstwertregulation scheinen häufig nicht auszureichen, um sich der Beunruhigung auszusetzen, die von solchen Reorganisationsprozessen notwendigerweise ausgehen. Diese Problematik verschärft sich bei den von Piaget beschriebenen Stadienübergängen, die Kinder mit Lernbehinderungen deutlich später vollziehen als ihre Altersgenossen. Die Verknüpfung der Entwicklungslinien von Affektivität und Kognition wird über die Entwicklung der Abwehrmechanismen gesucht, indem gezeigt wird, daß der Eintritt in das Stadium der „konkreten Operationen" (Piaget) eine Abwehrorganisation auf dem Niveau der Verdrängung (gegenüber dem archaischeren Prinzip der Spaltung) zur Voraussetzung hat.

Ulrike Kinast-Scheiner
Geschwisterbeziehungen: Ein Bericht über tiefenpsychologische und psychoanalytisch-pädagogische Veröffentlichungen

Obwohl sich das Tabu in jüngerer Zeit etwas gelockert hat, ist das Thema Geschwisterbeziehungen nach wie vor ein „Stiefkind" der Psychoanalyse. Die Geschwisterbeziehung ist immer im Schatten der wissenschaftlichen Behandlung der Eltern-Kind-Beziehung gestanden. Aber auch über die psychoanalytische Forschung hinaus ist die Geschwisterbeziehung wenig untersucht worden. In diesem Artikel wird daher der Versuch unternommen, unterschiedliche (tiefenpsychologisch orientierte) theoretische Konzepte chronologisch darzustellen und deren Entwicklung nachzuzeichnen. Relativ viel Raum nimmt dabei das in den Zwanzigerjahren dieses Jahrhunderts entwickelte "klassische" Konzept Alfred Adlers ein, der allgemein als "Vater der Geschwisterkonstellationsforschung" bezeichnet wird. Anfang der Achtzigerjahre beginnt sich die Geschwisterforschung langsam vom Konstellationsansatz zu lösen, was vor allem den Arbeiten der Amerikaner Lamb & Sutton-Smith und Bank & Kahn zu verdanken ist. Letztgenannte Autoren orientieren sich an der psychoanalytischen Objektbeziehungstheorie und lenken damit die Aufmerksamkeit auf emotionale Aspekte der Geschwisterbeziehung. Jüngste Forschungsbemühungen erstrecken sich auf Versuche, eine "Geschwisterpsychologie der Lebensspanne" zu entwickeln. Da Geschwister ohne Eltern nicht denkbar sind, wird auch darüber referiert, welche Bedeutung dem Elternverhalten für die Art und Weise des Erlebens der Geschwisterbeziehung in einschlägigen Publikationen zugeschrieben wird. Das letzte Kapitel ist den "besonderen" Geschwistern (Einzelkindern, Zwillingen, behinderten und schwerkranken Kinder) gewidmet.

Ulrike Kinast-Schein
Über aktuelle Publikationen zu verschiedenen Fragestellungen Psychoanalytischer Pädagogik

Im Anschluß an den vorangegangenen thematisch fokussierten Literaturbericht wird in diesem Umschauartikel, der Tradition des Jahrbuchs folgend, ein Überblick über aktuelle Veröffentlichungen gegeben, die im Schnittfeld von Psychoanalyse und Pädagogik angesiedelt sind. Es werden Beiträge zu vier thematischen Schwerpunkten vorgestellt und in folgenden Kapiteln referiert: (1.) Publikationen zu rrundlegenden Fragestellungen Psychoanalytischer Pädagogik; (2.) Jüngere Literatur zu verschiedenen Praxisbereichen Psychoanalytischer Pädagogik und biografischen Themen; (3.) Beiträge zu entwicklungspsychologischen und sozialisationstheoretischen Fragestellungen; (4.) Veröffentlichungen zu weiteren Themenstellungen mit psychoanalytisch-pädagogischer Relevanz.

Die Autorinnen und Autoren des Bandes

Christian Büttner, Dr. phil., Diplom-Psychologe; seit 1973 Projektleiter der Hessischen Stiftung Friedens- und Konfliktforschung (Forschungsgruppe „Politische Psychologie"); Honorarprofessor an der Evangelischen Fachhochschule Darmstadt; freier Mitarbeiter der Hessischen Landeszentrale für politische Bildung (Bereich Lehrerfortbildung); Lehrbeauftragter an der Universität Frankfurt (Erziehungswissenschaften); Gründungs- und Vorstandsmitglied des Frankfurter Arbeitskreises für Psychoanalytische Pädagogik; Arbeitsschwerpunkte: Aggressionsformlung, Medien, Erwachsenenbildung.

Wilfried Datler, Dr. phil., Ao Univ.-Prof., Dr. phil., Leiter der Arbeitsgruppe für Sonder- und Heilpädagogik am Institut für Erziehungswissenschaften an der Universität Wien und Analytiker im Österreichischen Verein für Individualpsychologie. Er arbeitet zu Fragen im Grenz- und Überschneidungsbereich von Psychoanalyse, Pädagogik, Heilpädagogik und Psychotherapie.

Gertraud Diem-Wille, Dr. phil., ist Ao Univ.-Prof. am IFF (Institut für interdisziplinäre Forschung und Fortbildung der Universitäten Wien und Klagenfurt) sowie Psychoanalytikerin in freier Praxis in Wien (ordentliches Mitglied der Wiener Psychoanalytischen Vereinigung und der IPA). Zu ihren Forschungsschwerpunkten zählen Psychoanalytische Pädagogik und angewandte Psychoanalyse.

Martin Dornes, Dr. phil., Soziologe und Gruppenanalytiker, ist stellvertretender Direktor des Instituts für medizinische Psychologie am Universitätsklinikum in Frankfurt/M. sowie Privatdozent an der Universität/Gesamthochschule Kassel im Fachbereich Erziehungs- und Humanwissenschaft. Zu seinen Arbeitsschwerpunkten zählen vor allem Themen der psychoanalytischen Entwicklungspsychologie.

Urte Finger-Trescher, Priv.-Doz., Dr. phil., Dipl.-Päd., Gruppenanalytikerin; Weiterbildung in Familientherapie; Leiterin der Beratungsstelle für Eltern, Kinder und Jugendliche der Stadt Offenbach, Vorsitzende des Frankfurter Arbeitskreises für Psychoanalytische Pädagogik e.V., Privatdozentin an der Gesamthochschule/Universität Kassel.

Rolf Göppel, Dr. phil., PD, lehrte an den Universitäten Würzburg und Köln und vertritt derzeit eine Professur für Verhaltensgestörtenpädagogik am Institut für Sonder- und Heilpädagogik der Universität Frankfurt a.M. Zu seinen Arbeitsschwerpunkten zählen: Geschichte der Heilpädagogik, Psychoanalytische Pädagogik, Kinder- und Jugendforschung, Risiko- und Resilienzforschung.

Ludwig Janus, Dr. med., ist Psychoanalytiker und Psychotherapeut in eigener Praxis in Heidelberg; Dozent und Lehranalytiker in der psychoanalytischen Weiterbildung in Heidelberg, Saarbrücken und Frankfurt a.M.; Vorstandsmitglied der Internationalen Studiengemeinschaft für Pränatale und Perinatale Psychologie und Medizin; sowie Vorstandsmitglied der Deutschen Gesellschaft für Psychohistorische Forschung. Von ihm liegen zahlreiche Publikationen zu verschiedenen Themen der Psychoanalyse, der Pränatalen Psychologie und der Psychohistorie vor.

Dieter Katzenbach, Dr. phil., Sonderschullehrer und Diplom-Pädagoge, promovierte bei Prof. Aloys Leber zu methodologischen und erkenntnistheoretischen Fragen der Möglichkeiten einer Theoriesynthese von Piagets kognitiver Entwicklungspsychologie und der Psychoanalyse. Zur Zeit ist er Wissenschaftlicher Assistent an der Universität Hamburg am Institut für Schulpädagogik, Arbeitsbereich Grundschulpädagogik. Seine Forschungsschwerpunkte: Gemeinsamer Unterricht behinderter und nichtbehinderter Kinder, Psychoanalytische Pädagogik, kognitive Entwicklung und deren Beeinträchtigung.

Ulrike Kinast-Scheiner, Mag. phil., ist Tutorin am Institut für Erziehungswissenschaften an der Universität Wien und Spezialistin für Lern-Software (Edutainment) in einer Wiener Einrichtung, die Lernprozesse von Kindern, Jugendlichen und Erwachsenen unterstützt ("Das Lernstudio"). Außerdem arbeitet sie im Bereich des Künstlermanagments und -coachings und ist als Sängerin tätig.

Karin Messerer, Mag. phil., studierte Pädagogik und Sonder- und Heilpädagogik an der Universität Wien. Sie absolvierte eine Ausbildung zur Psychoanalytisch-Pädagogischen Erziehungsberaterin, leitete dreieinhalb Jahre lang eine Frühförderstelle in Niederösterreich und ist seit 1999 Mitarbeiterin bei „Ananas", einem „Verein zur Förderung der Erziehungskompetenz von Familien". Freiberuflich ist sie in der Erwachsenenbildung, als Tutorin am Institut für Erziehungswissenschaften der Universität Wien sowie in der Fortbildung von Frühförderinnen und Kindergärtnerinnen tätig.

Isca Salzberger-Wittenberg, Dr.h.c., ist eine psychoanalytisch ausgebildete Psychotherapeutin für Kinder und Erwachsene. Sie arbeitete als „Consultant Child Psychotherapist" am „Adolescent Department" der Tavistock Clinic in London und war zehn Jahre lang Vice-Chairman dieser Klinik. Sie arbeitet nun in privater Praxis sowie als Visiting Teacher am Londoner Tavistock Center. Überdies hält sie Vorträge und Seminare in verschiedenen europäischen Ländern sowie in Übersee. In ihren zahlreichen Publikationen befaßt sie sich unter anderem mit frühen Entwicklungsprozessen sowie mit der Bedeutung von Psychoanalyse für das Verstehen von Lern- und Erziehungsprozessen.

Gerd F. Schäfer ist Professor für Allgemeine Erziehungswissenschaft unter besonderer Berücksichtigung der Schwerpunkte Kindheit, Jugend und Familie an der Erziehungswissenschaftlichen Fakultät der Universität zu Köln. Er ist überdies Vorsitzender der Kommission Psychoanalytische Pädagogik der Deutschen Gesellschaft für Erziehungswissenschaft, Wissenschaftlicher Beirat der Abteilung „Kinder und Kinderbetreuung" am Deutschen Jugendinstitut sowie im Modellprojekt „Auf dem Weg zum neuen Bildungsauftrag von Kindertagesstätten". Seine Forschungsschwerpunkte: Bildungsprozesse im frühen Kindesalter, Spielforschung, Psychoanalytische Pädagogik, Systematische Fragen der Pädagogik der frühen Kindheit.

Die Mitglieder der Redaktion

Christian Büttner, Dr. phil., Diplom-Psychologe; seit 1973 Projektleiter der Hessischen Stiftung Friedens- und Konfliktforschung (Forschungsgruppe „Politische Psychologie"); Honorarprofessor an der Evangelischen Fachhochschule Darmstadt; freier Mitarbeiter der Hessischen Landeszentrale für politische Bildung (Bereich Lehrerfortbildung); Lehrbeauftragter an der Universität Frankfurt (Erziehungswissenschaften); Gründungs- und Vorstandsmitglied des Frankfurter Arbeitskreises für Psychoanalytische Pädagogik; Arbeitsschwerpunkte: Aggressionsforschung, Medien, Erwachsenenbildung.

Wilfried Datler, Dr. phil., AO Univ.-Prof., Dr. phil., Leiter der Arbeitsgruppe für Sonder- und Heilpädagogik am Institut für Erziehungswissenschaften der Universität Wien und Analytiker im Österreichischen Verein für Individualpsychologie. Arbeitet zu Fragen im Grenz- und Überschneidungsbereich von Psychoanalyse, Pädagogik, Heilpädagogik und Psychotherapie.

Annelinde Eggert-Schmid Noerr, Dr. phil., Dipl.-Päd., Psychotherapeutin in freier Praxis; Professorin an der Katholischen Fachhochschule Mainz; Lehrbeauftragte der Universität Frankfurt/M.; Arbeitsschwerpunkte und Veröffentlichungen: Geschlechtsspezifische Sozialisation und Randgruppenproblematik. Vorstandsmitglied des Frankfurter Arbeitskreises für Psychoanalytische Pädagogik.

Urte Finger-Trescher, Priv.-Doz., Dr. phil., Dipl.-Päd., Gruppenanalytikerin; Weiterbildung in Familientherapie; Leiterin der Beratungsstelle für Eltern, Kinder und Jugendliche der Stadt Offenbach, Vorsitzende des Frankfurter Arbeitskreises für Psychoanalytische Pädagogik e.V., Privatdozentin an der Gesamthochschule/Universität Kassel.

Hans Füchtner, Dr. phil., Professor für Sozialisation und Sozialpsychologie im Fachbereich Sozialwesen der Universität/Gesamthochschule Kassel; Veröffentlichungen zur Psychoanalytischen Pädagogik und psychoanalytischen Sozialpsychologie sowie zu politikwissenschaftlichen Problemen Lateinamerikas.

Heinz Krebs, Dr. phil., Dipl.-Päd., Psychoanalytischer Pädagoge sowie Kinder- und Jugendlichenpsychotherapeut (appr.). Mitarbeiter einer Beratungsstelle für Eltern, Kinder und Jugendliche und Tätigkeit in freier Praxis mit den Schwerpunkten Eltern- und Familienberatung, psychoanalytischpädagogische Arbeit mit Kindern und Jugendlichen, Diagnostik, Supervision, Kindertagesstättenfach- und Institutionenberatung, Fort- und Weiterbildung. Vorstandsmitglied des Frankfurter Arbeitskreises für Psychoanalytische Pädagogik e.V. Veröffentlichungen zu den genannten Fachgebieten.

Burkhard Müller, Prof. Dr. theol., Professor für Sozialpädagogik an der Universität Hildesheim; ehemaliges geschäftsführendes Mitglied im Vorstand der Kommission „Psychoanalytische Pädagogik" der Deutschen Gesellschaft für Erziehungswissenschaft. Arbeitsschwerpunkte: Theorie, Methoden und Professions-Geschichte sozialer Arbeit, Jugendarbeit, Gruppendynamik, Supervision, Psychoanalytische Pädagogik.

Luise Winterhager-Schmid, Prof. Dr. phil., Studium der Germanistik, Geschichte, Politikwissenschaft, Pädagogik, Lehramt am Gymnasium; zur Zeit Professorin für Erziehungswissenschaft an der Pädagogischen Hochschule Ludwigsburg; ehemaliges geschäftsführendes Mitglied im Vorstand der Kommission „Psychoanalytische Pädagogik" der Deutschen Gesellschaft für Erziehungswissenschaft. Arbeitsschwerpunkte: Allgemeine Pädagogik, Jugendtheorie, Mädchen- und Frauenbildung, Psychoanalytische Pädagogik, Historische Pädagogik.

Psychoanalytische Pädagogik

Fitzgerald Crain

Fürsorglichkeit und Konfrontation

Psychoanalytisches Lehrbuch zur Arbeit mit sozial auffälligen Kindern und Jugendlichen

Psychosozial-Verlag

Matthias Rudlof

Männlichkeit und Macht

Jugendsozialarbeiter und ihre gewaltbereite männliche Klientel

Psychosozial-Verlag

2005 · 369 Seiten · Broschur
EUR (D) 29,90 · SFr 52,–
ISBN 3-89806-439-5

2005 · 312 Seiten · gebunden
EUR (D) 29,90 · SFr 52,–
ISBN 3-89806-452-2

Dieses Lehrbuch für Studierende der Sonder- und der Sozialpädagogik führt in die psychoanalytische Theorie ein und verdeutlicht anhand praktischer Beispiele, wie relevant die Psychoanalyse für die erzieherische und schulische Arbeit mit verhaltensauffälligen Kindern und Jugendlichen sein kann. Crain stellt anhand kasuistischer Beispiele aus der Arbeit mit verhaltensauffälligen Kindern und Jugendlichen die Beziehung ins Zentrum, in der es idealerweise um ein Gleichgewicht fürsorglicher und konfrontativer Einstellungen und Handlungen geht. Er unterstreicht damit, dass die Psychoanalyse eine in hohem Maß praxisrelevante Wissenschaft ist, nicht nur für den Bereich der Therapie, sondern auch der Pädagogik und Sonderpädagogik.

Wie stehen die sozialpädagogischen Profis in der Arbeit mit auch gewaltbereiten männlichen Jugendlichen selber zu den Themen Männlichkeit, Autorität und Macht in ihrer Lebensgeschichte und ihrem beruflichen Handeln? Wie reflektiert gehen sie mit diesen wichtigen Themen in ihrer pädagogischen Arbeit um?

In einer der wenigen Studien zu dieser Seite der pädagogischen Beziehung hat Matthias Rudlof männliche Jugendsozialarbeiter zu ihrer Lebensgeschichte und ihrer pädagogischen Arbeit mit Jungen und jungen Männern befragt. Mit Methoden der sozialwissenschaftlichen Biografieforschung und der Diskurspsychologie wertet er ihre Erzählungen aus und entwickelt darauf aufbauend führende sozialwissenschaftliche Männlichkeitstheorien kreativ weiter.

P⬚V
Psychosozial-Verlag

Goethestr. 29 · 35390 Gießen · Tel. 06 41/9716903 · Fax 77742
bestellung@psychosozial-verlag.de
www.psychosozial-verlag.de

1999 · 225 Seiten · Broschur
EUR (D) 20,50 · SFr 36,–
ISBN 3-932133-52-8

2002 · 222 Seiten · Broschur
EUR (D) 19,90 · SFr 34,90
ISBN 3-89806-165-5

Was tun, wenn Eltern mit ihren Kindern nicht mehr zurecht kommen? Wie kann man die Sorgen und Nöte verstehen, mit denen diese Eltern ebenso zu kämpfen haben wie die Kinder?

Dieses Buch zeigt, in welcher Weise die unbewusste Bedeutung von Eltern-Kind-Problemen erschlossen und in die Beratungspraxis Eingang finden können. Darüber hinaus werden die Grundlagen und Grundzüge psychoanalytisch-pädagogischer Erziehungsberatung dargestellt und anhand zahlreicher Fallbeispiele diskutiert.

Nahezu unbemerkt hat sich eine neue pädagogische Leitvorstellung etabliert: die Selbständigkeit des Kindes. Doch wie ist die erzieherische Norm der Selbständigkeit einzuschätzen? Welche Selbständigkeit kann als sinnvolle Herausforderung oder aber als unsinnige Überforderung gelten? Welche Entwicklungsprozesse von Kindern können besser verstanden werden, wenn man sie als Prozesse der Selbstbildung und des Selbständig-Werdens begreift? Sind Kindheit und Kindlichkeit nur noch Störfaktoren auf dem Weg der fortschreitenden Modernisierung oder doch ein Raum der besonderen kindlichen Subjektivität, die des Schutzes und der Fürsorge bedarf?

P🏛V
Psychosozial-Verlag

Goethestr. 29 · 35390 Gießen · Tel. 06 41/ 9716903 · Fax 77742
bestellung@psychosozial-verlag.de
www.psychosozial-verlag.de

März 2006 · 239 Seiten · Broschur
EUR (D) 24,90 · SFr 43,–
ISBN 3-89806-391-7

April 2006 · 228 Seiten · Broschur
EUR (D) 22,– · SFr 38,50
ISBN 3-89806-407-7

Drei- bis sechsjährige Kinder erleben die Welt auf besondere Weise: noch stark bezogen auf primäre Bezugspersonen und verhaftet in magischen Vorstellungen, machen sie vielfältige soziale Erfahrungen in Vorschuleinrichtungen. Die Beziehungen innerhalb der Familie wie auch zu Gleichaltrigen und PädagogInnen in Kindertagesstätten gestalten maßgeblich das Aufwachsen und somit die psychische Entwicklung der Vorschulkinder. In diesem Band wird aus psychoanalytisch-pädagogischer Perspektive der Frage nachgegangen, wie Kinder die vielfältigen sozialen und institutionellen Realitäten erleben und verarbeiten. Zentral wird diskutiert, wie Vorschuleinrichtungen – als erste Bildungsinstitutionen – den kindlichen Bedürfnissen und gesellschaftlichen Anforderungen gerecht werden können.

Aus unterschiedlichen Perspektiven – der sozialwissenschaftlichen, neurobiologischen, psychoanalytischen und pädagogischen – geht dieser Sammelband der Frage nach, wie Lernen zustande kommt und durch welche Umstände es behindert oder gefördert wird. Der besondere Beitrag der Psychoanalytischen Pädagogik hierzu liegt darin, die für das Lernen wichtigen psychodynamischen Antriebs- und Gefühlskomponenten zur Geltung zu bringen und für die pädagogische Beziehung im Einzelfall handhabbar zu machen.

P🔲V
Psychosozial-Verlag

Goethestr. 29 · 35390 Gießen · Tel. 0641/9716903 · Fax 77742
bestellung@psychosozial-verlag.de
www.psychosozial-verlag.de

März 2006 · 242 Seiten · Broschur
EUR (D) 22,– · SFr 38,50
ISBN 3-89806-446-8

April 2006 · 204 Seiten · Broschur
EUR (D) 28,– · SFr 49,–
ISBN 3-89806-353-4

Unsere Gesellschaft ist in einem rasanten Wandlungsprozess begriffen. Welche Auswirkungen hat dieser, verbunden mit damit einhergehenden psychosozialen Prozessen, auf gesundheitliche sowie gesundheitspolitische Fragen? Wohin entwickelt sich das Verhältnis zwischen Arzt/Ärztin und Patient/Patientin? Was bedeutet in diesem Zusammenhang die »Kundenorientierung« aufseiten der Patienten? Gibt es weiterhin den so genannten Sozialschicht-Gradienten? Wie hängen diese Entwicklungen mit dem Älterwerden der Menschen und mit neu definierten Geschlechterrollen zusammen? Zu diesen vielfältig miteinander verflochtenen Fragen gibt dieser Band aktuelle Informationen; er beleuchtet aus verschiedenen Perspektiven die psychologischen und soziologischen Prozesse, die sich aus diesen Wandlungsprozessen ergeben.

Im Jahre 1942 gründete eine Gruppe von Österreichern meist jüdischer Herkunft in New York das Austrian Institute, später umbenannt in das Austrian Forum, das bis 1992 existierte. Achtzehn Menschen, die mit der Organisation verbunden waren, beteiligten sich mit autobiografischen Interviews an einer Studie über Exil und Identität. Sie beschreiben den Verlust ihrer Heimat als eine Erfahrung, die tiefgreifende Implikationen für ihre Selbst-Identität hatte. In seiner 50-jährigen Geschichte repräsentierte das Austrian Forum verschiedene Facetten dieser Identität – Patriotismus für Österreich, das Leid des Exils und Nostalgie für die verlorene Heimat – und drückte somit die komplexen Emotionen einer Gruppe von Menschen aus, die sich mit ihrer gewaltsamen Entwurzelung auseinander setzen mussten.

P🖳V
Psychosozial-Verlag

Goethestr. 29 · 35390 Gießen · Tel. 06 41/ 9 716903 · Fax 77742
bestellung@psychosozial-verlag.de
www.psychosozial-verlag.de